나를 찾기 위해 인도에 왔다

Gone out to India, Gone into Myself

김용호 지음

한울

국립중앙도서관 출판시도서목록(CIP)

나를 찾기 위해 인도에 왔다 / 김용호 지음. -- 파주 :
한울, 2005
  p. ;   cm

ISBN   89-460-3382-7 03370

370.4-KDC4
370.2-DDC21   CIP2005000816

머리말

　참으로 많은 노력을 기울였다. 지금까지 살면서 이렇게 열심히 한 일이 있을까 싶다. 이 일이 책으로 나오리라고는 전혀 예상치 못했는데, 이렇게 정리되어 나오니 황송하기 그지없다. 인도에 성공회대학생들을 일 년 동안 파견하는 정보기술(IT) 훈련과정 '인도 창 프로그램'을 기획, 운영하는 데 참여한 필자는 정성을 쏟았던 만큼 그 과정을 교육론으로 정리하는 데 남다른 감회가 있다. 무엇보다 먼저 같이 일했던 동료교수들의 얼굴이 떠오른다.

　진영종 교수는 신혼임에도 불구하고 정기적인 학생방문지도를 위해 결혼기념일을 두 해나 반납하면서 인도로 가야 했다. 현지 야유회에서 학생과 함께 수건돌리기 놀이를 이끈 진 선생의 모습이 잔잔히 눈에 어린다. 학생 교육에 누구보다 관심이 높은 김덕봉 교수는 현지 방문 때면 밤늦은 시간까지 학생들의 분발을 격려했는데, 그의 충고를 들은 일부 학생들이 삶의 태도에 혁명적인 변화를 일으킨 경우도 있다. 그가 2대 주임을 맡은 덕분에 필자가 주임이었을 때 불안했던 인도 창 과정은 많은 안정을 찾고 큰 성과를 올리기 시작했다. 아무도 안 맡으려 했던 인도 창 주임을 맡아 훌륭히 운영하는 그에게 마음의 빚을 진 느껌이다.

과정운영에 대한 장승권 교수의 멋진 컨설팅들은 지금도 또렷이 울린다. 학생들의 안전 문제까지 예민하게 감지하는 센스로 인도 창 과정은 더욱 단단해졌고, 졸업하는 인도 창 학생들에게 제시해준 'MBA의 길'은 많은 학생들의 가슴에 불을 지펴놓았다. 유상신 교수는 바깥으로 드러내지는 않지만 학생들의 향상을 위한 지원에서 매우 강력한 에너지를 뿌려놓았다. 그의 제안으로 만든 인도 창 홍보액자는 매일 출근길에 쳐다보는 기념물이 되었고, 지금은 인도 창을 포함한 해외 인턴십 프로그램의 행정 책임자로서 동일한 에너지를 뿌려주고 있다.

김성찬 교수는 현지 방문시 학생들을 일대일 면담했는데, 보통 한 학생당 한 시간 이상을 소요하면서 얘기를 들어주고 기도도 해주었으니, 면담이 끝나기를 옆에서 기다린 필자는 매일 새벽까지 피곤한 몸을 누울 수가 없었다. 초기 인도 창 프로그램 기획을 위해 거의 매주 회의를 거듭해가며 이끈 이홍렬 교수가 학생들이 처음으로 떠날 때 "살아 돌아오면 성공이다"라고 한 말은 아직도 마음에 울린다. 잠시 관여했던 이재영, 권용현, 이하규 교수의 정성도 대목대목 가슴에 와 닿는다. 번잡스러운 이 책의 초고를 읽고 충고를 해준 김덕봉, 유상신, 장승권 교수께도 감사의 마음을 전한다.

담당직원들이 겪은 고생도 눈에 선하다. 박지영, 오희정, 김혜란 씨의 뒤를 이어 인도 창 2기 출신인 이창섭 씨, 그리고 인도 창 1기 출신인 임희복 씨가 일을 맡고 있다. 고생을 알아주지도 않고 투정만 해대는 학생들을 위해 묵묵히 봉사한 그들의 노고에 고마울 따름이다. 어려운 시절에 필자와 고생을 나누었던 이창섭 씨는 수시로 연락하는 학부모들의 걱정을 안심시켜야 했고, 신혼임에도 불구하고 휴일에 부인과 놀러가다가도 휴대전화에 울리는 인도 학생들의 부탁으로 다시 사무실로 들어와야 할 경우도 있었다. 새 출발을 하는 그의 앞날에 하늘의 복이 듬뿍 내리길 빈다.

어려웠던 일들도 주마등처럼 스친다. 비즈니스 경험이 없는 사람이 협상에 능란한 인도 기업인들과 협상을 하느라 헤맸고, 교내 관련 부처나 학과들과 협의하고 서류와 편지를 쓰느라 휴일을 반납하는 경우가 많았고, 현지에서 문제가 발생하면 이메일이나 전화통을 붙들고 학생들과 혹은 인도 파트너들과 며칠씩 머리 싸매고 방향을 제시하고 합의를 끌어내야 했다.

교수들에게 불신을 품은 학생들을 가라앉히고 납득시켜야 했던 인도에서의 학생모임들, 9.11사건 후 인도의 비자정책이 갑자기 바뀌어 떠날 준비를 마쳤던 학생들이 못 떠나게 되면서 울며 항의하던 자리, 오토바이 이용을 금지한 교수들의 결정에 불복한 학생들과의 갈등과 뒤이은 학생소환 결정이 있기까지의 숱한 고민과 토론들, 인도-파키스탄 분쟁 같은 사건들로 전화통에서 울리는 학부모들의 우려에 답변해야 했던 순간들, 풀어야 할 문제를 안고 현지방문을 할 때 머리 위에 잔뜩 드리웠던 먹구름들. 지금 생각하면 그런 와중에도 어느 한 사람도 "그만두자"고 한 적이 없다는 것만으로도 가슴 따뜻한 기억이다.

학생들에 대한 기억은 무엇보다 진하다. 그들의 얼굴이 하나하나 떠오를 때마다 입가에 잔잔한 미소가 흐른다. 교수들도 많은 정성을 쏟았고, 학생들도 최선을 다했다. 무엇보다 인도 창을 통해 자신의 삶을 극적으로 향상시킨 학생들의 강력한 에너지가 마음 깊숙이 훈훈한 기운을 불어넣는다. 교육자로서의 삶에 진한 자국을 남긴 인연들이다. 이 책에 인용되었든 그렇지 않든 좋은 말과 글을 남긴 그들에게 고마움을 전한다. 그리고 젊은 시절에 마지막으로 자기극복이라는 큰 과제에 몸을 던졌던 그들의 의지와 힘겹게 이루어낸 성공에 축하를 보낸다. 그들의 앞날에 공력의 향상이 꾸준히 있기를!

인도 창 제자들에 대해 알아가면서, 필자는 자식들에게 취했던 자유주의적 교육방침을 변경하기 시작했다. 거의 자유방임주의에 가까웠던 필자는 큰딸에게 입시제도나 한국 사회를 비난하기보다는 자기

통제와 자기극복의 길을 더 우선시하도록 방향을 제시하기 시작했다. 물론 적지 않은 어려움과 갈등이 있었다. 그럼에도 인도 창 학생들을 통해 필자가 몸으로 배운 공력 교육의 원칙을 딸에게 뚜렷이 제시했다. HOT의 '강타 오빠'에게 빠져 무기력했던 딸이 몇 년이 지난 후 자신의 진로를 힘 있게 찾아가는 과정을 보면서 공력 훈련의 효과를 재확인했다. 인도 창 교육은 간접적으로 우리 딸의 인생에 중요한 선물을 준 셈이다.

가장 큰 도움은 필자가 받았다. 사람들의 가치에 대해서 상대주의와 다양성을 강조했던 필자는 '누구나 공통으로 가야 할 향상의 길'이 있다고 말하기 시작했다. 점차 이 말에 힘이 실렸다. 나 자신의 삶에 대해서도, '흐르는 대로 놔두자'는 방관주의 태도를 바꾸고 자기극복을 통한 향상의 길로 들어서려고 노력하기 시작했다. 비록 시작단계이지만 조금씩 진전이 보인다. 인도 창 학생들이 힘겹게 싸웠던 징그러운 내면의 적들이 내 안에서도 우글거리고 있는 것을 보았고, 그것을 통제하지 않으면 안 된다는 깨달음이 있었기에 가능했다. 이것은 삶의 마지막 날까지 지켜가야 할 소중한 등대 불이다. 그런 깨달음을 준 인도 창 과정에 감사한다. 일일이 감사드리지 못한 많은 성공회대학교 관련자들이 제공해준 귀중한 기회였다. 충심으로 고맙다.

이 번잡한 책을 출판하도록 허락해준 도서출판 한울의 관계자들과 정성으로 편집해준 서혜영 씨에게도 감사의 뜻을 전한다.

차 례

3부 하나뿐인 창문을 열다

1^부
인도로 떠나다

　강원도 촌놈인 필자는 서른이 넘도록 한국을 벗어나 보지 못했다. 외국유학에서 돌아온 친구들에게 그쪽 사정을 들으며, 바다 건너 저편에서 신기한 삶을 사는 사람들에 대한 그림을 그렸을 뿐이다. 비행기가 나오는 영화를 보았다는 점에서는 21세기를 살아갈 만했지만, 실제 해외문화 경험에서는 근 1,000년 전 몽고 군인들을 만나본 고려 군인들만도 못했고, 근 2,000년 전 바다 건너 온 외국인 부인을 맞이한 김수로 왕보다는 훨씬 못했다. 그런 산골 촌놈이 어찌어찌 일본의 산을 보겠다고 비행기를 타고서 '키타 알프스'를 오른 것이 88올림픽이 끝난 후였다. 해외여행의 봇물이 터진 후였다.

　김수로 왕과 허황옥의 피가 조금이라도 흐르는 것일까. 해외로 가는 비행기를 처음 타본 지 10년 후, 필자는 서기 2000년 초 학생 18명을 데리고 인도로 떠났고, 지금까지도 인도에 학생을 파견하는 교육에 관여하고 있다.

　사람들은 바깥으로 바깥으로 나가기 시작했다. 다들 한국 촌놈이었으니 깃발이 없을 수 없었다. "글로벌시대에 맞추자"고도 했고, "세계를 경영하자"고도 했고, 소박하게는 "넓은 세상에 눈을 뜨자"고도 했다. "넓은 세상에 나가 큰 인물이 되라"가 여유 있는 집안에서 자식을 미국

대학에 유학시킬 때 하는 말이라면 그리 심각한 무게는 실리지 않는다. 그러나 공항에서 아내와 아이들을 전송하는 기러기 아빠나, 미국의 닭 공장에서 노가다 일을 하며 시민권을 따려는 사람이나, 국내 공장을 팔아 마련한 투자금을 싸들고 떠나는 사람들에게는 단순한 구호가 아니다. 가족의 이별을 걸기도 하고, 회사의 사운을 걸기도 하고, 남은 인생을 다 걸기도 해야 한다. 그런 모험을 하는 사람들은 영어를 유창하게 구사하며 넓은 세계를 누비게 될 것을 비장한 눈빛으로 꿈꾼다.

이들의 프런티어 정신은 칭찬할 만하다. 그러나 100년 전 더 넓고 더 깊은 세상을 돌아다녔던 치르치르와 미치르 남매의 깨달음에는 미치지 못하는 것 같다. 벨기에의 극작가 마테를링크(Maurice Maeterlinck)의 동화극 <파랑새>(1908)의 주인공이었던 두 남매는 열 살의 소년 그리고 여섯 살의 여동생이었고 나무꾼의 아이들이었으니, 세계여행은 생각도 못했다. 그러나 그런 어린아이들이 추억의 나라, 밤의 나라, 미래의 나라 등 세계보다 더 크고 심오한 우주를 돌아다녔다. 그들이 찾아나선 건 넓은 세상을 볼 눈이나 글로벌화가 아니었다. 요정 할머니의 부탁으로 그 딸이 겪는 병을 고쳐줄 행복의 파랑새를 찾겠다는 순진한 동기였다. 남매는 갖은 고생을 다하며 파랑새를 찾아 이 나라

저 나라를 돌아다녔다. 그러나 다 잡은 파랑새들은 색깔이 노란색으로 변하거나 손에서 놓쳐버렸다. 결국 남매가 낙담해서 돌아왔을 때, 자기들이 집안에서 기르던 비둘기가 파랗다는 것을 발견하게 된다. 이것은 글로벌화의 묵시록과도 같다.

우리는 바깥으로 나가면서 '넓어지고 다양해지고 커질 것'이라고 생각한다. 다양한 문화와 인간을 알게 되고, 개인의 활동영역과 기업의 시장을 넓히고, 그 결과 나의 입지나 나라의 위신을 선양할 것이라고 생각한다. 개인이나 기업, 국가가 꿈꾸는 것들이 바깥으로 나갈수록 실현될 가능성이 높아진다는 글로벌화의 희망이다. 그러나 이런 희망은 100년 전 치르치르와 미치르 남매가 깨달은 것과는 정반대라 할 수 있다.

치르치르와 미치르가 깨달은 것은, 그토록 찾아 헤맨 그것이 저 바깥 어딘가에 있지 않고 바로 우리 안에 있다는, 참으로 허무해 보이는 결론이다. 유창한 영어를 구사하며 백인들을 설득하여 큰일을 성사시키는 글로벌 엘리트 상이나, 푸른 눈의 외국인 앞에서 나오는 비굴한 웃음과 제3세계에 가서 커지는 목소리 모두가 파란색의 새처럼 보여도 곧 색깔이 변해버릴 가짜 파랑새라는 것이다. 그렇다면 글로벌시대는 가짜 파랑새에 속은 욕망들이 허무하게 지구상에 떠도는 시대이리라.

치르치르와 미치르의 깨달음은 바깥을 향한 허망한 꿈들을 경계하는 데 도움이 된다. 그렇다고 방랑벽에 물들어가는 현대인들을 고집 센 노인네처럼 꾸짖는 용도로만 쓴다면 100년 전의 모험담이 갖는 풍성한 의미는 사라질 것이다. 요정 할머니가 의도한 것도 그게 아닐 것이다. 치르치르와 미치르의 모험이 우리에게 시사하는 바는 다음과 같다.

첫째로, '그것'은 찾아내는 데서 얻는 게 아니라 간절히 구하는 데서 온다는 것이다. 바깥을 싸돌아다닌 것은 '그것'을 찾겠다는 간절한 열망을 품고 어려움 속에서도 그 열망을 견지하는 하나의 계기였기에, 그 간절한 구함 자체가 더 결정적인 역할을 한다는 것이다. 둘째, '그것'은 목적지에 도착함으로써 얻는 게 아니라 여정을 수행하는 과정에서 온다는 것이다. 이 파랑새에 속고 저 파랑새를 놓치는 모험의 과정은 진정한 파랑새를 볼 눈을 키워주는 과정이었다는 점에서 두 번째 시사점은 의미를 갖는다. 마지막으로, 결과나 보상에 대한 사사로운 집착을 버림으로써 '그것'이 다가온다는 것이다. 숱한 실패를 통해 열망에 배어든 사사로운 욕심을 버리는 과정이 있었고, 그 과정을 통해 비로소 그 고귀한 새가 남매에게 다가왔다는 점에서 세 번째 시사점은 의미를 갖는다.

그것은 '얻는' 게 아니고 내면의 간절함과 알아감과 허허로움을 키우는 과정을 통해 '오는' 것이다. 결국 그들의 그 험난한 여정은 집안에 있던 파랑새를 볼 눈을 키우는 과정이었다. 그런 과정이 없었다면 집안의 파랑새는 영원히 보이지 않았을 것이다. 남매의 모험은 '안으로 향한 눈'을 생성시키는 과정이었다.

바로 여기에 글로벌시대에 대한 중요한 암시가 있다. 바깥을 향한 열정이 개인의 성공과 회사의 발전과 국가의 융성이라는 표피적인 꿈에 묶여 있는 한, 글로벌화는 성공신화의 배후에서 숱한 좌절과 적대감과 허무의 무한팽창 무대가 될 것이다. 자식의 성공을 위해 기러기는 몸져누울 것이며, 가족은 쪼개질 것이다. 회사는 현지인들의 저항에 부딪힐 것이고 각종 장애에서 안전하지 못할 것이다. 뉴욕과 바그다드에서 터진 적대감은 마드리드와 서울로, 그리고 평양으로 번질 것이다.

글로벌화(globalization)의 원심력은 로컬화(localization)의 구심력이 없으면 위험하고 파국적이다. 로컬화의 구심력은 넓어진 바깥 경계들을 감당할 만큼의 지식과 관용과 지혜의 시선을 세우는 과정이다. 과거 우리가 집착했던 사사로운 자아와 조직과 국가의 편협함을 유지하면서 바깥으로 나가는 한 파국을 면할 길이 없다. 궁극의 로컬은 우리들 개개인이다. 그리고 우리 각자의 마음이다. 우리 자신의 내적 공력이 크지 않는 한 넓어진 경계가 몰고오는 편견과 욕심의 충돌을 감당할 수 없다. 글로벌화는 로컬화와 함께 진행되지 않으면 위험하다.

글로벌시대의 복음이 있다면, 그것은 바로 파랑새를 찾는 과정이라는 것이다. 간절히 구하는 마음을 갖게 하고, 진정으로 원하는 것을 볼 눈을 키우고, 마침내 사사로운 욕심을 버리는 허허로움에 도달하도록 하는 과정인 것이다. 그런 능력을 키워야만 우리 집안에 있는 파랑새를 볼 수 있다.

필자와 동료교수와 학생들이 지난 7년간 인도로 나가 수행한 글로벌-로컬 여행, 합성어로 글로컬(glocal)의 여정은 치르치르와 미치르 남매의 경험을 다시 한번 반복한 것이다. 우리는 치르치르와 미치르 남매처럼 열정도 키웠고, 알아감도 배웠고, 사사로움을 버리는 경험도 했다. 비록 규모는 작았고 기간도 길지 않았으나, 우리가 배운 것들은 가늘고 강력한 빛으로 우리 안에 있는 글로컬 파랑새를 비춰주고 있다.

1장
글로벌화의 힘

　파랑새를 찾는 여정은, 서울의 서남쪽 끝에 달랑 붙어 있는 한 작은 대학을 기점으로 비행기로 열 시간 이상을 타고 인도에 가서 일 년간 찾아 헤매는 과정이다. 이 대학은 캠퍼스도 작고, 학생수도 적고, 건물들도 작고, 운동장도 작다. 택시기사에게 이 대학 이름을 대고 가자고 하면 대부분 "무슨 대학이요?"라고 반문한다. 사양산업의 마지막 몸부림이 느껴지는 경인로, 경기도가 잡아끄는 힘에 저항하며 서울로부터 벗어나지 않겠다고 안간힘을 쓰며 붙어 있는 작은 땅에 성공회대학교가 있다.

　이 대학에서는 머나먼 인도 땅으로 학생들을 파견하여 컴퓨터를 배우고 현지 기업 인턴십을 수행토록 하는 일 년짜리 해외 IT연수 프로그램이 2000년부터 시작되었다. 이름하여 "인도 창 프로그램(India Window Program)." 학교 내 공식명칭으로는 '인도 창 과정'인데, '창'이란 창문을 뜻한다. '인도를 세계로 향한 창으로 삼자'는 의미도 있고, '인도에 가서 쪼그라든 마음의 창을 열자'는 뜻도 있다.

　처음 우리가 그렸던 파랑새는 생긴 모양과 빛깔에서부터 청명한 노랫소리, 현란한 날갯짓에 이르기까지 화려한 자태를 가진 새였다. 당시 인도 IT 인력들이 실리콘밸리에 많이 진출하면서 글로벌 IT 네트워크를 형성하고 있었으니, 학생들을 인도로 보내 IT 교육과 인턴십을 수행토록 하면 인도가 구축한 글로벌 네트워크에 접목할 수 있고, 이를 통해 글로벌 수준의 인재를 키울 수 있으리라는 것이 우리가 그린 파랑새였다. 다만 글로벌센터였던 실리콘밸리로 직접 가지 않고 우회 루트를 취한 것은 우리 학생들이 상대적으로 가난할 뿐 아니라 영어나 정보기술 실력에서 일정 수준의 훈련과정이 필요하다고 판단했기 때문이다.

그런 루트의 여정이 성공하여 파랑새를 찾는다면, 삼류라는 자격지심에 시달린 학생들이 국내의 학벌의식과는 무관한 외국인들과 파트너가 되어 글로벌 무대에서 자유롭게 뛸 수 있으리라는 계산도 들어가 있었다. 정보기술(IT: Information Technology)을 여정의 테마로 잡았던 것도 글로벌화가 가장 쉽고 또 불가피한 분야라는 이유 때문이었다. '저 바깥에' 나가면 '그것'이 있으리라는 믿음으로 시작한 여행이었다.

필자는 글로벌 파랑새의 꿈을 꾸고서 이 프로그램을 제안하고 기획한 교수팀의 한 사람으로서, 과연 우리가 파랑새를 찾은 것인지 궁금했다. 그리하여 초기의 파랑새 탐사팀이 떠난 후 5년이 지나, 인도 창 과정을 수료하고 졸업하여 사회 1~3년의 경험을 가진 인도 창 출신들을 찾아다니며 그 흔적을 찾았다.

이들 중 상당수가 인도에서 몸부림쳤던 여정의 기억을 생생하게 간직하고 있을 뿐 아니라 어떤 하나의 몸부림이 지금의 자신에게 어떤 영향을 미쳤는지도 뚜렷하게 구분해내고 있었다. 일부 인도 창 출신들은 "인도에 대한 향수에 자주 젖는다"면서 그때의 탐사경험을 그리워하고 있었다.

과연 파랑새는 거기에 있었을까? 필자의 지루한 탐문과정이 시작됨을 알리는 질문이다.

인도 창 프로그램 개요

인도 창 과정은 성공회대학생들을 인도의 파트너 교육기관 앱텍(현재까지는 Aptech Ltd) 및 IT기업들에 파견하여 일 년간 IT 교육과 인턴십을 수행토록 하는 과정으로, 2005년을 기준으로 총 7기에 걸쳐 158명을 파견하였다. 주력은 전산학을 전공하는 학생들이지만, 반 정도는 문과 전공 학생들이 참여한다. 참여 학생의 소속 학과 수가 많아진 데서 이 프로그램이 갖는 보편적 해외훈련의 의미가 드러난다. 여학생이 많은 것은 성공회대학교 자체에 여학생이 많기 때문이다.

기	기간	장소	총원	성별	소속학과
1기	2000.3~2001.2	Pune	18	남 8/여 10	4
2기	2000.8~2001.7	Bangalore	21	남 10/여 11	6
3기	2001.7~2002.7	Bangalore	25	남 10/여 15	7
4기	2002.2~2003.1	Hyderabad	32	남 16/여 16	10
5기	2003.1~2004.1	Bangalore	20	남 7/여 13	5
6기	2004.1~2005.1	Bangalore	25	남 10/여 15	5
7기	2005.2~	Bangalore	17	남 9/여 8	4

인도 창은 다음 몇 가지 '첫 사례'의 기록을 갖고 있다.

- 국내 최초의 학부생 IT 해외교육 및 해외 인턴십 프로그램
- 인도 최초의 체계적인 한국 IT 유학생 사례
- 2001년부터 실시한 정보통신부 '해외 우수 IT 교육기관 파견교육사업'의 모델
- 성공회대학교 안에서 정규학과 조직과는 다른 '프로젝트 조직' 성격의 특수 독립과정을 운영한 첫 사례. 여러 학과 교수들이 참여하는 학제적 운영의 틀을 갖추고, 학생들도 이공계생 반, 문과생 반 정도가 참여하는 개방체계 수립. 이를 모델로 중국 창, 러시아 창, 일본 창, 피스보트 과정 등 유사한 해외 인턴십 프로그램이 개발됨

힘의 조짐

"한국에 일 년 있었던 것보다 3~4배 효과가 있었다고 생각해요."(이철민)

인도 창 과정의 수료 경험이 가져다준 총체적 효과에 대한 언급이다. 3~4배라니? 무엇을 말하는 것일까?

" '진짜 잘했다, 잘 갔다 왔다'는 생각뿐이에요. '하나 버릴 게 없다'는 생각입니다. 운이 좋았어요. 이 학교에 안 갔고, 그래서 인도에도 안 갔다면 지금처럼 엔지니어로 일하고 있지는 못했을 거예요."(신동석)

"직장생활 대부분의 기반이 인도 창 경험이에요. 인도 창 경험을 빼놓고는 지금의 나를 설명할 수 없다고 생각해요. 지혜나 미주도 같은 생각이고요."(정해정)

인도 창 경험이 지금 하고 있는 직업에 직접적인 영향을 주었다는 생각이다. 그 영향력이 무엇이길래 그런 평가가 나올까?

"인도 창으로부터 새로운 비전과 그것을 추구해야 할 압박감, 도전할 동기와 힘을 받았습니다. 인도 창 과정 동안 드러난 시각, 태도, 행동방식이 지금껏 이어지고 있어요."(고인수)

향후 사회생활에 관련된 비전과 추진력을 얻었고 심지어는 일상적인 태도와 행동방식에까지 영향을 주었으니, 그 영향이 광범위하면서도 세세한 데까지 이른다는 것이다. 그렇다면 그 구체적인 내용은 무엇일까? 다음과 같은 수수께끼 같은 지적은 우리 질문의 정점을 향한다.

"사람들이 이런 게 값진 경험이라는 걸 알았으면 좋겠어요."(정지예)

'이런 게' 무엇이고, 왜 '값지다'는 것인가? 지금부터 우리들이 풀어야 할 숙제이다. 모르긴 몰라도 '이런 것'은 우리가 찾는 파랑새를 암시한 것이리라. 약간의 희망적인 실마리는 잡혔다. 그것을 찾기는 찾았다는 말처럼 들린다. 그런데 과연 어디서 찾았고, 그 자태나 움직임, 목소리는 어떻다는 것인가? 파랑새에 대한 묘사가 서로 제각각이고 어떤 경우는 암시에 그치는 경우가 많으니, 도대체 무엇을 봤다는 것인지 모호하다.

졸업생들의 언급에만 의존해서는 파랑새의 실체를 드러낼 수 없을 것 같았다. 인도 창 출신들을 찾아다니며 이리 찌르고 저리도 찔러보았고, 쿵쿵거리며 새 냄새가 나는지도 맡아보았으나 <파랑새> 속의 '기억의 나라'에서처럼 안개같이 뿌연 상황이었다. 학생들과의 면접을 중단하고, 그들의 언급을 정리하기 시작했다.

그들이 파랑새를 찾았다면 뭔가 흔적이 있을 것이다. 그 흔적이 무엇일까? 그것은 파랑새의 기운일 것이다. 그 기운을 어떻게 확인할 것인가? 일차적으로는 학생들의 언급이다. 그런데 학생들의 말속에도 그 흔적이 뚜렷한 형체로 나타나지 않는 것은 무엇 때문일까? 같은 경험을 하더라도 묘사하는 사람마다 각기 다르다는 것은 쉽게 추정할 수 있다. 그렇다면 말의 표면적인 뜻보다는 그 속에 내포된 무엇일 것이다.

파랑새는 영험하므로 보는 것만으로도 그 기운이 몸속에 들어올 것이다. 한번 들어온 그 기운은 몸 안에서 살아 움직일 터이니, 결국 학생들이 '새로 얻은 기운'이 파랑새의 정체일 것이다.

그 기운은 '힘'이라고 부르는 게 좋겠다. 힘은 물리적인 효과를 가지므로 외적으로도 나타나고 내적으로도 분명한 변화를 만들어낸다. 그들이 갖게 된 '힘' 속에 파랑새가 있다.

우선 애초 가정대로 '파랑새는 저 바깥에 있었다'고 해보자. 우리가 찾아간 인도에서의 IT 유학에 있었을 것이고, 영어 환경에 있었을 것이고, 해외생활에 있었을 것이다. 그렇다면 그 힘은 졸업생들을 글로벌화하는 추진력으로 작용할 것이다. 그것을 '글로벌화의 힘'이라고 불러보자.

만약 그들의 삶 속에서 글로벌화의 힘을 뚜렷이 확인할 수 있다면, 애초에 가정한 파랑새를 발견하는 셈이다. 인도의 IT에서, 영어 환경에서, 해외생활에서 파랑새가 있었다고 확인하는 것이므로 인도 창 프로그램은 목표한 대로 성공이다. 필자는 인도 창 출신들의 언급을 정리하며, 조심스레 인도의 IT에서 온 기운, 영어 환경에서 온 기운, 해외생활에서 온 기운을 찾아나갔다. 그리고 그 기운을 세 가지로 분류하며 글로벌화의 힘을 찾았다.

인도 창 출신들과의 면담

필자가 파랑새를 찾아내려는 의도로 면담한 인도 창 1, 2기들은 약 30명으로 총 39명 중 3/4 정도가 된다. 의도적인 면담은 2003년 전반에 집중되었다. 그들의 직장 근처로 가서 저녁을 먹으며 얘기한 경우도 있었고, 서너 명이 함께 시내에서 술자리를 가지며 얘기한 경우도 있었고, 학교로 인사차 찾아온 경우도 있었으니 특별한 선정기준은 없었다. 게다가 의도적인 면담은 중도에 포기했으니, 전반적으로는 무작위 표본이라고 하겠다.

다만 "직장생활 일 년은 해봐야 인도 창 경험의 효과를 알 수 있다"고 지적한 이동원의 충고에 따라 가급적 일 년 이상의 직장 경험을 가진 인도 창 출신들과 면담하려고 했고, 그러다 보니 자연스럽게 1기와 2기 출신에 한정될 수밖에 없었다. 그 후배들 중에도 일부 면담을 한 사례가 있으나, 대부분이 학교에 우연히 찾아와 만난 경우이다.

1, 2기의 회고담을 주된 인용 소스로 하는 것은 편향성을 가질 수 있다. 1기는 첫 개척자로서의 위치에 있었고, 6개월 후에 출발했던 2기도 1기의 경험을 참조하기 힘든 다른 지역에 파견되었기에 개척자적 위치를 경험했다. "1, 2기가 가장 정신력이 투철했다"는 한 수료생의 지적은, 일부 자화자찬이 있긴 해도, 그럴 수밖에 없는 조건이 인정된다. 그러나 1, 2기의 이야기와 그 후배들의 이야기를 내용적으로 비교해보면 질적인 차이를 발견하기는 힘들다. '파랑새를 정말 찾았는가'가 우리의 주된 관심인 한, 학생들 개개인의 경험 내용이 핵심이며, 기에 따른 차이는 무시될 수 있다.

'인도 창 과정' 웹사이트

http://global.skhu.ac.kr/indi

'중국 창', '러시아 창', '피스보트' 과정 웹사이트

http://global.skhu.ac.kr

국제활동의 힘

글로벌화의 힘이 가장 두드러지게 드러나는 곳은 인도 창 출신들이 사회에서 하는 일에서이다. 인도에서 얻은 그 힘이 강력하다면 학생들의 능력에 배어들었을 것이고, 회사에서도 그것을 인정했을 것이며, 당연히 그들이 수행하는 업무에도 반영될 것이다. 그 힘의 징후는 국제업무에 참여하는 정도에서 찾아볼 수 있었다.

인도 창 1기가 배출된 후 2년 반을 기준으로 인도 창 출신 중 47%의 학생들이, 즉 절반의 학생들이 인도 창을 마치고 사회에 나가 국제활동을 수행하고 있었다. 졸업 후 1~3년 사이의 경력자들로서, 1기부터 3기까지 44%, 44%, 53%로 나타났다. 여기서 '국제활동'이란 해외에 취직했거나 국내기관에서 국제업무를 수행하고 있는 경우가 대부분이며, 소수는 해외 대학원을 진학한 경우이다.

해외취직은 인도에 집중되는데, 인도 소재 기업 취업률은 기별로 다르지만 평균 5~10%에 해당한다. 최근 한 기(6기)는 절반이 넘는 인도 취업률을 기록하였지만, 이유를 확실히 설명할 수 없어 일반화하기는 곤란하다. 한국산업인력공단에서 추진하는 해외취직사업의 성공률이 2~4%인 점을 감안하면(2004년 12월 보도), 인도 취업 5~10%는 적정 수준이라 하겠다. 해외취업 인도 창 출신들은 인도 IT기업에서 프로그래머나 기획·마케팅 인력으로 일하고 있는데, 일부는 한국-인도 사이의 IT 협력선상에서 코디네이터 역할을 진행한다.

국내에서 국제업무를 수행하는 경우가 보통의 국제활동 패턴인데, 중국, 일본을 포함한 여러 나라의 파트너들을 조정하는 역할로, 해외마케팅이나 해외판매를 위한 국제공동개발, 무역 및 해운 등의 일이다. 특이하게 한국에 있는 외국인에게 서비스를 제공하는 경우도 있다. 신촌 지역을 대상으로 노트북 AS를 담당하는 임석빈은 '대학가여서 외국인 손님이 많아' 영어를 쓸 줄 아는 기술직원으로 일한다.

‘국제활동’ 중에는 영어강사나 임시적으로 찾아오는 외국인 접대, 비정규적인 해외와의 커뮤니케이션 등의 일은 제외했으므로 ‘국제활동자’로 포함되지 않은 경우에도 국제적 업무를 부수적으로 수행하는 경우가 많다. 다음과 같은 사례가 여기에 속한다.

“외국의 인증서 발급 기관과 커뮤니케이션하면서 인증서 갱신을 담당하고 있죠. 이 일은 예전엔 윗사람들이 담당했는데, 지금은 제 부수 업무가 되었어요.”(김교현, 번역기개발 프로그래머)

그런 경우까지 포함하면 국제활동에 참여하는 정도는 절반이 넘는다고 볼 수 있다. 이들을 제외하고 볼 때 사회생활 1~3년의 초년생들 중 50%가 국제활동을 전업으로 수행하니, 두 명 중 한 명은 수행하는 업무에서 국경의 벽을 넘는 힘을 보여주었다. 추정컨대 인도 IT와 영어와 외국생활이 절반에 가까운 학생들에게 글로벌화의 힘을 불어넣었다고 설명할 수 있겠다.

그런 설명이 적절한지 검토하려면 ‘업무에서 나타난 글로벌화의 힘’이 구체적으로 무엇인지를 알아보아야 한다. 통념적으로 가정하면 영어 환경에서 일 년 동안 영어를 쓰고 배웠으니, 영어 실력이 글로벌화의 힘을 구성하는 핵심이라고 추정할 수 있다. 그런데 내용을 들여다보면 그렇게 간단치 않다.

세계 굴지의 해운사의 국내 지사에서 일하는 장혜경의 경우 사장과 매니저가 외국인이므로 공식 커뮤니케이션 수단은 영어이다. 그러나 토익 점수는 올리지도 않고 면접으로만 취직하였다. 무역회사에서 일하는 전윤주는 “외국에서 팩스가 오면 다 내게 물어본다”며 다음과 같이 언급했다.

“외국인을 만나도 거리감이 없어요.”(전윤주)

'외국인과도 거리감이 없는 것'이 그녀가 국제업무를 맡는 핵심 역량이라는 것이다. 외국인을 만나도 거리감이 없는 것은 영어점수가 높고 거리감이 있는 것보다 더 강력한 힘일지도 모른다. 그러나 위의 두 사람은 영어학과를 나왔으니 '영어 실력'이라는 변수가 감춰져 있을지도 모른다. 다른 사람의 얘기를 들어봐야 한다.

　중국수출용 휴대전화의 프로그래밍을 담당하는 김지혜는 컴퓨터학과를 나왔으니 좀더 믿을 만한 근거를 제시해줄지도 모른다. 그녀는 프로그래밍 엔지니어인데도 국제업무를 맡는다.

　　"IT 분야에서는 영어 잘하는 사람이 별로 없기 때문에 인도에서의 1.5
　　년의 경험으로 가산점을 받아 해외수출팀에 배속되었어요. 외국어를 전
　　문으로 가르치는 대학에서 영어학과를 나온 사람도 회사에 있는데, 그와
　　비교하면 제가 단어는 모르지만 회화는 더 잘해요. 실제 상황에서는 자유
　　롭게 말하는 능력이 더 돋보일 수 있죠. 저는 컴퓨터학과를 나왔는데도
　　외국과 관련된 일이 있으면 사람들이 저를 찾아요. 인도에서 영어로 살아
　　봤다고."(김지혜)

　여기서 '1.5년'이라고 한 데는 사연이 있다. 김지혜는 인도 창 과정이 끝나고도 6개월을 더 있다가 엄마가 "머리채를 잡아끌고 오겠다"고 하는 바람에 귀국했다. 여기서는 "인도에서 영어로 살아봤다"는 게 핵심 요인으로 부각된다. 그 중에서도 중요한 대목은 '영어'보다는 '살아봤다'는 것이다. 그렇다면 앞서 전윤주가 언급한 '외국인을 대해도 거리감이 없는' 힘도 '외국인과 영어로 살아본' 경험에서 형성된 것이리라 추정된다.

　일의 내용을 들여다보면 글로벌화의 힘이 무엇인지 더 뚜렷해진다. 김교현은 한글과 영어·중국어·일어 사이의 자동번역기를 개발하는 회사의 프로그래머이다. 이 회사는 웹을 통해서 번역기를 쓰는 체계를 개

발 중이다.

"제품기획의 범위가 다른 사람과 다르다는 것을 느꼈어요. 국내에 한
정된 경험과 관점을 가진 사람들은 국내시장만을 대상으로 제품을 만들
려고 하는 경향이 있고, 국내에서 쓰는 영어만을 다루기 때문에 교과서적
인 번역기가 될 가능성이 있어요. 그런데 저는 해외시장도 포함하는 시선
에서 프로젝트를 수행해야 한다는 생각이고, 교과서적인 영어 외에 외국
인들이 일상에서 쓰는 영어를 포함시키려고 하죠. 그러니까 같은 제품을
기획하더라도 소비자의 지역적 범위와 사용자가 쓸 영어의 내용에서 생
각이 다른 겁니다. 특히 인터넷은 국제화의 가능성이 높기 때문에 이런
단순한 생각 범위의 차이는 향후 사업상 큰 차이를 낳을 가능성이 있어
요. 그런 차이를 보면서 일 년의 인도 경험으로 '생각의 범위가 커졌구나'
하고 느꼈습니다."(김교현)

소비자의 범위를 한반도에 사는 한국인에 한정하는 사고와 외국인까
지 포함하는 사고의 차이는 외국인들이 '먼 거리에 있지 않다'는 경험
적 인식에서 비롯된다. 이는 앞서 언급한 '외국인과도 거리감이 없는'
태도와 상통한다. 생활영어까지 포함하는 기획도 외국인과 '영어로 같
이 생활해보아야' 얻을 수 있는 사고 지평이다. 다른 동료들과 비교할
때 김교현의 생각 범위는 지역적으로 넓고 그 내용도 삶의 세세한 부분
에까지 미친다. 거시적이면서도 동시에 미시적인 시선이다. 과거의 중
시적인 사고를 넘어 거시적이고 미시적인 사고 지평이 생겼다는 것은
국제활동을 원활하게 수행할 수 있는 힘이 된다.
사회에서 국제적 활동을 하는 데 작용하는 힘은 추상적으로 말하는
'영어 실력'보다는 '외국인과도 거리감이 없는 태도'에서 나오며, 그 태
도는 '외국인과 영어로 생활해본 경험'에서 나온다. 이들은 인도인들과
부딪히면서 집을 구해야 했고, 시장을 보아야 했고, 교육기관에서 발생

하는 문제들을 인도인 코디네이터와 함께 풀어야 했고, 후반에는 인도 회사에서 인도인 직원들과 공동으로 과제를 수행해야 했다. 해외에서 오래 머문 유학생들 중에도 이 정도로 '같이 살아본' 경험이 드물다는 사실에 비교하면 인도 창 출신들의 현지 경험은 꽤 깊이 있는 편이다. 그렇게 같이 살고 나면 그들이 나의 손님일 수도 파트너일 수도 있다는 생각이 자연스럽게 들기에, 그들의 삶에 다가가기 위한 시도도 자연스럽게 나온다. 바로 그것이 글로벌화의 힘이다.

장벽과 거리는 힘을 위축시킨다. 반면 거리감의 소멸은 장벽이 무너지면서 생기는 시너지를 갖는다. 인도 창 출신들의 국제활동으로 드러나는 글로벌화의 힘은 거리감의 소멸에서 비롯된 것이며, 그 힘은 중시적인 시선을 넘어 '거시적이고 미시적인 시선'을 새로이 낳았다.

그 힘은 인도에서 외국인과 함께 살면서 생긴 것이니 그 원천은 '거기에' 있었다고 보아야 할 것이다. '파랑새가 거기에 있으리라'는 애초의 가정을 뒷받침할 하나의 증거이다.

영어귀신을 물리친 힘

영어가 글로벌화의 힘이 드러나는 한 축인 것은 분명하다. 학생들이 인도에 가서 영어 실력이 많이 늘었다면 또 다른 증거를 확보하는 것이리라.

인도 창에 지망하려는 학생들의 평균적인 영어 실력은 외국대학 유학기준에 훨씬 못 미친다. 단순히 못 미치는 수준이 아니다. 이들에게 토익 테스트를 시범적으로 실시한 한 영어학원 강사에 따르면 '중학생 수준의 실력'이라고 했다. 학생들의 시험답안지를 보면 그 말이 일리가 있다고 생각된다. 영어학과 출신이나 어학연수자 등 일부 예외는 있지만 학생들 스스로도 '중학생 수준'이라고 본다. 돌이켜보면 그런 학생들을 인도로 보내기로 한 교수들도 모험심이 엄청 컸다고 봐야 한다. 처음 인도로 보내는 환송식에서 당시 인도 창 프로그램 팀장이었던 이홍렬 교수는 "제발 살아서만 돌아와라. 그러면 성공이다"라고 말했고, 동료교수들도 그 말에 진심으로 공감했다. 단지 기대한 바가 있다면, 컴퓨터학과 학생들은 개념을 영어로 많이 알고 있고 영어학과 학생들은 기본이 되니 영어수업을 견딜 수 있지 않겠나 하는 것이었다.

떠나기 전에 6개월 정도 영문법 공부를 하도록 한 것이 전부였다. 현지 커리큘럼에서도 영어 교육의 비중은 매우 낮아 95% 이상을 IT 교육에 배정했다. 이러한 방침은 "영어는 목표가 아니고 수단에 불과하다"는 철학에 기초한다. 그 결과는 어떨까?

인도 창 일 년 과정을 마친 후의 영어 능력에 대해 인도 창 출신들에게 물어보면 보통 "영어에 대한 두려움이 없어진 수준"이라고 답한다. 컴퓨터를 전공하고 민간교육기관에서 컴퓨터교사로 일하는 박하나는 개인교습을 많이 하는데, "외국에서 살다 온 학생들을 만날 때도 부담 없고 편하다"고 했다. 영어 커뮤니케이션에서 '두려움 없고' '부담 없는' 수준은 무엇을 의미할까?

"인도에 갔다 와서는 외국인을 만나도 피하지 않아요. 모르는 단어가 나오면 '무슨 뜻이냐'고 물어보면 되니까요. 외국인들을 길거리에서 보면 자연스레 웃게 돼요. 어떤 사람은 '하이!'라고 인사하기도 하고요."(박하나)

'피하지 않는다'는 태도 변화를 구체적으로 이해하기 위해서는 한국의 영어 상황에 대해 잠시 돌아보는 게 필요하다.

영어는 의사소통수단 중 하나이다. 누구나 알고 있는 사실이다. 그런데 문제는 의사소통수단에 불과한 영어가 한국에서는 귀신이 되어 떠돌고 있다는 것이다. 많은 사람들이 이 귀신을 무서워한다. 이것이 특별히 무서운 이유는 자신의 모습을 체계적인 숫자로 드러내면서 그 수치를 높이도록 강요한다는 데 있다. 수치의 사다리를 오르기 위해 고등학교 때까지 숱한 영어수업을 듣고, 영어학원에도 나가고, 토익과 토플 시험도 치르면서 엄청난 시간과 비용과 노력을 들이지만 다시 미끄러지기 일쑤이다. 미끄러진 사람들은 외국인만 만나면 얼굴이 붉어지면서 비굴하게 웃어대는 이상한 병에 걸리고, 그 사다리를 꽤 올라간 사람들은 근거 없이 목을 치켜세우며 큰소리를 치는 해괴한 병에 걸린다. 실상은 다른 데 있는데 사람들은 엉뚱한 곳에서 사다리만 오르려 하니 참으로 이상한 병이다.

박하나가 말한바 '외국인을 만나도 피하지 않는' 수준이란, 이해하기 힘든 말이 나오면 비굴한 웃음을 짓고 얼버무리듯 고개를 끄덕이는 대신 "무슨 뜻이냐?"고 물어보는 수준이다. 그것은 내가 영어를 못해도 꿀리지 않는 수준이다. 좀더 나아가면 처음 보는 사이라도 눈인사를 하며 "안녕"이라고 말하는 수준이다.

영어장벽 넘기의 핵심은 영어귀신의 홀림에서 깨어나, 이방인들에게 "하이" 하고 인사하는 지점에 이르는 것이다. 이것이 영어귀신을 물리치는 힘이다. 그 힘이 없으면 아무리 높은 점수를 받아도 이방인들과 함께 어울려 일하고 살 수 없다. 영어 능력의 핵심은 영어에 있지 않고, 영어를 단순한 의사소통수단으로 되돌려놓는 내적 역량에 있다. 그 힘이 있어야 진정으로 영어를 통해 자신을 글로벌화할 수 있다.

인도의 영어 환경은 귀신과 싸우는 무대로서 미국이나 영국보다 유리한 점이 있다. 정해정은 "선진국으로 어학연수를 갔던 친구들은 유색인종에 대한 차별을 많이 느꼈다고 한다"라고 지적했다. 이는 귀신을 특히 두려워하는 사람이 귀신의 본토에 가서 두려움이 더 커지는 사례이다. 선진국에서 박사학위를 받은 사람들 중에도 그런 귀신에서 해방되지 못한 사람들이 많다. 백인들이 유색인을 차별하든 않든 그들을 본토 귀신으로 보는 나의 두려움에 영어귀신은 더 강해지는 것이다. 영어귀신은 나의 두려움과 자격지심을 먹고 산다. 인도 창에 참여하기 전 영국 영어연수를 다녀왔던 정미희는 그 상황의 일면을 다음과 같이 설명했다.

> "인도에서는 영국에서보다 영어를 훨씬 많이 썼어요. 영국 사람들은 남의 일에 관여하지 않기 때문에 특별한 계기가 없으면 그들과 얘기하기 힘들어요. 그렇지만 인도 사람들은 처음 보는 외국인들에게 먼저 다가와 귀찮을 정도로 말을 걸죠."(정미희)

실제로 인도인들은 이방인들에게 호기심을 갖고 다가와 "어디서 왔느냐?", "무엇을 하느냐?"며 물어대다가는 아무 일 없었던 듯 가버린다. 심지어 꼬마들조차 어른에게 다가와서는 "이름이 무엇이냐?"며 건방지게 물어본다. 어떻게든 말을 꺼내지 않으면 안 되게 만드는 문화이다.

게다가 인도에는 한국식 영어귀신이 없다. 영어는 전국적으로 쓰이지만, 개개인으로 보면 그들이 구사하는 몇 개 언어 중 하나일 뿐이다. 부모가 다른 지역 출신이고 중산층이면 그 집 아이들은 아버지 언어, 어머니 언어, 사는 지역의 언어, 그리고 영어 등 4개 언어 정도는 구사한다. 영어가 지위상승의 수단이긴 하지만 자기가 쓰는 몇 개 언어 중 하나이므로 귀신처럼 사람들을 압박하지는 않는다. 영어 철자가 틀린 간판을 버스에 붙이고 다녀도 이상하지 않은 상황은 한국어 철자가 틀린 간판을 한국인이 관용하는 것과 마찬가지이다.

게다가 한국의 대학생들조차도 인도를 '후진국'의 서열에 자리매김하는 경향이 있다. 이런 경향은 인도인들 앞에서 우쭐대거나 최소한 대등한 태도로 나타난다. 이런 태도가 영어귀신을 만들어내는 문화적 열등감을 덜 발동시키면서, 영어는 '선진화의 필수요건'의 위치에서 단순한 '의사소통수단의 하나'로 제자리를 잡는다. 그 효과에 대해 영어학과 출신인 허진숙은 다음과 같이 말한다.

"어느 날 지하철 안에서 제가 앉은 대각선쯤에 외국인 할아버지가 지하철표를 보면서 차가 설 때마다 체크하고 있었어요. 한참 망설이다가 그 할아버지에게 다가가서 '뭘 도와드릴까요?(May I help you?)' 하고 나서서 길을 가르쳐주었어요. 할아버지는 너무너무 감사하다고 치하하는 거예요. 알고 보니 우즈베키스탄에서 온 사람이더라고요. 사람들이 다 쳐다보는 와중에 '남들이 못하는 걸 내가 해냈다'는 뿌듯함을 느꼈어요. 이것은 영어를 잘하고 못하고의 문제가 아니에요. 영어학과 출신도 그렇게는 못합니다. '자신감'과 '당당함'을 배운 거예요."(허진숙)

'자신감'과 '당당함'으로까지 비약하는 것은 약간 지나치다는 느낌이 있다. 그러나 그 순간의 행위에 관해서는 자신 있고 당당했을 것이다. 다음은 그렇게 할 수 있었던 배경에 대한 부연이다.

"인도 사람들은 남들이 어려워하면 곧장 다가와 도와주려고 하죠. 귀찮을 정도로요. 이편에서 뭔가를 요구하면 들어주기 어려운 문제가 있어도 '문제없어요!(No problem!)'를 습관처럼 얘기합니다. 그것 때문에 '실제로 문제없다'는 말로 받아들이면 정말 문제가 되죠. 하지만 그런 습관은 서로 도와주려는 공동체적 성향의 발로가 아닐까 생각해요. 남이 어려우면 내가 능력이 없어도 '뭘 도와드릴까요?(May I help you?)' 하는 게 그들입니다."(허진숙)

영어로 남을 도와줄 수 있느냐 없느냐는 영어학과를 나왔느냐 아니냐, 영어 실력이 높으냐 낮으냐의 문제가 아니다. 그것은 외국인이 어려워할 때 이방인이 어려워한다고 보지 않고 같은 인간 중 한 사람이 어려워한다고 보는 시선의 문제이다. 이방인들을 공동체의 일원으로 보는 시선인 것이다.

영어 커뮤니케이션 능력은 영어귀신과의 싸움에서 승리한 힘을 통해 비약적으로 커진다. 그 힘은 영어를 '달성해야 할 목표'로부터 '협력을 위한 의사소통수단'으로 되돌려놓는다. 그렇게 되돌리는 일은 세상을 국제적 서열관계로만 보는 우리 내면의 옹졸함을 벗는 일이다. 그래야 영어를 못해도 외국인과 친구가 되고, 일의 파트너가 될 수 있다. 실제 영어구사력도 그런 열린 마음이어야 더 좋아진다. 영어귀신을 물리친 힘이 영어구사력의 핵심이 되는 배경이 거기에 있다.

이상은 일상적인 회화에서의 영어구사력 문제이다. 그렇다면 일과 관련해서는 어떨까?

프로그래머로 일하는 김석정의 경우, 외국인과 함께 진행하는 프로젝트 요원을 뽑는 자리에서, 면접관이 일상적인 면접을 진행하다가 갑자기 영어로 바꾸어 질문을 던졌다. 한국에 돌아온 지 몇 달이 되어 좀 더듬거리긴 했으나 이래저래 영어로 대답하였다. "인도식 발음이 특이하네요"라는 평을 들었으나 붙은 사람은 자신뿐이었다고 한다. '발음은 안 좋아도' 갑작스러운 영어 상황에서 상대방과 의사소통을 잘 해낼 수 있느냐 없느냐가 중시되는 것이다. 업무에 들어가면 그 필요성은 더욱 커진다. 번역기개발사에서 웹 번역시스템 개발을 담당하는 김교현은 다음과 같이 말한다.

"제 영어 실력은 형편없지만 영어 관련 일은 제가 하고 있어요. 영한번역을 하는 사람들도 외국인을 만나면 도망가죠. 대신에 저는 외국인과 만나면 어떻게든 얘기를 하려는 용기를 가지고 있어요."(김교현)

도망가는 번역전문가보다는 '어떻게든 얘기를 하려는 용기'를 가진 사람이 실제 국제적인 커뮤니케이션을 더 잘 수행할 수 있다. 실무에서도 영어귀신을 물리친 힘이 현실적인 능력으로 나타나는 것이다.

인도 창 과정을 마치고 영어 실력을 가장 빨리 고급화하는 경우는 IT기업에서 국제 마케팅이나 기획 일을 할 때이다. 이는 영어로 IT를 공부한 경험을 충분히 활용할 무대에 섰기 때문이다. 그 효과에 대해 휴대전화 제조회사에서 국제 마케팅을 담당하는 정해정은 이렇게 말한다.

"IT 지식을 영어로 표현할 수 있는 능력, 그것이 핵심이라고 봅니다. 단순 생활영어가 아니라 IT 전문영어를 구사할 수 있다는 것. 일반 어학연수로는 도달하기 불가능한 수준이죠. 영어회화만 배웠다면 아마 중학생 수준의 영어를 구사했을 거예요. 인도에서 한국 대학생 여행자를 만났는데, 그가 쓰는 영어를 들으면서 '대학생의 지적 수준'이라고 느껴지지 않았어요. 반면 영어권에서 대학까지 다닌 회사 동료가 있는데, 외국인 고객들과 회의할 때 보면 IT 지식이 약하다는 데서 오는 약점이 발견됩니다. 그런데 우리는 IT에 관한 한 최소한 전문대생 수준의 지적 능력을 영어로 구사할 수 있어요. 영어로 IT를 공부했다는 것이 갖는 효과는 그 정도로 높아요. 그래서인지 우리 회사는 '공대 출신이면서 영어회화가 가능한 자' 위주로 뽑는 경향이 있습니다."(정해정)

여기에서도 영어의 문제는 영어 실력의 문제가 아니다. 해당 분야의 전문지식을 영어로 구사할 능력이 핵심이다. 해당 분야에 대한 지식, 일반적으로는 '일하는 능력'이 없이 영어만 구사하는 것으로는 실제 업무에서 큰 효과를 보지 못한다. 필자의 경험으로도 일에 대한 기본 감각 없이 영어만 구사할 수 있는 사람은 실제로 큰 도움이 되지 못한다. 차라리 일에 대한 열의와 실력을 가진 사람이 필요에 따라 영어 커뮤니케이션 능력을 더 높일 가능성이 있다.

적지 않은 젊은이들이 자신이 일할 분야에 대한 열의와 기본 훈련 없이, 영어점수만 높이면 취직이 잘되고 일도 잘할 것이라는 환상에 빠져 있다. 이것은 영어귀신에 사로잡힌 결과이다. 영어귀신이 하는 일은 영어를 목적으로 만드는 데 있고, 그리하여 많은 사람들을 자신의 손아귀에 장악하는 데 있다.

일의 내용에 대한 숙지와 열정이 핵심이라는 것은 다음 사례를 통해서 분명히 드러난다. 국내 고객의 네트워크 관리자로 일하는 신동석의 경우도 회사면접시 "영어해독이 가능하냐?"라는 질문을 받았다. 손님이 다 한국 사람인데 어째서 영어해독력을 요구할까? 서버관리자로 일하는 서득호는 여기에 답변한다.

"인도 창을 마치니 원서 볼 때 부담 없이 이해가 됩니다. 서버 관련 정보는 대부분 영문 사이트에 들어가서 알아야 하죠. 그런 점에서 인도 창 경험은 IT 지식에서뿐 아니라 영어해독 능력에서도 회사에서 공부하는 데 기초가 되었습니다."(서득호)

한글문서에 의존하면 어떻게 되는가? 서득호는 "한국 매뉴얼은 용어가 어렵고, 잘 정리되어 있지 않다"면서, 한글문서에만 의존할 경우 해독의 어려움이 가중되거나 그릇되게 이해할 가능성이 높다고 지적했다. 이 때문에 프로그래머인 김교현은 아예 영어책에 의존하는데, 그 효과를 다음과 같이 설명한다.

"다른 사람들은 번역서만 보려고 하는데, 저는 영어문서를 기준으로 삼으려 하죠. 회사에서 영어책을 보는 것은 저뿐이에요. 줄을 치면서 보기 위해 회사 책을 안 보고 개인적으로 사서 보죠. 이렇게 영어책으로 공부하면 정보를 얻는 속도와 범위가 남과 달라집니다."(김교현)

자신이 일하는 분야에서, 특히 기술개발의 속도가 빠른 IT 분야에서는 지식습득 능력이 일하는 역량의 차이를 가져온다. 글로벌화되고 기술개발의 속도가 빠른 IT 산업에서는 글로벌언어인 영어로 지식을 꾸준히 습득하지 않으면 일하는 능력 자체가 떨어진다. 정보를 얻는 속도, 지식의 범위, 정확성의 차이가 지속되면 영어해독력의 차이가 일하는 능력의 차이로 직결된다. 일 년 동안 영어로 IT를 공부한 경험은, 향후 자신의 전문 역량을 키워가는 데 필요한 기초 체력을 갖추게 해준다.

영어 실력은 글로벌화의 힘을 구성하는 중요한 축이지만, 아이러니하게도 영어구사력의 핵심은 영어귀신으로부터 벗어나는 데 있다. 그 귀신으로부터 벗어나면 일에 대한 열정, 전문 역량, 외국인과 문제를 함께 해결하려는 태도가 영어 실력보다 우선한다. 더 중요한 것을 위에 올려놓고 영어를 그 밑으로 종속시키는 정상화, 즉 영어를 일과 커뮤니케이션의 수단으로 되돌려놓는 것이 글로벌화의 힘으로서 영어 실력을 갖추는 핵심이다. 비정상을 정상으로 만들 때 영어가 글로벌화의 힘이 되며, 그때야 비로소 우리는 영어의 노예 신세에서 해방되어 주인으로서 영어를 부릴 수 있다.

영어귀신으로부터 벗어나는 문제는 문화적 열등감을 넘는 문제이면서, 영어를 일과 인간관계를 위한 수단으로 재정립하는 문제이다. 물론 영문법 기초가 약한 학생들에게는 이를 스스로 공부해내는 힘과도 연관되고, 남과 대화할 때 적극적인 태도와도 연관된다. 그런 점에서 영어 능력의 향상은 상당부분 개인의 일 역량과 공부 역량, 커뮤니케이션 역량과 연관되어 있다. 다만 인도에서 문화적 열등감 없이 영어를 훈련할 수 있다는 점, 그리고 영어로 IT를 공부했다는 점에서 학생들의 영어 실력의 향상은 '거기서' 도움을 받았다고 할 수 있다.

앞서 국제활동의 힘을 '거기서' 얻은 데 고무된 필자가 영어 실력도 '거기서 얻었으리라'고 가정하고 탐색한 결과는 반쯤은 고무적이다. 개인적 역량이 있는 학생들이 인도에서의 IT 영어 훈련을 통해 영어구사력이라는 글로벌화의 힘을 키웠기 때문이다. 그 정도면 '볼 눈이 있는 자만이 거기서 파랑새를 찾는다' 정도로 정리할 수 있다. 조금 약하긴 하나 '거기에 파랑새가 있다'는 가설을 어느 정도 뒷받침한다.

지구인의 힘

"작은 틀이 무너졌어요."(변아람)

변아람은 인도 창 경험의 가장 큰 성과를 그렇게 정리했다. 작은 틀이 무엇이고, 그게 무너졌다는 게 글로벌화의 힘과 무슨 상관이 있는가?

작은 틀이 무너진 것은 "인도에 가면 인도 사람이 되어야 했기 때문"이라고 변아람은 설명한다. 이질적 환경에 적응해야 했고, 적응에 성공하고 나니 인도 사람이 되었다는 것이다. 그렇다고 한국 사람임을 버린 것은 아니니, 한국 사람이면서 동시에 인도 사람이 된 것이다. 한국 사람이기만 했던 나의 작은 틀이 무너지고, 인도 사람이기도 한 이중문화인으로 자신을 확장할 수 있었다.

여기서 우리가 찾은 것은 '한국인으로서의 나'와는 다른 새로운 정체성의 힘이다. 자신의 정체성을 학교나 회사에서의 직위, 봉급 수준과 동일시하는 사람은 학벌과 직위와 봉급의 높고 낮음에 따라 뻐기고 오그라들게 되어 있다. 자신의 정체성을 국가나 민족과 동일시하는 사람은 다른 국가와 민족을 만날 때 우열에 따라 정체성의 힘이 강해지고 약해진다. 이렇듯 구분된 대상에 자신을 동일시하는 사람은 그것의 사회적 평가치에 따른 힘을 가지지만, 보다 높은 차원의 대상이나 개념에 동화하려는 사람에 비해서는 대체로 그 힘이 약하다.

인도 창 출신들이 새로운 정체성을 얻는 과정은 네 가지 단계로 구분할 수 있다. 처음에는 영어를 쓰는 커피색 피부의 사람들이 대화하면서 고개를 좌우상하로 흔드는 것이 재미있어 따라하기도 하고, 길거리를 제집처럼 쏘다니는 소와 개가 신기해 눈여겨보기도 하고, 손을 툭툭 치며 달라붙는 소녀 거지의 눈빛도 신선한 충격을 주고, 편도 일차선의 길을 추월하기 위해 마주 오는 차와 거의 부딪치기 직전에 살짝 들어가는 교통문화도 스릴 있다.

그러나 3개월 정도 지나면 모든 것이 짜증나기 시작한다. 수도료, 전기료는 물론 심지어 2층을 오르내리는 계단사용비조차 뜯어내려는 주인아줌마 때문에 짜증나고, 10루피밖에 안 나오는 거리를 가고서 50루피를 부르는 릭샤 기사에게 매일 화딱지가 나고, 교육기관인 '앱텍'에 컴퓨터를 고쳐달라고 하면 "내일 해주겠다"며 일이 주일이 지나도 아무 소식 없는 데 열불이 터진다. "그러니까 인도가 가난하지"라든가, "인도는 어쩔 수 없어"라는 저주 섞인 말도 튀어나온다.

> "인도인들이 이해되지 않는 경우가 많았어요. '이 사람 왜 이러지?' 하는 상황이죠. 처음에는 '우리보다 후진국이니까'라고 해석했어요. 그래서 릭샤 기사와는 목이 터져라 싸우곤 했지요. 현지에 거주했던 한국인 아저씨가 우리에게 '인도인은 사기를 많이 치니 릭샤를 타면 꼭 미터 숫자대로 내라'고 충고해주었던 것도 한 요인이었죠."(장혜경)

이런 것들은 한국인으로서 겪는 짜증이다. 그러나 인도인에게 화를 낼 때 내 목소리가 아무리 커도 거대한 인도에 부딪히면 모깃소리에 불과하다. 게다가 인도인들은 화도 잘 안 낸다. 화나는 건 나뿐이다. 이쯤 되면 인도 문화에 대한 분석이 시작된다. 잘 아는 인도 친구에게 "인도인들은 왜 문제가 많으면서도 '문제없다'고 말하는가?" 하고 물어보기도 하고, 인도인에게 반응하는 한국인으로서의 나에 대한 분석도 하기 시작한다.

> "같은 한국 사람에 대해서는 부류를 만들어놓고 '이런 부류의 사람에게는 이렇게 대하는 식'으로 정리가 되어 있었죠. 그러나 인도 사람에 대해서는 그게 없다 보니 '이 사람 왜 이래?' 하는 반응이 나오는 거죠."(장혜경)

인도인을 이해할 코드가 내게 없다는 것이다. 전화 고장의 경우 "내

일 고치겠다"고 했을 때, 진짜 내일을 기대한 한국인과 '조만간' 정도로 해석한 인도인과의 틈 사이로 '인도인들은 사기꾼'이라든가 '인도는 후진국'이라는 관념이 끼어들면서 화내는 나의 우월성과 정당성을 보증해준다. 그러나 미국이나 유럽에서 산 사람들이었다면, 똑같이 느려터진 그들의 문화를 접해도 '선진민족'의 습관이므로 참아낼 뿐 아니라 '그들의 여유를 배워야 한다'는 각성에까지 이를 것이다.

이러한 과정은 '한국에 가면 한국 사람이 되어야 하는' 외국인들도 똑같이 겪는 것들이다. 그들도 화를 내다 지치는 지점에 이르면, 변화될 것이 그렇게 많지 않다는 생각에 도달할 것이다. 결국 노력해서 변화시킬 것은 남들이 아니라 나 자신이 되고, 그때부터 그들의 문화코드를 내 안에 입력시키는 일이 시작된다. 인도인들의 말처럼 "여기는 인도이기 때문(This is India)"이다.

인도인들의 문화코드가 내 안에 들어와 자리를 잡으면, '내일 해주겠다'를 '일주일 후쯤'으로 해석할 정도로 현지화가 진행된다. 그리고 빨리 해결해야 할 필요가 있으면 자주 전화를 걸든지, 그와 사적인 대화를 나누며 친숙해져 나의 필요성을 간곡하게 설명하면 된다. 50루피를 부르는 릭샤 왈라에게도 살짝 웃으며 10루피를 주고는 "고맙다"고 말하고 손을 흔들며 떠나버릴 수 있고, 집주인 아줌마에게도 먹을 것을 가끔 사다주고 "아줌마(aunt)"라고 부르기 시작하면 태도가 달라진다. 이쯤 되면 인도식 삶의 기준이 내 안에 자리 잡는다.

인도의 문화코드가 내 안에 자리 잡는 효과는 단순히 인도인이 이해된다는 측면에 한정되지 않는다. 화낼 일이 줄어들고, 심지어는 인도의 강점도 보이기 시작한다.

"인턴십 회사의 동료가 연 파티에 가서 인도인들을 좀더 깊이 있게 보는 경험을 했어요. 인도에서는 자식들이 아빠와 친구처럼 얘기해요. 자식들에게 텔레비전을 안 보여주는 부모들의 엄격함도 배울 것들이고요. 인도 선생님이 '너희 한국은 다 서양 옷을 입지 않느냐. 우리는 조상들이 입던 옷을 입는다'고 했을 때는 부끄러움도 느꼈어요. 회사에서 인턴십을 하면서 본 것이지만, 인도에서는 능력에 따라 승진하는데 우리는 나이가 중요하다는 것도 우리가 못 미치는 점이에요."(이철민)

문화 차이에 대한 이해를 넘어 다른 문화로부터 배울 것들을 뽑아낼 수준에 도달하면, 세계 문화를 '선진'과 '후진'으로 구분해왔던 한국인의 고정관념이 깨지는 지점에 이르게 된다. 인턴십에서 시스템관리자로 일했던 정지예는 말한다.

"인턴십은 인도 사람들과 접할 가장 큰 기회였어요. 회사 내 인도인 동료들이나 출장에서 만난 손님들, 회사에서 청소 같은 것을 하는 하인들 …… 이들을 보면서 세계관이 바뀌었어요. 예전엔 경제수준이나 생활수준으로 세계인들을 구분했어요. 지금은 인도 사람들을 무시하지 않습니다. 그들의 축제 광경을 보면 알지만, 경제수준은 떨어져도 삶을 즐길 줄 알아요."(정지예)

장혜경도 그런 고정관념이 무너져갔다.

"편견을 극복할 수 있었어요. 인도 가기 전에는 외국인 노동자들을 피하는 경향이 있었죠. 그들 중에는 그 사회에서 엘리트였던 사람도 많을 텐데 …… 요새는 얼굴 까만 사람들에게 왜 이렇게 친근감이 느껴지는지! 슬럼이 많아도 행복지수가 높은 나라죠."(장혜경)

여기서 변아람이 말한 "작은 틀이 무너졌다"는 것이 무엇을 의미하는지 분명해진다. 작은 틀이 무너진다는 것은 일차적으로 한국 문화코드의 독점체계가 만들어낸 편견이 붕괴된다는 것을 의미한다. 그것이 한국 문화코드와 인도 문화코드가 병존하는 데까지 이르면, 필요에 따라 무리 없이 적절한 코드를 들이대는 능숙한 수준에 이른다. 그리고 문화간 차이에서 발생하는 갈등을 무난히 소화할 이중적 시각을 갖추게 된다. 이 단계를 '문화코드의 이중화'라고 부를 수 있겠다. 이것이 두 번째 단계이다.

그런데 이중코드가 형성되고 필요에 따라 적절한 코드를 들이대는 데 능란해지면 이중인격적인 양상이 나타나기도 한다. 가령 해외에서 살던 사람들이 혹은 외국회사에서 일하는 사람들이 필요에 따라 미국식, 한국식 잣대를 들이대는 경우이다. 이 경우 이중문화코드는 글로벌화의 힘이라기보다는 편의에 따라 바꾸는 얍삽함으로 느껴진다. '작은 틀이 무너지는' 과정은 정지예가 말한바 '세계관이 바뀌는 지점'까지 가지 않으면 이기적인 수준에 머문다.

단지 새로운 문화코드가 하나 더 들어와 기존의 코드와 병존하는 데 그치지 않고, 삶과 인간을 바라보는 새로운 눈이 생겨야 한다. 장혜경의 경우에는 '슬럼이 많아도 행복지수가 높은' 데 대한 평가 틀이 형성됨으로써 '행복'을 기준으로 인간을 바라보는 시선이 생겨났다. 정지예의 경우에는 세계인들을 경제나 생활수준으로만 평가했던 과거의 틀이 힘을 잃고, '경제수준은 떨어져도 삶을 즐길 줄 아는 데' 대해 높이 평가하는 시선이 생겨났다. 그렇게 되면 못사는 사람들이라고 해서 무시하는 태도가 사라지면서, 졸부 집안의 자식이 인도에 와서 미운 오리새끼로 놀며 '나는 한국 백조'라고 억지를 쓰는 인격의 변화가 시작된다. 인생을 행복 가치로 보는 높은 차원의 평가 틀이 형성되었기 때문이다.

그러나 새로 형성된 평가 틀은 기존의 평가 틀을 완전히 대체한 것이 아니다. 여전히 한국인이 경제적으로는 인도인보다 앞섰다고 생각하면서, 인도인들도 나름대로 행복하고 그 점에서는 우리보다 나을 수도 있다고 생각하는 이중적인 평가 틀을 갖는 것이다. 특정의 절대기준으로 세계를 서열화하기보다 다양한 기준에 따라 다양하게 배울 시각이 형성된다. 이 단계를 '시각의 다양화'라고 부를 수 있겠다. 문화적 상대주의도 여기에 속한다. 이것이 세 번째 단계이다. 이 단계에서는 한국인들이 얼마나 편협하고 획일적인 문화 속에서 살았는지를 알게 된다.

"우리 집에는 여덟 명이 살아요. 그래서 조용할 날이 없죠. 근처의 여자대학에 다니는 여대생이 세 명, 건축업을 하는 사람, 마케팅 파트에서 일하는 사람, 패션디자이너, 학원선생님, 직업 없는 백조 등 가지가지예요. 여자들만 사는 집이라 수다가 끊이지 않을 뿐더러 무슨 옷가게가 유명하며, 어디 미용실이 좋고, 어디 레스토랑에 무슨 음식이 맛있다며 사소한 것부터 시작하여 이야기가 끝이 없어요. 새벽을 넘길 때도 있고요. 인도라는 나라가 크다 보니 여덟 명이 각기 다른 지방에서 와서 언어며 종교며 다양해요. 어떤 친구는 말리아름어를 써서 말리아름 채널을 보고, 어떤 친구는 타밀 채널, 어떤 친구는 힌디 채널, 어떤 친구는 프랑스어 공부한다고 프랑스 채널, 난 영어 채널 …… 사람에 따라 채널이 하루에도 수십 번씩 바뀌죠. 이야기할 때도 각기 다른 언어를 써서 의사소통이 안 되면 대게 영어로 이야기해요. 정말 재미있는 나라죠? 종교도 다양해서 어떤 사람은 힌두이고, 어떤 사람은 무슬림이고, 외출할 때는 검은색 커버를 두르고 나가는 사람, 시간이 되면 창문을 향해 기도하는 사람, 크리스천 등등 다양해요. 한국에서는 상상도 할 수 없는 일들이죠. 이들은 오히려 '한국에서는 어떻게 한 가지 언어로 이야기를 하냐'며 단일언어인 것을 이상하게 생각할 정도예요."(유아사)

우리는 하나의 언어여야 얘기가 된다고 믿고 있는데, "어떻게 하나의 언어로 얘기하느냐"는 질문에 부딪히면 말문이 막힐 정도다. 엄청난 다양성의 폭포수에 젖고 나면, 그것을 받아들이기 위해 나의 편협했던 틀을 무너뜨리고 마음의 문을 열지 않을 수 없다. 이중정체성 혹은 다중정체성은 편협함을 무너뜨리는 만큼 힘을 갖는다.

작은 틀이 무너지는 변화의 네 번째이자 마지막 단계는 문화의 차원을 뛰어넘는다. 한국 사람이니 인도 사람이니 하는 것을 넘어 사람 자체, 인간 자체가 부상한다.

"인도인들이 춤추고 노는 걸 보면서 우리랑 비슷한 정서가 많다는 걸 발견하게 되었어요. 사람을 이해하는 깊이가 생겼다고 할까요? 혹은 사람을 보는 기준이 보편화되었다고 할까요."(정지예)

'우리랑 비슷하네' 혹은 '우리랑 다르네'의 차원을 넘어 '아, 인간이란 누구 할 것 없이 이런 거구나' 하는 깨달음이 오는 단계이다. 앞의 단계들에서는 '다름'과 '같음'이라는 반대말이 여전히 중요한 의미를 갖는다. 그러나 작은 틀이 마지막으로 무너지면 같음과 다름을 넘어서서 보편적 인간에 대한 이해의 지평이 열린다. 한국인이나 인도인뿐 아니라 영국 사람, 일본 사람을 보고도 '인간은 이렇구나' 하고 느끼는 지점이다. 이를 '시각의 보편화'라고 부를 수 있겠다. 문화적 장벽이 무너지면서 '보편적 인간'이 드러나는 지평이다.

이 차원에 이르면 외국인과 일한다 해도 그와의 사이에 절대 장벽이 가로놓이지 않는다. '보편적 인간과' 일하는 것이기 때문이다. 또한 한국인과 일할 때도 '인간이 갖고 있는 특성'으로 보는 눈, 즉 지혜가 생긴다. 보편적 인간에 대한 감지력으로 사람들을 대하기에 같음과 다름의 편협한 틀이 큰 장애를 일으키지 않는 것이다. 같은 인간 속에서 다른 점을 보며, 다른 인간 속에서 같은 점을 보고, 나아가 다르고 같은 인간 모두를 포용할 여지가 생긴다. 여기서 글로벌화의 힘은 포용력으로 표출된다.

보편적 인간에 대한 이해의 지평은 인간관계를 한 차원 높은 경지에서 운영할 능력을 낳는다. 멀티미디어 분야에서 소프트웨어 무역을 담당한 허진숙은 그 능력의 한 측면을 다음과 같이 기술했다.

"지금은 외국인들과 자주 일하는데 외국인이라는 생각이 안 들고, 마치 인도에서 다녔던 교육센터의 강사처럼 친구가 되고 싶고, 궁금하다는 생각이에요. 외국 파트너가 왔을 때 지예와 윤주를 불러 같이 쇼핑도 하고 시내구경도 했어요. 의도적인 게 아니라 그냥 그렇게 즐기고 싶었던 거죠. 덕분에 두 건의 큰 거래를 성사시켰어요."(허진숙)

'한국식'도 '인도식'처럼 보편적인 삶의 특수한 편향에 불과하니, 편향이 낮은 특수성의 장벽을 넘는 여지가 생기고, 이 여지를 통해 어떤 사람과도 쉽게 친구가 될 수 있다. 따뜻하게 해주면 누구나 좋아하고, 화를 내면 누구나 싫어하고, 누구나 지고의 꿈을 꾸면서 즐거워하고 괴로워한다는 보편적 경향을 몸으로 이해하면, 푸른 눈의 코잽이라고 다르게 대하지 않는 것이다. 그런 포용력의 마당이 넓으면, 친구가 되기 좋고 부담 없이 시간을 함께 보내기가 좋다. 일이 잘 풀리는 것은 그런 자연스러운 포용력의 부수적 결과일 뿐이다. 외국인에게 물건을 팔아야겠다고 작심해서 의도적으로 설득하는 사람과 외국인과 자연스럽게 친구가 되는 사람을 비교할 때 누구의 성과가 더 좋겠는가.

보편적 이해력과 포용력은 공간지각에도 적용된다. 해외출장을 자주 가는 김지혜는 말한다.

"예전엔 길눈이 어두웠어요. 인도 갔다 와서는 남들보다 화장실이나 길을 빨리 찾게 되었어요. 어디에 커피가 있고 …… 그런 것들을 빨리 알아차리죠. 그러다 보니 구미출장을 가도 박힌 돌처럼 행동해요."(김지혜)

공간지각력에 관한 한 대체로 여성들이 남성들에 비해 떨어지는데, 등산을 예로 들어 설명할 수 있다. 대체로 리더가 아니면 갔던 길을 다시 찾아가도 헤매게 마련이다. 즉, 공간에 대한 지각 능력은 책임을 진 사람에게서 발달한다는 것이다. 여자들이 공간지각이 떨어지는 이유도 공간적 탐사과정에서 남자에게 리더를 맡겨왔기 때문이다. 김지혜가 공간지각이 빨라지고 예민해졌다는 것은 인도에서 주도적인 생활을 운영해봤다는 사실을 암시한다.

다른 한편으로는 공간배치 문화의 특수성을 넘어 보편적인 공간감각이 발달했다는 측면도 암시한다. 공간배치 원리는 문화마다 다르기에 그 문화에 익숙하지 않은 사람은 화장실도 제대로 못 찾고, 담배도 못 사서 헤맨다. 그러나 한 공간문화를 주도적으로 경험하고 나면 공간배열 원리의 보편성을 감지하게 된다. 설악산에서 길을 잘 찾는 등산가는 다른 산에 가서도 길을 잘 찾을 가능성이 높다. 등산로가 나는 보편적인 방식을 체득했기 때문이다. 인간에 대해서나 공간에 대해서나 보편적 원리를 체득하면 자유로워진다. 특수성을 벽으로 보지 않고 부드럽게 포용할 투명한 커튼 정도로 보기 때문이다. 보편적인 정감, 나아가 보편적인 사랑의 여지가 크는 것은 그 자연스러운 결과이다.

"예전에는 뉴스에 외국 얘기가 나와도 별 관심이 없었는데, 지금은 모든 외국인과 거리감이 좁아진 것을 느껴요. 특히 TV에서 릭샤가 나오면 고향 같은 느낌이 들지요."(전윤주)

"나중엔 '정'도 많이 느꼈어요. 명절 때 떡을 갖다주는 이웃집 할아버지 ……"(장혜경)

"길에서 인도인처럼 생긴 사람들을 보면 되게 반가워요. 고향친구 보는 느낌이죠."(박하나)

애초에 나를 괴롭힌 것은 인도인이나 인도 문화가 아니라 바로 나 자신이었다. 내가 자기 자신을 한국인으로만 동일시했으니, 인도인은 남이고 남의 것들은 신기하거나 기분 나쁜 것일 수밖에 없었다. 게다가 한국을 선진국에서 후진국으로 늘어선 서열의 중간 윗부분에 위치시켜 놓았기에 서구인을 보면 이유 없이 비굴해지고 인도인을 보면 목에 힘을 주었다. 그런 인식 틀이 나를 괴롭혀왔던 것이다.

작은 틀이 깨지면서 인도인에게 고향의 정을 느끼게 되고, 다른 문화의 사람들에게 명절의 떡이나 고향친구 같은 느낌을 갖는다면 그 사람의 정체성은 '지구인'이다. 문자 그대로 지구가 고향인 사람이다. 그런 사람에게서 보편적 고향애, 보편적 친구애, 즉 인류애의 힘은 커지게 마련이다.

작은 틀의 무너짐은 궁극적으로 글로벌 자아의 탄생을 예고한다. 한국인으로서의 나, 성공회대학교 학생으로서의 나, 혹은 인도 창 2기생, 어느 회사의 프로그래머, 어느 집안의 둘째딸 등 한정된 지표로 자기를 정의하는 기성의 자아개념 위에 '지구인으로서의 나'라는 글로벌 자아개념이 자리 잡는다. 이런 자아개념의 싹은 다음과 같은 데서부터 나온다.

"내가 외국인, 소수자가 되어서 바라본 세상이었어요. 세상에 숱한 사람들, 수없이 다양한 사람들 속에서 나를 깨달은 셈이죠."(신동석)

지구인으로서의 나는 언어로 정의하기 곤란하다. 분명히 한국에 대한 애국심이 강하게 살아 있음에도 빤질빤질한 서울 사람보다는 더럽지만 순진한 네팔 사람들에게 동질감이 더 느껴지는 것은, 논리적으로는 모순이지만, 지구인들의 뚜렷한 경향 중 하나이다. 그러다 보면, 인도 창 출신 중 한 명이 그랬듯이, 인도에서 만난 우즈베키스탄 여학생과 결혼하는 일이 발생하기도 한다. 해외에서 살고 싶어 하고, 국내에서도 국제적인 일들을 하려는 것도 지구인들이 보이는 현상 중 하나이다.

"외국으로 나가려는 욕구가 커졌어요. '큰물에서 놀고 싶다'는 욕구가 생긴 거죠."(정지예)

바깥에 나가면 '큰물'이 있을까? 지구인들은 국가주체성을 상실하고 외국문화를 추종하는 인간들인가?

> "자꾸만 해외에 나가려는 욕구가 생겼어요. 얼마 전엔 북경에도 다녀왔어요. 해외에서 배우는 게 많아요. 혼자 방도 구하고, 신선한 친구를 사귈 수 있고요. 외국 친구를 통해 많은 걸 배우고 느꼈어요."(박하나)

배우는 게 많다는 것이다. 습관화된 문화 속에서 모든 것을 당연시할 때의 타성을 벗어나려는 시도이다. 그렇다면 한국에는 배울 게 없다는 것인가? 이제까지 미국에서는 배우되 한국에서는 가르치기만 하려던 사람들과 무슨 차이가 있는가? 바로 이것이 글로벌화에서 정체성을 정립하려는 사람들이 쉽게 빠질 수 있는 함정이다.

그런 충동은 단순히 지리적 장소만을 넓히는 허망한 짓일 수 있다. 현란한 서양 어느 도시에 가서 살아봤자 볶이는 생활은 여전하고, 오히려 김치와 삼겹살에 소주를 마시며 한국 친구들과 시원하게 한국말로 떠드는 꿈에 시달릴 가능성이 크다. 그런데도 '더 큰 자아'를 찾으려는 이들의 시도가 의미가 있을까? 인도 회사에서 프로그래머로 일하고 있는 고인수는 인도에 남기로 한 결정에 대해 다음과 같이 설명한다.

> "눈이 넓어졌어요. 그리고 '세계를 봐야겠다'는 생각이 들었죠. 세계를 무대로 살아야겠다는 욕구와 이를 실행하는 데 따르는 무게를 감당할 책임감 둘 다 커졌습니다. 넓은 세계를 무대로 살겠다는 자유의 의지와 거기에 따른 불확실성을 감당해야 한다는 책임감 모두가 커진 거죠. 욕심과 두려움이 동시에 커졌다고 할 수도 있고요. 여기서 두려움은 '한국에 돌아가면 어떤 위치에 있을까?'와 같은 것이죠. 일 년의 인도 창 과정에서 마지막에 남은 두 가지가 바로 그것입니다. 결국 그 둘의 무게가 커지면서 인도에 남기로 결정한 겁니다."(고인수)

더 넓은 무대에 도전하려는 힘과 그에 따른 불안의 이중성이라 할 수 있겠다. 그가 외국에서 일하기로 결심한 데 작용한 두 가지, 소극적으로 보면 욕심과 두려움이고 적극적으로 보면 자유와 책임의 두 가지 지향은 지구를 고향으로 삼고 일하려는 사람들이 내면에서 느끼는 길항적인 두 힘이다.

여기서 자유와 책임이라는 개념을 사용한 것은 의미가 깊다. 해외에 나가려는 욕구, 세계 무대에서 뛰어보겠다는 욕구는 자유를 지향하는 큰 힘이다. 그러나 이것만 있다면 '지겨운 한국을 벗어나고 싶다'는 일상인들의 욕구와 다를 바 없다. 그런 도피 욕구를 자유로 치장하며 바깥으로 나가봤자 한국의 소주를 그리워하게 되어 있고, 다시 한국에 들어와서는 '바깥에서는 이렇게 형편없지 않았다'며 투덜거리게 되어 있다.

지구인의 정체성을 실현하려면 불확실성이 자극하는 소주와 삼겹살의 구심력을 탈출할 정도의 다른 힘을 갖추어야 한다. 내면의 불안을 극복하는 것은 물론 가족과 주변 사람들에 대한 의무도 재확인해야 하고, 나아가 그런 자기 삶에 대한 강력한 의미 부여가 있어야 한다. 그 힘을 책임감으로 표현한 고인수의 통찰력이 돋보인다. 진정한 지구인이 되기 위해서는 습관적인 삶의 무대를 탈출하려는 자유의 의지는 물론 그 불확실한 삶을 통해서도 이웃과 나 자신의 삶 전체에 대한 책임감이 겸비되어야 한다.

바깥을 향한 충동을 지닌 사람들은, 신동석이 지적한바, '수없이 다양한 사람들 속에서의 나'를 확인하려는 자기 확장의 의지를 갖는다. 그러나 그들이 진정한 지구인이 되기 위해서는 더 높은 수준의 자유와 그에 따른 책임을 감당할 힘이 있어야 한다. 내가 실현하려는 것은 '수없는 사람들 속의 나' 정도가 아니다. 자기 삶에 닥칠 불확실성의 궁극을 감당하려면, '하늘의 숱한 별들 속의 무량한 생명체 중 하나인 나'에 이르러야 한다. 우주 속에서 한 번의 삶을 받고 태어난 나의 자유와 책임을 걸머질 정도까지 가야 한다. 그런 힘을 갖춘 글로벌 자아를 '우주인'이라고 해야 할까?

'한국인으로서의 나'라는 작은 틀이 깨지면서 문화의 다양성을 받아들인 것은 국제사회에서 살아갈 유연한 사고를 획득한 것이고, 나아가 보편적 인간성이라는 새로운 범주가 형성된 것은 인간에 대한 지혜가 생겼다는 것을 의미한다. 더 나아가 지구인으로서의 정체성을 실현하기 위한 한 쌍의 날개, 자유의 의지와 책임감이라는 양 날개를 편 것은 글로벌시대를 감당할 만큼 힘이 충분히 컸다는 것을 의미한다. 수준 높은 자유와 책임의 양 날개를 폈을 때, 지구인은 글로벌 공기를 뚫고 날아갈 수 있을 것이다.

글로벌 자아의 힘은 인도 생활 일 년 동안에 형성된 것이니 '거기에' 파랑새가 있었다고 말할 수 있다. 그러나 동시에 내면의 짙은 고뇌를 통해 완성된 것이니 '거기에만' 있었다고 할 수는 없다. 그런 점에서 거기에 있으리라 가정된 파랑새의 모습은 여전히 흐릿하다.

반전

위에서 언급한 세 가지가 전부이다. 인도 창 출신 중 절반의 국제활동, 영어귀신과 싸워 물리치기, 지구인으로서의 정체성을 추구하는 경향이 글로벌화의 힘으로 발견한 전부이다.

이것이 전부라 생각하니 참으로 허전했다. 필자가 찾아나선 파랑새는 학생들이 국내에서 겪는 학벌이라는 사회진입 장벽을 극적으로 넘어설 신비의 마술지팡이 같은 것이었다. 게다가 이 마술새를 타면 국내 장벽을 넘을 뿐 아니라 인도나 싱가포르, 실리콘밸리나 케임브리지 등지를 날아다니며 천하를 누비는 봉황이 될 것이었다. 애초에 그렸던 그 파랑새, 화려한 날갯짓에 목소리도 먼 계곡까지 울릴 정도로 청명하고, 하늘을 비상하는 모습이 도도한 그런 파랑새는 찾을 수 없었다.

국내에 돌아와 1~3년 사이에 학벌장벽을 넘어 이른바 일류기업이라는 곳, 즉 대기업이나 외국기업에서 일하는 학생들은 평균 30퍼센트도 안 되었다. 물론 평균적인 성공회대학교 출신들보다는 높은 수치이지만, 우리가 꿈꿔왔던 파랑새 효과라고 하기에는 미미하다. 해외에서 취직한 경우도 인도 기업에 한정되고, 그것도 소수에 불과하다.

더 결정적인 문제는, 세 가지 글로벌화의 힘도 모든 학생들에게서 발견되는 것이 아니라는 점에 있다. 국제활동은커녕 이상만 높아 취직도 못하고 쩔쩔매는 학생들, 영어귀신에 더 홀려 귀국해서도 영어학원에 다니거나 어학연수를 또 떠나겠다고 나서는 학생들, 한국인으로서의 작은 틀을 깨기는커녕 마지막까지 인도인들을 욕하며 기존의 편견을 더 강화하고 돌아오는 학생들……

만약 파랑새가 '거기에' 객관적으로 있는 것이라면 이런 학생별 차이는 크게 나타나지 않았을 것이다. 인도와 IT와 영어는 외적 조건이었을 뿐, 그 조건을 자신의 힘으로 만든 것은 학생 개개인이 갖고 있던 역량이었다. 역량이 안 된 학생들은 역효과까지 보였다. 학생들마다 효과가 다르다면, 파랑새는 '거기에' 있는 것이 아니다. 결론적으로 2000년부터 5년 동안 7기까지를 파견하면서 우리가 찾아 헤맸던 그 파랑새는 없었다고 보아야 한다.

그런 결론에 이르자, 파랑새를 찾을 수 있으리라고 강변하면서 학교와 학생들을 설득하고 다녔던 필자로서는 여간 실망스러운 일이 아니었다. 인도 창 출신들 중에도 그들이 찾던 파랑새는 거기에 없었다고 생각하는 경우가 적지 않았다.

필자는 그 과정에서 인도 뱅갈로의 한 도랑에 떨어져 무릎 인대를 다친 후 매주 하던 교수축구에도 끼지 못하고 구경만 하는 형편이 되었고, 학생 문제를 놓고 인도 파트너나 학교 관련자들과 얼굴을 붉히며 싸운 날은 헤아리기 힘들 정도였고, 주임으로 지내는 동안은 거의 매일 밤 학생들을 위한 기도를 하지 않고 넘어가기가 힘들었다. 자식들에게 미안한 마음이 들 정도로 인도 창 학생들에게 매달렸다. 그런데 결과적으로 '그것'은 없었다. 아쉽고 허탈하지만 솔직히 고백하지 않을 수 없었다.

이제까지 필자가 얼굴을 붉히며 싸운 모든 사람들에게 미안했다. 같이 애를 쓴 교수들에게 얼굴을 들기 힘들었고, 현지에서 "문제가 있다"며 저항하는 학생들에게 "선생에 대한 믿음이 없다"며 마구 몰아세운 게 진심으로 미안했다. 내가 잘못 생각한 것이며 내가 실패한 것이기에.

필자는 파랑새를 졸업생 속에서 찾으려는 시도를 포기하고 방 안에 처박혀 하염없이 세월만 보냈다. 공부기간과 준비기간까지 포함하면 8년간의 노력의 여정이었다. 아마 평생에 이렇게 정열을 쏟았던 일도 별로 없을 것이다. 오래 돌아다녔다. 이제 파랑새고 뭐고 간에 포기하고 노년을 준비할 때가 되었다.

처박힌 방 안에서는 인도 창 출신들의 얼굴이 하나하나 떠올랐다. 각자의 꿈이 있었고, 기질이 있었고, 어려움이 있었던 삶들…… 어떤 학생들은 자신의 길에 잘 들어설 뿐 아니라 디뎌야 할 한 걸음 한 걸음을 잘 걸어간다. 반면 어떤 학생들은 자신의 길이 무엇인지도 모르고 어디로 발을 디뎌야 할지도 몰라 이 직장 저 직업을 전전한다. 어떤 학생들은 일 년의 과정을 거치며 얼굴에 기운이 넘쳤고, 어떤 학생들은 오히려 불안의 기운이 커졌다. 무엇이 이들의 차이를 결정하는 것일까? 대학성적일까? 그들의 성적을 뒤져보았다. 여러 변수를 대입하여 통계도 내보았다. 통계에서 나타난 바는 학교성적과 사회에서 자신을 실현하는 정도 사이에는 아무런 관계도 없다는 것이었다. 그렇다면 무엇일까?

학생들의 차이를 느끼면서부터 흐릿한 안개 속에서 무엇인가 드러나기 시작했다. 그 형체가 점점 분명해졌다. 그것은 학생 개개인에게서 느껴지는 힘의 차이였다. 자신감이 있고 꾸준하면서 포용적인 학생과 그런 힘이 약한 학생과의 차이였다. 그걸 인격이라고 하는가, 인성이라고 하는가, 아니면 태도라고 하는가? 다 맹숭맹숭한 말들이다. 학생들에게서 느껴지는 그 힘은 거의 물리적인 에너지라고 할 만큼 분명히 느껴졌다. 그 힘의 크기와 방향에 정확하게 들어맞는 일과 직장이 그들에게 다가왔다. 그 힘은 마치 자석과도 같아서 일치하는 대상을 정확하게 끌어당겼으며, 마치 운명을 끌어들이듯 전파를 발산하고 있어서 전혀 몰랐던 환경과 인물과도 만나게 하는 것 같았다. 그러면 그 힘을 무엇이라고 부를까?

필자는 그것을 공력(功力)이라고 부르기로 했다(이에 대한 자세한 얘기는 제3부에 이어진다). 공력의 차이가 학생들이 사회에 나가서 하는 일의 수준 차이를 결정했고, 공력이 흐르는 방향의 차이가 일의 내용적 차이를 결정했다. 자기 공력의 수준보다 높은 수준의 일을 맡은 사람은 얼마 안 있어 그 직장을 나와야 했다. 자신의 공력보다 낮은 수준의 일을 하는 사람은 얼마 안 있어 보다 높은 수준의 일이나 직장으로 옮겨갔다. 그러니 조정과정은 있을지언정 공력의 수준에 적합한 일이 정확하게 주어진다고 볼 수밖에 없었다. 뿐만 아니라 공력의 차이가 인도에서 배우는 내용과 그 양도 결정했다. 배우는 양이 많아진 학생은 공력을 상상 이상으로 높였고, 그 높아진 공력에 적합한 일들을 찾아나갔다. 그것이 가장 성공적인 케이스였다. 반면 공력이 낮은 학생은 인도 창 과정에도 잘 적응하지 못했고, 돌아와서도 별 효과를 보이지 못했다. 그래서 인도 창 과정에 대한 인도 창 출신들의 평가는 극과 극의 차이만큼이나 상반된다.

여기까지 사고가 미쳤을 때, 인도 창 프로그램의 실체가 분명히 드러나기 시작했다. 공력은 독립변인이자 종속변인이기도 했다. 기존의 개인 공력 차가 인도 창에서 얻는 힘의 차이를 결정하며, 새로 얻는 힘만큼 졸업 후의 삶의 질도 달라졌다. 대체로 인도 창 과정은 공력이 일정 수준 이상인 학생들이 참여해야 좋은 성과를 보였다. 일상적인 대학 프로그램에서는 학생들간의 공력 차가 드러나지 않는다. 반면 인도 창 같은 교육은 그 도전이 매우 강하기 때문에 힘이 약한 학생들은 견디기도 힘들고 효과도 별로 없었다.

학생들간 차이에 주목하면서부터 그토록 찾던 파랑새가 서서히 모습을 드러내기 시작했다. 파랑새는 공력을 질적으로 높인 학생들의 마음 안에 뚜렷이 자리 잡고 앉아 눈이 부시도록 파란색을 발산하며, 귀가 쫑긋해질 정도로 청명한 소리로 울고 있었다. 그것을 발견하는 순간 필자의 마음 안에도 파랑새가 또렷한 소리로 노래하고 있음을 깨달았다. 오랜 방랑 후 우리 내면에서 파랑새를 찾은 것이다.

파랑새는 인도에 가면 누구나 찾을 수 있는 게 아니었다. 거기 가면 모든 게 해결되리라는 기대는 환상이었다. 인도에 가면 영어를 원어민처럼 하고, 컴퓨터 일은 빌 게이츠처럼 하고, 한국에서 갑갑했던 나의 한계는 말끔히 씻어지리라는 학생들의 기대나 인도에 학생들을 보내면 실리콘밸리로 날아다닐 것이라고 생각했던 교수들의 기대 모두가 환상이었다. 그런 인도는 없다. 작지만 또렷한 비전을 가지고 자신의 알을 품어낼 힘을 가진 사람, 자신이 키워낸 파랑새를 알아차릴 눈을 가진 사람만이 그것을 발견할 수 있었다. 인도에서의 방랑은 내 안에 새의 알을 품어 안는 과정이자 알을 깨고 나와 퍼덕거리는 파랑새를 알아차릴 눈을 키우는 과정이었다.

"이렇게 멀리까지 와서 발견한 건 제 자신이에요."(정해정)

우리가 인도에 간 것은 무의미한 일이 아니었다. 그것은 내 안에 파랑새를 포태하고, 정성스레 보듬고, 마침내 파랑새가 알을 깨고 나오게 하는 과정이었다. 그리고 그런 파랑새를 볼 눈을 키우는 과정이었다. 결국 파랑새는 거기에 있는 게 아니라 여기 내 안에 있었다.

그 눈으로 쳐다보니 인도 창 출신들 안에서 작지만 꾸준한 새의 배냇짓을 감지할 수 있었고, 조금씩 껍질을 깨고 나온 하늘빛처럼 소박한 파랑새가 보였다. 일부 학생들 속에서 파랑새를 보고 나니, 다른 학생들 가슴속에서도 파랑새가 보이기 시작했다. 다만 알을 깨고 나온 경우도 있고, 알 속에 보듬어 안겨 있는 경우도 있고, 포태되기만 한 상태도 있었다.

누구에게나 균일한 효과를 미치는 외부환경은 없다는 지극히 당연한 사실을 왜 잊고 있었을까? 힘이 있는 사람만이 바깥의 조건을 이용하여 자신을 향상시킨다는 사실을 왜 이 프로그램에 대해서만 잊고 있었던 것일까? 아마도 공짜심리 때문일 것이다. 인도가 혹은 인도 창 과정이 뭔가를 해줄 수 있으리라는 바깥 의존 심리가 다시 발동했던 것이다. 우리가 돌아온 곳, 거기에는 '세상엔 공짜가 없다'는, 자신이 공들인 만큼 얻을 수 있다는 매우 단순명쾌한 진리가 반짝이고 있었다.

파랑새를 우리 속에서 발견하고 나니 앞서 기술한 고인수의 지적이 전혀 새롭게 들렸다. 세계를 무대로 살아야겠다는 욕구와 더불어 그에 따른 불확실성을 감당할 책임감이 동시에 커졌다는 말. 자유에의 의지와 더불어 그 자유를 감당할 정도의 책임감이 커졌다는 말. 그것 때문에 인도에 남기로 결정했다는 지적.

외면만 볼 때는 그가 인도 회사에서 프로젝트 매니저까지 상승한 겉모습만 보인다. 그러나 그 외형에는 파랑새가 없다. 자유에의 의지와 책임감의 증대가 우리가 찾던 파랑새였다. 그것이 새롭게 높아진 공력의 양이며 내용이다. 우리가 인도까지 간 것은 바로 그 힘을 높이기 위해서였다. 외형적 직업이나 행로는 공력의 정도와 방향에 따라 결정되므로 우리가 신경 쓸 일이 아니다. 우리가 통제할 수 있는 것은 나 자신뿐이기 때문이다.

결국 우리는 치르치르와 미치르 남매의 여정과 똑같은 여정을 거쳐왔다. 남매가 집안에 있던 시답지 않은 비둘기가 파랗다는 것을 발견한 것과 똑같은 과정을 우리도 밟았다. 100년 동안 더 나아가지 못했고, 2,000년 전 김수로 왕과 허황후의 수준에도 못 미쳤다. 이 이야기는 <파랑새>의 21세기판, 그것도 한국판이 되었다. 우리가 아직도 바보처럼 '저 바깥에 그것이 있으리라'고 믿은 흔적이면서, 동시에 그런 똑같은 과정을 반복하면서 깨달은 소중한 무엇에 관한 이야기이다.

2부
나를 키우다

글로벌화는 바깥을 지향한다. 글로벌화는 바깥을 돌아다니는 여정 속에 만날 수많은 사람들과 그 사이에서 벌어질 숱한 사건들만큼이나 다양한 모험을 동반한다. 우리가 그 험난한 여정을 성공적으로 수행하기 위해서는 각종 모험을 감당하면서도 우리 자신이 붕괴되지 않을 정도의 힘이 있어야 한다. 바깥으로 나다니는 세상이 될수록 우리를 위협하는 위험에 수시로 노출되므로 이를 감당할 역량이 축적되어야 한다. 치르치르와 미치르가 기억의 나라, 밤의 나라, 미래의 나라에서 경험했던 각종 괴물들과 귀신들이 그 위험이며, 파랑새의 환상이 그 위험으로 끌어들이는 미끼이다. 그 미끼에 속지 않고 각종 괴물들과 대결하려면 우리 내면의 힘이 질적으로 크지 않으면 안 된다.

그래서 글로벌화는 로컬화를 핵심 과제로 하지 않으면 위험하다. 로컬의 마지막 거점은 우리 각자의 마음이므로 마음의 힘을 키우는 것이 글로벌화의 핵심 과제이다. 앞서 발견한 글로벌화의 세 가지 힘도 로컬화의 결과로 얻은 힘이다. 국제활동 능력도 다름과 차이를 소화하는 내적 역량에서 크는 것이며, 영어 실력도 영어귀신에 대한 문화적·인격적 두려움을 넘는 데서 생기고, 지구인으로 자신을 확장하는 것도 자유의 의지와 책임감이 크면서 함께 큰다.

글로벌화는 로컬화를 동반한다. 여기까지는 학문적인 얘기이다. 삶의 문제로 가면 글로벌화는 로컬화를 동반해야 한다. 나아가 로컬화를 통해서만이 글로벌화의 목표지점에 도달할 수 있다. 로컬화를 핵심 과제로 하지 않는 글로벌화는 불가능할 뿐 아니라 위험하다.

이제는 인도 창 학생들이 얻은 로컬화의 힘들을 지식의 힘, 태도의 힘, 믿음의 힘, 지혜의 힘, 정서의 힘 등 다섯 가지로 구분하여 이야기할 것이다. 이것들은 인도의 교육 현장에서 글로벌화의 도전에 부딪히며 내면에서 쌓아올린 힘들이다. 이 힘들이 우리가 찾으려고 했던 파랑새의 본모습이며, 글로벌화 교육의 처음이자 끝이다.

2장

지식의 힘

로컬화의 힘은 지식부문에서 우선적으로 확인할 수 있다. 그 힘을 지식의 힘, 즉 아는 힘이라고 할 수 있다. 두 가지 측면에서 지식의 힘이 크는 과정을 살펴보자.

뿌리 지식의 힘

"아는 게 힘"이라고들 한다. 요새는 "지식이 힘"이라는 말을 자주 듣는다. 지식 경제가 등장하면서 그 의미를 웬만한 사람도 절감하게 된다. 그러나 좀더 깊이 파고들면 그런 말들은 다음과 같이 고치는 것이 정확하다. "뿌리를 아는 게 힘"이라고.

"현재 일하는 데 가장 기초가 되는 지식을 인도 창에서 배웠어요."(서득호)

IT 엔지니어로 일하는 인도 창 출신 중에는 이렇게 지적하는 경우가 많다. 조금 이상하다. 가장 기초가 되는 것은 저학년 때 이미 배우고,

고학년들이 참여한 인도 창에서는 실제적인 지식을 배우리라 기대했기 때문이다. 게다가 인도 창 프로그램의 인도 교육기관인 '앱텍(Aptech)'은 한국으로 치면 민간학원과 같은 곳인데, 이런 데서 기초 지식을 배운다는 것도 이상하다. 왜 그런 얘기가 나올까? 필자가 인도를 방문했을 때 인도 창 4기생들이 공부 내용에 관해 평한 말들이다.

"학교에서는 개념을 모르는 상태로 실습했어요. 그러니 '왜 그걸 하는 지' 몰랐죠. 이제는 보다 논리적으로 되었어요."(임미연)

"학교에서는 각 과목별 관련을 잘 몰랐는데, 이제는 모두가 하나의 연관성을 갖는다는 걸 발견했어요."(오은영)

다양한 기술들의 연관성을 알게 되고 그것을 통해 기술간 통합이 가능한 '깊은 지식'에 도달했다는 얘기이며, 그 핵심은 개념과 논리라는 것이다. 인도가 IT 강국이라는데, 실무적 지식보다 개념적 지식을 가르친다는 것은 필자처럼 IT 문외한에게는 이해가 잘 되지 않는다. 혹시 그것은 컴퓨터가 많이 보급되지 않은 저개발 지역에서 책을 위주로 가르치려는 편의주의가 아닐까? 이런 질문의 답을 찾기 위해 사회에서 엔지니어로 일하는 인도 창 출신들의 설명을 들어보자.

은행 전산화 분야에서 과제분석가로 일하는 김석정은 "인도에서 배운 지식의 효과를 회사 들어와서 확인했다"고 전제한 뒤, 그것은 "사고력, 즉 논리력이라고 할 수 있다"고 지적한다. 여기서 말하는 사고력이나 논리력이라는 것의 핵심 요소는 '개념과 논리'이다. 개념과 논리는 매 과목의 앞부분에서 스쳐 지나가는 게 보통인데, 이런 게 왜 그리 중요한가?

"왜 이런 프로그램을 짜는지, 그리고 어떻게 설계할 것인지의 문제가

수행하는 일의 80%인데, 이는 논리 없이는 할 수 없어요. 인도에서 A+B
의 결합은 무엇이 문제인지, 무엇이 강점인지를 배울 수 있었기 때문에
그런 지식을 바탕으로 회사의 높은 분들에게도 처리방법에 대해 설명할
수 있었죠."(김석정)

작업을 설계하는 입장에서는 그렇게 얘기할 수도 있을 것이다. 그러
나 설계된 작업 디자인에 따라 코딩을 하는 사람들은 어떤가. 금융 분
야에서 프로그래머로 일하는 이해준은 김석정의 얘기에 동조하며, "에
러가 나는 주된 원인도 논리가 제대로 안 세워진 것"에 있다며 논리력
을 작업능력의 핵심으로 꼽았다.
프로그래머로 일하는 안수정은 논리력을 '이론'이라는 개념으로 표
현하면서 다음과 같이 말한다.

    " '앱텍'에서의 수업내용이 중요한 것이었다는 걸 취직해보니까 알겠
    어요. 인도에서는 이론적 깊이를, 대학에서는 실기를 배웠기 때문에 양자
    를 결합할 수 있었죠."(안수정)

'앱텍' 같은 민간훈련센터에서 지식의 기반인 개념과 논리를 익혔고,
상아탑이라는 대학에서는 실기를 배웠다고 하는 것은 뭔가 뒤바뀐 듯
한 느낌이다. 그녀의 이야기를 이해하기 위해 다른 프로그래머의 설명
을 들어볼 필요가 있다.

    "컴퓨터 언어는 똑같습니다. 표현방식만 다를 뿐이죠. 핵심은 논리
    (logic)를 익혔느냐 기능(function)을 익혔느냐의 차이에요. 논리가 있으면
    뿌리가 있는 것이죠. 프로그래밍이 중요한 게 아니라, 그걸 가능케 할 논
    리와 개념이 구축되었느냐 아니냐의 문제입니다."(김교현)

김교현에 따르면 논리와 관련된 과목은 'C 언어', '자료구조', '알고리즘' 등인데, "우리 학교에서는 이런 과목들을 제대로 이해하는 학생이 13% 정도에 불과할 뿐"이라고 했다. '13'이라는 숫자가 어떻게 나온 것인지는 모르나 지식의 뿌리인 개념과 논리를 이해하는 사람은 소수에 불과하고, 나머지는 기능만 암기한다는 것이다.

김석정도 핵심 논리는 'C 언어' 과목에서 배운다고 전제한 뒤, "이를 제대로 이해하는 학생은 30% 이하"라고 언급했다. "대학에서 배우는 대부분이 기능적 지식"이라고 전제한 그는 "기능은 책에 다 있는 것"이라며 대학교육에 일침을 놓았다. "책에 다 있다"는 말은 필요할 때마다 매뉴얼처럼 참고할 수준의 지식이라는 뜻이다. "알고리즘과 DB만 알면 어떤 언어라도 접근 가능하다"고 말한 이해준도 그들의 말에 동조하고 있는데, "그걸 제대로 숙달하지 못했기 때문에 지금 회사 선배를 붙들고 점심 사드리며 배우고 있다"고 했다.

이들의 얘기를 요약하면, 뿌리 지식인 논리와 개념에 대한 이해가 없으면 아무리 많은 프로그램의 기능을 익혀도 별 쓸모가 없다는 것이다. 인도 기업에서 프로젝트 매니저로 일하는 고인수의 설명은 이들의 지적을 구체적으로 이해할 단서를 제공한다.

"인도 IT 산업의 힘은 분석력에 있습니다. 이는 회사에서 일할 때 결정적이죠. 본업에 들어가기 전에 분석부터 시작합니다. 쫄따구 때에도 분석력이 필요하죠. 왜냐하면 낮은 수준에서라도 판단을 계속해야 하니까요. 결국 프로그래머의 두 가지 핵심 능력을 들자면 논리력(분석력)과 여러 프로그램의 통합·연계 능력입니다. 인도 창을 통해 이런 뿌리를 다지는 데 도움을 받았어요."(고인수)

비록 민간학원이라도 인도의 전통에 따라 논리 및 분석력 위주로 공부했고, 이것이 인도에서든 한국에서든 사회에서 일하는 데 기반이 되고 있다는 것이다. 필자는 학생들이 인턴으로 일하고 있는 인도 기업들을 방문할 기회가 많았는데, 그 기업들이 학생들에 대해 평을 할 때도 '분명한 개념(clear concepts)' 혹은 '논리적 추론(logical reasoning)'의 능력을 중시한다는 것을 알았다. 인도 회사의 한 사례를 들어보자.

"제가 처음에 일하던 인도 회사에서 자바(JAVA) 프로그램을 쓸 줄 아는 사람이 필요했어요. 그런데 막상 회사에서 고용할 때는 자바는 모르지만 수학을 잘하는 사람을 뽑더라고요. 처음엔 '왜 저런 사람을 뽑나' 하고 실망했죠. 그런데 새로 들어온 신입사원이 며칠 공부를 하더니 금방 자바를 쓸 수 있게 된 거예요."(고인수)

수학의 기초가 단단한 사람이 응용 프로그램도 금방 익힌다는 것이다. 금융 분야의 프로그래머인 이해준은 인도 IT기업의 성향을 한국과 비교하면서 "한국에서는 초반에 조금 배우고 바로 코딩에 들어가지만 인도인들은 초반에 생각을 더 많이 하는 습관이 있다"고 언급했다. 초반에 생각하는 과정이 바로 논리를 세세히 세우는 과정인데, 비록 처음에는 느리지만 "일단 논리를 먼저 세우고 나서는 마구 쏟아내는 게" 인도식의 강점이라고 설명했다. 이러한 지적은 한국 작업관행의 일반적인 약점을 드러낸다. 기획단계를 짧게 하고 바로 실무단계로 들어가기 때문에 과정 중에 발생하는 오류를 처리하는 데 더 많은 자원이 투여되는 문제이다.

학생들이 인도에서 공부할 때는 실습보다 이론에 치중하는 데 문제를 제기했던 경우가 많은데, 현장에 들어가서는 오히려 뿌리 지식의 중요성을 강조하고 있다. 고인수는 "이론에 치중하여 실습교육이 불충분하다"며 비난하는 학생들을 염두에 둔 듯 "'왜'와 '어떻게'를 모르고 기능을 추구하는 학생들의 태도가 문제"라고 지적하면서, "이들은 산에 올라가 꼭대기에서 먹을 것만 생각하고 과정, 준비물, 루트 등은 생각하지 않는다"고 비유했다.

왜 이런 문제가 발생했을까? 다시 고인수의 지적이다. 한국 대학의 IT 교육은 "기능만 가르치고 결과치 나오는 것에만 집중하는데" 그 이유는 '어중간한 학생들' 때문이라는 것이다. 아예 포기하거나 모르면 다른 것을 추구할 수 있는데, 어중간한 능력을 서로 용인하는 태도 때문에 기능교육이 터전을 잡게 되었다는 것이다. 성공회대학교 김학수 교수(멀티미디어시스템공학과)도 인도 창 4기생 현지 방문시 학생들에게 다음과 같이 지적한 바 있다.

> "결국 핵심은 논리이므로 사실상 대학에서는 컴퓨터를 가지고 교육할 필요도 없다. 다만 학생들이 논리교육을 따라오지 못하기 때문에 학생들의 흥미를 유발하기 위해서 컴퓨터를 통한 응용지식을 교육하게 된 것이다."

그의 지적은 고등학교 때 수학적 논리의 기반을 닦지 못한 학생들을 대상으로 대학에서 IT 교육을 진행해야 하는 데 따르는 딜레마를 설명해준다. 학생들을 졸업시켜야겠고, 학생들 수준에 맞추자니 기능교육을 중심으로 할 수밖에 없고, 그러다 보니 한국의 많은 대학들이 인도의 학원보다 더 학원적으로 된 것이다.

다른 요인은 학생들의 과목선택 폭이 커서 어렵지만 뿌리가 되는 과목들을 피해도 졸업할 수 있는 제도에 있다. 대학체계는 학생들이 고등학교 때 기반 지식을 갖추고 올라왔다는 가정하에 만들어진 것이므로 학생들의 선택을 폭넓게 허용한다. 그래서 기반이 약한 학생들이 피하고자 하면 뿌리도 내리지 않고 졸업할 수 있다. 반면 인도 창 과정은 선택과목 없이 기초부터 시작하여 관련 주제들을 일관적으로 섭렵하는데, 그 효과에 대해 박준택은 "없는 부분을 채우고, 모난 부분을 깎고 다듬어 전체 지식 틀을 세웠다"고 했다.

뿌리가 약한 채로 졸업하면 어떻게 될까? 논리적 기반 없이 특정 프로그램의 기능만 익힌 인력들은 추가적인 지식을 쌓아올릴 터전이 약하기 때문에 2~3년 정도의 코딩작업 기간이 끝나면 분석가나 기획자, 매니저 등 고급인력으로 성장하기 힘들다. 작업의 전 체계를 해석하고 분석할 능력이 없기 때문이다. 이러한 사실은 한국이 'IT 강국'이라는 캠페인의 허구를 지적한다. 기능적 지식만을 익힌 인력이 대규모로 양성되었으나, 웹 기반의 단순작업이 유행했던 시기가 지나면서 소프트웨어 기술의 질적 발전을 위한 토대가 박약하다는 사실이 드러났다.

영어에 관해서도 마찬가지이다. 당사자 입장에서는 멋진 회화를 하고 싶은 욕심에 회화책을 사서 보고 스크린영어도 공부해보지만, 이는 뿌리가 내리지 않은 채 가지만 뻗으려는 시도라고 볼 수밖에 없다. 영문법의 뿌리가 내리지 않은 학생들이 영어 환경에 들어갔다고 해도 지식노동 수준의 영어는 구사할 수 없다. 문서작성이나 프레젠테이션 등에서 요구되는 논리적 완결성에 도달할 수 없기 때문이다. 역시 '개념과 논리'를 대변하는 영문법의 기초가 튼튼하지 않고서는 더 이상의 성장이 안 된다.

뿌리는 남들이 볼 수 없는 어두운 곳에 내리고, 바위와 각종 험한 환경에서 터전을 잡아야 한다. 제대로 뿌리를 내리기 위해서는 외로운 투쟁이 있어야 한다는 것이 뿌리가 뿌리인 이유이다. 그 도전을 피하면서 화려한 가지와 꽃만 피우는 데 집착하면 약한 나무로 자랐다가 곧 시들어버린다.

인도 창 일 년을 통해 뿌리 지식을 다졌다면 그 의의는 매우 크다. 고등학교 때부터 미루어왔던 지적 과제를 해결하면서 사회에서 배울 지식의 기반을 다진 것이다. 이는 고등학교 3년 + 대학교 4년이라는 시간을 일 년 동안 밀도 있게 농축해냈다는 의의를 갖는다. 이들은 기능적 인력으로 짧은 수명 후에 다시 방황하게 될 진로를 역전시켜 보다 멀리까지 자신을 발전시킬 가능성을 연 것이며, 나아가 오랫동안 지적 열등감에서 시달린 심리적 역경으로부터도 벗어난 것이다.

그것은 일 년의 외유로 얻은 게 아니다. 이들이 고등학교 이후 계속 연기된 지적 과제를 달성하기 위해 쏟은 엄청난 공로가 없었다면 그 힘은 생기지 않았을 것이다. 바로 그 힘 때문에 지식의 도약이 가능했다. 아는 것은 힘이다. 그러나 그것은 추상적 진리이다. 그 구체적 진상은 "근본을 아는 것이 힘"이라는 말이다.

공부의 힘

앞의 나무는 지식나무였다. 이번에 이야기할 나무는 삶의 나무이다. 삶의 나무에서 공부가 어느 위치를 차지하는가에 관한 문제이다. 좋은 직장에 취직하기 위해 하는 공부, 자격증을 위한 공부는 삶의 나무에서 공부활동을 줄기나 가지 정도에 위치시키는 것이다. 이런 나무에서 뿌리는 돈 벌기, 좋은 직장 갖기 등이다. 이런 종류의 뿌리는 허약해서 나무가 튼실하게 자라지 못할 뿐 아니라 돈 열매도 제대로 열리지 않는다. 반면 공부하기를 뿌리로 삼는 나무에서는 지식생산활동이 왕성하여 돈이나 직장뿐 아니라 삶의 만족도 풍성한 열매가 열린다. 특히 지식사회에서 공부활동이 뿌리에 자리 잡지 못하면 계속 뒤처질 수밖에 없다.

우리 학생들 중에는 공부활동이 뿌리로 자리 잡지 못한 나무들이 많다. 공부가 삶의 습관으로 자리 잡지 못한 것이다. 이들은 인도 창에 참여하면서 풀타임 공부 스케줄을 감당해야 할 도전에 부딪혔다.

고등학교 때 석차가 3/4 수준일 정도로 공부를 안 했다는 신동석은 대학에 와서도 공부는 거의 안 했다고 봐야 할 정도로 지냈는데, 인도 창에 참여하고서는 학교 때의 세 배 정도로 열심히 공부했다.

인도 창의 정책은 '회사에서 근무하는 형태로 공부시킨다'는 것이었다. 학생들은 월요일부터 토요일까지, 오전 9시에서 오후 5시 30분까지 정규교과를 따라가야 한다. 이에 따른 한 학생의 하루 일과이다.

"저의 하루 일과를 소개합니다. 7시 10분부터 8시 10분까지 영어과외, 9시부터 1시까지 'SW 개발' 오전수업(이론·실습), 1시부터 2시까지 점심, 2시부터 4시 40분까지 'SW 개발' 오후수업(이론·실습), 5시부터 7시까지 BEC 영어자격증 수업(월·수·목), 5시 15분부터 6시 15분까지 영어회화 수업(화·금). 집에 돌아오면 7시 30분 정도. 저녁 먹고 씻다 보면 9시가 훌쩍 넘어버리죠. 이것저것 하다 보면 12시가 되고, 그럼 꿈나라에 가야 할 시간이죠. 무리해서 책상에 앉아 있어 봐야 능률도 안 오르고 다음날 수업시간에 졸기밖에 안 하니까."(김지혜)

게다가 인도에서는 '놀 일 없는 환경'이 형성된다. 친구들과 상시적으로 어울려 술 먹고 놀 계기도 없고, 인도 문화 자체에 술 먹고 흥청망청하는 분위기가 없다. 그러니 아침에 일어나 바로 교육센터로 가고, 돌아와서는 저녁 먹고 공부하다 자는 재미없는 생활을 견뎌야 한다. 기껏해야 쇼핑을 하거나 좋은 레스토랑을 가보거나 가끔 여행을 하는 정도이다.

이 같은 풀타임 공부가 학생들에게 특히 어려웠던 이유는 고등학교 때 닦았어야 할 공부습관이 대학 와서도 자리 잡지 않았기 때문이다. 바깥을 아무리 둘러보아도 이 지겨운 무료함을 달랠 길이 안 보이면 습관을 바꾸는 수밖에 없다. 박경아는 수업진도가 빠르기 때문에 "하루이틀 놓치면 큰 차이가 나므로 밤에도 공부하고, 영어과외도 하고⋯⋯" 하면서 생각도 못해본 많은 시간을 공부에 할당하게 되었다.

이처럼 많은 시간을 공부에 투여하다 보면 공부가 삶의 나무의 뿌리 부분으로 서서히 옮겨간다. 그 효과는 만만치 않다. 공부가 작은 가지에 자리 잡았던 시절에 늘 따라다녔던 '해도 안 돼'의 부정적 태도가 사라지고, 박경아의 경우처럼 '하다 보니 되는구나' 하는 적극적인 태도가 형성된다. 일정 수준 이상의 공부량에 도달하기 전까지는 그 효과를 알 수 없다. 임계점을 넘으면 '하니까 되더라' 하는 성취감을 느낄 뿐 아니라 심지어 '공부도 재미있구나' 하는 뜻밖의 느낌도 경험하게 된다. 학교에서 성적이 바닥을 헤맸다는 서득호는 말한다.

"다들 놀라는 것이 있습니다. 제가 성공회대학교 2학년에 편입했을 때 사람들은 저더러 '바보 아니냐'는 투로 보았어요. 정말이지 전공인 컴퓨터는 하나도 몰랐습니다. 성적도 안 좋고, 흥미도 없었고, 다른 사람과 가까워지지도 않았어요. 인도 창에서 기초부터 새로 시작하는 기분으로 공부했어요. 많이 공부하고 나니 공부가 재미있어지더라고요."(서득호)

그의 주변 친구들이 전하는 바로는, 서득호가 MCSE 자격증을 따겠다고 결심한 이후로는 밤잠도 거의 안 자고 공부했고, "심지어 두 개 시험을 이틀 연이어 보면서 붙는 기염을 토했다"고 한다. 후반부에 현지에서 서득호를 만난 필자도 '공부하는 힘'이 사람의 얼굴에서 풍긴다는 사실을 알았다.

"인도 창 가는 것은 공부 분위기를 잡는 것이라고 할 수 있습니다. 학교에 있을 때는 집중하지 못했어요. 근데 인도에서는 더 집중할 수 있었어요."(김석정)

집중한다는 것은 에너지가 그만큼 모인다는 뜻이고, 모인 에너지는 분출하게 마련이다. 그 에너지가 공부에 투여됐을 때, 풀타임 정규교과 외에 저녁에 영어과외도 하고, 새벽 2~3시까지 자습하면서도 지치지 않는 놀라운 힘을 발휘하기도 한다. 최진경은 중반 이후 학생들의 달라진 면학 분위기에 대해 이메일 세미나에서 보고했다.

"요사이 저희는 무지하게 열심히 공부해요. 집에 돌아와서도 전공공부를 하죠. 저희 중 일부는 새벽 두 시나 세 시에 잡니다. 종종 저희는 농담삼아 '정말 신기하다. 노는 것보다 공부하는 게 더 재미있으니'라고 말하곤 해요. 지난 한 달은 아무 데도 안 가고 오로지 공부만 했습니다. 저희의 공부 분위기를 느끼세요?"(최진경)

바깥에서 오는 자극보다 자신을 통제하며 공부하는 삶이 재미있을 정도가 되면 공부가 '삶의 습관'으로 자리 잡았다고 할 수 있다. 공부가 삶의 나무의 뿌리로 정착하는 것이다. 뿌리의 생산력은 차후에 다가올 과제에서도 꾸준히 공부함으로써 대처하는 힘을 줄기와 가지로 뿜어낸다. 허진숙은 인도에서 돌아와 마지막 학기를 학교에서 보낸 경험을 말한다.

"갔다 와서 전공수업만 들었는데 기대보다 성적이 너무 잘 나왔어요. 4.3점이었어요. 그 전엔 2.5나 3.0대였죠. 수업시간에 프레젠테이션할 경우가 많았는데, 예전이라면 도망만 다녔겠지만 돌아와서는 많이 준비하고 밤새 시험공부도 했어요. 그것은 인도 갔다 온 후 '뭔가를 해야겠다'고 생각했고, 학생으로서 마지막 학기에 최선을 다하려고 했기 때문이죠. '이 상황에서 인도였다면 어떻게 할까?'라는 생각이 저를 이끌었습니다. '내가 이만큼 변할 수 있는 사람'이라는 걸 보여주고도 싶었고요."(허진숙)

여기서 주목되는 점은 "이 상황에서 인도였다면 어떻게 할까?"와 같은 질문인데, 한때 정점에 오른 공부가 체질화되면서 떠오르는 생활 가이드이다. 컴퓨터 전공자인 안수정은 말한다.

"인도에서 이론을 공부하고 돌아와 학교에서 공부하니 '아, 이게 이런 거구나' 하고 이해가 되어 공부가 재미있었어요. '예전엔 왜 이런 공부를 안 했을까?'라는 생각도 들었고요. 한마디로 공부하는 수준이 달라졌어요. 수업내용보다 더 깊이 들어가보기도 하고 …… 예전의 저라면 '이 정도만 하면 되겠지' 하며 웬만큼 하고 그치곤 했어요."(안수정)

"공부하는 수준이 달라졌다"는 말은 '이 정도면 됐겠지'라고 스스로 정한 한계가 넓어졌다는 것을 뜻한다. 새로운 공부습관은 내용적으로 들어가는 깊이까지도 바꾼 것이다. 보통 생각하는 바와는 달리 회사에서도 열심히 공부해야 한다.

"회사에서는 엄청 공부해야 하는 상황이에요. 처음에는 원서를 주면서 '공부하라'고 해서 자존심이 상했어요. 지금은 집에 컴퓨터 네 대 갖다놓고 퇴근 후에 이것저것 테스트해보곤 합니다. 회사에서는 '언제 세미나를 할 테니 네가 발표하라'면서 아무 주제나 내줍니다. 이런 주제는 참고서도 없는 게 대부분이죠. 어쨌든 그런 주제들을 혼자 공부해서 발표해야 합니다."(서득호)

그러니 공부습관이 안 든 사람은 회사에서도 뒤처지게 되어 있다. 스스로 공부하는 역량이 커진 배경에 대해 김교현은 소규모 수업의 장점을 들었다. 인도 창 과정 1기에서는 여섯 명만이 '소프트웨어 개발' 전공을 일 년 동안 같이 공부했다. 선생은 개개인의 장단점을 알고 조언해주었으며, 대화형식으로 가르치고, 수시로 피드백을 주었다.

" '용감해질 수 있도록 도와주었다'는 것을 들 수 있습니다. 모르면 선생님을 찾아갈 수 있는 용기를 불어넣어 주었죠. 처음에는 힘들지만 한번 시작하면 계속할 수 있어요. 저는 지금도 모르는 것이 있으면 팀장이나 사장 등 윗사람에게 찾아가 물어보곤 합니다."(김교현)

"용기가 없어서 공부를 못 한다"는 말은 일견 이상한 소리지만, 그의 설명을 들으면 매우 합당한 말이다. 의문이 있을 때 적극적으로 그 해답을 찾아다니는 사람과 물어볼 것이 있어도 쑥스러워 혹은 게을러 찾아다니지 않는 사람과의 지적 성과는 비교가 안 될 정도로 차이가 난다. 용기 있게 찾아다니는 사람은 삶에서 발생하는 많은 문제들을 적극적으로 공부하며 풀어나가는 사람이니, 그의 역량은 문제를 해결해나간 만큼 향상한다고 하겠다.

공부의 힘은 사회에 나가서도 장래를 대비하는 학습으로 나타난다. 프로그래머로 일하는 김지혜는 하루에 10~20분씩 영어 공부를 꾸준히 하고 있는데, 본인이 수출업무를 하고 있기 때문이기도 하지만 장래를 위한 능력을 축적하기 위해서이기도 하다. 영어를 '잘한다'고 하는 정해정은 요사이 중국어를 공부하고 있다. 그것은 단순히 언어 하나를 더 하겠다는 정도가 아니라 해외 마케터로서 '나 자신을 더 발전시키려는 노력'의 일환이며, 나아가 '30대 중반 이후 나의 꿈에 다가가려는' 의지의 표현이다.

이러한 것들은 공부가 삶의 뿌리로 튼튼히 자리 잡았을 때 나타나는 현상이다. 그들은 몇 년 후의 열매를 예상하며 열심히 뿌리를 더 뻗고 줄기를 키운다. 주변의 물, 공기, 빛과 왕성한 대사를 하며 쭉쭉 뻗는 나무의 모습이다. 뿌리의 힘은 꿈을 키우고, 꿈은 다시 뿌리를 더 키운다.

> "어떤 책에 나온 얘기인데요. 사원은 처음부터 사원급 역량이고 사장은 처음부터 사장급 역량이라고 해요. 사원급 역량뿐이 안 되는 사람은 '어떻게 하면 하루 더 쉴까?', '어떻게 하면 술 한잔 더 할까?'를 생각하지만 사장급 역량의 사람은, 예컨대 급식회사라면, '어떻게 하면 급식학교를 더 개발할까?', '어떻게 하면 신선한 요리를 만들까?'를 생각한다는 거죠."(정해정)

내가 공부를 꾸준히 하는 것은 내 삶이라는 회사의 사장으로서 자기 삶의 주인으로서 살아가기 위한 실천이다. 그런 실천을 진행하는 사람과 단순히 희망적 미래를 꿈꾸는 사람과의 격차는 사원급과 사장급의 차이처럼 벌어질 것이 분명하다. 공부는 자기 삶의 사장이 될 실천이다.

"인도 창 출신들은 자기개발의 노력들을 많이 합니다. 자신을 더욱 발전시키려고 노력해요. 교현이나 경아는 일하는 시간에 열심히 일하고, 남아서 공부하기도 하고, 나름의 프로젝트를 만들어서 해보고요. 득호는 집에다 장비 갖다놓고 연습하고, 희복이는 외국인들도 의도적으로 자주 만나고 ……"(신동석)

"인도 창 친구들은 세 가지 점에서 차이가 있는 것 같아요. ▲ 자신을 국제화하려는 노력들을 하고, ▲ 열심히 배우려는 자세가 있고, ▲ 능력 있는 사람들 혹은 윗사람들과 더 잘 만나는 점에서 차이가 있어요."(김교현)

공부는 자기개발의 핵심 활동이니 공부가 습관이 된 사람들이 자기 발전에 앞서 나가리라는 것은 지당한 얘기이다. 과거에 비해 2~3배의 시간을 공부에 투여한 일 년의 경험은 공부가 버릇이 되는 수준으로까지 자리를 잡았고, 각종 삶의 과제들을 공부를 통해 해결해나가는 문제 해결의 힘으로 정착하였다. 이때부터 공부는 현실적인 힘이 된다.

지식의 힘은 지식 내부에서 뿌리로 들어가는 데서 일차 형성된다. 그러나 더 큰 힘은 삶 속에서 꾸준히 지식을 추구하는 공부의 힘에서 나온다. 지식이 아니라 지식의 생산력이 높아지기 때문이다. 그 지식 생산력과 뿌리 지식이 결합하여 삶의 나무를 하늘로 밀어올린다.

3장

태도의 힘

포도를 만난 여우는 두 가지 반대 감정에 시달린다. 저 포도가 너무 잘 익어 나의 혀와 위를 달게 만족시켜 주리라는 기대와 너무 높은 곳에 달려 있어 따먹기가 어렵다는 좌절이 그것이다. 수십 번을 뛰어오르면서 기대와 좌절 사이를 왔다갔다한 여우는 자신의 능력 한계와 체면 사이에서 갈등하다가 돌아선다. 돌아서는 그를 쳐다보는 작은 짐승들의 눈길을 느끼며, 여우는 자신의 체면을 관리하지 않을 수 없다. "저건 신 포도야. 먹을 게 없어!" 주변의 팬들에게 소리치고는 스스로도 그렇게 믿어버린다. 신 포도 증후군은 체면 유지의 대가로 자기기만에 빠지는 뭇 사람들의 공통된 병이다.

로컬화의 두 번째 힘은 신 포도 증후군이라는 고질병을 치유하는 과정에서 생긴다. 이 힘은 포도를 따먹는 과제를 대하는 태도에 따라 달라진다. 보통 사람들의 태도는 여우와 똑같다. '내 능력이 안 된다'를 '포도가 시다'라고 표현하는 것이다. 그는 최소한 체면은 유지했다고 생각하겠지만 자기 능력의 실상을 가림으로써 자기 향상의 가능성을 차단해버린다. 그는 남에게뿐 아니라 자신에게도 거짓말을 함으로써 병을 키워간다.

여기서 태도란 삶에서 다가오는 과제들에 대해 일반적으로 갖고 있는 의견, 믿음, 성향 등의 총화이다. 이 태도는 다가오는 과제에 대해 일반적으로 긍정적일 수도 있고 일반적으로 부정적일 수도 있으며, 과제에 다가가 대면하려는 경향일 수도 있고 회피하려는 경향일 수도 있다. 어려운 과제에서 회피하려는 성향을 가질 때 신 포도라는 의견과 믿음이 생겨난다. 누구나 어려운 건 본능적으로 싫어한다. 태도의 힘은 어려운 과제로부터 회피하려는 관성에서 탈출하면서 생긴다.

태도의 힘은 지식의 힘보다 근본적이다. 뿌리 지식인 논리력을 갖추기 위해서는 '어려운 과제로부터 도망가려는' 성향을 접는 게 우선 필요하고, 영어구사력이 크기 위해서는 '남들이 내 영어를 우습게 볼 상황이 죽도록 싫은' 도피 성향을 눌러야 한다. 문제를 싫어하고, 어려운 과제에 불평부터 나오고, 익숙하지 않은 것으로부터 도망가려는 태도가 새로운 모든 힘의 축적을 가로막는 결정적인 장벽이다.

일반적으로 공부를 못하는 것은 지적 능력이 떨어지는 게 근본 장애가 아니다. 공부라는 과제에 대한 혹은 삶의 어려운 문제에 대한 회피적인 태도가 근본적인 장벽이다. 그런 태도의 변화 없이는 지적 능력이 따로 성장하지 않으며, 설사 '억지로' 공부했더라도 때만 되면 다시 원점으로 돌아가게 마련이다. 통상 '맘 잡고 공부한다'는 표현에서 '맘 잡는' 일이 관건인데, 무작정 결심만 한다고 되지는 않는다. 맘 잡는 일의 관건은 어려운 과제에 대해 형성된 도피적 태도를 억제하고 전향적 자세를 갖는 일이다. 이런 태도는 오랜 상벌의 과정, 주변 친구들의 자세, 각종 합리화의 과정을 통해서 형성된 것이므로 공부를 못하고 안 해온 학생들이 공부를 잘하고 좋아하기란 무척 어렵다. 태도 변화가 발생하면 '사람이 바뀐 듯한' 인상을 주는 것도 삶의 과제에 대한 태도가 미치는 영향이 매우 포괄적이고 깊기 때문이다.

이성이나 판단력은 태도를 바꾸는 데는 무기력하기 일쑤이다. 오히려 여우처럼 "저 포도는 시다"라고 합리화하는 데 쓰는 경우가 많다. 우리의 이런 약점에 대해 하늘이 벌주는 방식은 매우 잔혹하다고 할 정도이다. 그 약점 부위를 집중적으로 찌르는 문제들을 잔뜩 안겨준다. 아프다고 소리치는 절규에도 아랑곳하지 않는다. 각종 문제, 숙제, 어려움, 고통이 약점 부위를 집중 강타하면 처음에는 비명을 지르고, 욕하고, 운명을 한탄하기도 한다. 여우가 배가 고파 견딜 수 없는 지경에 이르는 경우이다. 우리 학생들은 인도에서 어떤 문제와 고통에 부딪혔을까?

다가온 문제들

학생들은 비행기를 타고 인도공항에 떨어지는 순간부터 종류도 셀 수 없을 정도로 다양한 어려움에 부딪히게 된다. 이들이 겪은 문제와 고통은 몇 년이 지난 후의 인터뷰로는 생생하게 나타나지 않는다. 이미 모험담으로 상당히 변질되어 있기 때문이다. 현지에 있을 때의 기술을 보아야 한다.

다음의 인용들은 인도 창 수업의 일환으로 학생들이 주말마다 이메일로 지도교수에게 보낸 영어 보고와 학기마다 한 번씩 쓴 에세이 중에서 발췌한 것들이다. 우선 공항에 떨어지면서부터 밀려오는 이국 풍경 자체가 가슴을 답답하게 만든다.

인도 창 학생들의 보고

학생들의 현지 활동과 생활에 관한 보고의 소스는 여러 가지이다. 앞서 언급한 인도 창 1, 2기들과의 면담에서도 그런 내용이 있지만 '원격 세미나'라는 수업의 일환으로 학생들이 공부와 삶에 대해 매주 이메일로 보낸 보고, 과정 교수들이 연간 4회 정도 현지를 방문했을 때 수행한 집단적, 개별적 면담 내용도 포함된다. 나아가 학생들이 6개월 후, 그리고 일 년 과정을 마치면서 쓴 에세이에도 많은 인용이 있다.

현지 활동과 생활에 관한 이야기는 1, 2기에 한정되지 않고, 필자가 깊이 관여했던 1기에서 4기까지의 인도 창 학생들이 거의 다 포함된다. 대체로 2003년 이전의 자료들이다. 이 경우 학생들의 사적인 내용이 포함될 수도 있는데, 이 경우는 인용을 하더라도 내용에 따라 이름 공개를 피하기로 한다.

"공항에서 낡아빠진 버스를 타고 인도의 새벽을 박차며 달릴 때 창밖의 풍경을 바라보며 '과연 이런 곳에서 일 년 동안 낯선 사람들과 어울리며 잘 살 수 있을까?' 하는 생각이 들었습니다. 너무도 열악한 환경, 이상한 냄새, 한국에서는 보기 힘든 시커먼 인도인들이 눈을 통해 밀려들어오니 두려움이 쌓이기 시작했어요."

"어딜 가든 인도 특유의 냄새들이 없는 데가 없었어요. 밥을 먹을 수가 없었죠. 올 때 가져온 김이나 고추장을 곁들여 먹으면 그나마 조금 나아졌을 뿐, 사람이 지나갈 때면 머리가 아팠습니다. 어렸을 때 그림책에서만 보았던 도마뱀이라는 것이 방에 나타나 놀란 적이 한두 번이 아니었고, 한국에서 여름 내내 물린 모기의 양만큼을 하루에 다 물린 적도 있고, 한번도 보지 못한 벌레들이 심심하지 않게 해주었고 ……"

마치 어린아이가 낯을 가리며 자지러지듯, 이질적인 풍경, 냄새, 맛이 공포심을 자극한다. 그래도 이런 두려움은 시간이 지나고 익숙해 지면 사라진다. 시간이 지나도 사라지지 않는 문제들이 산적한 채 그들을 기다리고 있다. 다음은 공부와 연관된 어려운 사연들이다.

"과목 진도가 너무 빨라요. 매일 한 장(chapter)씩 나가는데, 한 장에만도 엄청 많은 내용들이 있어요. 공부할 게 너무 많다는 게 힘들어요. 몸이 많이 지치고 점수에 대한 압박감도 크고. 고등학생으로 돌아간 느낌이에요. 가끔은 학교로 돌아가고 싶어요. 수업에 빠지고 싶을 때 빠질 수 있는 그때로. 쉬운 과목만 들을 수 있던 그때로."

"차라리 한 과목이라도 집중적으로 공부한다면 일 년이 짧지만은 않을 텐데, 수박 겉핥기가 아닌가 하는 생각이 듭니다."

"한국에서의 한 학기 분량을 일주일 만에 배워요. 시험도 많습니다. 한 달에 네 번 이상 시험을 봤고, '낙제'라는 무서운 제도가 있습니다. 그 덕에 공부하느라 다들 정신이 없었죠. 그때까지만 해도 이 수업이 제일 힘든 줄 알았는데, '자바' 과목에 들어가면서부터 저는 정말 도망이라도 가고 싶었어요. 항상 따라다니는 수많은 에러들과 그 에러보다 몇 백 배 많은 해결방법들로 한숨이 연이어 나왔어요. 그때 살벌한 교실 분위기는 정말 가관이었어요. 다들 인상 구기느라 정신이 없었으니까요."

전일 풀타임 수업에 빠른 진도, 한국 대학과는 달리 교과서 전체를 훑고 지나가는 방식, 자주 치르는 시험 등이 숨을 막히게 한다. 일요일에도 시험을 치른 것은 1기들의 특수 상황인데, 유일한 휴일마저 빼앗긴다. 마음이 지치고 몸이 쉬 피곤하지만 쉴 시간이 별로 없다. 많은 공부시간이 주는 고통이다. 게다가 영어로 진행하는 수업도 문제이다.

"저희 선생님은 잘생기고 지적인 사람이에요. 그렇지만 그의 말 속도가 너무 빨라서 머리가 아프고 몸이 쉬 피곤해져요."

"컴퓨터 공부를 할 때는 영어 공부가 필요하다는 생각이 들고, 영어 공부를 할 때면 컴퓨터 공부가 필요하다는 생각이 들어요. 둘 다 공부해야 하는 게 너무 힘들어요."

"다른 친구들은 영어로 얘기도 하고 인도 사람들의 말을 어느 정도 알아듣는데, 전 정말 몇 마디 알아듣는 것도 힘들어요. '나 혼자만 못 알아듣고, 나만 아무 얘기도 할 수 없구나'란 생각은 세상에서 태어나 처음으로 느껴보는 엄청난 패배감이었어요. 새로운 도전에 대한 자신감도 잃었어요. 내일 시험 보는데 시험 자체보다는 영어 때문에 너무 불안해요."

익숙지 않은 영어를 한참 듣다 보면 실제로 머리가 아프다. 다 그렇다면 위안이 되겠지만, 다른 친구들은 나보다 영어를 잘하는 것처럼 보이는 게 더 문제다. 나만 처진다는 생각에 똥줄이 타지만 자신감이 안 생긴다. 영어를 공부하려고 해도 진도와 과제를 좇아가야 하는 부담과 부딪힌다. 컴퓨터 공부와 영어 공부를 왔다갔다하면서 갈피를 못 잡는다.

'앱텍'측 담당자와 관련 사항들을 조정하면서 발생하는 문제들도 크다. 작은 일들은 학생과 '앱텍'의 협의를 통해 조정했지만 큰일들은 서울의 학교측과도 상의해야 했기에, 문제 하나가 해결되기 위해서는 '앱텍'과 학교 모두와 커뮤니케이션을 해야 한다. 특히 학생 대표들은 학생들의 상이한 의견까지 조정해야 했기에 과제가 몇 배가 된다.

"현재 '앱텍'측과 여러 가지 문제로 논의 중입니다. 첫째, 과목 책을 줄 때마다 먼지가 쌓인 책을 줍니다. 이 책들은 독서실에 방치되었던 것들로 받을 때는 엄청 기분이 나쁩니다. 둘째, 실습시간에 강사들이 자주 교실을 비워 물어보려 해도 없다는 겁니다. 셋째, 실습을 먼저 하고 관련된 이론을 나중에 배우는 시간배치 문제입니다. 이론을 먼저 해야 한다며 다들 불만입니다. 넷째, 방과 후 실습실 사용 문제인데, 사용시간을 늘려달라고 하면 항상 '몇 명이 쓸 거냐'는 질문부터 합니다. 아직은 방과 후에 남으려는 학생들이 적어서 할 말은 약합니다만, 남아서 더 공부하려는 학생들에게는 필수적인 사안입니다. 다섯째, 실습실을 인도 학생들과 같이 쓸 때가 있는데, 인도인들이 많이 떠들어 공부에 방해가 됩니다. 가끔 'Korean' 어쩌고저쩌고하는데 상당히 불쾌합니다. 여섯째, '앱텍'에서 제공하는 점심 문제입니다. 저희는 점심을 공급하는 식당을 다른 곳으로 바꾸길 요구했지만, 바꿀 수 없다는 답변입니다. 학생들간에도 의견이 달라 뭐라고 통일된 요구를 하기가 난감합니다. 마지막으로, '앱텍' 사람들은 문제가 있으면 그때그때 자신들에게 말하고, 안 되면 상급자에게 얘기하고, 그래도 안 되면 그제야 학교에 보고해달라는 겁니다. 저희는 학교와 저희가 같이 의견을 내놓아야 빨리 해결할 수 있다고 생각합니다. 하지만 '앱텍'측은 학교의 개입을 정말로 싫어하는 것 같습니다. 그 이유는 모르겠지만요."

"지금 선생이 썩 좋지 않아 모두가 불평입니다. 잘 가르치지 못해요. 제가 질문하면 '그건 한 방법일 뿐'이라고 하면서 회피하기 일쑤죠. 우리 반에서 잘하는 학생보다 모르는 것 같아요. 강사를 바꿔달라고 요구해야 할지 어떨지 모르겠습니다."

이런 문제로 앱텍과 얘기하면 "문제없다. 곧 해주겠다"고 하고는 차일피일 미루고 구렁이 담 넘어가듯 한다. 보통 성질로는 학생 대표도 못해먹는다. 그래도 이런 문제들은 학교측에서 문제를 제기하거나 교수님들이 다녀가시거나 하면 풀리지만, 다음과 같은 문제들에서는 학교측도 짜고 치는 고스톱처럼 우리를 속이는 것처럼 보인다.

"한국 선교사 집에 초대되어 저녁을 같이 먹었습니다. 선교사와 다른 한국 학생들은 우리가 앱텍에 내는 비용을 듣고는 놀라더라고요. 그들은 우리가 너무 많은 돈을 낸다는 걸 비웃으며 화를 내는 듯했어요. 그들은 '학교가 후배를 여기에 보내지 말고, 더 싼값에 다른 기관이나 대학에 보내야 한다'고 했어요. 그 때문에 저희는 마음이 상했습니다."

"몇몇 학생들이 흥분했습니다. 이유는 돈이 관련되어 있기 때문입니다. 인도 신문의 기자들이 우리들을 취재하고서 기사화한 것을 앱텍측이 벽에 붙여놓았는데, 그게 발단입니다. 저희가 앱텍의 수업료로 지불한 비용 중 30%가 점심값이라고 앱텍측에서 말한 것으로 나와 있다는 점입니다. 현재 학생들 일부가 앱텍에서 제공하는 점심을 못 먹고 집에서 점심을 싸와 먹습니다. 그렇기 때문에 돈의 사용처를 더 궁금해하고 있습니다. 과연 그 정도가 점심값이라면 지금 제공되는 식사의 질은 정말이지 형편없습니다. 내일 앱텍 코디네이터에게 우리의 의견을 종합하여 말하기로 하였습니다."

이런 사안들은 학교가 우리를 속이고 있다든가, 혹은 학교도 인도인들에게 속았고 결국 우리도 속았다는 감정을 불러일으킨다. 우리가 돈이 많아서 자선사업하러 여기에 와 있는 게 아니지 않는가. 나중에 교수님들이 방문하여 현지 한국인들이 우리 사정을 몰랐다거나, 미묘한 영문해독에 문제가 있었다는 것을 알게 되기까지는 정말로 객지에서 사기당하는 느낌이 들었다. 믿는 도끼에 발등 찍히는 괴로움이다. 다음은 일상생활과 관련된 어려움들이다.

"저희는 학업과 생활을 같이 해나가야 해요. 공부에만 전념할 수는 없죠. 먹고살아야 하고, 공부도 해야 합니다. 집 문제도 그렇습니다. 저는 세 번째 이사했어요. 지금의 집을 구하느라 일주일 동안은 아무 일도 할 수 없었어요. 그것도 운이 좋아서 일주일이었죠. 그 시간이 너무 아까워요. 하지만 살아야 하기 때문에 어쩔 수 없는 일이에요. 각오를 하고 왔지만 한국보다 못하다는 생각은 떨쳐버릴 수가 없습니다."

"안주인은 '이런 사람이 있을까' 싶을 정도로 못된 사람이에요. 열 시가 넘으면 문을 잠가버려 못 들어가게 하고, 물 사용료를 내라, 전기료를 내라 하는 건 약과고, 고물냉장고 사용료와 이층 올라가는 계단 사용료까지 내라는 거예요. 인도 특유의 이상한 수학을 주장하면서 말이에요. 그런데 이 아줌마가 너무나 무서워 저희는 포기할 대로 포기했습니다."

"릭샤비 때문에 많이도 싸웠습니다. 처음에는 뭣 모르고 주기도 했지만 지금은 1루피라도 안 빼앗기려고 말다툼을 합니다. 더 기분 나쁜 건 남자들이 뭐라고 하면 군소리 없이 가는 편인데, 여자들은 아무리 말해도 안 듣는 경우가 허다해요. 또 릭샤 요금표대로 돈을 지불해도 길을 돌아가면 허사에요. 길눈이 어두운 저로서는 처음 3개월간은 이런 일들로 고생했어요. 혼자 탈 때면 신경을 곤두세우고 아는 길에서 조금이라도 벗어나면 릭샤꾼한테 소리를 치곤 하죠. 그런 제 모습이 안타깝습니다."

이런 일들을 당하면 인도인들이 지겨워진다. 화를 내면 지게 되어 있다는 게 더욱 화가 나는 대목이다. 후진적인 생활방식이 분노를 돋운다. 그래도 다음과 같은 문제에 비하면 싸울 대상이라도 있어 시원하기라도 하다.

"가족이 그립고, 친구가 그립고, 한국 음식이 그리워요. 지금은 냉면이 그렇게 먹고 싶네요."

"제발 제게 힘을 주세요. 모든 어려움을 극복할 수 있게. 종종 정말 집에 돌아가고 싶어요. 혹은 다른 평화로운 곳으로. 작은 감옥에 갇혀 있다고 느낄 때가 있어요. 학교와 교수님들과 친구들이 너무너무 보고 싶어요. 요새는 점점 게을러지는데 정말 큰 문제에요. 아침에 너무너무 늦게 일어나요. 정말 슬퍼져요."

"누적된 피로 때문에 감기에 걸려 삼 일 동안 아무것도 못했습니다. 아픈 동안 부모님이 그립고 누나와 친구들이 무척 보고 싶더라고요. 이런 생각이 들었어요. '내가 과연 인도 창 과정을 극복해낼 수 있을까?'"

인도가 지겹다는 생각이 떠나지 않으면 일 년 내내 속앓이로 고생하는 경우도 있다. 향수병은 초기 증상이라지만, 가끔 어려울 때마다 심하게 도진다. 병이라도 걸리면 돌아가고 싶은 생각이 굴뚝 같고 모든 것들을 놓아버리고 싶다. 다음으로, 모든 기마다 가장 큰 문제 중 하나로 지적하는 것이 서로간의 관계에서 발생하는 갈등이다.

"처음에는 모두가 YMCA에서 4주 동안 함께 지냈는데, 돌이켜보면 그 때가 가장 단합이 잘되고 서로에게 힘을 주었던 시기였던 것 같습니다. 관계가 나뉘면서 집도 나뉘었죠. 처음에는 두 집, 그 다음에는 세 집, 그 다음에는 다섯 집, 그리고 현재는 일곱 집. 인간관계는 만만치 않다는 것을 군대 있을 때 알았지만 이곳에선 더 힘듭니다. 친구나 선후배로는 말할 나위 없이 좋은 사이가, 같이 생활하면서 오는 불편함으로 서로에 대한 짜증으로 바뀌었어요. 물론 참고 살 수도 있겠지만, 공부를 목적으로 온 이상 서로에게 불편함을 주어서는 안 된다는 생각에 맘 맞는 친구들과 떨어져 나가는 겁니다. 혼자 사는 사람도 생기고요. 지금은 집이 다 나뉘어져 안정은 되었지만, 헤어지는 과정에서 많은 후회와 상처가 생겼습니다. 같은 식구가 나가는 것을 지켜봐야 하는 남은 친구들의 슬픔, 상처를 안고 떠나는 친구들의 슬픔. 그 상처는 꽤 깊었어요."

"인도에 와서는 사람이 너무 무서웠고, 그것이 저를 힘들게 했어요. 인도인보다는 한국 사람이 더 인도 생활을 지겹게 만들었어요. 차라리 인도인이 더 친절했고, 더 호의적이었어요."

"우리 친구 중 한 명 때문에 마음이 상해 정말 슬픕니다. 거의 공포감이라고도 할 수 있어요. 그를 다시는 만나고 싶지 않습니다. 그를 용서하기까지 오랜 세월이 걸릴 것 같습니다."

처음에는 서로 돕자는 의욕으로 들떠 있었다. 그러나 갈수록 친구 속에 악마가 보이기 시작한다. 갈등이 표면화되면 말도 하기 싫고, 만나고 싶지도 않다. 친구가 그렇게 미울 수가 없고, 그 애인까지도 미워진다. 인간에 대한 쓰라린 맛이다. 다음과 같은 문제들에서는 누구를 미워할지도 불분명하다.

"때때로 누군가 새롭고 행복한 소식을 전해주길 기다려요. 우리 삶을 신선하게 해줄 뭔가가 필요하다는 거죠. 솔직히 말씀드리면 저희 모두는 단조로운 삶에 지쳐가고 있어요."

"가끔은 이런 고요함에 숨이 막힐 때가 있어요. 표정을 잃어가는 내 모습도 싫고. 티타임에 로비로 나와서 커피를 들고 아무 표정 없이 창밖을 내다보며 앉아 있는 멍한 얼굴들도 잊을 수 없고요. 언제부터인가 표정이 없어진 우리의 얼굴들을…… 휴~"

놀 게 없다는 것, 매일 똑같이 단조로운 생활을 할 수밖에 없다는 것, 밑도 끝도 없는 외로움과 의욕의 상실…… 마음뿐 아니라 몸에도 이상증상이 나타난다. 머리가 빠지거나 한쪽 눈이 경련을 일으키거나 …… 단조로움과 외로움의 끝없는 수렁 …… 또 예기치 않은 개인적인 사건들이 감당하기 힘든 괴로움을 안겨주기도 한다.

"커다란 시련이 인도 생활 시작한 지 일주일 만에 발생했습니다. YMCA 옆 동에 사는 인도인들과 농구시합을 하던 중 사고로 발뒤꿈치에 문제가 생겼습니다. 바로 병원에 실려가서 얻은 진단명은 '아킬레스건 완전파열!' 그래도 혹시나 하는 마음에 여기저기 병원을 다녀본 결과 '부분파열이어서 수술이 필요 없다'는 진단. 그리고 시작한 깁스 생활. 인도 꼬마들이 제 깁스를 보고 신기한 듯 졸졸 쫓아오면서 'Sick!' 하고 소리치며 돌을 던지더군요. 영어를 잘하는 J에게 'Sick'이 무슨 뜻이냐고 물었더니 속어로 '병신'이래요. 그 소리를 듣는 순간 한숨만 나왔습니다. 얼마 후 깁스를 풀고 나서 들은 의사의 충격적인 말. '그 당시에 오진이었다'는 겁니다. 그리고 '시간이 얼마 없으니 빨리 수술을 해야 하는데 언제 할 것인지 결정하라'는 것이었어요. 다시 찾아온 충격 속에 혼란에 빠져버린 저에게 앱텍 담당자가 위로를 해주며 다시 한번 다른 병원에 가보자고 했고, 다음 날 '마니빨' 병원에 가서 전문의 두 명에게 정밀진단을 받았습니다. 결과는 '인대가 조금씩 붙고 있어 이 속도로 간다면 3~4개월 뒤 완치가 가능하다'는 것이었습니다. 나쁜 소식보다는 좋은 소식이 믿고 싶더군요. 그리고 다시 시작한 교정기 생활. 지금은 약간 절기는 하지만 어느덧 교정기를 벗어버리고 순전히 저의 두 발로 걸을 수 있다는 사실에 감사하고 고맙기만 할 따름입니다."

"원래 '힘들지 않고, 잘하고 있고, 최선을 다하겠습니다'가 형식과 예의를 갖춘 말이겠지만, 솔직히 죽겠습니다. 누구도 의지할 사람 없고 의지를 기대할 수도 없다는 것이 참 어렵게 합니다. 집은 경제적으로 더욱 어려워지고, 해외에 사시는 누님의 두 살박이 아들이 큰 병에 걸렸고, 결정적으로 …… 결혼을 약속한 사람이 한 달 전에 제 곁을 떠나고 말았습니다. 하늘은 제 편이 아니라는 생각에 심한 상실감을 겪어야 했습니다. 언제 끝날지 모르는 이 짓눌리는 가슴은 분명 제가 이겨내야 할 몫이라는 것도 알기에, 공부로 탈출구를 찾고 있지만 솔직히 쉽지는 않습니다. 여러모로 실망을 드리는 것 같습니다. 교수님의 응원을 기대하겠습니다."

한국에 있는 애인이 "못 기다리겠다"며 최종통고를 해도 도끼를 들고 쫓아갈 수 있는 거리가 아니다. 머나먼 인도에서 할 일은 술 마시며 눈물로 날밤을 새다가 보랏빛 꿈이 바래는 것을 지켜보는 것뿐이다. 감기에 걸려도 만사가 힘들어지는데, 만성질환이 도진다거나 사고로 다리를 절며 지팡이를 짚고 다닐 정도가 되면 깊은 나락으로 떨어지는 느낌이다. 이런 때는 집안일도 안 풀리고, 개인 일도 안 풀리면서 불행이 연속으로 덮친다. 하느님도 무심한 사건, 사고의 도전들이다.

인턴십은 제3자인 회사들을 연결해야 하므로 추진하는 측도 많은 문제들에 부딪히고, 학생들로서도 외국에서 첫 사회경험을 하면서 많은 어려움들을 겪는다. 다음은 인턴십 시작 전에 회사가 결정되지 않아 발생하는 문제들이다.

"급한 일이니 한글로 쓰겠습니다. 지금까지 인턴십 회사가 확정되지 않아 이만저만 답답한 게 아닙니다. 인턴십은 뭄바이에서 하기로 했으니 집 문제도 처리해야 하는데, 계약기간이 끝났으니 집주인은 돈을 요구합니다. 앱텍 사람들은 무작정 기다리라고만 하니 정말 답답합니다."

"앱텍측은 인턴십의 목적이 IT 산업과 인도식 작업방식을 경험해보는 것이라고 했는데, 저는 동의하지 않습니다. 왜냐하면 우리는 IT 산업의 실제 일을 하고 싶기 때문입니다. 게다가 저는 인도식으로 일하는 방식도 배우고 싶지 않습니다. 또 앱텍측은 '현장에선 여러 기술을 통합해서 일해야 하는데 제가 JAVA 일만 고집해서 회사를 찾아주기 힘들다'고 하는데, 저는 그런 설명에도 동의하기 힘듭니다. 인턴십을 위해 제가 좋아하는 것을 바꾸고 싶진 않습니다. 제가 원하는 일을 해보지도 않고 분야를 바꿀 수는 없습니다. 제가 틀렸다고 생각하십니까?"

"T, T, H 등 세 명은 지난 주 한 회사에 갔는데, 프로그래밍 회사였어요. 그 친구들은 처음부터 프로그래밍에 관심이 없어서 네트워킹과 시스템 관리직을 앱텍측에 요구했어요. 그런데 앱텍측은 남은 학생들을 다 프로그래밍 회사에 넣으려 했습니다. 그래서 일부 학생들이 통보도 안 하고 아예 회사에 가지도 않은 거죠."

인턴십은 인도 창의 꽃이라 생각했다. 그래서 지난 9개월을 준비해 온 것 아닌가. 멋진 인도 회사에 취직해 근무해보고도 싶었다. 그런데

이게 뭔가. 미리 준비하지 않고 있다가 닥쳐서야 아무 회사에나 밀어넣어 형식만 갖추려는 이들은. 나는 이런 일을 원치도 않았고, 이런 회사에서 근무하고 싶지도 않았다. 이제까지 인도 창을 통해 키워왔던 모든 희망이 무너지는 순간이다. 어찌어찌하여 인턴으로 일을 시작해도 다른 문제가 기다리고 있다.

"오늘은 아무 일 없이 바보처럼 사무실에 앉아 있었습니다. 제 매니저가 다음 수요일부터는 뭔가 할 일을 주겠다고 했는데, 글쎄요. 솔직히 이 회사를 떠나고 싶지만 다른 회사를 찾는 것도 너무 어려운 일입니다. 아마도 인턴십 기간 동안 이 회사에 있어야겠지요. 제가 맞나요?"

"우리는 네트워킹을 배우려고 이 회사에 왔는데, 때때로 시간낭비라는 생각이 듭니다. 회사가 네트워킹에 대해 가르쳐줄 것을 준비하지 않았기 때문입니다. 일이 생기면 그때서야 조금씩 가르쳐주는 형국입니다. 어찌 할 바를 모르겠습니다."

"저희는 점심값이나 릭샤 요금도 받지 않은 채 열 시간을 일하고 있습니다. 마치 한국에서 일하는 인도네시아인이나 말레이시아인이 된 듯한 느낌이에요."

도대체 일을 줘야 실제 업무를 익히고, 사회를 익히고, 직업의 가능성을 타진할 것 아닌가. 우리가 꿔다놓은 보릿자루인가. 이런 회사에 앉아 우두커니 시간만 낭비하는 게 무슨 의미인가. 아무리 외국에서의 인턴십이라고 하지만 회사를 위해 일하면 돈을 조금이라도 내놓아야 하는 것 아닌가. 한국에 온 동남아 노동자들도 돈을 받는 판국에 말이다. 사회에 대한 환상, 해외 인턴십에 대한 꿈이 깨지는 고통이다.

인턴십을 준비하는 단계에 들어가면 학교의 담당교수들은 긴장하기 시작한다. 멀리서 이메일이나 전화를 통해 앱텍 담당자와 수시로 소통하면서 독촉하지만, 문제가 없던 적이 없기 때문이다. 국내에서도 인턴십 기회 하나를 만들어 운영하려면 많은 문제가 있기 마련인데, 일을 느리게 처리하는 해외 파트너를 통해 인턴십 기회를 창출하는 것은 보통 큰 문제가 아니다. 그것도 하나의 기업이 아니고, 학생들의 요구에 기초하여 10~15개의 기업 파트너를 꾸린다는 것은 더욱 어려운 일이다. 그 때문에 요새는 많은 비용을 해외기업에 치르면서 인턴십을 보내는 연수 프로그램도 만들어질 정도다. 여기서 발생하는 문제들은 사회의 논리를 전혀 모르는 학생들에게 전가되어, 자신의 요구와 현실 사이의 간극에서 방황하면서 자제심을 잃게 만든다.

학생들의 직접 언급을 통해 기술한 각종 어려움들은 대체로 기마다 겪는 장애들의 성격을 드러냈다고 판단된다. 인도 창을 마치고 돌아온 학생들은, 마치 군대복무를 마치고 나온 사람들처럼, 이런 어려운 일들을 무용담처럼 얘기하며 웃어대지만, 당시에는 몸과 마음이 망가질 정도로 심각한 지경에 이르렀다. 대학 캠퍼스에서라면 도저히 만날 수 없었을 장애와 문제들이다. '내가 여기서 뭘 하는지 그 의미를 찾기 힘들' 만큼, 그리고 '인도와 인도 사람이 지겹다'는 느낌이 들 만큼, 나아가 담당교수와 학교측에 "과연 이런 교육이 무슨 의미가 있는가?"라고 물을 만큼 어려운 과제들에 접했다.

받아들이는 힘

보통 사람들이 생각하는 문제해결방식은 어려움을 주는 대상과 싸워 극복하거나 묘수를 짜내 교묘하게 대상을 다루는 식이다. 그렇게 해서 해결될 수 있는 문제들은 대체로 기술적으로 처리할 수 있는 것들이다. 그러나 가슴 깊이 아리게 스며든 문제들, 대상과 싸우거나 묘안을 내도

해결되지 않는 문제들이 있다. 이런 문제들은 문제를 대하는 나의 태도를 바꿈으로써만이 해결된다.

학생들이 문제를 대하면서 창조해낸 새로운 태도는 '받아들이는 힘(수용력)'이다. 여우가 포도를 향해 뛰어오르는 행위를 반복하면서, 뛰어오름의 고됨과 주변 팬들의 실망을 남김없이 받아들이는 데서 나오는 힘이다. 실상을 가리지 않고 그대로 받아들이는 데서 새로운 변화 가능성이 싹튼다. 마음의 여유를 찾은 여우는 더 높이 뛸 받침을 찾거나, 포도보다 못한 음식을 먹으며 높이뛰기 능력을 연마하거나, 심지어 포도가지가 더 자라 내려올 때까지 기다릴 수도 있다. 아직 성공은 아니다. 그러나 단 포도를 신 포도라고 우기며 체면치레하는 데서 오는 고통은 더 이상 없고, 언젠가 뛰는 힘이 더 크면 그 포도를 달게 먹을 수 있으리라는 희망을 갖는다. 그는 입이 닿지 않아도 실망하지 않고 조금 더 가까이 뛰었다는 데 미소 짓는다. 마침내 그의 힘에 단 포도가 들어온다. 이때부터 '여우와 신 포도' 이야기는 '여우와 단 포도' 이야기로 바뀐다.

여우의 태도에 변화가 있기까지 크게 세 가지의 힘이 내면에서 축적되었다. 괴로움 없이 그 상황에 적응하여 익숙해지는 힘, 몸의 고됨과 체면구김을 참아내는 힘, 그리고 새로운 상황을 밝게 대하는 긍정의 힘이 그것이다. 적응력, 인내력, 긍정력의 세 가지가 내면에 쌓이면서 낯설고 고단한 상황을 '받아들이는 힘'이 생긴 것이다.

익숙해지는 힘

어려운 과제를 극복할 힘은 묘하게도 그 어려움 자체에 익숙해지는 데서부터 생긴다.

"방 안에 앉아 있다가 처음 도마뱀을 봤을 땐 기절하는 줄 알았어요. 처음에는 18명이 YMCA에 같이 묵었는데, 여자 방 여기저기서 비명소리가 들리곤 했어요. 해로운 것도 아니고 아무렇지도 않은데 그때는 왜 그렇게 무서웠던지 …… 지금은 새끼 도마뱀이 귀엽기까지 해요. 이곳 바퀴벌레는 사람을 봐도 도망가지를 않아요. 우리끼리는 '여기 바퀴벌레는 간이 부었다'는 농담도 하죠. 제 방에 사는 바퀴벌레만 해도 며칠 전 화장실 거울 뒤에 알을 까서 얼마나 곤욕스러운지 몰라요. 얼마 전에는 거울 뒤에서 더듬이만 여섯 개가 나란히 나와 있었는데 이제는 새끼 바퀴벌레까지 나다녀요. YMCA에 사는 쥐는 얼마나 큰지 그 쥐를 볼 때면 개가 생각날 정도예요. 쥐는 재빨라서 사람 눈에 띄면 바로 도망가는 줄 알았는데, 이 쥐는 계단을 성큼성큼 오르락내리락하면서 방문 앞까지 왔다갔다 합니다."(박미현)

"9개월쯤 되니 인도인이 다 되어버려서 기다리는 데도 이력이 났어요. 엄마 생각도 안 나고, 울지도 않고 ……"(정미희)

도마뱀을 처음 볼 때의 놀라움은 온몸에 소름이 돋을 정도의 생물학적 반사작용을 일으키고, 곧바로 '내가 못 살 곳에 버려졌다'는 처연한 느낌을 자아낸다. 문명세계로부터 추방된 느낌이다. 그러나 징그러운 바퀴벌레도 자꾸 쳐다보면 새끼 나는 것까지 자세히 관찰할 정도가 된다. 바퀴벌레가 '나와 함께 사는 동료'라고 느껴질 때쯤 되면 엄마 생각하며 우는 일도 없어지고, 여기가 인도인지 한국인지 구분이 안 된다.

인도 문화에 대한 이질감도 처음 큰 쥐를 보았을 때의 반사작용과 똑같다. 인도인들이 "문제없으니 내일까지 기다리라"는 말에 무작정 기다렸다가 몇 주가 지나도 아무 연락이 없거나 하면 처음에는 마구 화가 난다. 그러나 익숙해지고 나면 '내일'을 '일주일' 정도로 알아들을 수 있고, 인도 가요를 흥얼거리거나, 집안에서 인도 음식을 해먹을 뿐 아니라 인도인처럼 "내일 하겠다"고 해놓고도 태연히 미루기도 한다.

낯선 것이 몸에 닿을 때 처음 느낀 이질감은 심리적 공포와 외로움,

짜증을 유발한다. 이들은 '싫은 것, 나쁜 것'으로 다가왔다가 익숙해지면 '아무런 느낌도 없는 것' 심지어는 '지루한 것'으로 변화된다. 영어에 대해서도 마찬가지이다.

"처음 수업을 들을 때는 정말 어리벙벙했어요. 저는 듣기가 약해 선생님이 말한 내용의 반도 이해하지 못했어요. 6개월이 지난 지금은 듣기가 많이 향상되어 수업시간에는 문제가 없습니다."(박은미)

"영어로 수업을 진행하기 때문에 저처럼 영어와 안 친했던 사람도 반년이 지나서는 영어와 친해졌어요."(박하나)

영어로 진행되는 수업을 풀타임으로 듣다 보면 6개월이 지나서는 약 80%의 내용이 들린다는 것이 보통 인도 창 출신들의 자기평가이다. 여기서 "영어와 친하다, 안 친하다"고 표현한 박하나의 언급은 "영어를 잘한다, 못한다"고 표현해온 한국인들에게는 새로운 시선을 제시한다. '잘한다' 혹은 '잘 안다'가 아니라 '친하다'가 핵심이라는 것이다. '잘한다' 혹은 '잘 안다'는 '많이 친하다'가 바깥으로 드러난 양상에 불과하다는 것이다.

영어에 국한된 얘기가 아니다. 노벨상을 받은 한 수학자가 스승에게 "이게 왜 이렇게 되지요?"라고 물었다. 그 스승의 답변은 "수학에서 왜를 묻지 말아라. 수학은 익숙해지는 것이다"였다. 학문이나 사회 부문마다 고유의 약속체계가 있다. 사람들의 수준 차이를 발생시키는 일차적 원인은 그 분야에서 통용되는 약속체계나 문법에 익숙해졌느냐 아니냐에 있다. 그렇게 익숙해진 사람들만이 그 분야의 전문용어로 세상을 해석하며 농담도 하는 창의성을 발휘할 수 있다. 공부를 잘하느냐 못하느냐의 문제도 상당부분 '친해지는 문제'이다.

"처음엔 수업 좇아가느라 정신이 없었는데 3개월이 지난 이제는 가닥을 잡았어요."(박은미)

"전 공부 하나만을 목표로 삼고 왔어요. 지금은 커리큘럼이 느슨하다고 생각될 때도 있습니다."(전춘권)

일주일의 상당시간을 노는 데 보냈던 학생들도 회사 같은 풀타임 수업 스케줄에 적응할 수 있다. 수시로 과제나 시험이 있고 시험을 일요일에만 보는 스케줄에도 적응할 수 있다. '정신없던' 스케줄이 3개월 후에는 '정신이 가닥을 잡을 정도'로 바뀐다. 낯설었던 공부 스케줄과 공부 분량에 익숙해지는 것이다.

전춘권의 경우는 남들은 '숨 막힌다'는 공부 스케줄이 느슨하다고 느꼈다. 이런 경우는 과거에 그 정도로 공부나 일을 해보아 이미 익숙해진 경우이다. 힘들게 겪어 익숙해진 사람만이 차후에 다가올 어려운 과제에 능숙하게 대처할 수 있다. 인턴십의 경우도 학생 측면에서 보면 익숙해짐의 문제라고 할 수 있다.

"숱한 맘 고생으로 보냈던 여덟 번의 인터뷰 만에 K사에서 일하게 되었습니다. 프로젝트를 시작했지만 어렵진 않아요. 회사는 오전 9시부터 오후 5시 30분까지 일하는데, 저는 7시까지 사무실에 있습니다. 인터뷰 때를 되돌아봅니다. 인턴십 하나로 너무 긴장했어요. 잘못한 일이라고 생각합니다. 인턴십은 전부가 아니고 단지 하나의 걸음에 불과하다는 걸 알았으니까요. 그때 화를 냈던 데 대해 선생님이나 앱텍 관련자들에게 죄송하다는 생각입니다."

"저는 작은 프로그래밍 회사에서 일하고 있습니다. 처음에는 여섯 명이 갔습니다. 회사측에서는 여섯 명을 모두 받는 것으로 알고 있더군요.

다음 날 세 명이 아무런 말도 없이 안 나왔어요. 그리고 순차적으로 빠지면서 저만 남았습니다. 회사는 나중까지도 여섯 명이 오는 줄 알고 준비하고 있었습니다. 학생들이 안 나오니 회사는 '우리가 잘못한 것이 있느냐?'고 저에게 물어봅니다. 어떻게 대답해야 합니까? 저에 대한 불신과 한국 사람들에 대한 비판적 시각만 남아 있는데 말입니다. 그동안 저는 많은 거짓말을 해야 했고, '그들이 날 어떻게 볼까' 하는 생각에 힘들었습니다. 발생한 문제들을 보충하기 위해 저는 어느 때보다 열심히 일하고 성실한 모습을 보이기 위해 노력합니다. 인턴십 주선을 땜질 식으로 한 앱텍이 우선 문제지만, 일을 해보고 마음에 안 들면 다른 곳으로 옮기는 것도 정말 우스운 얘기입니다. 가는 사람이야 상관없지만 남는 사람은 어떻게 합니까? 한국의 사회초년생들의 입맛을 어떻게 맞춰줄 수가 있습니까? 저는 요즘 경멸조로 '인도 사람이니까!' 이런 말은 하지 않습니다. 그러니 정말 마음이 편안해지더군요."

위 두 건은 인턴십 주선 과정에서 발생했던 문제들에 대한 회고담이다. 수차례의 인터뷰 기회에도 내가 원하는 일자리가 안 나올 때 앱텍 담당자를 들볶고 학교에 불만을 터뜨리다가 일할 자리를 잡고서 되돌아보는 얘기가 첫 번째이다. 인턴십에 목을 맨 것이 화를 냈던 주 요인이었음을 되짚으면서, 인턴십은 직장을 결정하는 게 아니라 긴 사회 경력의 한 걸음일 뿐이라는 여유로운 회고이다.

두 번째는 "내가 원하는 회사가 아니다"라며 아무 연락도 없이 안 나오는 동료 학생들과 이 상황을 책임 있게 처리하지 못한 앱텍 담당자 때문에 회사에서 곤혹스러운 상황을 감당하는 얘기이다. 이 학생은 한국에서 사회 경험이 있었기 때문에 회사가 '쓰면 버리고 달면 삼키는' 종류의 만만한 기관이 아니라는 점을 지적하고 있다. 나아가 동료들이 한국 학생에 대한 이미지를 실추시킨 데 대한 책임을 본인이 지지 않으면 안 되는 상황을 받아들이는 태도를 보여주었다. 그는 3개월 후 회사

사장으로부터 매우 높은 평판을 받았다.

이 두 건 모두 사회의 논리에 어느 정도 익숙해졌느냐에 따라 달라지는 태도 변화를 보여준다. 한국에서도 사회초년병들은 많은 어려움을 겪는데, 그 중 상당부분은 사회의 논리를 받아들이지 못하는 데서 발생한다. 인턴십 과정 중 발생하는 문제에 대해서도 마찬가지이다.

"회사에서 하기로 한 프로젝트가 아직 시작되지 않았어요. 프로젝트리더가 인도 창 과정이 끝나는 2월 중순에나 프로젝트를 시작할 수 있다고 했는데, 그 말을 듣고는 화가 났어요. 하지만 지금은 차분히 기다리고있습니다. 그 사이에 시간이 넉넉히(?) 있으므로 뭔가를 해야겠다는 생각이 들었어요. 'Sun' 자격증 시험을 대비하는 학원을 발견했고, 이미 등록해서 준비 중이에요. 한 달 코스니까 프로젝트 시작 전까지는 끝날 겁니다. 전 매일 아침 7시부터 저녁 9시까지 일요일 빼고 공부만 합니다. 회사일이 없다고 투덜댈 때보다 뭔가 할 일을 찾으니 기분이 좋습니다. 이젠더 이상 따분하지 않아요."(박경아)

인턴 생활에서 제일 곤혹스러운 것이 '꿔다놓은 보릿자루' 혹은 '변방에서 우짖는 새' 신세가 되는 것이다. 한국에서나 인도에서나 다 마찬가지이다. 하기로 한 일이 늦어진다고 말하는 상사에게 화가 나는 건사회초년병의 당연한 반응이지만, 점차 '회사에서는 그럴 때도 있다'는논리를 익힌다. 심지어 인턴십 중에 파산하는 경우도 있으니, 그에 비하면 프로젝트가 연기되는 것은 상팔자이다. 대신에 어영부영할 시간을 자기 발전을 위한 공부시간으로 바꿀 정도로 여유가 생기는 것이다.

익숙해지면 깨달음이 생긴다. 그것이 '힘들고 외롭고 짜증나는 것'이아니라 단지 '낯선 것'이었다는 깨달음. 그제야 비로소 어려움이 주었던 부정적인 영향이 사라진다. 세상에서 일어나는 모든 일들은 아무리낯설고 불합리하고 말도 안 되는 일일지라도 오래전부터 있어온 '다 있을 수 있는 일들'이다. 다만 처음 겪을 때는 '있을 수 없는 일'처럼 보일 뿐이다. 일단 익숙해지면 '문제'였던 것이 '일상사의 일부'로 변한다. 그것이 적응의 신비이다.

고통스러운 대상에 익숙해지는 데서 발생하는 적응력은 부산물로 성취감을 낳는다. 익숙해진다는 것 자체가 문제의 상당부분을 해결해주기 때문이다.

"'전자상거래' 공부가 본격적으로 시작되면서 저는 벽에 부딪혔습니다. 전공이 사회과학인지라 컴퓨터를 배울 기회가 없었죠. 처음 앱텍에서 나눠준 과목 리스트를 하나하나 살펴보며 제 자신을 다스려야 했어요. 처음 몇 개월은 '네크워크'니 '프로그램'이니 하는 것들을 실제로 접하면서 슬럼프에 빠졌어요. 아침 9시부터 오후 5시까지 한 마디도 안 하고 멍하니 앉아 있다가 집에 돌아오는 일이 한두 번이 아니었어요. 그러나 무에서 유로 가는 순간순간이 새로운 공부에 대한 흥미를 유발시키기 시작했어요. 지루하기만 했던 수업시간이 재미있어졌고 제 손에서 굴러가는 프로그램을 보며 이 공부에 만족하기에 이르렀습니다. 어느덧 저는 전자상거래에 푹 빠져 6개월이 지난 지금까지 이 선택을 후회하지 않은 채, 지금은 그 어렵다는 '자바' 공부를 하는 중입니다."(전유선)

문과생들 중에 전자상거래 전공을 선택하여 네트워크와 자바 프로그래밍을 공부하는 데 성공적이었던 학생은 그리 많지 않다. 프로그래밍을 처음 접하고 슬럼프에 빠지지 않는 경우는 거의 없다. 그러나 전유선처럼 '재미있는 수준'까지는 가지 않더라도, 대부분 익숙해지는 단계까지는 도달한다. 패러다임이 전혀 다른 학문도 처음에는 슬럼프를 주지만 익숙해지면 '재미있는' 상태까지 갈 수도 있다. 경우에 따라서는 컴퓨터를 전공했던 학생들보다 더 나은 성적을 받는 성취감을 낳는다. 반대로 이과생이 영어에 익숙해지는 데 따르는 성취감도 있다.

"영어에 대해서는 전 할 말이 없는 사람입니다. 하지만 6개월이 지난 지금 영어에 대한 두려움이 많이 없어졌고, 영어가 공부해야 할 과목이 아니라 의사소통의 도구라는 인식이 생겼습니다. 전 영어를 정말 싫어했어요. 영어단어를 외우면 그 다음 날 까먹고, 내가 왜 영어 공부를 해야 하는지 이해를 못했어요. 근데 여기 와서 영어가 그리 어렵지 않다는 것을 알게 되었어요. 말을 잘 못하는 것은 그저 연습이 부족해서이고, 문장을 잘 못 만드는 것은 문법이 조금 부족하고 단어를 많이 모르기 때문입니다. 그래도 중학교 단어 실력만 있으면 대충 의사를 표현할 수 있었어요. '영어도 하면 되는구나'라는 걸 알았고, 우리말처럼 그냥 하나의 언어에 불과하다고 느꼈어요. 이것만도 큰 이득이라고 생각합니다. 생각을 바꾸기란 쉬운 것이 아니기 때문이죠."(남상미)

두렵고 싫은 대상이 친숙한 대상으로 바뀌는 것에 익숙해진다는 것이다. 그런데 싫고 두려웠던 대상에 대한 이해까지 얻었다면 익숙해짐의 상당 수준에 이른 것이다. 싫었던 대상에 대한 '생각을 바꾸기란' 몸이 바뀌는 것보다 더 힘들기 때문이다. 그 과정에서 남상미는 '영어도 하니까 된다'는 것을 알았을 뿐 아니라 영어도 우리말처럼 '단지 하나의 언어'에 불과했다는 깨달음을 얻는 '큰 이익'을 얻었다.

여기서 큰 이익이란, 단지 '친숙하지 않았던 대상'을 '싫고 두려운 대상'으로 만든 내 안의 심리기제가 원인이었다는 통찰이다. 이런 통찰의 힘을 얻은 이과생들 중에는 일 년 후 '의사소통수단으로서의 영어'의 구사력이 영어학을 전공한 사람들보다 높아지는 경우도 있다. 일상생활에서도 그런 성취감의 소재는 많다.

"김치를 만드는 데 성공했습니다. 중국 캐비지로 만들었는데 맛이 굉장히 좋아요. 인도에서 김치를 만든 것입니다. 여학생들 집에서도 지난 일요일 김치를 만들었다고 합니다. 문제는 저희 것보다 맛있다는 데 있어

요."(신동석)

"우리 인도 창 4기는 모두 적응력이 뛰어난 학생들만 모인 듯 싶습니다. 언젠가 우리끼리 '학교에서 공부로 우리를 뽑은 것이 아니라 어디 가도 쓰러지지 않고 기죽지 않을 학생들만 뽑은 것이 아니냐'고 한 적이 있어요. 우스개 소리지만 우리 모두의 적응력에 스스로 놀라고 있어요. 6개월이 흐른 지금 우리는 모두 인디언이 되었습니다. 비가 내리는 지금 우리 친구들은 각자의 창가에서 비를 보며 맘에 쌓인 티끌을 씻어 보낼 거예요. 그리고 내일은 다시 한국인이 아니라 인디언으로 살 것입니다."(정태용)

"결국 저는 의지의 한국인이었습니다. 6개월이 지난 현재 저는 인도 음식을 잘 먹고, 화도 내지 않고, 느린 것들에 대해 기다릴 줄도 알아요. 그리고 이런 것들로 인해 제가 다른 한국인들보다 낫다는 생각이 듭니다."(김종필)

익숙해짐이 성취감을 낳는 첫 번째 이유는 창조활동이 수반되기 때문이다. 전혀 불가능하리라 생각했던 삼겹살과 김치를 인도라는 낯선 땅에서 낯선 재료로 창조했을 때, 발견자와 창조자로서 느끼는 희열은 먼 데 있는 지도교수에게 선전하고 싶을 정도이다.

익숙해짐이 성취감을 낳는 두 번째 이유는 잠자고 있었던 자기 힘을 발견했기 때문이다. 정태용의 보고에 따르면 학생들의 적응력은 '스스로 놀라는' 수준이었다. '내 안에 이런 적응력이 있었는가!' 하는 자기 능력 발견은 마치 감춰진 보물을 찾은 것과도 같다. 한국인으로서가 아니라 인도인으로, 나아가 시베리아인으로도 충분히 잘 살 정도의 역량을 자기 안에서 확인한 데 따른 성취감이다. 적응의 성취감은 그 자체만으로도 '다른 한국인들보다 내가 더 낫다'는 자기존중의 지경에 이른다.

이질적인 것에 익숙해지면 그만큼이 '나의 영역'이 되어버린다. 과거에는 '남의 문화'였던 것이 '나의 문화'가 되고, '어려운 지식'이었던 것이 '내 지식'이 되고, '남의 언어'가 '내 언어'가 된다. 익숙해진다는 것은 '저편의 것들'을 '내 편의 것들'로 바꿔놓는다. 그만큼 힘이 커진다.

많은 여학생들은 자신이 공주를 탈피했다고 보고한다. 스스로를 '강남인'으로 생각하며 살았던 정지예도 '공주 탈피의 힘'을 꼽았다. 귀국 후 사회복지학과에 복귀했던 그녀는 실습으로 나갈 복지기관에 대한 달라진 태도에 대해 말했다.

> "전에는 봉사활동을 가도 서초동 쪽에 있는 번듯한 기관들을 찾았어요. 인도에서 돌아오고 나서는 강원재활원에 갔어요. 그 시설은 거의 뱅갈로의 YMCA 수준이었어요. 그런데도 쉽게 적응되었어요."(정지예)

여기서 말하는 '뱅갈로의 YMCA'는 2기생들이 초기에 머물렀던 집단숙소로, "화장실 천장이 무너져내리고, 원숭이와 큰 개가 방문 앞에 와서 얼쩡거리고, 운동장에는 뱀도 나타난다"는 곳이었다. 처음 YMCA에 도착한 여학생들은 "호텔에라도 가서 살겠다"며 질색들이었다. 그런 시설에서 한 달 정도라도 살고 나면, 힘들게 나갔다 들어올 때 '역시 집이 좋구나' 하는 생각이 든다.

공주나 왕자는 힘든 일을 해내질 못한다. 공주 탈피의 힘은 단순히 물리적으로 열악한 환경에 익숙해진다는 것뿐 아니라 낯설고 힘든 사회적·정신적 환경도 감당해낼 만큼 힘이 커졌다는 것을 의미한다.

'어렵다', '두렵다', '괴롭다', '짜증난다' 등의 형용사들의 원형은 '낯설다', '친숙하지 않다'이다. 사람들이 원형을 모르고 표면의 느낌에 집착할 때 어려움은 가중된다. 그것이 힘을 약화시키는 주 요인이다. 일단 익숙해지면 부정적 영향은 사라지고, 어려웠던 대상에 대한 이해와 통찰의 힘이 생긴다. 이 과정에서 새로운 창조와 발견이 생기면 성취감까지 생긴다. 익숙해짐을 통해 저 바깥에 있던 것들이 나의 영역으로 들어오면서 내 자신이 확장되는 발전이 이루어진다. 낯선 것과 익숙해진다는 것은 그 정도로 막강한 힘을 내 안에 축적시킨다.

참아내는 힘

인도 창 경험은 여행과 같이 거리를 두고 이국 풍물을 지켜보는 경험에 비해 결정적으로 다른 측면이 있다.

> "6개월을 살면서 느낀 것은 바로 '생활'이라는 거예요. 처음 몇 개월은 붕 떠 있는 느낌으로 살았죠. 땅에 발을 딛지 못하고 뜬 채로 마치 여행이라도 온 사람처럼 정신없이 …… 전 가끔 얘기해요. 인도에 대한 환상은 여행자에게나 있는 거라고. 누군가 '인도라는 곳 참 멋진 곳이 아니냐' 물으면 전 항상 같은 대답을 해요. '그건 여행자들이나 느끼는 거야.' 특이하고 생소한 문화를 경험한다고 하기엔 생활이라는 것은 참 어려운 것이니까요."(김미란)

여행은 일상생활로부터 벗어나는 순간이다. 그러나 그런 '붕 떠 있는' 느낌은 3개월도 못 간다. 붕 뜬 것은 곧 일상생활의 무게로 내려앉는다. 한국에서의 일상생활보다 더 힘든 것은 공부의 과제도 배 이상이고, 부모가 해왔던 살림도 스스로 해야 한다는 것이다. 일과 살림 모두가 붕 뜨는 나를 끌어내리는 중력으로 작용한다. 여행자는 낯선 풍물에 시선만 익숙해지면 되지만, 일상생활자는 낯선 일과 생활과제들에 몸 전체가 익숙해져야 한다.

익숙해짐은 변화를 위한 내적 투쟁을 필수요건으로 한다. 그것이 익숙해짐을 어렵고 복잡한 과정으로 만드는 요인이다. 내면의 투쟁에 성공하기 위한 가장 결정적인 힘은 인내력, 즉 참아내는 힘이다.

> "집에서 전화가 왔어요. 더워서 내가 죽지 않았나 싶어서랍니다. 어느

날은 자다가 목이 말라 새벽에 깼는데 수도가 말라 물이 없어서 옆집에 몰래 들어갔는데, 거기도 물이 없어서 오이를 훔쳐 먹었어요. 그때 마침 같이 사는 녀석도 목이 말라 깼는데, 그때 반 잘라준 오이가 아깝기까지 했어요. 하도 더워 냉동실에 손을 들이밀었다가 양손이 다 붙어서 급하게 누구를 부르기도 했고요. 알고 보니 제가 사는 주에서 수천 명이 혹사로 죽었답니다. 물론 대부분이 길거리의 비렁뱅이긴 하지만, 덥긴 정말 더웠어요."(윤정근)

이것은 4기생들이 파견되었던 하이데라바드의 5월의 상황이다. 이때 하이데라바드에서만 열기로 200여 명이 죽고, 이 도시가 속한 안드라 프라데쉬 주에서는 수천 명이 죽었다고 외신에 보도된 그 더위이다. 오이를 훔쳐 먹었든 어쨌든 그 더위를 견디어냈다. 이런 더위를 견디고 나면 우기가 오고, 온도가 섭씨 20도대로 떨어져도 감기가 걸릴 뿐 아니라 밤에는 두꺼운 이불을 덮어야 하고, 때로는 겨울 파카를 입고 다녀야 한다. 이런 과정을 거쳐 다음 해 여름을 맞이하면 40도까지 올라가는 더위가 그렇게 덥지가 않다. 이때 몸이 첫 과제로 해낸 일은 익숙지 않은 온도와 날씨를 참아낸 것이다. 참아내지 않고는 그 정보를 내장할 수 없고, 따라서 운영 시스템을 바꿀 수도 없다.

참아내는 일은 수동적으로 보이지만 실상은 매우 능동적인 내면의 투쟁이다. 참아내지 않고 "덥다. 덥다" 하면서 코끝에 에어컨을 달고 살려고 하면 '인생 처음으로 접하는' 더위에 적응할 수 없다. 날씨에 비하면 문화환경은 참아내기가 더 힘들다.

"인도의 유명한 'TATA 텔레서비스'가 한 달 넘게 전화를 설치해주지 않고 있다면 아마 알 만한 사람들은 상당히 놀랄 거예요. 저는 TATA 직원인 라메쉬와 여러 차례 전화통화를 해서 약속시간을 다시 받아내곤 했지만 그가 온 적은 한 번도 없었어요. 외국인에 영어를 못한다고 나를 무시한다는 생각밖에 들지 않았고, 말이 서툴다고 이 싸움에서 진다는 게 억울했어요. 언제든 라메쉬를 만나면 나의 불만을 조리 있고 빠르게 말해 야겠다는 다짐에 머릿속은 항상 영어문장들로 가득했어요. 그러나 결국 은 내가 백 번 화를 내고 전화를 거는 것보다 집주인에게 도움을 요청하 는 것이 나으리라는 생각에, 사정을 이야기하고 도움을 청했죠. 인도인 집주인의 항의에도 라메쉬는 여전히 게으르고 책임을 회피했어요. 집주 인과 라메쉬 두 사람을 보면 인도인들의 대표적인 두 모습을 찾을 수 있 죠. 보기 드물게 시간 약속과 맡은 일을 기한 내에 처리하는 집주인과, 약속도 안 지키고 큰돈이 오가는 일도 제대로 처리하지 않는 라메쉬. 라 메쉬 이야기를 들은 이웃이 웃음 섞인 말투로 이렇게 말했어요. '그 사람, 진짜 인도 사람이네(He is a real Indian!).'"(오은영)

과거 한국에서 전화를 설치하는 데 1, 2년씩 기다려야 했던 구세대의 경험을 들으면 말로는 이해가 될지 모르지만, 이해가 된다고 해도 몸으 로 겪은 바 없으니 화나는 건 달라지지 않을 것이다. 한국에도 코리안 타임이 있었다는 얘기가 이해될지는 모르지만, 인디언 타임에 짜증나는 건 어쩔 수 없다. 이런 상황에서 하나의 인내 보고서를 들어보자.

"인도인들의 여유로움은 우리나라에선 절대 찾아볼 수 없는 것입니다. 셀 수 없이 정전이 되어도, 차량접촉사고가 나도, 서비스를 해주는 데 시간 이 아무리 많이 걸려도 그저 고개를 좌우로 갸우뚱거리며 지나치는 인도 인들……. 저도 한국인이기에 정말 답답했습니다. 인도인들에게 아무리 재촉을 해봐도 그저 고개만 갸우뚱거릴 뿐입니다. 한국말로 욕도 해보고 짧은 영어로 심한 말도 해보았지만, 어떤 때는 저 혼자 흥분하고 그걸 못 이겨 지쳤던 적도 있습니다. 그쪽은 아무렇지도 않은데 답답한 사람은 저 뿐입니다. 저는 불 같은 성격에 참을성이 없었기에 정말 힘들었죠. 하지만 지금은 제 자신을 생각해서라도 그렇게 하지 않습니다. 부탁을 할 때도 인디언 타임을 미리 고려하면서 인도인처럼 행동합니다. 한국에서 그렇게 한다면 직장을 구할 수도 장사를 할 수도 없겠지만, 여기 있는 동안은 그렇게 하기로 마음먹었습니다. 이곳의 환경과 인도인들의 성격은 '끔찍하다(horrible)'는 단어로 표현하고 싶습니다. 하지만 그 단어의 의미 중에는 '인내한다(patient)'는 의미가 있다는 것을 저만 느꼈을까요?"(최정환)

상이한 시간문화에 적응하는 과정이다. 한국인들은 느려터진 문화 속에 살게 되면 화병을 조심해야 한다. 최정환의 경험에서 중요한 것은 문제의 근원을 인도인에서 자기 자신으로 돌린 대목에 있다.

태도를 바꾸게 된 계기는 '나 자신을 생각해서'이다. 자기 자신을 유지하기 위해 불 같은 성격을 자제해야 했다는 것이다. 만약 짧은 영어로 계속 화를 내고 한국말로 욕을 해댔다가는 자신의 건강조차 챙길 수 없을 것이다. 이럴 때 '나 자신을 생각해서라도' 참아내야 한다. 참는 것이 경지에 이르면 인디언 타임을 고려하면서 행동할 줄 알게 되고, 나아가 인도인들의 끔찍함 한가운데서 참는 힘을 발견할 수도 있다.

그러나 바깥에서 오는 어려움은 참을 수 있는데, 안팎이 없는 '지겨운 일상생활'의 괴로움은 바닥을 알 수 없는 수렁이다. 오로지 공부와 밥 먹는 것뿐인 생활에 몽롱하게 취한 상태가 얼마나 심각한가에 대해서는 다음 설명을 들을 필요가 있다.

"모두들 염두에 두어야 할 것이 있어요. 가장 무서운 것은 생활이 안정되면서 생기는 나태함이에요. 좀더 긴장하고 자신을 채찍질하지 않으면, 시간은 하는 일 없이 지나가버리고 말 것입니다."(김정운)

한국에서라면 가끔은 술자리도 있고, 주변 사람들이 건드려주기도 하기 때문에 끝없는 무력증은 없다. 한국인에게는 매일 똑같이 진행되는 기계적인 생활이 가장 무섭다.

참아내는 원리는 똑같다. 처음에는 이를 악문다. 그것으로 안 될 때 인내의 뿌리로 내려간다. 이물질에만 쏠렸던 징그럽고 불쾌한 관심을 돌려 그 대상에 반응하는 자신을 쳐다보는 것이다. 어떤 사람들은 그 이물질에 대해 아무런 반응도 안 보이는데, 나는 왜 그렇게 징그럽고 불쾌할까? 자신을 돌아보는 순간, 내 반응체계는 한국이라는 환경에서 형성된 것으로 보편적으로 타당한 게 아니라는 것을 감지하게 된다. 내가 인도인들을 욕하면서 화병에 빠져드는 것은 '내게 익숙한 것이 타당한 것'이라는 착각을 연장하는 행위이다. 참는다는 것의 진정한 의미는 주사 맞을 때처럼 얼굴을 찡그리며 시간만 때우는 것이 아니라, 이물질에 대해 작동하는 자신의 자동반응기제를 쳐다보고 그 작동을 멈추는 데 있다.

참는 힘은 습관의 노예였던 나를 습관의 주인으로 바꿀 원동력이다. 요사이는 인내를 고식적인 윤리로 치부하는 경향이 있다. 그러나 요사이 강조하는 창조성도 인내심 없이는 클 수가 없다. 습관의 노예인 사람이 어떻게 새로운 것을 창조할 수 있겠는가.

시스템 관리자로 일하는 서득호는 스스로 다혈질이라고 생각한다. 그런 까닭에 그는 "인도에서 기분 나쁜 일이 많았다. 특히 릭샤 왈라(릭샤 기사)들이 사기 치는 데는 진력이 났다. 매일 두 번씩 참아야 했다"고 말한다.

"그때의 경험이 지금 회사에서 참는 데 기초훈련이 되었습니다. 제가 팀의 막내라서인지 잡일을 너무 많이 시킵니다. 예컨대 매월 지출결의서 정리를 제게 시키죠. 참아야 합니다. 인도에서 릭샤 왈라들과 싸우기도 많이 했지만, 그 상황은 사회에서도 마찬가지로 일어난다고 봐요. 사회에서는 상대방 기분이 나쁘지 않게 돌리고 포장해서 얘기하지만, 결국은 릭샤 왈라들의 얘기와 같습니다."(서득호)

그가 말한 '릭샤 왈라 이야기'를 좀더 풀어보자. 사회에 나가면 사람들은 자기가 가진 것을 빼앗기지 않으려고 하고, 죽어도 손해 보지 않으려고 하고, 자기가 투여한 것보다 더 많이 받으려고 한다. 그것은 인도든 한국이든 똑같다. 한국 직장에서는 비록 점잖은 언어로 얘기하고 둘러대며 말하지만, 15루피 거리를 갔음에도 100루피를 부르는 릭샤 왈라가 오히려 더 솔직하다. 릭샤 왈라와의 일상적인 투쟁담은 인도의 이야기가 아니라 인간사 전반에 관한 이야기가 되었다.

이 지적은 사회생활에 대한, 나아가 인간의 본성에 대한 통찰을 내포하고 있다. 그가 참아야 할 이유는 '사회가 본래 릭샤 왈라 이야기와 같기 때문'이라는 것이다. 인간이 본래 그런데 "그러지 말아야 한다"고 강변하면 다른 인간들과 평온을 유지하며 살아갈 능력이 취약해진다. 누가 이웃과 더 화목하게 지내며 함께 일을 잘 해나가겠는가? 본래 그렇다고 받아들이는 사람인가, 아니면 "그래서는 안 된다"며 그들에게 화를 내는 사람인가?

그 때문에 서득호는 자기 경력을 만들어가는 창조자로 변해 있다. 참지 않으면 자신의 비전에 따라 자기 삶을 창조할 수 없다. 내가 속한 삶터의 관행을 참고 받아들이지 않고는 밥 한 그릇도 창조해낼 수 없다.

인내력이 없으면 문제 상황에 적응할 수 없고, 적응하여 익숙해지지 않으면 문제를 해결할 수 없다. 그런 점에서 인내력은 받아들이는 힘의 근간을 형성하며, 태도 변화를 위한 근본적인 동력이 된다.

임계점

참는 힘이 어느 정도 커지면 태도의 질적 변환을 위한 임계점에 다다른다. 여기서의 반전은 매우 이상한 형태로 시작된다. 겉으로 보기에 그것은 '포기'로 나타난다.

"포기하는 순간 자유로워진다고 했던가요? 어쩌면 무책임한 말로 들릴 수 있겠지만 도무지 입에 맞지 않는 음식, 숨 쉬기조차 힘든, 그래서 처음엔 마스크까지 쓰게 했던 자동차 매연, 외국인이라면 무조건 속이려 드는 상인들, 갑작스레 쏟아지는 폭우, 시도 때도 없이 나가버리는 취약한 전력 …… 이런 모든 일들을 '여기는 인도니까' '그냥 그러려니' 하고 받아들이면서부터 마음이 한결 가벼워졌어요. 바꿀 수 없다면 맞춰가는 수밖에 없음을 절실히 느꼈어요."(박혁준)

'포기'는 부정적인 행위이다. 그런데 '도저히 바꿀 수 없다면 맞춰가는 수밖에 없다'고 판단하고 마지못해 포기하고 나니, 이상하게도 마음이 한결 가벼워진다. 심지어 '포기의 자유로움'을 느낀다. 도대체 포기라는 게 무엇이길래 그런 극적인 반전을 가져올까?

"부정적인 얘기를 많이 들었던지라 생각보다 그렇게 실망하진 않았어요. 처음엔 안 좋은 시설 등 환경 탓과 바로바로 처리하지 않는 인도인들의 근성에 불평했지만 그것은 그들의 현실과 문화이지요. 인도에 온 이상은 우리 문화기준으로 그들을 욕하기보다는 빨리 그들의 문화를 이해하고 적응해야 한다고 생각해요. 그러면 불평과 편견은 없어지게 마련이에요."(송권희)

송권희는 '적극적인 포기'를 말한다. 여기서 포기한 것은 '우리의 문화기준'이다. 우리의 문화기준을 포기하고 나니 자연스레 불평과 편견이 없어진다. 보통은 "남의 문화를 이해하라"고 권하지만, 그런 적극적인 행위가 일어나기 위해서는 우리 문화기준에 대한 집착의 포기가 필요하다. 그런 점에서 포기는 새로운 것들이 들어올 여지를 만드는 생산적인 행위이다. 새로운 것들이 들어올 공간을 내 안에 만든다는 바로 그 점 때문에 포기는 매우 창조적인 행위가 된다.

"뒤집어보았을 때 우리나라는 어떨까요? 지금 대한민국에 거주하고 있는 외국인들은 대한민국을 어떻다고 생각할까요? 여행자들이 써놓은 대로 핑크빛일까요? 글쎄요. 지난 일 년 동안 상식으로 이해되지 않는 일들이 많이 벌어졌어요. 환상이 깨지는 순간들이었죠. 하지만 그 환상들을 빨리 포기하려고 했어요. 여긴 내 조국이 아니기 때문에 누군가 나를 위해 바꿔줄 수 있는 것들은 없었어요. 내가 바꿔어야만 하는 현실이었죠. 저는 조금 바보스러울 정도로 깨어진 환상들 사이로 드러난 현실을 이해하려 했어요. 아니 이해라기보다는 적응하려 했죠. 내가 자신 있게 바꿀 수 있는 부분들이 아니었기 때문이죠. 바꿀 수 없었기 때문에 불평을 줄이고 적응하려 했던 거죠. 그래서 그랬을까요? 누군가 제게 인도 창 프로그램의 만족도를 묻는다면 저는 주저 없이 '정말 만족한다'라고 말합니다."(오재은)

환상이 깨진 틈으로 거대하게 드러난 인도의 현실을 이해하려고 했다? 이해한다는 것은 결국 한국식 사고방식에서 이해한다는 것이다. 그렇게는 이해될 리 없다. 결국 적응의 길을 걷느냐 저항의 길을 걷느냐의 두 갈래뿐이다. 환상을 포기할 수밖에 없다. 환상도 한국에서 자란 내가 만든 것이다. 한국에 사는 외국인들이 보기에 그것은 또 하나의 '지겨운 것'일 수 있다. 결국 한국적인 것은 그 많은 '익숙한 것' 혹은 그 많은 '지겨운 것' 중 하나일 뿐이다. 그러니 내가 익숙했던 것에 절대값을 매길 수는 없다. 익숙했던 것과의 결별을 선언해야 완벽하게 이질적인 상황과 조화를 이룬다. 그런 적극적인 포기의 결과는 '정말 만족한다'이다.

우리가 포기하는 것의 실상은 '과거의 나에 대한 집착'이다. 과거의 나란 한국문화, 내 가정의 문화, 나와 같이 자란 친구들의 문화 등이 농축된 무엇이다. 그 농축물을 우리는 습관이라고 부른다. 그것이 여태까지 내가 붙들고 괴로워했던 귀신의 정체이다. 인도가 귀신이었다기보다는 인도를 몹쓸 귀신이라고 보게 한 습관덩어리가 진정한 귀신이었다. 따라서 포기한다는 것은 과거의 습관귀신을 놓아버린다는 것이다.

포기라는 것은 내 안에 더 넓은 공간을 창출함으로써 새로운 것들이 들어오고, 새로운 것과 과거의 것들을 통합할 제3의 통합적 시스템을 창출하도록 촉구한다. 그것이 진정한 변화의 출발이다. 포기는 기존의 시스템이 붕괴되어 새로운 시스템이 들어올 그 지점, 그 미묘한 경계선상에서의 창조적인 결단이다.

나는 습관들에 대한 집착으로 구성된다. 진정으로 자기를 포기하지 않는 사람은 진정으로 새로운 자기를 창조할 수 없다. 그래서 예수가 "나와 함께 가려는 자는 그 자신을 잊어버려야 한다"고 했고, "하느님처럼 완벽하려면 가진 것들을 다 팔아버려야 한다"고 했다. "자기 생명을 버리면 새로운 생명을 얻을 것"이기 때문이다.

긍정하는 힘

참는 힘이 포기라는 임계점을 넘으면 마음이 한결 가벼워진다. 그뿐 아니다. 포기하고 나면 과거에는 안 보였던 게 보이는 신통력도 생긴다. 여기서부터 세상을 보는 태도의 변화가 드러난다. 우선 편견과 불평으로 덧칠하여 지겨웠던 풍경도 전혀 새롭게 보인다.

거리의 여유를 포용한 눈이 이제까지는 잘 안 보였던 인도의 강점, 좋은 점들도 보기 시작한다.

"처음 뱅갈로에 와서는 정말 올바른 선택을 한 것인지 스스로에게 많이 물었습니다. 지저분한 숙소와 거리, 구습에서 벗어나지 못한 문화 …… 어딜 봐도 소프트웨어 강국이라고 할 수 없을 만큼 인도의 첫인상은 실망 그 자체였습니다. 누구나 그런 실수를 범하듯이 저도 섣부른 판단을 내린 겁니다. 우선 저의 머리를 숙이게 한 것이 저희를 가르치는 선생들의 나이가 21세에서 29세까지로 젊다는 사실이었습니다. 그런 젊은 선생

들이 많은 지식을 갖고 성실히 가르친다는 데 대해 겸손하게 도전을 받고 공부하고 있습니다."(박성민)

인도의 강점과 좋은 점들을 볼 수 있는 눈은 인도의 약점과 나쁜 점들을 보는 눈과 똑같은 눈이 아니다. 그것은 인도가 이런 점에서 좋고 이런 점에서 나쁘다는 객관적인 평가 차원이 아니다. 앞에서 박성민이 지적한바 '섣부른 판단'이 잦아들고 나의 과거 습관을 포기하면서 보이게 된 것들이기 때문이다. 과거에 부정했던 대상들까지 포함하여 사물을 긍정하는 태도가 생긴 것이다. 마침내 인도에서 살아가는 나의 삶을 긍정하는 태도도 나타난다.

"경아는 인도라는 나라를 좋아하기 시작했다. 음…… 왠지 모르는 인도만의 향도 좋고…… 음…… 인도가 품고 있는 신비함도 좋고…… 한국이나 캐나다와는 다른, 주인 없이 떼 지어 다니는 소들과 양들과 낙타들, 심지어는 코끼리까지 같이 다니는 도로 위에 나름의 룰에 따라 씽씽 달리는 릭샤들, 너무나 천한 위치에서도 아무 걱정과 욕심 없이 살고 있는 밝은 모습의 천민들……"(박경아)

긍정하는 태도가 과거의 태도와 다른 점은, 이런 건 좋고 저런 건 나쁘다는 선별적 수준이 아니라는 데 있다. 긍정은 부정의 반대말이 아니라 자신이 놓인 삶의 현장을 넉넉히 받아들이는 차원 높은 태도이다. 참아내는 과정을 통해 낯선 상황과 힘든 과제에 익숙해지면서 시작된 태도 변화는, 임계점에 다다라 자기 포기를 하는 순간, '싫었던 인도라는 나라를 좋아하기 시작하고' '불안해했던 것을 즐기는' 반전을 겪는다. 선별적 긍정이 아니라 총체적 긍정이다.

상황과의 대결은 줄고 상황과 조화를 이루는 태도가 나타난다. 과거의 습관덩어리가 내뿜었던 부정적 기운은 더 이상 나오지 않고, 긍정의 눈을 통해 창조적인 기운이 축적되기 시작한다. 이질적인 것과 조화하면서 배울 것이 더 많이 보이는 것도 그런 창조적인 기운의 산물이다.

"인턴십을 시작하고 한 달이 넘도록 내 자리라고 앉아본 적도, 내 컴퓨터라고 써본 적도 없었어요. '회사가 뭐 이래?' 하며 불평했죠. 근데 다른 인도 훈련생들의 태도는 달랐어요. 컴퓨터가 있는 자리가 자기 자리라며 전혀 신경을 쓰지 않았어요. 처음에는 이상하게 느꼈는데, 어느 날 그런 태도를 이해할 만한 광경을 보았어요. 초등학교를 지나는데 학생들이 어느 집 앞에 둘러앉아 토론을 하며 공부하고 있는 거예요. 며칠 후엔 베란다에 나가 밖을 내다보는데, 앞집 꼬마가 옥상에 올라와 뭔가 확인하더니 내려가서 책을 가지고 올라와 그늘에서 공부하기 시작하는 것이었어요. 언제나 환경을 탓하고 살아온 저였는데, 인도 꼬마들은 그늘과 앉을 자리만 있으면 옥상이든 마당이든 상관없이 자기 일을 하는 겁니다. 제 자신이 참으로 부끄러웠어요. 어느 환경이든 적응하고 집중할 수만 있다면 감사해야 한다고 느꼈어요."(조은영)

일상적인 인도 꼬마들의 행동을 보고서도 배울 수 있다면, 긍정하는 태도가 내뿜는 자기 창조의 힘은 가속 페달을 밟게 된다. 배울 만한 모든 것들을 배워나가며 자기 혁신의 큰 길로 달려나가는 것이다. 이 정도로 창조적 기운이 늘어나면, 가장 지겨운 벽인 일상생활 그 자체에 충실해질 정도로 변화한다.

"매일 일어나 학원에 가고 밥을 먹고 집에 와서 공부를 해요. 한국에서도 반복되는 것에 짜증을 느꼈던 저였습니다. 그러나 차츰 깨닫기 시작했어요. 반복이 훈련임을. 나중에 더 많은 인생의 반복들이 내 앞에 다가올 것임을. 그렇게 생각하고 나니 제 일상에 더 충실하게 되었어요."(이현주)

사람들이 지겨운 일상을 탈피하기 위해 하는 일은 뭔가 '새로움'을 찾아다니는 것이다. 새로운 경치나 새로운 사람을 찾아 여행도 하고, 새로운 취미생활을 꾸며보기도 한다. 그러나 그런 시도를 해본 사람이면 누구나 알듯이 그것도 자꾸 하면 다시 지겨워진다. 탈일상의 행동도 반복하면 다시 지겨운 일상생활이 된다.

일상생활이 주는 괴로움을 극복하는 최종의 전략은 '안에서' 처리하는 것이다. 이현주가 해냈듯이 반복되는 일상 속에서 중요한 의미를 찾아내는 것, 그것이 삶 전체에 창조적 기운을 일깨우는 방안이다.

긍정적 태도를 통해 마음의 자유를 얼핏 맛보고 나면 그런 태도를 의도적으로 강화하게 된다. 이때부터 '긍정의 철학'이라 부를 이론이 체계화된다. 이준엽이 긍정의 철학자로 바뀐 것은 다음과 같은 과정을 통해서이다.

"내가 이곳에 왜 왔는지, 무엇을 배워야 하는지 알 수 없는 상태로 3개월이란 시간이 훌쩍 지나버렸습니다. 시설, 수업 모듈, 점심식사에서 빚어지는 스트레스, 무조건 '오케이' 하고는 행동이 없는 앱텍측과의 갈등, '외국인이면 돈이다'며 사기행각을 보이는 인도인들 …… 아이에서부터 어른까지 점점 제 마음의 문을 닫게 했습니다. 돌이켜보면 몸이 편하려고 했기에 낭비된 시간들이었습니다. 한국에서라면 더 오래 걸렸겠지만, 낯선 이곳에서의 3개월이란 시간은 저를 채찍질하기에 충분했어요. 이제는 무언가를 결정해야 하는 시기라고 생각했어요. 우선적으로 인도와 인도인에 대한 인식을 바꾸어야 한다고 생각했습니다. '마음을 연다'라는 말, 쉬울 수도 있고 어려울 수도 있습니다. 그런데 '열다'와 '닫다'의 한 글자 차이가 사람을 얼마나 변하게 하는지, 얼마나 많은 것을 얻을 수 있는지 보여주었습니다. 닫혀 있던 제 생각을 바꾼 후, 여느 때와 마찬가지로 바나나장수의 외치는 소리, 주차장의 차량후진 소리를 들으며 기지개를 켜고 아침을 맞이했습니다. 이전에는 느낄 수 없었던 아침 공기의 상쾌함과 발코니에서 내려다보이는 동네의 풍경들은 한국에서 느끼던 편안함과 비슷한 것이었습니다. 그날 이후로 많은 것을 얻을 수 있었습니다. 이들의 풍습을 이해하고, 인도인들의 생각을 조금씩 읽을 수 있게 되었고, 신과 함께하는 생활과 계급관계 등 낡은 관습에서 새로운 것들을 받아들이는 이들을 이해할 수 있었습니다. 막연한 생각을 가지고 왔던 제게 명확한 목표와 나아가야 할 방향이 안개 속에서 드러나기 시작했습니다."(이준엽)

이준엽의 얘기는 태도의 변화가 삶을 얼마나 바꿀 수 있는지를 보여주는 드라마이다. 마음을 열기로 작정한 날부터 짜증났던 바나나장수의 소리와 차량 소리가 편안해진다. 그 소리가 편안해지는 때부터 자신이 해야 할 일들이 분명히 보이기 시작한다. 그의 표현으로는 '그날' 이후부터이다. 일 년을 마감하는 에세이에서 그는 변화의 효과를 다음과 같이 정리한다.

"가장 큰 소득이라면, 생활의 태도가 바뀐 것이 아닐까 싶어요. 초기에 인도인들이 어이없는 행동을 하면 저는 '도대체 왜 그래?(Tell me why)' 라고 했어요. 하지만 지금은 제가 문제점을 먼저 찾고 해결하기 위해 시도합니다. 이런 변화는 꽤 많은 부분에 영향을 끼쳤어요."(이준엽)

그 이후 이준엽은 "못 바꿀 것은 사랑하라"고 전도하기 시작했다. 또 다른 긍정의 철학자 이대섭도 유사한 일을 겪었다.

"이곳은 수업과 식사, 두 가지밖에 없다. 요즘은 이러한 생활 속에 몸이 지쳐가는 것을 느낀다. 이 글을 쓰는 중에도 내 옆에는 내일 시험 볼 교과서들이 산더미같이 쌓여 있다."(이대섭)

그의 생각은 "이런 생활 속에서 난 무엇을 얻을 수 있을까?"라는 질문으로 달려간다. 이 질문은 지금 진행되는 무료한 삶의 바닥을 찌른다. 그리고는 다음과 같이 자답한다.

"내가 얻을 건 단 하나, 경험이다. 경험. 어떻게 하든 어디서든 다 다른 것을 얻을 경험이다. 그 경험이 내 인생에 소중한 밑거름이 될 것임을 확신하며 오늘도 하루를 보낸다. 난 여기서 내가 할 수 있는 것은 다 해볼 것이다."(이대섭)

그가 말한 '경험'이란 앞서 언급한 익숙해짐의 과정에 해당하는 것이다. 새로운 것들과 부딪혀 적응함으로써 그 낯선 것들을 자기 자산으로 만드는 과정이다. 그는 경험이 가져다줄 힘을 얻기 위해 무엇이 필요한지 정확하게 지적한다.

"난 인도에 오기 전에 한국에서 했던 것들을 포기하기로 마음먹었다. 한국 음식을 먹는 것, 좋은 옷 사 입는 것, 사람들과 함께 좋은 곳을 구경하는 것 등등 …… 완전히 포기하진 못했지만 어느 정도는 잘 참고 살아온 것 같다."(이대섭)

한국에서 했던 것들을 포기하는 것, 그리고 새로운 상황에서 잘 참는 것 두 가지이다. 과거 자기에 대한 집착을 버리는 것, 낯선 것들이 가져오는 고통을 참아내는 것이다. 여기서 이대섭은 "알려고 하는 자는 좋아하는 자를 이길 수 없고, 좋아하는 자는 즐기는 자를 이길 수 없다"는 가정하에 "컴퓨터 공부는 내가 원하고 좋아하는 건데 '능력 없다'고, '어렵다'고 못할 게 뭔가?"라고 묻는다. 그렇게 묻고 나니 능력이 없다거나 어렵다고 투덜거렸던 과거가 일순 물거품처럼 사라지고 갑자기 '삶이 달라져 보였다.' 아침에 나오면서 '햇빛이 밝구나' 하고 느끼게 되었고, 사람들이 다 착해 보였다. 생각을 바꾸니 세상이 달라졌다. 그래서 이대섭은 '모든 건 생각하기 나름'이라는 긍정의 모토를 세운다.

이대섭이 자신의 삶을 반추한 과정은 앞서 우리가 정리한 태도 변화의 과정을 거의 요약했다. 낯선 것들을 자기 자산으로 삼으려는 경험의 목표를 분명히 하면서, 과거 익숙했던 것들을 포기하고 낯선 것들이 가져다주는 고통을 참아내는 한편, 어려운 것을 즐기는 수준으로까지 끌어올리기 위한 절대 긍정의 모토를 세운 것이다. 긍정의 태도를 확고히 세운 어느 환한 아침, '생각을 달리하니 세상이 바뀐다'는 진실이 몸 전체로 스며들었다. 정효연의 긍정 철학은 지겨운 일상생활에서 활력을 돋우는 힘도 갖고 있다.

> "똑같은 생활의 반복이라고 했던가? 사람이 사는 곳은 어디든지 똑같다. 인도에 왔다고 내 생활이 변한 것은 없다. 아침에 일어나 수업을 듣고 집에 와서 잠을 잔다. 희복 오빠가 말했다. 하루하루 똑같은 생활이 계속되는 것처럼 보여도 어느 날은 누군가의 생일이었고, 어느 날은 누군가 울었고, 어느 날은 누군가 웃었다고. 자세히 살펴보면 똑같은 날은 하나도 없었다고. 어제와 오늘, 과거와 현재가 다르다. 느낄 수 있고 볼 수 있는 사람의 생활은 훨씬 풍요롭다. 누가 나의 생활을 지루하다고 말할 수 있는가? 나는 하루에도 몇 번씩 여러 개의 모험을 겪는 위대한 탐험가이다. '인도에서 무엇을 배웠냐?'고 물어보면 난 자신 있게 '내 생활을 꾸려 나가는 법을 배웠다'고 말할 것이다. 컴퓨터 전문지식과 함께 세상을 사는 법을 배웠다고. 난 생활과 컴퓨터의 전문가가 될 것이다."(정효연)

정효연이 희복 오빠의 말을 근거로 제안하는 방법은 일상생활을 들여다보는 세밀한 눈을 키우라는 것이다. 우리의 눈이 큰 것들만 보는데 익숙해 있어서 작은 일상사들을 지겹다고 느끼는 것이다. 세밀한 눈을 키우면 매일의 삶 속에 많은 모험요소들이 있음을 알게 된다. 그리하여 마침내 '하루에도 여러 모험을 겪는 위대한 탐험가'의 삶을 살 수 있으니 그 삶이 얼마나 농축적이고 활력 있을 것인가. '생활의 전문가'는 전혀 지겨울 틈이 없다. 그의 눈과 감각이 남들이 못 보고 못 느끼는 것들을 예민하게 보고 느낄 수 있으므로. 컴퓨터 전문가는 많은 사람들이 꿈꾸지만, 생활의 전문가는 일상생활을 광대한 미개척지로 생각하는 예민하고 위대한 탐험가만이 꿀 수 있는 꿈이다.

긍정의 철학은 몸으로 하는 것이어서 그 깊이가 깊고, 만족과 행복이라는 선물까지 가져다준다. 그들은 긍정의 힘을 현실적으로 구사할 줄 안다.

정해정은 한국에 돌아와 단칸방에서 월세를 내고 언니랑 같이 살게되었는데, 돈이 많지 않았던 언니가 어찌어찌 방을 마련하고는 자신을 불러 방을 보여주면서 "어떠냐?"고 조심스레 물었다. 열악한 방이 미안했던 것이다. 그녀에게서 스스럼없이 나온 대답은 "이 정도면 천국이네"였다. 긍정의 힘이 그 말에 배어 나왔다.

그녀가 지옥을 천국이라고 생각하게 된 것은 인도에서 '스스로 고생을 많이 해보았기 때문'이다. 정해정은 인도 창 학생 중 처음으로 한국친구 집단을 나와 홀로 외국인 친구들이랑 살아보기도 하고, 이사하면서 집주인과 싸워보기도 했다. 그런 과정에서 형성된 긍정의 태도가 웬만한 지옥을 만나도 천국으로 인식하는 것이다. "이 정도면 천국이네"라는 시원스러운 답변을 들었을 때 언니의 얼굴이 환해졌을 것이고, 동생이 더 믿음직스러웠을 것이다.

> "내 주변에 많이 감사해요. YMCA를 나와 새집에 들어섰을 때 조금 나은 환경에 감사할 정도로 작은 것에 행복해했어요. 인도는 슬럼가들도 많지만 행복지수가 높은 나라잖아요."(장혜경)

그 형편없다는 YMCA를 나왔을 때 작은 것에 행복해한 적이 있다. 그 후 슬럼가 속에서도 행복해하는 사람들을 볼 눈이 생겼고, 귀국 후에도 '내 주변에 많이 감사하는' 태도가 형성되었다.

'감사한다'는 '긍정한다' 이상의 적극적인 태도이다. 남들이 배척하는 것들에 대해 선물을 받은 듯 품어 안는 태도이다. 남들이 불평하는 일에 감사할 수 있으면, 그 대상을 적극적으로 끌어안게 된다. 끌어안으니 내가 살아가는 세상과 조화를 이룰 여지가 훨씬 커진다. 지옥은 인도에만 있는 게 아니라 한국에도 있으므로 한국 지옥에서도 천국을 볼 힘이 생긴다. 나의 세계는 싫고 두려운 것들을 품어 안는 만큼 확장된다.

이상으로 학생들이 부딪힌 문제와 어려움들에 대한 태도의 변화를 추적했다. 이들은 일반 대학생들에 비하면 이중 삼중으로 무거운 과제에 접했다. 그 모든 과제들이 낯설고 어려웠다.

문제들, 어려움들, 괴로움들은 젊은이들이 생각하는 것보다 삶에 널리 퍼져 있고, 어느 때든 나를 옥죌 태세를 하고 있다. 그런데 삶이 고단한 진짜 이유는 바깥의 문제들 때문이 아니라 그 문제들에 대한 나의 태도 때문이다.

삶의 태도가 '받아들이는 태세'로 변하는 것은 공력의 비약적인 향상을 가져오는 결정적 분기점이다. 배척하는 태도와 받아들이는 태도가 갖는 힘의 차이는 삶의 과제를 놓고 도망가는 것과 대면하는 것의 차이 정도이다. 도망가던 사람이 정면으로 응시하고 대면하려면 얼마나 많은 힘이 축적되어야 할까.

우리의 노련한 머리는 힘들게 힘을 키우려 하기보다는 문제의 책임 당사자를 쉽게 찾아내고자 한다. 그런 문제를 만들어내는 인도인들이 문제고, 그들의 문화가 문제고, 그런 문제들을 알면서 우리를 방치하는 교수들이 문제다. 그런 판단은 일정 수준에서는 옳다. 그러나 인도 창은 실전 상황이기에, 책임 당사자를 찾아내어 비난하면서 '내 고통에 대해 책임지라'는 태도로는 내 삶이 더 괴로워질 뿐이다. 노련한 머리가 실전 상황에서 갈 수 있는 곳은 거기까지이다. 머리로 해결이 안 되고 아둔한 몸이 앞으로 나서면 국면 전환의 가능성이 생긴다.

몸이 겪어 보면 안다. 내가 여태까지 '좋은 것'이라고 생각했던 것들, 김치에서부터 엄마와 친구들, 번쩍거리는 건물과 자가용, 쉽게 하는 공부들은 단지 '익숙한 것'이었다. 익숙함이 만들어낸 편견의 가장 큰 책임 당국은 바로 우리 자신, 나 자신이다.

한국인들은 미국이나 유럽, 일본에 가서 좋은 점, 배울 점들을 많이 보는 편이다. 그것은 미국, 유럽, 일본이 강점이 더 많고, 좋은 점들이 객관적으로 더 많아서가 아니다. 그런 나라에 가면 우리 스스로가 배울 눈, 좋은 점 위주로 볼 눈을 미리 준비하기 때문이다. 이미 긍정하려는 태세를 갖추고 가기 때문에 긍정적인 측면이 많이 보이는 것이다.

세상 모든 사물은, 우리의 착각과는 달리, 객관적으로 존재하는 게 아니다. 그것은 세상에 대한 나의 태도에 따라 달라진다. 구미에서뿐 아니라 인도에서도 배울 것이 무한하며, 인디언 드림이 깨진 것 이상으로 아메리칸 드림들도 깨져왔다. 핵심은 나의 태도이다. 내가 참아내고 익숙해지고 긍정하면 한국의 한 지방에 박혀 있어도 무한한 것을 배울 수 있다.

한국에서 한국말을 쓸 때는 영어에 집착하고, 인도에 가서는 영국 영어와 미국 영어에 집착해온 김도연도 치르치르와 미치르의 경험을 반복했다.

"인도 영어에 불만이 많았어요. 일 년 동안 포기하지 않은 목적이 영어였기에 더욱 그랬어요. 처음 수업에 설 던 것도 영어 때문이죠. 온통 영어로만 이루어지는 수업이 힘들면서도 무척이나 즐거웠어요. 수업을 따라갈 수 있을까 하는 걱정도 자신감으로 바뀌었습니다. 기대가 커지니까 수업시간에 쓰는 영어에는 한계가 있다고 느꼈어요. 대부분이 컴퓨터용어들이었고, 비슷한 문장의 반복이었죠. 가장 절실하게 영어에 매달렸던 시기는 영국 영어 자격증인 BEC를 준비하면서부터였는데, BEC 선생님은 그때까지 제가 만난 인도인 중 발음이 가장 정확했어요. 그 후에는 집에서 영어로만 대화하기도 하고, 영어과외도 하고요. 인도인들의 발음을 따라하는 제 자신에 놀라며 인도 영어를 탈피하려고 BBC 방송 테이프를 듣기도 했어요. 영어를 향한 욕심은 만족을 몰랐어요. 인도생활 후반에 접어들었을 때 영어에 대한 생각이 바뀌었습니다. 어느 순간 인도 친구들과 농담을 주고받으며 그 속에서 웃고 있는 나를 발견한 거예요. 지난 일 년간의 노력의 결과를 확인할 수 있었어요. 자연스럽게 말하는 것은 여전히 서툴지만, 영어는 의사소통수단 중 하나일 뿐이라는 것을 깨달았으니까요. 그리고 제가 그들과 부담 없이 대화하고 있는 겁니다. 인도 생활 일 년 만에 처음으로 영어에 만족을 느낀 순간이었어요."(김도연)

한국 언어 상황에 불만을 품고 영어를 찾아 인도에 갔다. 그러나 거기서 영어를 써보니, 내가 찾는 영어가 아니었다. 다시 '발음이 정확한' 인도 선생님을 찾았고, BBC 테이프를 찾아 헤맸다. 그러다 어느 순간 발견했다. 내가 그토록 찾아다닌 영어가 내 주변에 있었다는 것을. 인도 친구들과 웃고 즐기는 현장에 있었다는 것을.

더욱 놀라운 발견이 있다. 내가 찾아다닌 것은 영어가 아니었다. 내가 찾아 헤맨 건 '다른 문화의 사람들 속에서 웃고 있는 나'였고, 그들과 친구가 되어 즐기는 현장이었다. 그 수단은 영어일 수도 있고, 단순한 미소일 수도 있다. '현장 속에서 웃고 있는 나'를 '영어' 혹은 '본토 영어'라고 착각하며 한국 영어와 인도 영어에 불평불만을 해댄 것이다.

관건은 받아들이는 힘, 수용력이다. 그 포용의 힘이 크기까지 익숙해지는 힘(적응력), 참아내는 힘(인내력), 긍정하는 힘들이 커야 한다. 이 세가지 힘들로 세워지는 것이 '받아들이는 태도'이다.

받아들이는 힘을 구성하는 세 가지 힘들간의 관계를 표시한 것이 아래 그림이다. 힘든 과제를 접할 때 가장 크게 필요한 에너지가 참는 힘이다. 참아내지 않으면 대상과 나와의 관계가 대립에서 탈피할 수 없고, 나는 대상에 대한 부정적 반응체계로만 존재하게 된다.

참는 힘이 어느 정도 커지면 대상과 익숙해지는 데서 생기는 적응력이 솟는다. 대상에 대한 부정적 반응이 줄어들면서 여유를 가지고 대상과의 관계를 조정하는 능력이 생긴다. 이 과정에서 낯선 것들과의 결합에서 새로운 것을 창조하는 즐거움도 느낄 수 있다.

낯선 것과의 관계가 질적인 변화를 일으키는 분수령은 포기의 순간이다. 기존의 나의 습관과 편견을 포기하는 것이다. 포기는 습관과 편견으로부터의 자유를 가져다준다.

이 자유에서 생긴 허허로움이 긍정하는 힘을 낳는다. 이질적인 대상과 전적으로 화해하면서 삶의 지평을 확대하는 지점이다. 이를 통해 대상으로부터 부정적으로 통제받았던 삶을 벗고, 대상과 함께 물 흐르듯 함께 흐르는 삶이 전개된다.

그런 세 가지 힘들의 총화를 '받아들이는 힘'이라고 부르는 이유는

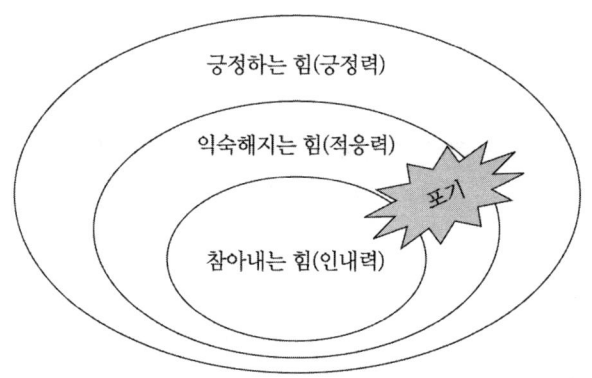

<받아들이는 힘(수용력)-받아들이는 태도>

그것이 마치 운명을 받아들이듯, 혹은 하늘이 준 소명을 받아들이듯 낯설고 어려운 대상을 소화하는 에너지이기 때문이다. 그 최고 경지에 오른 모델은 아브라함일 것이다. 그는 자식을 바치라는 하늘의 뜻에 가슴을 찢을 듯 괴로우면서도 군말 없이 순종한다. 인도인들의 습관과 음식에 저항하는 우리로서는 감히 넘보기 힘든 경지이다.

단 것은 날름 삼키고 쓴 것은 뱉어버리는 우리의 습성을 생각하면 받아들인다는 것은 대단한 결단이다. 사람들은 쓴 것을 뱉는 인간들을 쉽게 비난하지만, 실상은 그렇게 쉽게 비난하는 것까지도 쓴 것을 바로 뱉어버리는 행태이다. 이런 기계적 본능을 거스르면서 쓴 것들이 내 입안에 있을 수밖에 없다는 필연성을 받아들이는 행위는, 본능의 노예로 살아온 사람이 본능을 통제할 주인으로 변신하는 첫걸음이라는 점에서, 위대하다고 하지 않을 수 없다.

자기 삶의 주인으로 힘 있게 서기 위해서는 남과 사물에 대한 어떠한 불평과 비난도 진심으로 중단해야 한다. 어떤 대상을 싫어하는 태도 자체가 그 대상에 나를 종속시키는 행위이다. 필자는 학생들이 어려워할 때 루미(Rumi)의 시를 이메일로 보낸 바 있다.

> 참을성과 영적인 투쟁 없이
> 얻은 승리가 얼마나 되는가?
> 전혀 어려운 게 아니네,
> 성스런 지혜의 컵을 얻기 위해 참는 일은.
> '참으라, 참음은 기쁨의 문으로 들어갈 열쇠이므로.'
>
> 벼룩이 깨무는 걸 참을 수 없다면
> 어떻게 뱀이 무는 것을 참을 수 있으리?
> 겉으로 보면 하늘이 너의 일을 망치는 것처럼 보이겠지만
> 실상 하늘은 가시들로 장미 정원을 만드는 중이시니.

참음은 바깥의 이물질과 싸우는 것처럼 보이지만 실제로는 자신과의 투쟁이다. 참는 일은 기성의 나를 넘는 높은 공력을 창조해나간다는 점에서 '영적인 투쟁'에 값하는 위대한 행위이다. 하늘은 괴로운 일을 통해 나를 망치는 것 같지만, 하늘이 괴로움을 주는 진짜 이유는 천상의 가시에 찔려 흘린 나의 피로 아름다운 장미정원을 가꾸시려는 것이다. 그런 점에서 참음과 받아들임은 하늘이 내려준 가시에 적극적으로 찔림으로써 천상의 장미정원을 가꾸는 일에 동참하는 일이다.

세상에서 닥치는 문제들 중에는 해결되는 것보다는 해소되는 경우가 더 많다. 특히 인생의 큰 문제일수록 인위적으로 처리하기보다 그 문제 상황과 화해하면서 문제 자체를 풀어헤쳐야 하는 경우가 많다. 해결은 문제에 대한 답변이지만, 해소는 문제 자체를 소멸시키는 근원적인 방식이다. 해결은 바깥에 있는 문제와 대결하는 것이지만, 해소는 바깥의 문제를 안으로 끌어들여 소멸시키는 것이다. 문제를 해결하면 기술이 늘지만, 문제를 해소하면 공력이 큰다. 그러니 받아들임의 공력은 궁극적으로 '기쁨의 문으로 들어갈 열쇠'이다.

4장

지혜의 힘

학생들 속에서 발견한 세 번째 힘은 '지혜'라고 부를 만한 것이다. 지혜의 힘은 넓은 의미에서 아는 힘이지만 다음과 같은 점에서 지식의 힘과는 다르다.

지혜란 사물이 움직이는 이치를 알고 그 이치에 따라 행동하는 것이다. 지식은 머리로 아는 것이지만, 지혜는 몸으로 아는 통찰력이다. 지식은 과학적 이해를 바탕으로 파도를 거슬러갈 배를 만들어내지만, 지혜는 파도의 원리를 알아 물결을 타고 넘으며 흘러가는 능력이다. 지식은 삶의 일정 부분, 특히 일의 대상에 대한 앎에 국한되지만, 지혜는 일터에서는 물론 삶의 전 분야에서 필요한 앎이다. 지식은 오늘날과 같은 과학의 시대에서 많이 강조되지만, 지혜는 전 역사에 걸쳐 강조되는 것이다.

불행히도 현대에는 그렇게 중요한 지혜를 가르치는 공식교육기관이 없어지고, 부모나 회사 선배 등 친숙한 관계들을 통해서만 사적으로 전수되고 있다. 게다가 많은 가정이 지혜보다는 지식을 강조하는 공교육에 부속됨으로써 지혜의 전수기관이 기업 등 일터에 국한되어 가는 형국이다. 그나마 일터가 지혜의 전수기관으로 남을 수 있는 것은 삶의 현장에서 몸을 바쳐 배울 수밖에 없는 지혜 고유의 성격 때문이다.

사물의 이치를 아는 데 핵심은 '나를 아는 것'과 '인간을 아는 것'이다. 나를 알고 인간을 알면, 나와 인간이 얽혀드는 현장에서 관계의 물결을 타는 법을 알게 되고, 무리 없이 일들을 풀어나갈 수 있다. "인간이 저럴 수가 있나?" 하는 탄식이 나오는 경우는 대체로 지혜가 부족해서 생기는 분노와 배신감들로, 이 때문에 일이 안 풀릴 뿐 아니라 나의 정신적, 육체적 건강도 해치게 된다.

지혜의 힘은 크게 세 가지로 나뉘어 기술된다. 인간을 아는 힘, 나의 꼬락서니를 아는 힘, 나의 잠재력을 아는 힘이 그것이다.

인간을 아는 힘

인간을 알게 되는 계기는 착각의 벽이 깨지는 순간이다. 처음에는 서로 간이라도 빼줄 듯했다. 그런데 얼마 안 가서 갈등이 폭발적으로 터져 나왔다. 인간에 대한 기대가 환멸로 바뀌는 시작은 다음과 같다.

> "처음 한방에서 여럿이 지낼 때는 재미있는 일도 많았지만, 누구는 자고 싶고 누구는 공부하고 싶고 난 음악을 듣고 싶고 …… 각기 다른 생활 습관들을 갖고 있어서 맞추어 살기가 어려웠어요."(김지혜)

한집에서 같이 사는데 누구는 노래를 크게 틀어놓고, 누구는 그런 소리를 참지 못해 한마디 한다. 누구는 색깔 빨래와 흰 빨래를 섞어서 빨고, 누구는 나누어서 빤다. 그러면 나누어 빠는 측에서 섞어 빠는 측에 싫은 소리를 하게 되어 있고, 싫은 소리를 들은 측은 화가 나게 되어 있다. 점심은 공동으로 시켜 먹었는데, 누구는 인도 음식을 좋아하고 누구는 질색이어서 아예 도시락을 싸온다. 그런 갈등을 풀지 못하면

'쟤는 나쁜 애'가 되어버린다. 처음에는 '재미난 특징'이었던 것이 '문제점'으로 바뀐다. 한 학생은 이메일 보고에서 다음과 같이 썼다.

"일부 학생들이 앱텍에서 점심으로 주는 음식과 관련해 문제가 있어요. 그들은 '맛과 냄새가 싫어서 못 먹겠다'는 거예요. 처음에는 그들도 인도 음식을 잘 먹었는데, 지금은 중국 음식도 못 먹겠다는 거예요. 그래서 양식을 먹자고 주장하는데, 다른 사람들은 지금 그대로가 좋다고 해요. 제 추정이지만, 그들은 집에서 한국 음식을 매일 해먹기 때문에 인도 음식의 맛과 냄새를 극복하지 못하는 것 같아요. 제 생각이지만, 앱텍에서 주는 음식은 좋습니다."

인도 음식과 중국 음식을 못 먹겠다는 그들은 한국 음식만 먹어대서 인도에 적응하지 못한 지진아들이다. 그들에 대한 이런 심층분석이 나오게 되면 내가 좋아하는 메뉴를 바꾸자고 하는 그들을 미워할 충분한 근거를 갖춘 셈이다. 그래서 한마디 하면, "네가 뭔데?" 하게 되어 있다. 대놓고 하지 못하는 욕은 제3자에게 하는데, 그 말은 작은 공동체를 돌고 돌아 "쟤가 너더러 나쁜놈이라 했다더라"며 나를 친다. 정미희는 6개월 후 에세이에서 "정말 힘든 인간관계"라는 소제목으로 다음과 같이 적고 있다.

"저는 지금까지 어떤 집단에 속해 살아본 적이 없어요. 그래서인지 생각 없이 말하는 경우도 많았고, 그로 인해 다른 사람들의 마음에 상처 입힌 적도 많았어요. 내가 내뱉는 말, 내가 하는 행동 하나하나가 공동체생활에 그렇게 크게 영향을 미치는지는 미처 몰랐어요. 내가 한 말이 사람들 입을 돌고 돌아 다시 내게로 돌아왔을 땐 깜짝 놀라지 않을 수가 없었어요. 말 내용은 어처구니없게도 변해 있었고, 사실과 다르게 과장되어 있었기 때문이죠. 가족이 아닌 타인과 맞춰가며 한집에서 생활한다는 것

은 쉬운 일이 아니었어요."(정미희)

정미희가 의식하지 못하는 게 있다. '가족이 아닌 타인과 맞춰가며 사는 것'만이 힘든 게 아니라, '가족으로서 맞추어 살아가는 것'도 똑같이 힘들다. 그러니 채윤영의 기독교적 표현처럼 "이웃 사랑이 힘들다"는 걸 뼈저리게 느끼게 되고, 임석빈의 솔직한 표현처럼 "상대방을 생각하면 마음에 악한 감정이 커지는 지경"에 이른다. "사람이 저럴 수가 있어?"라는 문장이 입에 붙어버리고, "정말 웃겨!"나 "한심하기 짝이 없어!"가 말 중간에 삽입되는 베이스 음악이 된다.

그 고통의 일차적인 양상은 기대가 깨지는 것이다. 즉, 인간에 대한 환멸의 대목에서 고통이 발생한다. 그래서 불교에서는 인간이 겪는 여덟 가지 큰 고통 중에 '싫어하는 사람과 같이 살아야 하는 고통'을 들고 있다. 그래서 사람들은 같이 사는 행복 이상으로 같이 사는 고통을 호소한다.

"솔직함이 이기적인 것이 될 수도, 남에게 상처를 줄 수도 있다는 걸
알았어요."(김수영)

" '싫은 사람과 어떻게 살아야 하는가'를 생각하게 되었어요."(송주연)

누구나 얘기하듯이 인간관계의 고통은 여러 고통 중에서 가장 힘든 반열에 든다. 그러나 그런 인간의 조건에 대해 슬퍼하고만 있기에는 아픔이 너무 아프다. 뭔가 조치가 있어야 한다.

다르면서 같은 인간 알기

태도 변화의 분수령이 포기였듯이, 인간에 대한 환멸의 고통을 견딜 수 없는 지경에 이르면 다음과 같은 포기 선언이 나온다.

"착하다는 사람, 천사처럼 보이는 사람에게도 안 좋은 측면이 똑같이 보이기 시작했어요. 뒤에서 자기 것 챙기고, 머리 굴리고 …… 모든 사람에게 만족할 수 없다는 것, 나도 모든 사람에게 만족을 줄 수 없다는 걸 알았어요. 포기할 것은 포기하고 사람을 만나는 법을 배웠습니다."(정지예)

태도 변화의 분수령이었던 포기가 그랬듯이, 인간에 대한 포기에서도 적극적인 발전의 가능성이 있다. 인간에 대한 포기는 변하지도 않을 사람을 내 식으로 바꾸겠다는 무의미한 노력을 중단하는 것이다. "사람은 쉽게 변하는 동물이 아니다"라는 각성이 있으면, 최소한 '갈등 없는 관계' 정도로 기대치를 낮추는 현실적인 방책을 취한다.

"인간의 본질이 다 드러나더라고요. 처음에는 '천사인 줄 알았는데 인간이구나' 하고 생각하다가, '나쁜 사람이지만 그게 다가 아닐 거다'로 발전하게 되고, 더 나아가면 '싫더라도 그의 생일파티에는 가야지' 하는 식이 되죠."(박하나)

처음에는 '천사'에서 시작된 사람이 다음에는 '악마'로 역전되고, 다시 '생일파티에는 참석해줄 사람'으로 바뀌는 과정이다. 이러한 변화가 시사하는 바는 크다. 인간을 '천사'와 '악마'로만 구분했던 나의 양단적 분류체계가 '생일파티에는 가줄 사람'을 포함하는 세 가지 분류체계로 확대되는 것이다. 특히 주목되는 점은 새롭게 들어온 분류항목이 천사나 악마와 같은 초인간적인 존재들이 아니라 '보통 인간'이라는 점이다. 인간에 대한 비현실적인 기대나 혐오의 발동을 줄이면서, 보다 평정한 시선으로 바라볼 수 있다는 것이다. 천사와 악마는 기대와 혐오의 짙은 욕망이 개입된 인간관이다. '보통 인간'을 보는 시선은 자기 욕망으로부터 거리를 둘 여지를 내 안에 키운다. 그 여지에 '그 사람은 나와 다르다'라는 차이를 용인할 공간이 생기고, 그 공간을 통해 '다양한 사람들이 사는 세상'이라는 새로운 세상이 열린다. 인턴십을 통한 회사 경험은 더욱 다양한 사람들을 볼 수 있는 공간이다.

"문제가 있다며 프로젝트 매니저와 싸워봐야 제게 돌아오는 건 '아직도 아기 같다'느니, '한국 여자들은 이해 못 하겠다'는 소리뿐······ 게다가 같이 일하는 회사 선배들 또한 그런 저를 탐탁하게 생각하지 않는 듯했어요. 그래서 저도 그냥 일만 하고 집에 가버리는 회사원이 되어버렸어요. 그게 제일 슬퍼요. 사회가 그런 것 같기도 하고, 내가 아직 사회를 알기엔 너무 부족한 것 같기도 하고······ 그 일을 생각하면 골치가 아파요. 반면 8~9시에 퇴근하면서 최선을 다하는 프로그래머들을 보면 존경스러워요. 특히 내 친구 아누는 우리 회사 2년차 경력자인데, 제가 처음 들어온 날부터 같이 일했어요. 그녀는 제가 하는 일에 칭찬을 아끼지 않아요. 그녀의 비밀, 또 나의 비밀, 우리는 서로 모르는 것이 없어요. 일에서도 그녀는 항상 최선을 다하죠. 눈이 시뻘개질 때까지 코딩을 하고, 불만이 들어오면 바로바로 고치면서 스피드로 승부하죠. 서로 '우리가 최고의 콤비'라고 부르며 일을 합니다. 그녀는 제가 한국으로 돌아가지 않았으면 해요. 제가 없으면 일이 재미없어질 것이라면서. 일을 하면서 동료가 얼마나 중요한 것인지, 상부와 하부, 사회의 구조, 내 맘대로 할 수 없는 현실에 대해 참 많은 것을 배웠어요. 학생이 좋다는 것도요."(이현주)

역시 학생이 상팔자다. 학생이 상팔자인 이유는 인간에 대한 지혜가 낮아도 견딜 만한 팔자이기 때문이다. 그러나 삶은 골치 아픈 관계와 최고의 콤비인 관계, 매니저, 선배, 동료 등 각기 다른 위치와의 관계, 문제를 지적해야 할 때와 그냥 받아들이고 보통 회사원처럼 행동해야 할 때 등으로 가득 차 있다. 학생 때처럼 단선적 관계만 아는 수준으로는 여러 곳에서 부딪치고 상처를 입게 되어 있다.

이런 경험을 통해 생성되는 새로운 관계 개념을 '다양한 관계 모드'

라고 부를 수 있겠다. 관계 맺는 측면도 다양하고, 관계의 질, 관계의 깊이도 다양하다는 것을 알면서 적절히 맞추어 달리 행동하는 것이다.

그러나 '인간마다 모두 다르다'거나 '관계마다 모두 달리 행동해야 한다'고 하면 한쪽 면만 보는 것이다. 그런 면만 보고 행동하면 "쟤는 상황에 따라 카멜레온처럼 변한다"는 평을 받는다. 인간은 모두 다르지만 동시에 '인간은 모두 똑같다'는 인식이 따라붙지 않고서는 인간에 대한 포괄적인 지혜가 크지 않는다.

"예전에 편협했던 사람을 보는 기준이 다양화되었어요. 외국인이든 한국인이든 모두에게 공통되는 보편성을 보게 되었고요. 인간을 이해하는 깊이가 생겼다고 할 수 있겠죠."(정지예)

사람 보는 기준이 다양화되는 한편 그 다양성 속에서 '공통의 보편성'을 보게 된 것은, 천사도 아니고 악마도 아닌 보통 인간을 보는 눈이 생겼다는 것을 뜻한다. 이를 '인간을 이해하는 깊이'라고 한 것은 통찰력 있는 표현이다. 천사와 악마의 분류체계는 평면적이다. 여기에 '보통 인간'의 분류체계가 포함된다는 것은 나의 감정적 욕망을 덧씌우지 않은 다른 깊이의 판단체계가 들어왔다는 것이다.

"사람들이 다들 이중적이라는 발견을 했어요. 누구나 이기적이면서 그걸 숨기려 한다는 거죠. 누구나 자기 것 먼저 챙기고, 자기는 피해를 보지 않으려고 애쓰죠. 인턴십 주선 중에 내가 더 좋은 회사를 가기 위해 앞에 나선다거나, 자기가 알고 있는 정보를 남에게 알려주지 않는 식이죠. 정보도 소그룹 안에서만 공유하고요."(최윤영)

"동기들 사이의 이기주의에 치었어요. 그로부터 받은 상처가 컸죠. 그러고는 저도 비슷해졌어요. 그러나 어떤 측면에선 인간 이해의 깊이가 커

졌다고도 할 수 있습니다. '사람들은 본래 이기적'이라는 것을 발견한 거죠."(고인수)

친구들과 나에게서 똑같이 나타나는 이기적이고 이중적인 모습을 보면서 '아, 사람은 본래 이중적이구나' 하는 깨달음을 얻는다. 이는 개개인의 차이를 넘어선 공통의 성향이다.

관념적, 윤리적, 문화적 껍질 속에 감추어진 인간의 모습은 놀랄 정도로 보편적이다. 한국인이나 인도인이나, 어른이나 아이나, 여자나 남자나 …… 누구나 이기적인 충동에 의해 움직이고, 누구나 대인공포증이 있고, 누구나 공동체에 대한 기본적인 헌신이 있다. 인간의 보편성에 대한 지혜를 토대로 집단별·개인별 차이를 알 때 인간을 아는 힘은 질적으로 커진다.

그런 과정을 통해 '관계의 복합화'라고 부를 변화가 생긴다. 인간의 차이를 알면서 동시에 보편적 인간성을 아는 인식 모드이다. 보편적인 원리하에 차별적인 관계 꾸리기를 취하는 행동 모드이다. 그것을 '복합적 관계 모드'라고 부를 수 있겠다. 한 사례를 들어보자.

"제가 오토 릭샤(이곳의 가장 대중적인 교통수단으로 세발오토바이)를 잡고 있을 때였어요. 릭샤 기사가 제 앞에 서더니 제가 가려는 목적지를 듣고는 100루피를 부르는 것이었어요. 늘 다니는 길로 15루피면 가는 거리인데 말입니다. 아마 여기 갓 온 여행객쯤으로 생각했던 것 같아요. 그냥 무시하고 가려는데 옆에 지나가던 인도인이 갑자기 그 릭샤 기사에게 뭐라고 큰소리를 치는 거예요. 우리의 짧은 대화를 들었던 걸까요? 지방어로 얘기해서 제대로 듣지는 못했지만 대화 내용에 '하이데라바드'가 연신 나오는 걸로 봐서 아마 '하이데라바드에 온 손님에게 뭐하는 짓이냐'고 하는 듯했어요. 그러자 그 릭샤 기사는 '미안하다(Sorry)'는 한 마디와 함께 '10루피'라며 타라고 했습니다. 아무것도 아닌 듯한 일이지만 이곳 사람들은 대부분 그런 식이에요. 남들 일에 참견하기 좋아하는 것일 수도 있지만, 언제나 웃음을 잃지 않고 도와주려는 입장에서 사람을 대해요. 한 한국 친구가 지갑을 잃어버렸는데, 어떤 인도 사람이 그것을 주어서 물어물어 그 친구에게 갖다주면서 짜이(인도 전통차)까지 사주고 자기 집까지 데리고 가서 인사를 시켰어요."(정태용)

인간에 대한 지혜가 약한 사람들은 "인도인들은 잘 속인다"고 말한다. 그러나 어디를 가든 모르는 사람을 속이려는 보편적 충동을 감지할 수 있다. 그것은 약한 자를 만나면 위에 서려는 어투와 행동이 자연스럽게 나오는 것과 같다. 이른바 선진 지역에서 그런 행태가 덜 발견되는 이유는 감시체계가 더 발달했기 때문이지 인간의 속성이 다른 것은 아니다. 반면 어디를 가든 어려운 이웃들을 도우려는 헌신적인 경향도 쉽게 발견된다. 그건 힘 있는 사람이 약자를 만나면 자연스레 동정이 솟는 것과 마찬가지이다. 약자를 도우면서 자기의 선함을 과시하려는 것도 보편적이다.

그러나 구체적인 두 사람의 차이는 대단히 개인적이다. 한 사람은 지금 자신의 잇속에 집착하는 사람이고, 또 한 사람은 하이데라바드라는 공동체를 우선시할 태도가 있는 사람이다. 그런 개인적 차이는 매우 뚜렷하다. 그러나 그 차이가 개인별 공력의 차이라는 점에서는 동시에 보편적이다. 인간은 어딜 가든 개인의 공력 차에 따라 목전의 잇속에 집착할 수도 있고 공동체를 우선시할 수도 있다.

이렇게 개인적 차이와 그 차이의 보편성을 동시에 깨닫고 행동하면 소모적인 문화적 편견이나 유아적인 동일시로부터 자유로운 경지에 이른다. 차이점과 보편성의 동시적 인식 및 행동체계, 그것을 복합적 관계 모드라 할 수 있다. 복합적 관계 모드가 생겨야 인간 성향의 복합적 파도를 유연하게 탈 수 있다.

"시간이 지날수록 어느 정도까지가 개인생활로 지켜주어야 할 부분이고, 공동체로 함께 어울려야 할 부분인가를 자연스레 깨닫게 되었어요. 또 서로의 차이점을 이해하고, 이해를 못 하더라도 상대를 받아들이는 법을 배우게 되었죠. 다른 인생관을 가지고 사는 사람과도 어울릴 줄 아는 법을 터득했어요. 앞으로 졸업하고 사회에 나가서 다양한 사람들을 만나고 더 힘든 상황이 닥치더라도, 좀더 긍정적이고 밝게 대처할 수 있지 않을까 해요."(김지혜)

복합적 관계 모드가 생기면 사회에 나가 책임 있게 살아갈 기본 지혜를 얻게 된다. 그러면 갈등이 생길 곳에서 돌아갈 줄도 알고, 낯선 사람들과도 가족 같은 관계를 맺기도 하고, 싸우는 사람들 속에서 적절한 화해를 도출해낼 수도 있다. 인간을 아는 힘은 삶에서 막강한 능력을 낳는다. 우선은 남들과의 갈등 소지를 줄인다. '인간 속에 있는 괴물'에 대해 조심하면서, '남에 대한 배려'가 늘기 때문이다.

"예전에는 하고 싶은 대로 살았어요. 그런데 그런 과정을 거치고 나니 남에 대한 배려가 생겼어요. 행동하면서 다른 사람들을 많이 고려하게 되었죠. 상대를 보고 그 반응을 체크하는 센스가 생겼다고 할 수 있을 거예요."(전윤주)

여기서 '그런 과정'이란 누구 파 누구 파로 나뉘는 분란의 경험인데, 전윤주는 이 과정에서 "배신감을 참기가 가장 힘들었다"고 술회했다. '쟤가 저럴 수가?'라는 생각이 들고, 뒤통수를 맞은 느낌이 들었다. 그러나 그런 '쟤'와 살 수밖에 없는 것이 절대적인 현실이다. 쟤의 반응속에는 에고를 지키려는 대단히 강력한 힘이 있기에, 그의 강력한 개성을 배려하지 않으면 내가 다칠 수 있다.

남들을 배려하다 보면 사람을 대할 때 소극적인 것처럼 보일 수 있다. '인간'이 무섭다는 걸 알았기 때문이다. 이와 관련해 전윤주도 "예전에는 리더십도 있었고 친구들도 잘 따르고 했는데, 멀리서 바라보고 따르는 소극적인 자세가 생겼다"고 지적했다.

그러나 좀더 들여다보면 소극적으로 변한 게 아니다. 타인에게 주저 없이 대했던 기존의 단선적 대응체계가 '남을 고려하는' 새로운 반응체계에 의해 보완된 것이다. 그것은 상황에 따라 자신을 통제할 힘이 생겼다는 것을 의미한다.

정해정도 '쟤가 저럴 수가?' 하며 그 '쟤'에게 대놓고 화를 냈다. 이 일 때문에 초등학교 이후 처음으로 싸운 일은 본인에게도 커다란 충격이었다. 그 후 혼자 나와 인도에 온 다른 한국 여대생과 같이 자취했다. 이번에도 유사한 문제가 발생했다. 아침마다 팩우유를 끓여 먹었는데, 끓이고 나서 냄비를 치우지 않고 가스레인지 위에 그냥 올려놓는 것을 룸메이트가 참지 못했다는 걸 안 건 제3자로부터였다. 이번에도 지난번처럼 화가 났다. 그러나 한 번의 실패 경험은 자기통제력을 낳았다. 시비를 가리려 하지도 않았고, 화를 표현하지도 않았다. 마치 아무 일도 없었던 듯 보냈더니, 룸메이트가 오히려 자신을 무시한다고 생각하여 떠나갔다. 다음은 이 경험이 가져온 변화에 대한 언급이다.

"대인관계에서 참을성이 생겼어요. 그 룸메이트와의 사이에서 제가 참 았던 것이 인간관계 유지를 의도적으로 수행한 첫 경험이었어요. 시간이 지나면서 화를 안 드러내길 참 잘했다고 생각해요. 지금은 같은 상황에 처하면 전처럼 화를 표현하거나 상대를 무시하지 않아요. 어딜 가나 싫어 하는 사람은 있게 마련이죠. 지금 회사에도 싫어하는 사람이 있지만 인사 도 잘해요. '대인관계영업'이라고나 할까요?"(정해정)

인간관계에 대해 '의도적으로 수행한 첫 경험'은 내 안에서 화가 났다는 것을 알고, 그 화를 참는 것으로 구체화되었다. 나의 반응을 쳐다

보는 데 성공했고, 화난 나를 통제할 수 있었다. 내적 반응의 종속변수로 살아온 삶을 정리하는 순간이었다.

정해정이 말한바 참을성은 '어딜 가나 싫어하는 사람은 있게 마련'이라는 보편적 지혜를 낳았고, 그런 사람과 어떻게 대처해서 함께 살지도 알게 했다. 나아가 '어떤 사람이든 싫은 구석이 있다'는 지혜도 얻었다. 그래서 정해정은 "사람들이 왜 이혼하는지도 알게 되었다"고 한다. 이런 지혜가 생기면 받아들이는 힘을 항시 가동할 수 있고, 관계를 유지 발전시키는 능력을 발휘할 수 있다.

인간에 대한 지혜는 리더의 힘이 되기도 한다. 소프트웨어 개발을 전공하는 학생 코디네이터의 사례이다.

"코디네이터 경험을 통해 두 가지를 배웠어요. 먼저 앱텍 담당자와 교수들과의 관계에서 '감정을 조절하는 법'을 배웠어요. 문제가 발생하면 화부터 나는 저를 본 것이죠. 또 친구들과의 관계에서는 '나는 어떤 존재인가?'를 생각할 계기가 많았어요. 계획대로 일이 안 되고, 성적의 우열이 갈라지면서 생기는 감정적 앙금들도 보았고요. 그 후에는 제가 잘한다는 걸 과시하지 않으려고 노력했어요. 이런 두 과정을 통해 내 안의 리더십을 발견할 수 있었습니다."(이석천)

이석천은 공부 잘하는 정의파다. 부당한 일이 발생하면 관련자를 공격하면서 얼굴이 빨개지고 숨이 헐떡거리면서 좌불안석이 된다. 그 정의감은 교수들이나 앱텍측에 발동되었을 것이고, 그 공부 역량은 친구들에게 비교우위로 발동되었을 것이다. 아마도 어떤 계기들로 인해 본인이 헐떡거리고 좌불안석하는 모습을 보았을 것이고, 정의감과 과시욕이 어떤 문제를 일으키는지도 보았을 것이다. 그 위험성을 알았기에 자기를 통제하는 힘이 생겼고, 그 힘을 통해 리더십을 키울 수 있었던 것이다. 인간의 괴물 같은 면모들을 뚜렷이 본 지혜의 효과는 회사 생활에서 크게 효과를 발휘한다.

"회사를 떠나는 사람들을 보면 일 못해서 나가는 경우는 거의 없고, 대개는 인간관계 때문에 나가요. 어떤 동료직원이 어느 부장 때문에 힘들어 해서 회사를 그만두려 했는데, 제가 그에게 충고를 할 수 있게 되었어요. '원래 그런 사람이야' 혹은 '사람은 원래 그래'라며 위로를 할 수 있게 된 거죠. 인간관계 훈련을 미리 했던 것이 사회에 나와 보니 큰 경험이었다는 걸 알았어요."(안수정)

그 동료직원은 아마도 이렇게 말했을 것이다. "저런 인간 밑에서 어떻게 일하겠어? 다들 나가잖아!" 여기서 '저런 인간'이란 부하직원에게는 마구 대하고 윗사람에겐 아부나 하는 인간, 혹은 일에 대한 결정을 못 하고 불안해하며 무책임한 태도를 보이는 인간, 혹은 자기가 좋아하는 사람들에게만 잘해주고 싫어하는 사람에겐 정보조차 주지 않으려는 인간 …… 그런 인간일 것이다. 동료직원은 그런 인간과는 상종할 수 없다고 생각했을 것이다. 그러나 안수정은 '그런 인간'을 이미 경험했을 뿐 아니라 그 '인간'이 바로 나요 너라는 것을 볼 지혜도 갖추었다. 그런 지혜를 통해 회사 내의 공동체를 유지하는 데 기여할 수 있었다.

인간에 대한 앎, 특히 실망스럽고 추악하기조차 한 그놈의 '인간'을 남과 내 속에서 바라보기, 그것만으로도 인간관계를 유연하게 꾸리는 힘이 생겨난다. 인도 창 출신들이 지적했듯이 그런 지혜는 영어 능력이나 컴퓨터 지식보다 더 중요하다고 할 수 있다. 앞으로 삶의 모든 국면에서 그 지혜의 힘을 구사할 수 있기 때문이다.

관계의 물결 타기

인간 속의 괴물을 보고 그것을 조심스레 다루는 지혜가 음의 측면이라면 적극적으로 드러나는 양의 지혜도 있다. 남도 나처럼 별 볼일이 없다는 것을 알면서, 남 앞에 자신을 더 적극적으로 드러내는 것이다.

"새 사람을 만나는 게 어렵지 않게 되었어요. 발표할 때도 덜 떨리고 요. 사람을 대하는 자신감이 생겼어요."(정기환)

"깊이 있게 사람 사귀는 법을 배웠어요. 상대방에게 내 고민거리를 말 하는 방법도 배웠고요."(박은미)

"학교에서는 다른 사람과 거의 인사도 안 하고 살았는데, 이제는 많은 사람들과 인사를 하면서 살아요. 본래 저는 사람을 좋아하지 않았어요. 혼자인 게 더 편하다고 생각했고, 인간관계는 필요 없다고 생각했죠. 학 교에서도 소수의 몇 명과 친했고, 제가 한때 다녔던 회사에서는 친한 사 람이 없었어요. 그런데 인도에 오니 모든 사람들이 제게 잘 대해주었어요. 만나면 인사해주고 웃어주고 가끔씩 농담도 해주고 …… 사람이 좋아졌 어요. 아마도 이것이 제일 큰 보람이 아닐까 해요."(전춘권)

이렇게 된 표면적인 이유는 살기 위해 인간과 부딪히지 않으면 안 되었기 때문이다. 일주일에 한 번씩 프레젠테이션을 해야 했으니, 남들 앞에서 발표하는 게 처음처럼 떨린다면 버티기 힘들었을 것이다. 고민 의 질이 만만치 않으니 믿을 만한 사람을 찾아서 털어놓는 법을 배우지 않고는 미쳤을 것이다. 전춘권처럼 처박혀 공부만 하고 인간관계를 우 습게 본 경우도 마지못해 낯선 인간들을 대하다 보니 의외로 내게 웃어 도 주고 농담도 하는 상쾌한 느낌을 받았다. 자연스레 사람을 대하기가 편해졌다. 이런 변화의 보다 근본적인 이유는 나만 사람을 두려워하는 게 아니라 남들도 사람을 두려워하고 있다는 인간의 보편성향에 대한 지혜가 싹튼 데 있다.

"과거에는 대인공포증이 있었어요. '남들은 나보다 다 뛰어나다'고 생각했죠. 그런데 인도에서 생활하다 보니 그들은 다 숨기고 있었던 것임을 알게 되었어요. '모든 인간이 나와 비슷하다'는 이해가 생기고부터 말이 많아졌어요."(윤태식)

인간은 다른 인간에 대한 경쟁심과 두려움을 내면 깊숙이 갖고 있다. 낯선 사람에 대해서만이 아니다. 아들은 아버지가 무섭고, 남편은 아내가 무섭다. 대중 앞에서 능청스러울 정도로 떠벌리는 사람도 타인에 대한 두려움을 덮는 장치로 수다를 개발한 경우가 많다. 연애의 초기과정도 상대가 나를 퇴짜 놓을까봐 두려워하는 몸짓과 말짓들로 가득 차 있다.

윤태식이 날카롭게 본 것도 그것이다. 인간은 모두 타인으로부터의 잠재적 위협으로부터 자아를 보호하기 위해 엄청난 포장을 한다. 점잖은 척, 아는 척, 모르는 척, 있는 척, 없는 척 …… 그 '척'을 위해 우리가 투여하고 있는 에너지의 양은 추정하기 힘들다. 그러나 인간의 보편적 두려움에 대한 지혜가 생기고 나면 '척'으로 보호해야 할 게 내 안에 별로 없다는 생각에 이른다. 깨질 것이 내 안에 있다는 착각이 깨졌기 때문이다. 그러니 사렸던 말이 막 나올 수밖에. 정효연은 그런 착각이 깨지는 상황을 영화 속의 파티 장면처럼 기술한다.

"인턴십을 하면서 사람들과의 관계는 쉽지 않았다. 나는 사람이 두려웠다. 내가 하는 일이란 그저 만나기를 꺼려하는 것. 거북이처럼 겁을 먹고 지레 목부터 껍데기 속으로 숨겨버리는 것이었다. 어느 날 회사의 조촐한 파티에서도 나는 아무런 감정의 배출 없이 그저 미소만 짓고 있는 목각인형이었다. 갑자기 이 인도 사람들에 대해 알고 싶다는 생각이 들었다. 그리고는 파티에 참여한 여성들을 찾아 불쑥 그 자리에 끼어버렸다. '여기 앉아도 돼요?' 나보다 더 수줍어하는 그들 속에 살며시 한 손을 내민 것이다. 거절하면 어떻게 하지? 난 어떻게 해야 하지? 많은 생각이 흐르는데 그들이 내게 말을 걸었다. '어디 살아요?' 수줍어하는 그들이 힘들게 내민 말들을 마음속으로 갈무리하면서 미소가 흘렀다. 갑자기 흥이 나기 시작했다. 많은 말들이 오가진 않았지만 그들의 따뜻한 관심의 눈빛을 읽을 수 있었고 행복했다. 그렇게 힘들었던 한 달 동안의 회사생활이 이제는 회사에 들어가서 내가 먼저 인사를 하는 쪽으로 바뀌었다. 그들의 생활을 몸으로 느낄 수도 있었다. 나의 인간관계가 얼마나 좁았는지, 얼마나 편견 속에서 꾸며졌는지를 깨달았다. 날 이해하려고 노력하는 사람들, 내가 이해하려고 하는 그들의 생활들, 그리고 인도의 내 생활을 여기서 배운다."(정효연)

그들이 나를 거절할까봐서 머릿속으로 숱한 장면들이 지나갔다. 그러나 몸을 던져버렸다. 두려움과는 정반대로 그녀가 발견한 건 '나보다 더 수줍어하는 그들'이었다. 내 안에 흘렀던 두려움이 그들에게도 똑같이 흘렀던 것이다. 내가 미소 짓고 행복했던 것과 마찬가지로 그들도 따뜻한 관심의 눈빛을 보냈다. 서로 두려움으로부터 벗어나 안도한 것이다. 그녀가 깨달은 바는 인간에 대한 두려움과 편견이 스스로를 미소만 짓는 목각인형으로 만든다는 것이다. 인간에 대한 지혜의 힘은 목각인형을 따스한 온기가 있는 생명체로 바꿀 정도로 크다.

지혜를 통해 인간에 대한 두려움이 줄어들면, 애써 지켜왔던 까다로운 인간관계 규칙들도 부드러워진다. 그렇게 되면 심지어 애인을 만들기도 쉬워진다.

"여자 보는 눈이 바뀌었어요. 예전엔 어떤 기준을 두고 만났는데 지금은 아무나 만나는 편이에요. 예전 같으면 교회 다녀야 하고, 키는 얼마 이상에, 성격은 어떻고, 담배 피면 안 되고, 부모님이 다 계셔야 하고, 성형수술은 안 되고 …… 그런 식이었죠. 그 기준이 그렇게 중요하지 않아졌습니다. 괜찮다 싶으면 그냥 만나요. 여자에 대한 욕심을 버렸다고나 할까요? 그런 기준은 사람 보는 눈을 좁게 만듭니다. 그러다 보니 남녀를 가리지 않고 한정된 그룹을 벗어나 다양한 사람들을 만나게 되었고, 외국인도 많이 만나게 되었어요."(고인수)

까다로운 기준은 인간에 대한 무지, 나아가 인간에 대한 두려움 때문에 생긴 것이었다. 그것을 벗으니 다양한 사람들에게 나를 개방할 수 있었고, 적절한 인연을 찾을 가능성이 높아졌다. 애인 타령만 하던 고인수는 실제로 결혼을 약속할 애인을 만드는 데 성공했다. 인간의 보편적 성향에 대한 지혜가 늘자, 잡채와 계란말이로 인간관계를 발전시킨 경우도 생겼다.

"인턴십 회사에서 마케팅 부서에 배치되었는데 처음엔 적응하기 힘들었어요. 회사 사람들과 부딪히는 일도 많았고, 제가 한 일과 그 성과물을 보여줘야 할 일도 많았고, 의견이 안 맞을 경우 '얼마만큼 감정을 줄이고 그들과 호흡을 할 수 있는지'를 테스트해볼 때도 있었어요. 어느 날 저는 전혀 새로운 시도를 했어요. 한국 음식으로 잡채며, 계란말이며, 부침개며 바리바리 싸와서 회사 카페테리아에서 우리 부서 사람들을 불러놓고 다른 부서 사람들의 부러운 시선을 한 몸에 받으며 같이 먹었죠. 덕분에 그들 집에 초대받아서 인도 음식도 먹고 술을 마시기도 했어요. 인턴십이 끝나갈 무렵인 지금은 우리 부서 사람들과 많이 친해져 정말 좋아요."(이경아)

'잡채며, 계란말이며, 부침개며'는 회사 속의 인간관계와는 직접적인 관련이 없다. 그러나 이경아는 직접적인 관련이 있는 것으로 바꾸어버렸다. 내가 만든 음식을 같이 먹는 사람들, 그들은 이미 개념상 내 식구이다. 인도인이라고 반응이 없겠는가. 사람은 누구나 남이 해온 음식을 먹으면 그의 따뜻한 손길을 느끼게 되어 있다. 그건 문화 차이와도 전혀 관계가 없다. 그런 지혜가 섞인 음식 덕분에 회사 적응에 성공했을 뿐 아니라 동료들과 '많이 친한' 관계가 된 것이다.

휴대전화 관련 웹사이트 제작사에서 기획자로 일하는 최영곤은 학교 다닐 때만 해도 여자처럼 수줍어하는 남자였다. 그런 그가 많은 커뮤니케이션을 해야 하는 기획자가 되고 나서 말했다.

"예전에는 아는 사람하고만 지냈죠. 다가갈 필요가 없다고 생각했으니까요. 그런데 인도에서는 먼저 다가가지 않으면 안 되었어요. 덕분에 지금 사회생활을 하는 데 큰 도움이 되었습니다. 저는 고객과 디자이너 사이에서 커뮤니케이션을 해야 하는 위치에 있는데, 말을 잘 못하면 디자이너가 일을 다시 해야 해요. 디자이너가 잘못해도 책임은 기획자가 지는 구조죠. 모르는 사람과 부딪히기, 인도 창이 준 가장 큰 경험이에요."(최영곤)

최영곤이 기획자로 일한다는 것 자체가 하나의 충격이다. '먼저 다가가기'의 훈련이 샌님을 조정자 겸 추진자로 바꾸어놓은 것이다. 다음은 3차원 영상의 콘텐츠와 프로그램의 국내외 마케팅을 담당하는 허진숙의 진술이다.

"공동체에서 제 의사표시가 늘었어요. 인간관계에 대한 자신감이죠. 다만 예전과의 차이라면 나만 일방적으로 표현하는 게 아니라 남을 고려하면서 표현하는 법을 익힌 거죠. 인도 창은 관계 속에서 제 스스로 일을 찾아서 책임 있게 해본 훈련이었어요. 돌아와서는 '가정에선 뭘 해야 한다'는 걸 알았죠. 예전에는 집안에선 까불이나 왈가닥이었어요. 신경질도 많았고요. 엄마는 '너 성격이 그렇게 더러워서 어떻게 할래?' 하곤 하셨죠. 그런데 귀국해서는 엄마가 하시기 전에 밥상 치우고, 설거지하고, 방 치우고 그랬어요. '엄마, 뭐 도와드릴까요?' 하면 처음엔 엄마도 '너 왜 이러니?' 하실 정도로 서로 쑥스러웠어요. 처음엔 '뭘 도와드릴까요?'라는 말을 꺼내기가 아주 힘들었어요. 부모님들은 '어른스러워졌구나. 인도 갔다 오더니 착해졌다. 많이 변했다'며 놀라셨어요. 관계 속에서 내 위치를 보는 능력, 그 역할에 대한 센스가 생긴 거죠."(허진숙)

어떤 때는 괴물로, 어떤 때는 두려워 떠는 어린아이로 나타나는 인간들 속에서 내 위치와 역할을 보는 능력이 생겼다는 것이다. 소극적으로는 '인간 속의 괴물'을 이해하는 지혜가, 적극적으로는 그런 지혜를 바탕으로 관계 속에서 자신을 찾고 그 역할을 해내는 힘이 결합하여 유연한 관계 능력을 만들어낸다. 인간의 본성에 저항하거나 두려워 물러나지 않고, 유연한 파도타기 선수처럼 인간 본성의 파도를 타고 넘는 능력이다.

　　"사람 사이에서 참을 줄 알게 되었고, 웬만한 일에는 놀라지도 않고, 필요할 때는 따질 줄도 알고, 필요치 않을 때는 한발 물러서서 지켜볼 수 있고 …… 한마디로 하면 '남에 대한 기대치를 높게 갖지 않고 현재 나의 일에 충실하는 방향'으로 변화되었어요. 그러다 보니 주변 분들이 사회초년병처럼 보지 않고 경력자처럼 보는 경향이 있어요. 지금도 내 보스가 어느 날 갑자기 다른 회사로 옮길 수도 있다고 생각해요."(김지혜)

인간 본성의 파도를 알면 어떤 때는 몸을 맡기기만 하고, 어떤 때는 팔다리로 세게 휘젓는 지혜가 생긴다. 어떤 때는 소극적으로 받아들이고, 어떤 때는 적극적으로 나서야 한다. 그러니 신참처럼 보일 리 없다.
　김지혜가 이런 변화를 겪게 된 것은 인도에서 '눈앞이 캄캄해지는 상황'을 접했기 때문이다. 친구의 입원비를 꿔주기로 한 인도인이 종일 기다려도 나타나지 않는 상황이었다. 거기서 그녀가 깨달은 것은 내가 의지하는 사람이 언제든 사라질 수도 있다는 것, '지금 간을 빼줄 듯이 말하는 사람도 언제 그랬냐는 듯이 나를 버릴 수도 있다는 것'이었다.

인간에 대한 실망과 배신감을 '나쁜 인간'이라는 느낌으로만 정리하지 않고, 인간에 대한 지혜로 승화시킨 것은 김지혜의 탁월한 통찰이다. 인간은 본래 그럴 수 있으니 남에 대한 기대치를 높이면서 남에게 의존하지 말고, 현재 내가 해야 할 일에 충실하자는 것이다.

지혜의 힘이 약한 사람은 "인간이 저럴 수가!" 하며 남을 욕하는 데 에너지를 쏟는다. 그러나 지혜의 힘이 큰 사람은 인간을 욕하는 대신 그 결에 따라 움직이며 인간과 부드럽게 화합한다. 그 힘은 인간의 본성이라는 파도를 자연스레 타고 넘는 능력으로 드러난다. 그것이 인간의 꼬락서니를 아는 지혜의 힘이다.

내 꼬락서니를 아는 힘

나라는 것은 세상을 보고 색칠하고 움직이는 중심이다. 그래서 나를 아는 것이 세상을 아는 것이라고 많은 현자들이 말해왔다. 인간과 사물의 이치를 아는 지혜의 핵심은 나를 아는 것이며, 그 중에서도 나라는 존재의 형편없는 꼬락서니를 아는 것이다.

"내가 나 자신을 제일 잘 안다고 생각했고, 내가 아는 내가 전부인 줄 알고 살았어요. 인도와의 만남 이후 육체적 아픔부터 가족과 친구들을 향한 그리움에 이르기까지 힘든 일을 겪으면서 내 자신을 좀더 들여다보았고, 미처 몰랐던 나를 알 수 있었습니다. 한국과는 색다른 일에 부딪힐 때 내가 대처하는 모습을 보면서 실망할 때도 있었고, 대견스러울 때도 있었어요."(이윤희)

'내가 나 자신을 가장 잘 안다'는 착각처럼 큰 무지는 없을 것이다. 변함없는 일상생활 속에서는 그런 착각이 유지될 수 있다. 그러나 인도 창이라는 새로운 배경에 서니 '실망스러운 나'와 '대견스러운 나'가 뚜렷이 드러났다. 이렇게 내면의 거리를 두니 나를 겹겹이 둘러싼 껍질들이 조금씩 벗겨지면서 내 꼬락서니가 드러난 것이다.

나를 보는 힘

"오기 전의 '나의 개념'과 오고 나서 '나에 대한 생각'이 180도 바뀌었습니다. 전에는 내가 최고라고 생각했는데, '내가 이 정도뿐이 안 되는구나' 하는 자격지심 때문에 힘들었어요. 나 자신에 대해 정말 많이 생각했습니다."(박성민·이대섭)

"남에게 화나 내고 …… '내가 스케일이 이렇게 작아졌을까?' 하고 고민했어요."(정해정)

"마음이 조그매졌어요. '쫀쫀해져 가는구나' 하는 위기감이 몰려왔어요."(임석빈)

'꽤 잘한다'거나 '최고'라고 생각했던 내가 새로운 상황에서 '이 정도뿐이 안 되는' 수준을 보였을 때 자격지심이 밀려온다. 예전에는 '적극적이고 통 큰 인간'이었는데 소심하고 쫀쫀한 자신을 보게 되면서 자기 환상도 깨져간다. 환상적 자아와 새로 발견한 자아 사이의 간극에서 괴로움이 싹튼다. 내 자부심의 원천이었던 '한국인으로서의 나'의 환상도 깨진다.

"내 흑인 친구는 스물세 살로 나와 동갑이에요. 우간다에서 태어났고, 케냐에서 대학을 다니다가 정부 지원으로 인도로 공부하러 오게 되었대요. 한번은 여러 친구들과 함께 기차를 타고 놀러간 적이 있었는데, 이때도 어김없이 많은 거지들을 만났죠. 한국 사람들은 대개 처음엔 몇 루피를 주다가 다음부터는 안 주는 게 보통이죠. 그러나 그 흑인 친구는 거지가 손을 벌릴 때마다 가방에서 동전을 꺼내주는 거예요. 참 친절하다고 생각했어요. 내 백인 친구는 더 친절해요. 그녀는 캘리포니아에서 살다가 자원봉사자로 이곳에 왔어요. 파란 눈에 금빛 머리인 전형적인 미국인이죠. 이곳에서 인도 아이들을 가르치고 있어요. 우리 집 근처에 살아서 교회모임에 함께 참석하곤 했죠. 한번은 모임이 끝나고 식사로 짜파티와 콩소스가 나왔어요. 그녀는 그날 먹을 저녁을 그곳에서 얻어 가곤 했는데, 그날은 한 끼 식사보다 많은 양을 그녀에게 주었어요. 음식을 싸들고 집으로 함께 걸어오는 도중 거지를 만났어요. 거지가 손을 내밀자 그녀는 '돈이 없다'며 '짜파티라도 먹겠냐'고 했어요. 거지는 그러겠다고 했죠. 그녀는 자기가 저녁에 먹을 짜파티 두 장을 빼고는 다 주었어요. 나중에는 콩소스까지 주었는데, 담을 봉투가 없자 자신의 봉투를 주고는 남은 소스 봉지에 짜파티를 담아 갔어요. 그 광경을 보고 무척이나 놀랐어요. 아무리 자원봉사자이지만 거지에게 저렇게 친절할 수 있을까? 그 광경을 보는 순간 한 한국인이 떠올랐어요. 거리를 지나는데 거지가 그 한국인에게 손을 펼쳤어요. 그 사람은 갑자기 소리를 치며 '이런 미친놈, 거지 주제에 어디를 와?' 하며 동전 대신 모욕을 퍼부었어요. 그때는 정말 같은 한국인이라는 것이 창피할 따름이었어요."(유아사)

거지에 대한 행동은 잘살고 못살고의 문제가 아니다. 우간다 친구도 거지가 새로 올 때마다 돈을 준다. 우리가 그토록 자부심을 갖는 한국인들은 거지에게 매우 야박하다. 이렇게 '실망스러운 나와 우리'를 지나면 '문제 있는 나'의 발견이 시작된다.

"지각을 많이 했던 이유는 아침에 일어나지 못하는 습관 때문이에요. 시계가 울릴 때 박차고 일어서는 게 핵심이에요. 생활습관을 바꾸는 게

힘들어요. 내 생활습관을 되돌아볼 수 있었어요."(정미주)

"의견충돌이 나 중심으로 일어났어요."(변아람)

"25년 동안 만들어진 내가 참 잘못되어 있었다는 걸 알았어요."(김미정)

껍질이 서서히 벗겨지면서 '내 생활습관이 문제'라는 것을 발견하게
되었고, 이 친구가 문제고 저 인도인이 문제였다고 생각했는데 내가 의
견충돌의 중심에 서 있었다는 사실도 보게 되었고, 나아가 인도에서의
일 년뿐 아니라 '25년간 만들어진 나' 전체가 잘못되어 있다는 판단에
까지 이르렀다. 나를 감추고 있던 껍질들이 벗겨지면서 드러나는 나의
모습은 점점 더 추악해진다.

"내가 남을 미워할 수 있다는 데 놀랐어요. 아직 극복하진 못했어요."
(박하나)

"가장 착하게 살려고 했는데, 돌아보니 가장 이기적으로 살았어요."
(엄진옥)

" '나는 다른 사람에게 잘해준다'고 생각했는데, 알고 보니 내가 이용
하려고 잘해줬던 것이었어요."(김석정)

나는 착하다. 왜냐하면 교회도 나가고, 자원봉사도 하고, '착하게 살
자'가 신조이므로. 그런 천사가 남을 미워하는 모습을 뚜렷이 보면서,
내 안의 악마를 확인했다. 돌아보니 착하게 살려고 했던 것도 이기적인
나를 포장하는 껍데기였다. 김석정의 자기발견은 자기기만의 심층껍질
을 벗겨낸다. 내가 남을 도왔던 것은 결국 내가 이용하려고 그랬다는

발견이다. 정치인들만 그런 게 아니었다. 내가 바로 정치인이었다.

'내가 인도에 와서 이기적으로 되고 쫀쫀해졌다'는 변화 인식은 잘못된 것이다. 인도 가서 이기적으로 변한 게 아니다. 본래 쫀쫀했는데 인도에 가서 그것을 발견했을 뿐이다. 한국에서는 그 껍질을 벗길 정도로 큰 도전을 받지 못했을 뿐이다.

추악한 나는 누구에게나 있다. 교수라는 신분을 가진 필자 속에도 추악의 극치를 달리는 교묘한 술수들이 판을 치고 있다. 성스러운 직업을 가진 사람들도 그 술수에 휘둘리고 있으며, 심지어 갓 태어난 아기들도 교묘한 방식으로 부모와 자기를 속인다.

사람들은 추악한 자기를 덮기 위해 엄정한 옷을 입고, '네가 싫다'는 표현을 "내가 친구로서 너를 위해 하는 말인데 너는 이러저러한 문제가 있다"는 체계적 분석으로 대체하고, 나의 잇속이 보이는 행동을 할 때마다 "우리 조직의 발전을 위하여"라는 명분을 앞에 내세우고, '너는 꺼져'라는 뜻을 "민주주의의 대의를 위해 우리가 나서야겠다"라고 말한다. 실제로 당사자도 그렇게 믿어버림으로써 자기 자신까지 확실히 속여버린다.

내 안에 추악한 괴물을 보는 눈이 생겼다는 것은 그만큼 나에 대한 통찰력이 높아졌다는 것이다. 나뿐 아니라 다른 인간과 사물에 대한 통찰력을 높이는 분수령이 바로 이 지점이다. 나 자신을 잘 알면 남도 그렇게 행동하고 있다는 것을 훤히 안다. 그런 점에서 추악한 나를 아는 것은 괴로워할 일이기는커녕 오히려 크게 축하할 일이다. 그 괴물을 뚜렷이 보고 나면, 교묘한 괴물이 나를 통제하는 시스템을 약화시킬 수 있기 때문이다.

적이 분명해졌다. 남이 아니었다. 내가 나의 최대의 적이었다. 남들에게도 그런 똑같은 적이 있다는 것도 보였다. 징그러운 그놈의 힘을 약화시키는 것, 그 추한 놈의 작동 시스템을 약화시키는 것, 그것을 시작해야 한다. 쳐다보는 것만으로도 그 적은 몸을 움츠려든다.

"내가 '욱' 하는 성질이 있다는 걸 알았어요. 그 친구에 대해 저만 불만을 표현했어요. 초등학교 이후 싸운 적이 없었는데, 그간의 평화시간 기록이 깨졌습니다."(정해정)

"듣지는 않고 말하기만 하는 내 모습을 볼 수 있었어요. 듣는 습관을 키웠습니다."(이석천)

"일이 안 돌아가면 남의 탓으로 돌렸어요. 인턴십 프로모션 기간 동안 제가 화를 많이 냈던 앱텍의 코디네이터 아지타에게 미안해요."(배명준)

"내가 '욱' 하는 성질이 있다"는 문장의 이전 버전은 "쟤는 왜 저래?"였다. 나의 못된 '욱'을 발견하는 지점에 이르렀을 때, 그간 평화를 유지해온 자긍심이 온통 무너져버렸다. 그 다음부터는 유사한 상황에 처하면 나의 '욱'이 올라오는 것을 예민하게 감지할 수 있다.

이석천은 자타가 공인하는 공부 잘하는 천재로, 천재들이 보통 그렇듯 남의 잘못과 문제를 칼같이 찌른다. 관계의 밀도가 높았던 인도에서는 남을 찌르면 그것이 비수가 되어 다시 나를 찔렀다. 그 찔린 고통의 깊이만큼 '남의 말을 안 듣고 내 얘기만 해대는 징그러운 나'를 보았다. 그런 나를 뚜렷이 쳐다보니 '듣는 나'가 나타나기 시작했다.

배명준은 인턴십 회사를 찾아주는 데 게으르고 형편없는 회사에 쑤셔넣으려는 아지타를 많이 욕했다. 인턴십 과정을 끝낼 때가 되어 나를 돌아볼 거리가 생기자 '남을 탓하는 나'가 뚜렷이 보였다. '아지타에게 미안하다'는 반성은 '남 탓만 하는 나'로 인해 괴로움을 입었을 수많은 상대방들에 대한 각성의 표현이면서, 그런 나를 억제하는 힘이 커졌음을 보여주는 것이다. 그러면 이창섭처럼 일 년을 정리하는 모임에서 동기들 모두를 바라보며 다음과 같이 말할 수 있다.

"그동안 내가 알게 모르게 상처를 준 일이 있다면 용서해주길 바랍니다."(이창섭)

자기를 볼 줄 아는 사람은 사과를 잘한다. 비록 내가 지혜가 아직 크지 않아 그 못된 놈을 통제하는 데 실패했더라도, 곧바로 "그놈이 또 튀어나왔구나" 하면서 상대에게 사과를 한다. 그 때문에 자기를 잘 쳐다보면 남과의 신뢰를 지키는 능력이 커진다.

부릅뜬 시선만으로도 그 못된 놈의 장난을 약화시킬 수 있다. 그놈의 힘이 약화된 만큼 나의 공력은 높아진다. 그 공력으로 화를 덜 낼 수 있고, 남의 얘기를 더 들을 수 있고, 남에게 더 사과할 수 있게 된다. 이제까지의 독선적인 행동습관이 잦아드니 남들이 나를 대하기가 훨씬 편해진다. 내 꼬락서니를 보는 힘이 창조한 역량이다.

자기를 버리는 힘

자기 꼬락서니를 쳐다보는 것만으로 자기극복의 단맛을 보게 되면, 보다 적극적으로 나서게 된다. 이제는 "자기를 버린다"는 슬로건까지 내건다.

임석빈은 한집에 살던 사람들이 갈라서는 것을 마음 아파했다. 같이 살던 친구들이 "나가겠다"고 하면 '내가 무슨 잘못을 했을까?' 하고 고민하며 괴로워했다.

"나중에 갈라진 관계가 정리되니까 편안해졌어요. '자신을 버려야 한다'는 걸 처음 절실히 느꼈습니다. 결국 나를 버림으로써 남과 조정하는 법을 배웠다고 할 수 있습니다."(임석빈)

'자신을 버린다는 것'이 공동체 안의 관계를 편안하게 하는 원리라는 것이다. '우리 함께'를 강조하는 사람들은 바로 그것을 강조하는 자아를 버리는 게 공동체를 잘 유지하는 원리라는 것을 이해하기 힘들다. '우리 함께'가 자기 식으로 통일하겠다는 권력으로 작용하는 것을 보지 못하기 때문이다. 차이를 인정한다는 것 자체가 나를 버리는 것과 연관된다. "검은 머리 파뿌리되도록 사랑하겠다"던 부부도 자기를 어떤 식으로든 버리지 않고는 가족공동체를 유지할 수 없다.

   "인간에 대한 집착을 상당부분 버렸어요. 그게 얽혔던 인간관계를 풀어주는 길이라는 점을 발견했어요."(박미현)

   나를 버린다는 것의 핵심은 '인간에 대한 집착'을 버리는 것이다. 첫 단계는 '남에 대한 집착' 혹은 남에 대한 기대를 버리는 일이다. 그러나 좀더 깊이 살펴보면 그런 근사한 기대와 희망도 내 안의 추악한 그놈의 장난이었다는 게 드러난다. 인간에 대한 기대나 희망은 그 말의 근사함에도 불구하고 남이 나에게 무엇을 해줄 것이라는, 인간관계에서 '나의 수고를 줄이겠다'는, 혹은 '내가 수고를 줄인 대신 네가 수고 좀 해주라'는 얌체 근성의 발로이다. 결국 인간에 대한 집착의 핵심은 자기 집착이다. 그런 자기 집착을 버린다는 것이 '나를 버린다'는 말의 뿌리이다.
   여기까지 가도 '그놈'이 쉽게 힘을 놓지 않는다. '나를 버린다고 말하는 내가 얼마나 근사한가' 혹은 '그래도 남들에게 좋은 사람이어야 하지 않는가' 하면서 내 에고를 강화하도록 꼬드긴다. 전윤주는 그 징그러운 놈의 속삭임에도 냉정할 정도의 힘이 생겼다.

   " '누구한테나 좋은 사람이어야 한다'는 강박이 없어졌어요."(전윤주)

   나는 누구에게나 좋은 사람으로 남아 있어야 한다는 강박, 좀더 적나라하게 표현하면 '나는 누구에게나 좋은 사람'이라는 착각을 날려버리지 않는 한 문제는 계속 지속된다. 좋은 사람처럼 보이려고 애쓰는 부

자연스러움이 반복되고, 그러다 보면 '나는 이렇게 애쓰는데 쟤는 왜 노력도 하지 않을까' 혹은 '나는 이렇게 애쓸 정도로 좋은 인간인데 쟤는 왜 노력도 안 할 정도로 나쁠까'라고 생각하게 되고, 다시 그를 미워하고 화내는 일을 반복하게 된다.

내가 붙들고 있는 것은 나의 진면목이 아니라 내가 만든 내 이미지이다. 상당부분은 남들이 해준 얘기와 남들의 반응에서 내가 느낀 것들을 섞어 만든 허구의 이미지이다. 그 이미지가 나를 얽매고, 나의 행동을 제약하고, 남들을 욕하게 만든다. 사실상 우리가 버리는 것은 나 자신이 아니다. 내가 허구로 만든 나의 이미지를 버리는 것이다. 자유는 그 허상을 버린 대가이다.

뱅갈로에서 공부하던 설은일은 뭄바이까지 혼자 가서 디자이너로 인턴 생활을 했는데, 그 회사가 망하는 바람에 다시 뱅갈로로 내려와 새로운 인턴십 회사를 구해야 하는 어려움을 겪어야 했다.

"뭄바이 회사가 망하고, 디자인 부서가 없어지고, 다시 뱅갈로로 내려와 새로운 인턴 자리를 구하는 과정에서 많이 불안했죠. 잃는 것, 버리는 것을 배웠습니다."(설은일)

인턴 자리를 잃는다는 것은 인도 창 과정의 일정 점수를 얻지 못한다는 것뿐 아니라, 전 과정을 깨끗이 완결해내지 못한다는 것을 의미한다. 외형상 잃은 것은 '내가 원하는 인턴 자리'이다. 그러나 진짜 괴로운 이유는 '일자리'를 상실해서가 아니라 '나의 자리'를 잃어서이다. '나의 자리'란 인도 창 과정 말미에 내가 설 자리에 대한 상, 그것을 바탕으로 한 향후 진로에 대한 꿈, 그 꿈을 바탕으로 그렸던 토끼 같은 마누라와 사는 행복한 삶에 대한 희망 등이 얽힌 것이다. 따라서 회사의 구조조정으로 일자리를 잃는다는 것은 그것과 연관된 자아의 붕괴를 의미한다. 그래서 존재 자체가 흔들리는 불안을 겪는 것이다.

설은일이 말한바 '잃는 법, 버리는 법'은 궁극적으로는 어떤 대상에 달라붙어 있는 나의 이미지를 버리는 법을 의미한다. 세상은 자기 허상으로 도배되어 있다. 내 가족, 내 학교, 내 직업, 내 애인 등 나와 연관을 맺고 있는 모든 것들이 내가 만든 내 이미지의 짙은 그림 속에 녹아 있다. 그것을 잃을 때 괴로운 이유는 내가 붙들고 있던 그림의 중요한 구성요소가 떨어져 나가기 때문이다. 그러나 그 그림은 본질상 허상이다. 그 허상을 버린 만큼 나는 자유를 얻고, 새로운 인턴 자리도 쉽게 얻을 수 있다.

'내가 누구한테나 좋은 사람이어야 한다'는 강박은 삶의 곳곳에 스며 있다. 나는 언제나 좋은 사람이어야 하고, 내가 좋은 사람이기 위해서는 남들의 반응도 좋아야 하고, 직업도 좋아야 하고, 회사는 절대 망해선 안 되고, 애인은 정말 좋아야 하고, 내가 좋아하는 사람은 절대로 죽어선 안 된다. 이런 강박이 깊이 스며 있을 때, 갑자기 '좋지 않은 상황'이 발생하면 좋은 사람이어야 할 역사적 사명이 망가지는 수렁에 빠진다. 어떤 상황에서도 자유롭기 위해 자기 허상을 버리는 법을 꾸준히 배워나가야 하는 이유가 여기에 있다.

> "인도 가기 전에는 '나는 착한 사람'이라고 생각했어요. 그래서 다른 사람이 나를 나쁘게 보는 걸 회피하기 위해 자신을 드러내는 데 소극적인 성향이 있었죠. 그러나 내가 부족한 존재라는 걸 확실히 알았어요. 이젠 웬만한 욕을 들어도 동요하지 않을 정도가 되었죠."(김지혜)

'착한 사람'이라는 허구의 이미지는 나를 소극성에 얽매어놓았다. 남에게 욕을 들을까봐, 혹은 남으로부터 "그것뿐이 못해?"라는 소리를 들을까봐 남들의 눈치를 보게 만들었다. '내가 별로 착하지도 않구나'라고 깨달은 사람은 남들의 평가에 대한 두려움으로부터 독립하기 시작한다. 바닥을 손으로 짚어본 사람이면 '그래, 나는 이 정도뿐이 안 돼'

하는 배포가 생기고, 깨질 것이 두려워지지 않는다. 이것은 자기 허상을 버린 힘이다.

우리가 체면의 노예가 되는 것도 자기 허상에 집착하기 때문이다. '나는 후한 인간'이라는 이미지에 얽매이면 "도와달랬더니 빼더라" 하는 소리를 들을까봐 남들의 부적절한 요구에 끌려다닌다. 떼쓰는 아이에게 부모가 약한 이유도 "아빠는 나빠"라는 말을 듣지 않으려고, "엄마랑 안 놀 거야"라는 충격선언을 피하려고 하는 체면의 몸짓이다. 다음은 '좋은 사람'처럼 보이려는 자기강박의 장애가 없어질 때, 사람을 대하는 태도가 어떻게 달라질 수 있는가에 대한 얘기이다.

> " '누구나 친구일 수 있다'는 생각, '모르거나 나이 차가 많이 나더라도 부담스러운 존재가 아니다'라는 태도가 생겼어요. 아버지는 외국 분과 식사하실 때면 언니나 저를 부르시곤 했어요. 예전에는 깍듯이 예의를 갖추면서 소극적으로 행동했죠. 지금은 '아빠를 통해서 만나는 것이 아니다'라는 생각이 들면서 편하게 대하게 되었어요. '인간 대 인간'으로 만나는 축이 생긴 거죠."(정지예)

자기를 버린다는 것은 이처럼 적극적인 행동방식을 낳는다. 허상으로부터의 자유이다.

자기 꼬락서니를 보는 통찰력은 자기를 버리는 행위로 나아갔다. 여기서 실제로 버린 것은 자기 집착과 나의 허구적인 이미지였다. 버려야 할 마땅한 쓰레기였지만 두려워서 못 버렸다. 그 족쇄를 던져버리는 순간, 참자유가 몸으로 다가온다. 인도에서 사업을 하면서 많은 후배들을 지켜보았던 박성훈은 말한다.

> "자기를 보게 돼요. 자신의 강점과 약점을 뚜렷이 보죠. 자기에 대한 실망을 많이 해요. 큰 좌절을 동반하죠. 그러면서 많이들 큽니다."(박성훈)

자기 바라보기

나의 정체는 접근하기가 아주 힘들다. 우월감과 열등감, 부끄러움, 과시, 분노 등 여러 두꺼운 껍데기로 싸여 있어 이 껍질들을 벗겨내지 않고는 잘 보이지 않는다. 나를 둘러싼 껍질들을 조금씩이라도 벗기려면 일상의 초조와 욕망, 분노로부터 거리를 두어야 한다. 껍질에 매달려 있는 나와 거리를 두기 위한 것이다. 이 과정이 너무도 어렵기 때문에 나를 안다는 것이 그렇게도 어려운 것이다.

여행은 거리 두기의 한 수단이다. 보통은 인도 축제나 연휴를 끼고, 혹은 일주일 방학 때나 일 년 과정을 끝내고 떠난다. 열 시간 이상을 기차나 버스를 타고 가면서 석양과 더불어 흘러가는 풍경 속에서 과거의 나를 떠올리고, 해변이 유명한 고아의 드넓은 모래사장 해변에 쏟아지는 빗줄기 속에 그간의 괴로움과 성장을 반추하기도 하고, 바라나시에서 다 타지 않은 시체가 강물에 떠내려가는 것을 두 눈으로 쳐다보면서 자신의 한정된 삶을 생각하기도 하고, 히말라야 자락에 가서 스키를 타거나 다질링의 차밭을 보면서 대자연 속의 나를 보기도 한다. 영화의 한 장면 속에 들어가 있는 자신을 관객의 눈으로 쳐다보는 기회이다.

이국적인 풍경 속에서 과거의 내가 이야기처럼 흘러가고, 풍경의 거리와 시간의 거리 속에서 자신을 찬찬히 들여다본다. 나를 돕기도 하고 괴롭히기도 했던 주변 사람들과 거기에 반응했던 나 자신을 내면의 거리를 두고 바라본다. 사사건건 얽매여 있을 때에는 전혀 보이지 않았던 나의 모습이 드러난다. 특별한 여행이 아니어도 이국에서 산다는 것이 내면의 거리를 제공한다. 나를 다른 배경에 올려놓으니 내가 뚜렷이 보이는 것이다.

박미현은 현지의 한국인 요가 선생을 통해 남방불교식 자기 바라보기의 수행법을 배운 바 있다. 그녀는 이를 자기 바라보기 철학으로 정리했다.

"얼굴 붉히는 일로 마주쳐야 하는 좁은 생활공간에서 나 자신을 추스르기가 쉽지 않았다. 결국 해결방안이라고 내놓은 것이 회피, 그리고 자기공격이었다. 한동안 나 자신 속에 나를 가두곤 했다. 상처받지 않기 위해 나를 챙기면서 나밖에 모르는 사람이 되어갔고, 작은 세계에 나를 자꾸 가두었다. 그것이 참으로 바보스럽다는 것을 깨달았다."(박미현)

여기까지는 여느 학생들의 경험과 동일하다. 그런데 '자신을 자꾸 가두어둔 작은 세계'는 오히려 자신을 바라볼 공간으로 전환되었다.

"나를 작은 울타리 안에 가두는 순간순간 나의 본질적인 문제를 인식하기 시작했다. 그러면서 주위의 모든 것이 조금씩 달라 보였다. 주위에는 나를 사랑하고 내가 사랑하는 사람들이 있었다. 비록 서로의 마음에 상처를 준 적이 있지만 우리는 인도 창 1기라는 끈으로 묶인 가족이었다. 그걸 몰랐을 때 마음에 채워지지 않은 것을 갈구하며 괴로워한 적이 있었지만 그건 나를 버림으로써 조금씩 극복할 수 있었다."(박미현)

작은 울타리 안에 가두는 행위는 내면의 거리를 통해 나를 바라보는 행위였다. 그동안 '나를 버림'을 위해 노력하다 보니 나를 괴롭혔던 친구들이 사랑하는 가족으로 바뀌었다.

"나를 버린다는 것은 곧 나를 바라본다는 것이다. 나를 바라봄은 자신과 사물을 있는 그대로 바라보는 것을 말한다. 객관적으로 바라본다는 것이다. 우리는 모든 것을 자기 기준대로 보고 판단한다. 그래서 제대로 바라보기를 할 수 없다. 주관적인 착각은 오해와 불신을 낳는다. 모든 문제는 오해로부터 시작된다고 해도 과언이 아니다. 그 많은 오해로 인해 우리가 얼마나 서로에게 상처를 줬는가를 생각한다면 바보스러운 주관적 잣대는 버려야 하지 않는가!"(박미현)

나를 버린다는 것은 나를 있는 그대로 바라보는 것이라는 지적은 상당한 통찰이다. 나를 아는 것이 나의 허상을 버리는 행위이기 때문이다. '객관적으로 바라보기'는 나를 보되 자기 허상을 붙들고 보지 않는 것이다. 그 바보스러운 주관적 잣대, 그 멍청이가 만든 자기 허상 때문에 얼마나 많은 오해와 고통이 있었는가. 그러니 허상을 만드는 "바보 같은 주관적 잣대를 버려야 하지 않겠는가!"라고 박 연사는 힘주어 말할 수 있었다.

"자신이 어떤 생각을 해내더라도 그저 바라볼 수 있을 때, 그 생각이나 느낌이 도덕이나 관념 등 어떤 짜인 틀과 어긋나더라도 그냥 지켜볼 수 있을 때 그 생각들과 자신을 동일시하던 마음이 사라진다. 그럼으로써 자신을 괴롭히던 것들이 사라지고 평온해지는 것이다. 또 다른 내가 나 자신을 바라보며 삶을 천천히 즐길 수 있는 여유가 생긴다."(박미현)

껍질들 속의 진짜 나를 보기 위해서는 주관적 잣대나 감정은 물론 도덕적, 관념적 판단의 개입도 중단시키고 그냥 바라보아야 한다. '사람은 착해야지' 같은 관념적 찌꺼기들은 나를 덧씌운 또 다른 껍질이다. 나에 대한 환상이 깨지는 게 보여도, 추악한 내가 나타나도 '이래선 안 되는데' 하지 말고 지켜보아야 한다. 그러면 '이게 나'라든가 저건 '내 것'이라고 동일시하면서 일희일비해온 모든 것들이 나와는 무관하게 그저 존재하는 사물임을 알게 되고, 그 사물의 투명한 모습을 평정하게 받아들일 수 있다.

"나는 완벽주의 경향이 있어 실수를 용납하지 못하고 스스로를 계속 질타하곤 했는데, 그대로의 나 자신을 사랑하기로 했다. 그때서야 비로소 에고를 넘어서 진정으로 상대방을 느낄 수 있었다. 만약 이어폰을 꽂고 신나게 음악을 듣고 있다면 밖에서 들리는 소리를 들을 수 없을 것이다.

그처럼 내가 나의 생각이나 느낌, 감정에만 머물고 있다면 다른 사람들의 생각이나 느낌을 알기란 좀처럼 쉽지 않다. 슬픔, 분노, 질투 따위의 감정들에 휩싸이는 그대로의 자신을 바라보면, 그러한 감정들은 어느새 나와는 상관없는 것이 되어버린다. 바라보기는 고통의 무게를 줄이고 사람들과의 관계를 좀더 원활히 유지할 수 있었던 원동력이 되었다. 그 과정에서 나를 낮춰 상대방을 대하게 되고, 상대의 마음과 개성을 존중해주게 되니 행복의 빛이 보였다. 그 빛을 잃지 않고 더 환하게 가꾸기 위해 오늘도 끊임없이 나를 버린다."(박미현)

허상의 껍데기를 안고 사물을 대하는 것은 마치 이어폰을 끼고 바깥의 소리를 듣는 것과 같다. 바라보기를 통해 이어폰의 장애물을 치우니, 상대 존재의 소리를 있는 그대로 들으니 행복의 빛이 비쳐왔다. 그래서 오늘도 끊임없이 나를 바라보며 나의 허상의 껍질들을 버리는 것이다.

배명준의 자기 바라보기 철학은 욕설로 꾸며져 있다. 그는 거울을 바라보며 거짓 껍질들에 감춰졌던 자기 모습을 보았다.

"거울을 보니 '내 눈이 사악해졌다'는 걸 알았어요. 누군가를 미워하는 눈, 사악한 눈이죠. 같은 집에 살던 친구들이 다른 집을 구해 나갈 때 눈물이 나면서 '뭣 때문에 나가는가? 나 때문에 나가는가?' 하며 괴로워했어요. 돌이켜보면, 저는 따돌림을 당할까 두려워 무리에 휩쓸렸던 것이고, 그러면서 '남들이 나를 이용한다'며 남을 탓했던 거예요."(배명준)

투명한 거울에 드러난 나는 왕따당할까봐 두려워하는 나, 그래서 무리 속에 도피해 들어가는 나, 무리에 들어가서는 남을 탓하는 나, 나를 떠나가는 사람이 있으면 '나를 이용해먹고는 뱉어버린다'며 의심하는 나였다. 그런 나를 종합해보니 다음과 같았다.

"속 좁은 인간에, 하는 것 없이 욕심만 많고, 가면을 몇 개 쓰고 있는지 모르겠고, 뭔가 꿍꿍이가 있지 않을까 남을 의심하고…… 제 모습을 거울 보듯이 환하게 알아버렸어요."(배명준)

그렇게 환하게 드러난 자신을 보면서 그는 '냉정해져야겠다'고 생각했다. 여기서 냉정해진다는 말은, 박미현의 표현으로는 슬픔, 분노, 질투에 휩쓸려 정신을 못 차리는 나로부터 거리를 두고 사물을 있는 그대로 바라보는 태도이다. 그 결과인지는 몰라도 '속 좁은 인간' 배명준은 주변 사람으로부터 신임을 받을 뿐 아니라 자신감에 찬 일꾼으로 회사에 다니고 있다.

배명준이 거울 속에서 본 자기에 대한 표현은 '위악적'이라고 할 만하다. 그러나 그런 혹독한 표현은 그 혹독함만큼이나 자기 모습을 투명하게 본 것이다. 그보다 훨씬 체계적인 수행을 통해 자기 자신을 바라보았던 티베트의 고승 게세 샤보가이파가 자신을 표현한 단어는 더욱 혹독하다.

너 허풍선이. 남들은 향상시키고자 하면서도 네 자신은 향상시키지 않는다.

너 야바위꾼. 불법은 남들을 위해서나 설해진 것이지 자기를 위해서 설해진 것은 아닌 양 행동한다.

너 정치꾼. 약속은 떠벌리고 이행은 움츠린다.

너 비겁자. 자기 허점을 남들이 볼까 두려워하면서 좋은 점만 보이게 되길 바라고 있다.

너는 남을 돕다가도 보답이 없으면 금방 멈춰버린다.

너는 고고한 체 굴면서 남들이 타일러주면 언짢게 여긴다.

내 꼬락서니를 아는 일의 본질은 허풍선이, 야바위꾼, 정치꾼, 비겁자, 천치로서의 나를 보는 데 있다. 그것을 보지 않고 천사, 천재, 착한 자만을 보면 크게 넘어진다. 몇 겹의 단단한 껍질로 둘러싸인 추악한 나는 일생을 다해도 전 모습을 파악하기 힘들 정도로 깊숙이 감추어져 있다. 그 두꺼운 껍질을 벗기기 위해 고통이 존재하는 것이다.

자기를 보는 눈을 갖는다는 건 숨 막히는 고통을 감내하며 껍질 속으로 깊이 들어가는 모험을 감행할 용맹한 전사들만이 얻을 수 있는 값진 지혜이다. 거기서 얻은 내 꼬락서니를 아는 힘은 허상을 버린 만큼의 자유를 안겨준다.

나의 힘을 아는 힘

나의 저급한 성향을 보는 눈이 뜨이면 동시에 잠재력과 가능성을 발견하는 눈도 뜨인다. 거리를 둔 평정한 눈이 가져다주는 선물이다. 이렇게 발견된 '또 다른 측면의 나'는 발견 그 자체로 만족스럽다.

"내가 무엇을 하고 싶은지, 어떤 사람을 사랑하는지, 미래에는 무엇을 하며 살아갈 것인지에 대해 계획하고 생각하는 시간이 주어졌어요. 내 미래의 주인공이자 그 설계자가 나인 것, 그것이 나를 사랑하는 것이라 믿어요. 내가 내 삶의 주인공이 된다는 것이 이렇게 즐거운 일인 것을 전에는 왜 몰랐을까요? 이럴 때는 인도에 온 것이 행복해요."(오은영)

내가 내 삶의 주인공이 된다는 것, 쉽지 않은 일이다. '성적에 밀려', '남들이 하니까', '졸업생이 되었으니까', '요새 뜨는 직업이므로' 등 상황 논리로 자신의 미래를 설계하는 것과는 전혀 다른 차원이다. 자신의 강점을 알고, 희망을 알고, 가능성을 고려하면서 미래를 설계하는 것은 상황의 노예를 탈피한 즐거움을 안긴다.

자신의 잠재력을 발견하는 핵심은 자신의 자질(talent)과 성향(tendency)을 확인하는 것이다. 이는 '나의 능력' 혹은 '나의 개성'으로 인식된다. 그것을 발견할 때 배명준처럼 "내게 이런 게 있었나?" 하고 놀라기도 하고, 안수정처럼 "내 스타일을 알게 되었다"고 말하기도 한다.

우선 자질에 대한 확인부터 살펴보자. 자신의 자질과 능력이 뚜렷이 보이지 않으면 자신감이 없다. 설현철은 그런 자신을 "나는 약점 많은 인간이었다"며 자기비하적인 용어로 표현했다. 그는 '멀티미디어'를 전공하면서 컴퓨터예술에 전념했고, 그 결과물에 대해 선생이나 주변 학생들로부터 많은 칭찬을 받았다.

> "일 년 동안 인도 창 프로그램이 준 선물이 무엇인가라는 질문에는 정확히 답할 수 있을 것 같아요. 그것은 '나도 뭔가를 할 수 있다'는 자신감을 안겨주었다는 것이에요. 이곳에 오기 전에는 '내가 흥미를 가지는 분야가 무엇일까?', '내가 재미있어 하며 할 수 있는 일은 무엇일까?', '왜 나는 뭔가 특별한 능력을 가지고 태어나지 못했나?' 하는 고민들에 자주 빠졌죠. 그 질문의 해답을 찾기 위해 무던히도 노력을 해왔습니다. 그래도 어딘가 깊숙이 숨어서 나오지 않는 '이것'은 찾기가 너무 힘들었죠. '이것'을 찾기 위해 인도 창이 있었습니다. 내가 좋아하는 분야와 자신 있게 할 수 있는 무언가를 찾았다는 데 큰 만족감을 느껴요. 그런 발견은 자연히 내가 나아가야 할 길을 정하는 계기가 되었죠. 그동안 나를 알지 못하고 나를 찾지 못해서 헤맸던 시간들을 인도 창이 보상해준 셈입니다. 가야 할 길이 정해지니 관심사도 자연히 많아졌죠. 정말 중요한 것을 얻은 기분입니다."(설현철)

'정말 중요한 것을 얻은 기분'은 당사자가 아니면 잘 모른다. 자기 내면에 꼭꼭 숨었던 '이것'을 찾아낸다는 게 그렇게 자신감도 주고, 가야 할 길도 훤히 열어주고, 열정이 솟구치게 해준다. 자질의 발견은 그만큼 큰 보상이 있는 것인데, 아마도 설현철이 기술한 것처럼 "해답을 찾기 위해 무던히도 노력한" 데 대한 하늘의 응답이었을 것이다.

이현주는 초등학교에서 막 올라온 것 같은 꼬마아가씨이다. 어떤 이유에서인지 그런 꼬마아가씨가 군대 갔다 온 남정네 선배들이 많은 멀티미디어 전공의 학생 코디네이터로 선출되었다. 그 전공에서 발생하는 문제들을 책임지고 풀어야 하는 입장에 선 것이다. 하기 싫은 그 일을 통해 자기 자질을 발견하리라고는 전혀 생각지도 못했다.

"신은 사람에게 각기 다른 보물을 주셨죠. 제게도 보석이 있는 듯한데, 그것이 무엇인지 한번도 깨닫지 못하고 살아왔어요. 일 년이 지난 지금 그 보물이 무엇인지 알 수 있을 것 같아요. 멀티미디어 전공의 학생 코디네이터 일을 시작하면서 참 많은 사람들을 만나고, 많은 일들을 풀어갔어요. 인도 창 막내인 제게 이 일은 너무나 벅차기만 했어요. 아무리 울고불고 '안 하겠다'고, '코디네이터를 바꿔달라'고 떼를 써봐도 돌아오는 건 '아직도 어리구나' 하는 눈빛들이었어요. 전 사소한 일에 눈물이 많아요. 코디네이터 일을 시작하고서 하루에도 열두 번씩 울었어요. 선배들은 '자기만의 노하우'라면서 사람관계의 기술을 가르쳐주었는데, 언젠가 한 선배가 그랬어요. '네가 40세가 넘기 전에 열두 명이라는 작은 조직을 맡아 이끌어갈 기회를 갖는다는 게 얼마나 중요한지 아느냐'고. '책임감과 리더십 훈련을 통해 많은 것을 배우리라'고. 그 선배는 그렇게 저를 타일렀어요. 한 달이 지나고부터는 '절대 울지 않으리라' 다짐하고 눈물이 나오면 이를 꽉 깨물었죠. 이 일은 제게 전혀 어울려 보이진 않았지만 저를 더 큰 그릇으로 만들어주었어요. 그 일을 시작하고 얼마 되지 않아 교수님들께서 오셨어요. 인도 창 4기로 참여하여 교수님들과 이렇게 많은 이야기를 했던 것은 아마 코디네이터여서 그랬을 거예요. 진심 어린 눈빛으로 '잘하고 있구나' 하시는 교수님을 보면서 많은 용기를 얻었습니다. 그 후 몇 달이 지나 하루는 한국으로부터 한 선배의 메일을 받았는데, 그 선배 말로는 교수님께서 채플 시간에 내 이름까지 거론하시면서 '참 잘하고 있다'고 하셨대요. '한국에 있는 자신이 더 뿌듯했다'며 메일을 보낸 것입니다. 어떤 사람들로부터의 기대, 믿음, 칭찬, 신뢰 같은 것을 받으면서 '내가 이런 사람이구나'를 깨닫게 해준 것이 인도 창이었어요."(이현주)

'정말 어울리지 않을 것 같은' 12명 조직의 리더 역할을 해내면서 '아, 내게 사람들 사이의 조정과 화합을 이끌어내면서 문제를 풀어가는 능력이 있구나'를 발견하는 과정이다. 아마도 선배들은 짓궂은 마음에서 혹은 꼬마아가씨에게서 그런 능력의 싹을 보고서 그 일을 맡겼을 것이다. 이유야 어찌되었든 선배들의 충고와 지원을 꾸준히 이끌어내고, 교수님들의 '잘한다'는 응원까지 이끌어낼 정도였다. 그녀는 하기 싫었던 일 속에서 오히려 신이 주신 보물을 찾는 기쁨을 맛보았을 뿐 아니라 거기서 발견한 잠재력을 토대로 해외봉사단 코디네이터로 일하는 지경에 이르렀다.

자신의 자질을 발견한다는 것은 진로를 개척하는 계기가 될 뿐 아니라 자기에 대한 믿음을 낳는다. 비록 그때 설정한 진로를 걸어가지 않더라도 자기 믿음의 힘은 꾸준히 살아남는다. 남들로부터 신뢰를 받는다는 것도 교육상 중요한 계기가 되지만, 자기 자신으로부터 믿음을 받는다는 것은 어떤 환경에서도 꾸준히 힘을 줄 동력이 된다.

두 번째 보물은 자신의 성향과 경향성, 독특한 문제해결방식 등을 발견하는 일이다. 모든 일은 개성적인 접근방식을 통해서 풀린다. 따라서 자기 스타일을 안다는 것은 '정답'을 찾아 헤맬 때의 소극성과 두려움을 없애주고, 자기 개성에 믿음을 키우고, 그 개성적 스타일을 의식적으로 적용하는 힘을 낳는다.

"인도 창을 통해 상대에게 제시할 명분을 만들어놓고 나서 내가 바라는 것을 요구하는 행동방식이 생겼어요. 이게 제가 다른 사람과 협상하는 주된 방법으로 자리 잡았죠. 예컨대 앱텍에 무엇인가를 요구하기 전에 출석은 확실하게 해놓는 거죠. 그리고 나선 '나는 내가 할 바를 다했는데, 당신들은 할 바를 하지도 않으면서 우리에게 요구하는가'라고 따지는 거죠. 지금 다니는 회사에서도 늦게까지 일하며 최선을 다하고, 제게 필요한 무엇인가를 요구하곤 해요."(고인수)

이런 개성적인 협상 스타일은 인도 창 과정에서 발견했는데, 사회생활을 하면서도 "그때 드러난 나의 시각, 태도, 행동방식이 꾸준히 업그레이드되면서 이어지고 있다"고 고인수는 지적했다. 인도 창에서 개성적인 행동방식이 드러나기 쉬운 이유는 해결해야 할 과제의 무게가 크기 때문이다. 그래서 '남들은 어떻게 하는가'를 따지며 눈치 볼 것이 없다. 젖 먹던 힘까지 끌어내는 과정에서 젖 먹을 때부터 밴 자신의 개성적 시각, 태도, 행동방식이 선명하게 드러난다. 이렇게 드러난 자기 스타일에 대해 자신감이 생기면, 이후의 삶에서도 그것을 긍정하고 확장시켜 나갈 수 있다.

이렇게 자질과 성향이 뚜렷해지면, 나의 현재로부터 미래를 향하는 에너지 흐름이 안개 걷히듯 분명히 드러난다. 좋은 직업과 나쁜 직업, 유망 직업과 무망 직업이 객관적으로 있다고는 하지만, 어차피 사회생활은 나의 잠재력과 개성이 펼쳐지는 행로이다. 그렇기에 '남들이 보기에 좋은 직업'을 추구하는 사람들은 자기 행로를 결정하는 데서 '남들의 보기'에 종속될 뿐 아니라, 그런 직업을 얻더라도 자기 잠재력과 개성을 충분히 발현시키지 못한다. 자질과 성향의 발견은 '남들의 보기'에 종속되었던 눈치 보는 태도를 약화시키면서 당당하게 자기 길을 갈 힘을 낳는다.

"인도 창이 진로에 대한 생각의 문을 열어주었어요. 앞으로 내가 가야

할 길, 나의 길을 많이 생각하게 했어요. 결론은 '글로벌하게 일하고 싶다'는 것입니다."(박경아)

"인도 대학원 진학이라는 큰 동기를 제공받았어요."(박희원)

박경아는 "자기 길을 일찍부터 뚜렷이 찾아가는 인도 사람들을 보면서 자극을 많이 받아 나 자신에 대해서 많이 생각해본 것"이 계기가 되었고, 박희원은 현지에서 알게 된 인도의 국립외국어대학원과 영어 선생이 되고 싶다는 평소 소망을 결합하여 구체적인 비전을 형성하였다. 두 사람 모두 '그들의 길들'을 걸어가고 있다.

비전은 구체화될수록, 그리고 확신과 결합할수록 미래를 형성하는 힘을 갖는다. 비전이 단순한 바람이나 꿈과 다른 점은 바로 확신을 동반한다는 데 있다. 꿈이 단순한 방향성의 제시라면, 비전은 그 방향으로 나아갈 믿음의 힘이 실린 꿈이다. 그 힘 때문에 미래 형성력을 갖게된다.

"제가 여기서 발견한 건 '어떻게 하면 행복을 찾을 수 있는가'예요. 분명히 말하건대 그건 제 자신이 해낸 거예요. 아무도 가르쳐주지 않았죠. 다른 어떤 것보다 이것이 제가 여기서 얻은 가장 큰 선물이에요. 이제 저는 큰 계획이 생겼어요. 그것만 생각하면 행복해요. 이제 나 자신이 누구이고, 무엇이 되고 싶으며, 내 역량이 얼마나 되는지를 알았기 때문이에요."(전춘권)

비전이 내뿜는 힘의 원천은 나를 알고, 내가 원하는 바를 알고, 원하는 바를 이루는 데 필요한 역량이 있다는 것을 아는 데 있다. 여기서 핵심은 뒤의 두 가지이다. 내가 원하는 바가 무엇인지 분명히 알고, 그 길로 나아갈 잠재력이 있다는 것을 구체적으로 확인하는 것이다. 즉,

나의 성향과 자질을 아는 것이다. 비전이 확신의 수준에 도달하는 것도 바로 그 두 가지를 확인했기 때문이다.

아래 그림에서 꿈과 성향은 내면에 있는 에너지가 미래를 향해 지향하는 방향을 가리키며, 역량과 자질이라고 부르는 것은 내면의 에너지의 양을 가리킨다. 여기서 중요한 대목은 '알기'와 '확인'으로 표현된 지혜의 힘이다. 자신의 꿈과 성향이 어떻다는 것을 분명히 알기, 그리고 자신의 역량과 자질을 뚜렷이 확인하기가 지혜의 힘으로 전환된다. 그 두 가지 지혜가 합쳐질 때 비전의 힘이 된다. 꿈과 성향을 아는 것보다는 역량과 자질을 확인하는 게 미래의 형성력을 쌓는 데 더 중요하다. 내면에 갖고 있는 힘의 양, 즉 공력이 미래를 형성하는 데 더 결정적으로 작용하기 때문이다.

"꿈은 이루어진다"라는 대중적 캠페인은 자신을 위안하고 남을 설득하는 근거가 되기도 한다. 그러나 실제로 꿈이 이루어지기 위해서는 그것을 뒷받침해줄 힘이 있어야 한다. 그 힘은 원하는 바를 구체화시켜주고, 꿈으로 향하는 행로에 필요한 자질들을 자신 속에서 끌어내준다. 구체적 힘을 갖는 비전이 되지 않는 한 꿈은 개꿈일 수밖에 없다. 개꿈은 현실도피의 수단이 되고, 불평불만의 원천이 된다. 그러나 비전은 미래 방향에 낀 안개를 걷어내주고, 가야 할 방향을 지시해주며, 그 길

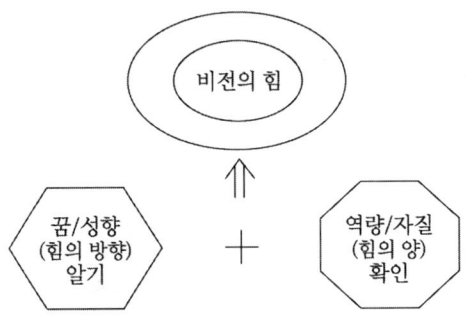

을 걸어가는 데 필요한 다리의 힘을 제공해준다. 꿈은 감성적인 지향이지만, 비전은 나를 아는 지혜로부터 생기는 것이다. 꿈은 그 자체로 미래를 형성하는 힘이 없지만, 비전은 확신에 기초한 미래 형성력을 갖는다.

비전의 미래 형성력은 사회에 진출한 인도 창 출신들로부터 확인할수 있다. 다음은 네트워크 관리자로 일하는 신동석의 경우이다.

> "인도 창을 통해 흥미로운 부분을 잡았어요. 여러 주제를 배우는 도중 하나가 관심대상으로 떠올랐는데, 시스템 관리가 그것이에요."(신동석)

신동석은 "학교에서는 무엇을 할지 불분명했다"고 했는데, 그것은 '쉬운 강의'나 '좋은 교수'의 강의만을 들어도 괜찮았기 때문이다. 인도 창에서는 '어려운 강의'와 '나쁜 선생'도 경험해야 했다. 거기서 자신의 성향을 발견했고, 이를 통해 꿈이 생겼다. 이 꿈은 힘든 공부와 자격증 취득, 현지 인턴십을 통해서 자라난 역량과 결합하여 비전이 되었고, 그 비전은 귀국 후에 네트워크 관리자로 일하는 미래를 형성하였다.

정해정의 경우도 비전이 형성되고 실현되는 동일한 과정을 보여준다. 컴퓨터공학도였던 정해정이 인도 창 과정을 선택한 이유는 전공을 살리기 위해서가 아니라 오히려 전공을 버리고 싶어서였다.

> "안 맞았어요. 인도 가기 전 2학년 2학기 때는 교양수업만 들었는데, 하고 싶은 것만 하니까 좋았어요. 프로그래밍이 싫어서 다른 학교로 편입하여 산업공학이나 경영학을 하려고 했는데, 마침 인도 창 1기가 시작되는 것을 보고 다른 학교로 편입하는 것을 포기했죠. 그래서 인도 창 2기에 지원한 거예요."(정해정)

인도 창에서 '전자상거래'를 전공하긴 했으나, 역시 엔지니어의 자질보다는 외국인과 폭넓게 커뮤니케이션하는 능력이 훨씬 크다는 것을 발견했다. 이런 발견을 통해 'IT 마케팅'으로 자신의 진로 비전을 설정했다. 마침 인도에 온 한 한국인 사장님이 그녀의 커뮤니케이션 능력을 보고 발탁하여, 귀국 후 그 회사에서 일하게 되었다. 그때 형성된 비전은 그녀를 IT 기획자로, 그리고 IT 해외마케터로 형성해주었다.

IT 마케터에게 필요한 자질은 IT 분야에 대한 개념적 지식과 커뮤니케이션 능력으로 대별할 수 있다. IT의 개념적 지식은 전공을 따라가면서 쌓을 수 있었고, 커뮤니케이션 능력은 교실 바깥에서 확인할 수 있었다. 게다가 자신의 경향성은 이미 분명했다. 그런 것들이 결합하여 뚜렷한 비전으로 형성되자 그 비전에 적절한 직업이 다가왔다.

박성민은 IT가 뭔지도 잘 모르는 문과 출신으로 '전자상거래'를 전공하여 네트워크와 프로그래밍을 공부했다.

> "'전자상거래' 전체 과목 중 30% 정도 이해했고, 그 중 일부 분야는 70~80% 이해했다고 생각해요. 개념적인 이해죠. 논리는 조금 이해되었고. 이렇게 컴퓨터를 웬만큼 이해하고 나니 '어, 내가 IT 분야에 발을 들여놓았네' 하면서 새로운 진로가 보이는 거예요. 비록 작지만 굉장히 큰 역할을 할 수도 있죠."(박성민)

실제로 '작지만 큰 역할'을 했다. 그는 네트워크 관리 부문의 인턴십을 거쳐 현재 인도 5위의 IT기업에서 마케터 및 마케팅 기획자로 일하고 있다.

박성민은 보컬 그룹에서 드럼을 치는 게 대학생 때의 꿈이었기에 인도에서도 현지 보컬 그룹에 깍두기로 끼기도 했다. 그가 새 비전을 형성하게 된 계기는 기존에 갖고 있던 꿈이 아니라 새로 발견한 능력이었다. 기술에 대한 개념적 이해가 될 만큼의 성취감이 'IT 분야에 발을 들여놓게' 했고, 학생 대표 역할을 하면서 발견한 인간관계 조정능력이 결합하여 'IT 마케팅과 기획'의 비전이 형성된 것이다. 이 경우에도 단순한 꿈보다는 구체적인 역량이 비전을 형성하고 실현하는 데 더 결정적인 역할을 했다.

자신의 성향과 자질에 대해 아는 것은 비전이라는 힘을 낳는다. 비록 미래 방향이 뚜렷하지 않거나 원하는 길을 가지 못하더라도 미래를 구체적으로 형성하는 힘은 비전의 핵심 요소인 내적 역량에서 나온다. 그 역량의 크기와 방향이 미래를 형성해가는 힘으로 작용하는 것이다.

자기 자질과 성향을 아는 지혜에서 비전이라는 미래 형성력이 생긴다는 원리는 '한풀이'로 불릴 만한 극적인 사례로 드러나기도 한다. 한때 깊이 열망했던 진로의 꿈이 있었으나 여러 사정으로 포기하거나 접어놓았다가 인도 창 과정을 통해 다시 되살린 경우이다.

인도 창 과정에서 멀티미디어를 전공한 학생들 중에는 어려서부터 미술, 만화, 디자인, 음악을 하고 싶었는데 돈이 없거나 입학성적이 안되어서, 혹은 부모가 말려서 포기한 경우가 많다. 성공회대학교 안에 관련 예술학과가 없었기에 인도 창의 멀티미디어 전공을 보고는 '옳다구나' 하면서 선택한 경우이다.

인도 기업에서 모바일 콘텐츠 디자이너로 일했던 정연수의 경우, 고등학교 때 미술부활동을 했고 미술을 전공하고 싶었으나 주변에서 "나중에 취직할 생각을 하라"는 충고로 의지를 꺾은 바 있었다. 대학에서 전산을 전공하면서 편입할 생각도 했으나 마침 인도 창 공고를 보고 '미뤄왔던 꿈을 더 이상 미룰 수 없어' 멀티미디어 전공에 지원하였다. 다음은 인도 창 6개월 후의 얘기이다.

"대학 다니면서 전공이 맞지 않아서 고민했어요. '멀티미디어 공부를 하고 싶다'고 했을 때 한 교수님이 '네가 만약 정말로 원한다면 늦게라도 하고 싶은 것을 찾게 될 거야'라고 하신 말씀이 생각나요. 우연히 복도에서 그 교수님을 만나면 '잘 지내니?' 대신 '요즘 재미있니?' 하셨죠. 지금 멀티미디어 수업을 들으면서 '재미있다'는 느낌이 들어요. 구체적인 미래

계획은 아직 없지만 재미있어 하는 일을 할 것 같아요."(정연수)

실제로 정연수는 눌려 있는 스프링처럼 열정이 폭발하면서 '재미있는 일'을 '재미있는' 인도 회사에서 하게 되었다.

박하나는 전산을 전공했고, 인도 창에서도 프로그래밍을 공부했고, 귀국 후에도 프로그래머로 일하다가 갑자기 민간 IT 교육기관의 컴퓨터강사로 전환했다. 분야는 일관되지만, 하는 직종에서는 갑작스러운 전환이었다. "이제야 내 길에 들어섰다"고 말하는 그녀의 사연은 초등학교 6학년 때로 거슬러 올라간다.

"담임선생님께서 저를 많이 키워주셨어요. '너 노래 잘한다'며 점심시간 때 노래연습도 시키고, 학생들 앞에서 노래를 부르도록 시키셨어요. 그때부터 저는 그분과 같은 선생님이 되고 싶었어요."(박하나)

6학년 때의 꿈은 그냥 꿈이었다. 그것이 비전으로 전환된 계기는 인도인 영어과외선생 폴(Paul)과의 만남이었다.

"폴은 제가 지금 하고 있는 선생의 모델이에요. 최선을 다해 가르칩니다. 학생이 모르면 알 때까지 설명해요. 미리 과목 준비를 완벽하게 하고요. 한번은 학생들과 함께 '라임주스 만들기'도 했어요. 지금 제 남편이 인도를 방문했을 때도 많이 도와주었고요. 사우디에서 온 학생들을 데리고는 마이소르까지 데려가기도 했어요. 사적인 일을 세세히 도울 정도로 학생들을 자상하게 배려해요. 학생을 인격체로 대하죠."(박하나)

그런 선생을 보면서 박하나는 초등학교 때의 꿈을 끌어올렸을 것이다. 그리고 폴과 비교하면서 자신도 그런 능력이 있는지를 주의 깊게 살펴보았을 것이다. 그리고는 발견한 것이다.

"제게 사람을 사랑하는 능력이 있다고 생각해요. 그러니 꼬마아이들도 '선생님, 저랑 결혼하셔야 해요'라고도 하고, 어머니들의 반응도 좋고요. 나이 든 할아버지 학생들도 저를 딸처럼 친근하게 느끼시죠. 지식은 저보다 나은 사람들이 많아요. 그러나 상대를 인격체로 대하고, 인간적으로 배려하는 능력은 아무에게나 있다고 생각하지 않아요. 선생에게는 그런 능력이 더 중요하죠. 제가 그런 능력이 상대적으로 크다고 생각해요."(박하나)

현재 박하나는 프리랜서 교육자에서 본격적인 선생이 되기 위한 준비를 하고 있다. 그녀가 교육자로 자신의 진로를 전환한 것은 자신의 성향과 잠재력에 대한 구체적인 확인을 통해서였다. 자신의 성향과 자질을 아는 지혜는 오래된 메시지를 미래의 삶에 펼치는 계기가 되었다.

자신이 세운 계획대로 미래가 펼쳐졌느냐 아니냐는 중요한 사안이 아니다. 미래는 알 수 없다. 꿈이라는 것은 생겼다 없어졌다 하고, 장롱 속에 숨겼다가 다시 꺼내들기도 하는 것이다. 우리가 통제할 수 있는 것은 현재뿐이다. 현재는 미래를 형성해나가는 힘이 작동하는 유일한 시점이다. 그러하기에 현재 내 안에 꿈틀거리는 그 힘을 키우는 것이 미래를 위한 유일한 비책이 된다. 숨겨둔 한이 올라와 미래를 향한 에너지로 분출하는 것도 현재 내가 내면에 쌓은 힘 덕분이다.

사람들은 이른바 '잘된 경우'를 운이 좋았다고도 하고, 본인이 열심히 노력했기 때문이라고도 한다. 그러나 둘 다 적절한 설명은 아니다. 미래가 꿈꾸는 방향으로 형성되는 데에는 운도 필요하고 노력도 필요하다. 이 운과 노력 모두를 끌어내는 것은 강력한 힘을 갖는 비전이다. 운이나 노력은 비전의 힘이 갖는 강도에 비례하여 따라오는 부수적인 변수이다.

그리하여 우리가 다시 돌아온 곳은 '나를 아는 지혜의 힘'이다. 즉, 나의 에너지가 흐르는 방향을 뚜렷이 알고 목표하는 지점까지 갈 만한 에너지의 양을 아는 힘이다. 내 안에 있는 가능성을 아는 지혜가 미래를 형성해가는 것이다.

인간의 본성을 알고 인간관계에서 발생하는 문제들을 유연하게 극복하는 지혜도 결국은 내 꼬락서니를 아는 지혜의 힘에서 비롯된다. 내가 나를 안 만큼 나는 고통에서 벗어나고, 다른 사람들과 화합하고, 밝은 미래를 끌어들일 수 있다. 실망스러운 나든 대견스러운 나든 나를 아는 지혜는 현재의 어둠을 밝히며 미래로 향한 길을 뚜렷이 드러낼 것이니, 인생에서 필요한 핵심적인 힘이라 하겠다.

지혜는 온몸으로 얻는 것이기에 듣는다고 쉽게 쌓이지 않는다. 지혜 한쪽을 얻기 위해 우리가 흘리는 땀과 눈물의 양은 참으로 크다. 인도창 학생들도 마찬가지였다.

지혜가 트는 창은 나이다. 세상의 작은 한 점이지만 그것이 없으면 세상이 드러나지 않는다. 나는 세상을 드러내는 개성적이면서도 보편적인 매개체이다. 그 매체를 안다는 것, 그것은 세상을 안다는 것이다. 우리가 돌아갈 유일한 곳도 바로 나 자신이다.

우리가 머나먼 인도까지 가서 발견한 파랑새도 나를 아는 힘에 집중된다. 정해정은 인도 생활 6개월 후 투명하게 말했다. 부딪힌 모든 사건들이 결국은 운명적으로 부딪힌 나 자신이었다고. 그리고 나의 거짓과 진실을 알아낸 그 힘이 나를 얼마나 단단하게 만드는지를 알았다고.

"사람들은 많은 기대와 착각 속에서 자신을 평가하곤 한다. '나는 잘될 거야', '내 미래는 ~거야.' 나 역시 많은 기대와 꿈에 젖어 인도에 도착했고, 시간이 흐를수록 나라는 벽에 부딪히며 나의 위치를 알아갔지만, 기대에 훨씬 못 미치는 내 모습을 받아들이기가 힘들어 내 안의 불만으로 죽어갔다.

'운명처럼 반드시 나와 대면케 될지니.
하여 나란, 나의 생명이란.'
인도는 나에게 나의 위치가 무엇인지, 무엇이 진실이고 무엇이 거짓인지를 보여주었다. 선진국으로 유학을 갔더라면 느낄 수 없었을 불만들, 그리고 변화의 와중에 있는 뱅갈로는 나를 작게 만들어버렸다. 거품을 거두어내면서 내 모습은 작아졌지만, 지금은 더욱 알차고 단단해져 있음을 느낀다."(정해정)

5장

믿음의 힘

학생들에게서 네 번째로 발견한 파랑새의 모습, 로컬화의 네 번째 힘은 '행동하는 힘'이다. 그런데 행동의 힘을 기술할 제목은 엉뚱하게도 '믿음의 힘'이다. 행동과 믿음은 무슨 관계일까.

행동의 무대인 미래는 불확실성이 그 본질적 성격이다. 불확실한 상황을 대면할 때 힘이 약한 우리는 본능적으로 기존의 자아를 보호하려는 관성에 이끌린다. 결정을 미루고 우유부단해하거나 남들이 통상 취하는 방식을 따라가며 안심한다. 이 경우 나의 삶은 불안에 종속되고 통념의 노예가 된다.

노예신세를 벗기 위해서는 우선 앞서 제시한 태도의 힘과 지혜의 힘이 크기 시작해야 한다. 힘든 상황을 받아들이면서 긍정하는 태도가 커지고, 나와 남들의 인간적 본성을 알아가는 지혜가 크면서 에고를 보호하려는 불안과 대면하는 힘도 같이 자란다. 이 힘들의 최종결과는 자기자신에 대한 믿음이다. 자신의 소망과 역량에 대한 믿음, 하늘이 나를 버리지 않으리라는 데 대한 절대 믿음, 어떤 어려움도 내가 감내할 수있다는 믿음이 단호하면서도 지혜로운 행동을 분출한다.

믿음의 힘이 강한 사람은 자기가 믿는 바가 미래에 실현되는 상황을 자주 목격한다. 예수는 "겨자씨 만한 믿음만 있어도 언덕더러 '저기로 옮기라' 하면 옮겨질 것"이라고 했다. 믿음의 미래 형성력을 강력하게 시사하는 말이다. 이 문장에서는 조건절이 중요하다. '작은 믿음만 있으면' 혹은 '믿되 추호도 의심하지 않으면' 기원하는 바가 미래에 형성되리라는 것이다. 우리가 태산더러 '저리 가라'고 못하는 이유는 내면에서 그게 옮겨가리라고 믿지 못하기 때문이다.

비전을 실현시킬 힘의 원천, 그것은 믿음이다. 믿음의 힘이 강한 사람은 행동하는 힘도 강하다. 그러나 용맹한 행동도 그 출발은 남이 손을 잡아주지 않아도 혼자 일어서는 아주 간단한 데서부터 큰다.

혼자 서는 힘

"이제 혼자 할 수 있겠구나."

임미연이 인도 창 9개월 경력으로 던진 말이다. 친구들과 떨어져 다른 지역에 가서 혼자 인턴십 회사를 찾아 성공한 후의 일이다. 타국에 가서 그것도 친구들과 떨어져 '혼자 할 수 있게' 되기까지 많은 일들이 있었다.

"서로 돕자"는 캠페인은 좋은 말이다. 그러나 상황은 캠페인처럼 좋지가 않다. 예컨대 한 학생이 자꾸 지각하는데, 그 이유를 물으면 "아침에 못 일어나서"라고 한다. 처음에는 일부 학생들이 그 집에 가서 자면서 아침에 깨워주는 헌신을 보이지만, 오래 지속하다 보면 자기 과제를 펑크낼 수밖에 없고, 스스로 못 일어나는 친구가 미워진다. 병이 나서 입원했을 경우도 마찬가지이다. "부모 삼 년 병환에 효자 없다"는데, 친구 병이야 오죽하랴. 그래서 다음과 같은 상태가 된다.

"서로가 서로를 돕는 데 지쳐버렸어요."(허진숙)

마음이 없어서가 아니다. 힘이 부쳐서 그렇다. 모든 사안의 현실적인 경과는 '어떻게 하고 싶다'는 바람에서가 아니라 그것을 실천할 힘의 수준에 따라 결정된다. 그 과정에서 그들이 처음 발견하는 것은 '나밖에 없는 상황'이다. 이새로아는 이를 "옆에 의지할 사람이 없다는 느낌"이라고 했고, 이철민은 "의논해서 결정할 사람이 없었다"고 말했다. 심장 쇼크로 보름 이상을 조리할 수밖에 없었던 박경아의 경험은 그 상황의 본질을 보여준다.

> "아팠을 때 보름 이상을 교육센터에 못 갔어요. 그러고 나니 15일 풀타임 분량의 진도를 따라갈 수 없었어요. 아마도 한국에서라면 친구가 노트를 빌려준다거나 가르쳐준다거나 하여 나를 대신해줄 사람이 있었을 거예요. 그러나 거기서는 제 스스로 15일 분량을 커버해야 했죠."(박경아)

한국에서라면 친구가 도와준다. 그것은 한국에 있는 친구가 마음이 더 좋아서가 아니다. 한국 대학이 널널하기 때문이다. 그러나 인도 창의 과제는 남까지 챙겨줄 여력을 허용하지 않는다.

혼자 서는 환희

가뜩이나 가냘픈 박미현은 살이 더 빠졌다. '혼자 모든 것을 해결해야 한다'는 강박관념에 짓눌렸기 때문이다. 여기서 그녀가 깨달은 법칙은 간단하지만 매우 엄중한 것이다.

> "도와줄 사람이 있더라도 스스로 해야 한다."(박미현)

주변에 친구가 없다면 마음먹기가 쉬울 것이다. 그러나 주변에 친구가 있는데도 내가 스스로 해야 한다고 마음먹기는 쉬운 일이 아니다. 그건 마치 어렸을 때 아프면 엄마가 와서 밤새 물수건을 이마에 올려주며 간호해주었던 기억이 있는 남자가 결혼하고 나서 아플 때 아무 도움도 안 주는 마누라를 만난 것과 똑같은 상황이다. "무슨 마누라가 이러냐"고 투정도 해보지만, 그 마누라는 어려서 아플 때도 부모로부터 "왜 약을 못 챙겨 먹느냐"고 혼났던 기억만 있다. 게다가 직장까지 나가기 때문에 남편이란 자가 아프다며 찡찡대면 "무슨 남자가 저러냐"며 화가 날 수밖에 없다. 하는 수 없다. 스스로 챙기는 수밖에. 한번 그렇게 마음먹으면 혼자 일어서겠다는 용기가 생긴다. 아플 때 밤새 도와주었던 어머니의 따뜻한 손길로부터 독립하는 첫 시도인 것이다.

> "같은 학과 출신들에게 의지하려고 했는데 문제가 많았어요. 자존심이 발동했죠. '여기까지 와서 무슨 남에게 의지냐?'라고 생각했어요. 여행을 다녀와서는 혼자 열심히 공부하게 되었어요."(조은영)

한국에서는 친구에게 도와달래도 자존심이 안 상한다. 그런데 서로 힘든 상황에서 '도와달라'고 하면 상대의 눈치를 살피게 된다. 상대의 반응이 안 좋으면 자존심이 상하게 되어 있다. '여기까지 와서 무슨 의지냐?' 하는 자존심이 스스로를 일으키는 동력이 되기도 한다.

> "인도에서는 힘든 일들이지만 서로 대신 해줄 수가 없었어요. 그러니 남에게 의존해서는 해결할 게 없었죠. 도움을 받았을 경우 '내가 약해졌다'고 생각하는 게 보통이었어요. MH나 KA는 몸이 아파 오빠들이 도와주었는데, 다들 힘들어지니까 스스로 몸을 챙기기 시작했어요. 두 선생에게 요가도 배우면서요. DS나 DH도 영어 실력에 열이 나니까 한 마디라도 더 해보려고 주변 대학들을 돌아다니며 인도 친구도 사귀고 과외선생도 구하곤 했죠. 그런 일들은 한국이라면 불가능했을 거예요. 안이할 수 없는 상황

이었죠. 그런 일들을 통해 각자 깨달음이 있었을 겁니다."(김교현)

정말로 깨달음이 있었다. '혼자 일어설 수밖에 없다'는 것이다. 어린 아이가 엄마 젖을 떼듯, 엄마의 도움 없이 처음으로 일어서서 한 걸음을 떼듯, 사회에 책임 있는 한 사람으로서 서기 위해 부모와 친구들로부터 젖을 떼어야 한다. 친구 따라 강남 갈 수가 없다. 내가 그것을 못해내면, 나 자신의 삶도 엉망이 되지만 공동체도 나 때문에 피해를 입는다. 공동체는 자신의 두 다리로 일어선 사람들간의 상호의존체계이지 의존하는 사람들끼리의 의지처가 아니다.

이런 깨달음은 인도에서의 일 년의 삶뿐 아니라 인생 전체의 본질을 매우 싸늘하게 드러낸다. 강남까지 따라가는 친구라도, 심지어 피를 나눈 부모라도 '내게 주어진 과제를 대신 해결해줄 수 없다'는 진리, 비록 외롭고 서럽지만 친구도 부모도 도와줄 수 없는 나만의 책임 몫이 있고, 그것은 스스로 감당해내야 한다는 진리이다. 옆에서 해줄 수 있는 것은 내가 혼자 일어서서 가도록 응원하고 지원하는 것이지 내 몫을 대신 해주는 게 아니라는 깨달음이다.

한번 혼자 일어서 보면 안다. 한 걸음을 걷고 나면 새 삶을 창조해냈다는 환희가 있다. 마치 어린아이가 뒤뚱거리다가 혼자 일어나 보고 손뼉을 치며 환호하는 것과 같다. 군대 경험이 없는 여학생들에게는 처음으로 겪는 홀로 서기이다. 혼자 릭샤를 타는 것도 큰 모험이다.

"여자는 혼자 다니면 위험하다는 두려움이 있었어요. 언제부턴가 혼자 릭샤도 타고, 혼자 인터넷 카페에도 가고, 혼자 여행도 했죠. 자신감이 생겼어요."(송주연)

혼자 다닐 수 있어야 내 일을 제대로 해낼 수 있다. 나의 요구사항은 내가 제일 잘 알기 때문이다. 혼자 해내면 배우는 것도 많아진다. 그렇게 두려울 것이 아니었다는 사실도 깨닫는다.

전윤주는 "부모로부터 떨어져 사는 자유를 맛보고 싶어서 인도 창을 선택했다"고 할 정도로 패기가 있었다. 그러나 결과는 "불안하고 속상했다." 특히 "밥 먹는 일, 수업 들어가고 빠지는 일도 스스로 결정해야 하는 상황"과의 대면이 어려웠다. "여자가 혼자 외국서 산다는 건 힘든 일"이라고 되뇌었다. 마침내 10개월이 되어서야 혼자 릭샤도 타보고 혼자 전화료, 전기료도 내봤다. 전화·전기료가 "1천 루피가 넘으면 은행에서 수표로 계산하기 때문에" 새로운 제도를 혼자 감당해야 했다. 그 후에야 "혼자 있어도 걱정이 안 되는" 자신감을 얻었다. 뿐만 아니라 신부수업까지 되었다.

> "이곳에 오기 전에 요리라고는 '인스턴트 음식 데워 먹기'뿐이었어요. 한국 음식이 먹고 싶고 배가 고프니까 요리를 배울 수밖에 없었어요. 다행히 실습여건(?)이 만들어져서 된장찌개, 고추장찌개, 감자국, 라볶이, 파데침, 볶음밥, 스파게티, 자장면, 카레 정도는 만들 수 있는 요리사가 되었어요. 새로 집을 구하고 이사하고 살림장만도 하고요. 한국에서는 나랑은 멀게만 느껴졌던 일들이 이곳에선 내가 해야만 하는 일이 되었죠. 처음 한 번이 힘들지 두 번째 세 번째는 일도 아니에요. 이젠 한국에 돌아가도 홀로 서기가 어렵지 않을 것 같아요. 자금만 충분하다면야."(김지혜)

처음 한 번이 어렵지 그 다음부터는 일도 아니다. 처음 한 번은 두려움이 장벽이었기 때문이다. 스스로 병을 통제한 경험은 홀로 서기의 가장 힘든 대목 중 하나이다.

> "아픔을 극복한 경험이 있었어요. 그 후에는 아파도 빠지지 않고 수업에 나가기 시작했어요."(박하나)

한국에서는 웬만큼 아파도 수업에 빠졌고, 빠져도 얼마든지 따라갈수 있었다. 그러나 결석의 결과가 어떻다는 것을 체험하면 아픔에 대한마음가짐도 새로워진다. 그 마음가짐 때문에 병도 통제하면서 과제를해낼 힘이 생겼다. 통제권 밖에 있던 것이 내 안에 들어와 통제될 수있게 되었다는 것은 새로운 삶을 창조해낸다는 의미를 갖는다. 반면 새끼곰이 장난처럼 새로운 시도를 하다가 다치기도 하는 것처럼 위험을맛보기도 한다.

"한국 친구들로부터 독립하여 인도 사람들 속으로 나가기로 했어요. 같이 하숙하는 인도 여자와 하루하루를 정리하며 즐거워하기도 했죠. 반면인도 남자들이 '놀러 나온 일본 여자'쯤으로 보는 걸 거절하기도 해야 했어요. '여자가 혼자 사는 건 위험한 요소도 있다'는 발견이었어요."(정해정)

여자들에게는 인도 남자만 위험한 게 아니다. 문화적 차원에서만 보면 인도 남자들은 덜 위험한 편이다. 한국 남자가 위험할 때가 더 많다. 스스로 좋은 사람과 싫은 사람을 구분하고, 싫을 때 "싫다"고 말할 수있는 힘은 혼자서 살아야 할 모든 현대 처녀들이 갖추어야 하는 것이다.
이런 과정을 통해서 부모가 나를 키워준 목표지점에 도달한다. 곰이나 늑대 엄마가 그렇게 애지중지 헌신하며 키운 새끼들을 안심하고 떠나보낼 시점이 다가온 것이다.

"캐나다에 3개월 있을 때는 집에 전화하면서 매일 울었어요. 부모의틀을 벗어나지 못했던 내가 싫었는데, 그동안 많이 컸다고 생각해요. 이젠 혼자 살아도 겁이 안 나요."(전유선)

큰 동물이 다가오면 움츠러들고 엄마 품으로 달려가던 늑대새끼가웬만한 위험 앞에서도 두려움에 떨지 않고 어떻게 대처할지를 아는 수준에 도달했다. 나만 그것을 아는 게 아니다. 부모도 그것을 알아주고 나를 어른으로 대한다.

> "고등학교 때는 부모님이 매일 학교를 데려다 주고 데리러 오셨어요. 그러다 보니 하고 싶은 일이 있어도 부모님이 우려해서 관두기도 했죠. 인도에서 살다 온 지금은 부모님이 저를 믿으세요."(장혜경)

스스로 결정해보고 그 효과를 경험한 사람은 결정하고 행동하는 힘이 생긴다. 그에게 생기는 카리스마는 남도 감응시킨다. 그 힘 때문에 집안 어른도, 회사 어른도 나를 믿고 신뢰하게 된다. 나는 그 신뢰를 응원으로 삼아 사회에 홀로 나간다. 그 궁극의 열매는 자신이 따는 것이다.

> "그 과정을 통해 '내가 이것도 할 수 있구나', '저것도 할 수 있구나'를 발견해갔어요. 나의 한계를 점점 극복해나가는 즐거움이 새록새록 솟았죠."(장혜경)

대단히 예민한 자기 지각력이다. 자기 능력을 보기 위해서는 무엇보다 혼자 서봐야 한다. 혼자 서기 위해서는 두려움을 직면해봐야 한다. 용감한 전사처럼 두려움과 싸워보면 안다. 내가 해낼 수 있다는 것을. 나아가 이런저런 능력이 내 안에서 파도처럼 출렁이고 있다는 것을. 그 대양에 몸을 싣는 환희의 파도가 밀려온다. 혼자 서는 힘은 자기 믿음의 환희를 낳는다.

독립선언

나라가 독립선언을 했다고 해서 진정한 독립국가가 되는 게 아니고, 회사를 다닌다고 해서 진짜로 자립한 게 아니고, 결혼을 했다고 해서 어른이 되는 게 아니다. 정부를 끌어들이고, 상사를 끌어들이고, 친정부모나 시부모를 끌어들이면서 그들에게 결정권을 넘기고, 갈등을 복잡하게 만드는 일들을 '무늬만 어른'인 우리들이 행하고 있다. 진정한 독립의 길은 멀다.

말이 없던 안수정은 바깥으로 불평을 토로하는 대신 안으로 삭혔다. 인도에 대한 실망 때문에 처음엔 몸살로 많이 아팠다. 그 과정에서 발견한 것은 '세상의 중심인 나'였다.

> " '나 자신'밖에 의지할 곳이 없었어요. '내가 여기에 뭘 하러 왔나?'를
> 물으며 자신을 추슬렀죠. 인도 가서 깨달은 것은 '자기 비전'과 '내가 가
> 야 할 길' 같은 것들이었어요. 결론은 '나다'였습니다."(안수정)

왜 '결국은 나'인가. 인도에 가면 모든 게 달라지리라고 '내'가 기대했다. 외부 상황이 바뀌면 나도 자연스레 바뀔 것이라는 '나'의 기대는 지금 겪는 실망의 원천이다. 그것은 공짜심리였다. '결론은 나'는 상황 의존 근성으로부터의 해방 선언이다. 공짜로 살지 않겠다는 진정한 독립선언인 것이다.

'혼자 서야 한다'는 진리가 갖는 싸늘함에서 도피하기 위해 많은 사람들이 남에게 기대고 상황에 기대를 건다. 기대다가 실망하고는 '배신당했다'고 생각한다. 의존과 불만의 악순환이다. 혼자 걸어갈 다리의 힘이 약한 사람들이 취하는 삶의 방식이다. 진정한 독립은 그런 내 안의 불평불만과 두려움으로부터 과감하게 결별하는 것이다. 우선 불평불만으로부터의 독립선언을 해야 한다.

> "어느새 물을 돈을 내고 사 먹게 되었다. 물뿐이 아니다. 지식이라는
> 것도 마치 포장된 각설탕처럼 가상의 포장에 하나씩 싸여 판매되고 있다.
> '30일이면 뚫리는 영어', '일주일만 하면 ○○○처럼 할 수 있다'처럼. 이

는 말을 물가로 데려가는 것이 아니라 물통의 물을 숟가락으로 떠먹이는 격이다. 이것으로 말의 갈증을 풀 수 없다는 건 자명하다. 떠먹이는 현실에 익숙한 현대의 말은 마치 마법에 걸린 양 단기간 내에 뭔가를 해내는 왕도가 있는 것으로 기대한다. 그러한 왕도를 제공하지 못하면 마부로서 인정을 하지 않으려는 습성마저 생겼다. 마부는 목마른 말을 냇가로 이끌고 가면 그 역할이 끝난다. 물을 마시든 안 마시든, 충분히 마시든 덜 마시든 이 모든 것은 말이 알아서 할 일이다. 그 후에는 목이 말라도 마부에게 하소연할 수가 없다. 인도 창 프로그램을 통해 학교는 우리에게 영어 공부와 컴퓨터 공부, 개개인의 소망에 대한 동기를 부여해주었다. 그런데 말이 냇가로 떠나면서 많은 상상을 한 것처럼, 우리도 그랬다. 그 상상이나 기대의 폭이 개인에 따라 다르겠지만, 강을 기대했던 말에게 냇가는 실망스러울 수도 있다. 진흙탕 물을 기대했던 말에게는 냇가라면 다행이겠지만. 말이 실망을 했다고 해서 물 마시기에 게을리한다면, 혹은 더 나은 곳을 바라고 마시기를 주저한다면, 분명 갈증은 생기기 마련이고 마부는 시간이 지나면 말을 끌고 다시 일터로 향할 것이다. 이것을 마부의 탓으로 돌릴 수 있을까? 갈증은 마부에게 있는 것이 아니라 말에게 있다. 내 인도 창 생활을 돌아본다. 많은 불평도 있었다. 강이 아니라서, 냇가에 예쁜 암말이 없어서, 조경이 아름답지 않아서, 아니면 물맛을 가지고 …… 나는 아직도 조금 더 마실 거란 생각이 든다. 그대들은 어떠한가? 만약 갈증을 느낀다면 마부나 냇가를 탓하는 어리석은 말이 되지 않기를 바란다."(박희원)

일 년 동안 많은 불평을 해온 자신과 친구들을 말에 비유한 얘기이다. 말은 기대의 노예다. 멋진 강물이 아니라면서 학교와 교수들에게 불평을 할 때만 해도 몰랐다. 내가 어느 정도 목이 마른지를. 목마름의 고통을 참으며 또 다른 강물을 선전하는 마부를 따라갈 것이다. 또 기대하고 또 실망하는 사이에 몸은 야위어갈 것이다. 독립은 외부환경에 대한 내 속의 기대-실망의 악순환으로부터의 해방이다. 독립은 또한 두려움으로부터의 해방이다.

"새로운 취미가 생겼다. 말 타기이다. 걸음마 단계를 지나면 말 안장에서 손을 떼야 앞으로 나가는데, 내 말은 항상 뒤로 간다. 말에서 떨어질까 무서워 손을 못 뗀다. 그러니 다음 단계로 나아갈 수가 없다. 두려움을 떨쳐내고 싶다. 두려움을 떨치려면 말을 믿어야 한다. 그러나 그게 쉬운 일이 아니다. 이 일을 통해 깨달았다. 내가 사회에 대해서도 공포에 떨고 있다는 것을. '내가 이 정도밖에 안 되는구나' 하고 깨달았다. 지금이 안장에서 손을 떼야 할 때이다."(유아사)

안장에서 손을 떼지 않으면 말은 뒷걸음만 친다. 앞으로 나아갈 수 없다. 떨어질까 두려워하는 자는 앞으로 나아갈 수 없다. 다른 방법이 없다. 지금 손을 떼야 한다. 다음은 인턴십이 끝나고 현지 기업에서 일을 하게 된 박준택의 얘기이다.

"회사를 경험하고 있다. 아니 사회를 경험하고 있다. 지금까지는 어느정도 하면 월급 대신 학점이 나를 기쁘게 했지만, 이제는 생존이 걸린 학점을 얻기 위해 투쟁해야 한다. 더 이상 지도교수도 학생도 없다. 내가 지도교수이고 내가 학생이다. 끊임없는 탐구정신으로 이곳을 헤쳐나가야 한다. 계속 그 자리에 안주해 있으면 어느새 나의 자리가 없어질지도 모른다. 그러기에 '열심'이 이곳의 진리이다. 중요한 건 적어도 나의 인생이 이 세상의 어느 사람의 것과도 같지 않다는 것이다. 지금의 내 입장을 수천만 명이 스쳐 지나갔을 테고, 그 결과로 시중에 많은 매뉴얼이 있지만 나에게 맞는 매뉴얼은 내가 창조해야 한다. 지금 너무나 두렵고 떨리고 설레지만…… 난 가야 한다."(박준택)

"떨리고 설레지만 가야 한다. 시중의 매뉴얼에 기대지 않고, 나의 매뉴얼을 창조해야 한다." 자신의 삶을 창조하려는 사람들의 선언이다. 필자는 학생들이 함께 사는 삶에 환멸을 느낄 무렵이면 <수타 니파타>의 다음 구절을 보내곤 했다.

> 만일 그대가 현명하고 올바른 벗들을 만난다면
> 이 모든 위험에서 벗어날 수 있으리니
> 편안하고 넉넉한 마음으로
> 그들과 무리 지어 함께 가라.

> 그러나 만일 그대가 현명하고 올바른 벗들을 만나지 못한다면
> 마치 왕이 정복했던 나라를 버리고 돌아가듯
> 저 광야를 가고 있는
> 물소의 외뿔처럼 혼자서 가라.

> 사람들은 자기 이익을 위해 남을 사귀며 남을 돕는다.
> 이익관계를 떠나서 친구를 얻기란 참으로 어렵다.
> 인간이란 원래 자기 이익만을 생각하며
> 그렇게 순수하지도 않다는 것을 알고
> 저 광야를 가고 있는
> 물소의 외뿔처럼 혼자서 가라.

남을 돕기 위해서라도 혼자 가야 한다. 진정으로 남을 돕고 싶다면, 혼자 가는 힘을 키워야 한다. 먼저 자신을 돕지 않고는 남을 도울 힘을 키울 수 없기 때문이다.

자기 믿음의 힘

"인도 창 갔다 온 애들이 그렇지 않은 애들보다 자신감이 더 있어요. 안 갔다 온 애들에 비해서 회사에 자신 있게 지원하는 경향을 보여요. 취직건이 있어서 추천하면 인도 창 후배들은 '고마워요' 하는데, 다른 학교 후배들은 '제가 할 수 있을까요?'라고 묻는 게 보통이에요."(김석정)

자기 믿음의 힘이 약하면 아무 회사나 지원하지도 못한다. 그들은 나의 실력을 테스트할 것이고, 나의 인간성을 테스트할 것이고, 나의 출신학교도 볼 것이다. 그런 테스트 앞에 온몸을 드러내고 서 있을 것을 생각하면, 차라리 회피하는 게 낫다고 생각한다. 수치심에 빠질 상황을 피하고 보자는 것이다.

많은 인도 창 출신들이 '나를 믿는 힘'이 생긴 것을 가장 큰 성과로 꼽는 것은 삶의 질적 변화를 암시하는 대목이다. 우리 성공회대학교 학생들은 일반적으로 자신감을 가질 경험들이 약했다. 다른 학생들처럼 일류대학에 입학하는 성취감을 맛보지도 못했고, 그렇다고 고등학교 때까지 선생님 눈에 크게 들어올 만한 특장도 별로 없었다. 특별한 경험이 없는 한 대부분은 자신감 부족에 시달렸다.

홀로 서기는 불안에 떨던 어린아이에게 스스로를 믿을 힘을 선물로 주었다. 자기 믿음은 혼자 일어선 꼬마가 다시 주저앉지 않고 뒤뚱거리더라도 앞으로 걸어가는 행동을 낳는 결정적인 힘이다. 그런 적극적인 행동도 스스로를 신뢰하는 단순한 믿음에서부터 시작한다는 것은 역설이다.

자신감의 모습

내가 나를 믿는 에너지가 밖으로 흘러나오면 부모가 믿고 선생이 믿는다. 나를 몰랐던 사회 사람들도 내가 나를 믿는 힘을 보고 나를 뽑아주고 나를 따라준다.

자기 믿음의 힘이 커진 사람들의 공통적인 특성 중 하나는 공적인 자리에서 '말을 잘한다'는 것이다. 안수정처럼 조용했던 여학생조차도 그런 변화를 느낀다. 그녀는 "예전에는 처음 만나는 사람에게 말을 거의 안 했는데 요새는 많이 늘었다"고 한다. 그녀는 같은 직장에서 일하게 된 인도 창 동기 배명준에 대해서도 동일한 현상을 지적한다.

> "명준 오빠는 예전보다 말을 많이 하고, 또 그 말에 힘이 많이 실려요. 입사한 지 15일 만에 프레젠테이션을 했는데, 사람들이 '능숙하다'고 하더라고요."(안수정)

옆에 있던 배명준은 한술 더 떠 "사람이 많을수록 흥분되고, 농담도 하면서 여유를 부리게 된다"고 자랑했다. 말을 먼저 건넨다든가, 말에 힘이 붙는다든가 하는 현상은 단순히 '말솜씨'의 문제가 아니다. 글쓰기 능력과는 달리 말하기 능력은 논리성보다는 자신감과 더 밀접히 연관되어 있다. 자신의 존재를 위협할 가능성이 있는 사람들 앞에서 자신의 뜻을 피력해야 하는 상황을 대면해야 하기 때문이다. 나를 남편이나 아내 후보로 평가하는 사람 앞에서, 일면식도 없던 고객이 나를 평가하는 자리에서, 혹은 항상 나를 감시하는 윗사람 앞에서 자신이 알고 있는 바, 느끼는 바를 당당하게 얘기하기란 쉽지 않기 때문이다.

공적인 자리에서 말하는 데 힘이 실린다는 것은 '내 존재에 대한 위협'의 두려움을 상당부분 극복했다는 것이다. 기업에서 사원 채용시 인터뷰를 중시하는 이유도 '나를 뽑을지 말지를 결정할 사람' 앞에 앉히는 위협적인 상황을 연출하면 몸에 밴 자기 믿음의 힘을 볼 수 있기 때문이다. 자신감은 오버 액션으로 꾸미기 힘들기 때문에 그간 몸이 겪어낸 경험이 드러나게 되어 있다.

장혜경은 인터뷰시 인도 창 경험이 주된 화제가 되는 데 대해 자신감이 솟았다고 한다. 면접관이 신기하게 바라보면서 "왜 인도에 갔느냐?"고 물어봐주면, 그동안 온몸으로 겪은 경험을 자연스럽게 얘기한다. 그러면 면접관은 "어, 컴퓨터도 할 줄 아냐?"고 놀래주니 자신감이 더 붙는다. "학생 때보다 말에 힘이 붙었다"는 그녀는 "겁이 없어졌고, 두려움의 껍질을 어느 정도 벗었다"며, 말에 힘이 붙는 것을 두려움의 극복과 연계시킨다. 어려서 매우 소심했다는 그녀는 "너는 네가 맞다고 생각하면 끝까지 밀고 나간다"라는 정반대의 평가를 듣는 지경이 되었다.

'예전에는 남과 거리를 두고 혼자서만 큰소리치며 살았던' 남자 김은석도 사회에서 달라진 자신을 다음과 같이 기술한다.

"회사면접은 떨리는 상황이에요. 마음에 드는 회사면 더 떨리죠. 그런데 자연스럽게 말이 나왔어요. 인도를 안 갔다면 그런 여유를 갖기 힘들었을 거예요. '인도에선 영어로 인터뷰도 해봤는데 ……' 하는 배짱이 생긴 거죠. 예전에는 새로운 일을 하거나 새로운 사람을 만날 때면 두려웠어요. 하지만 지금 회사에서 일을 할 때 '잘못하면 어떡하나' 같은 걸림은 없어졌어요. 회사 사람들은 저를 '재미있고 활발하고 다른 사람과도 잘 지내는' 사람으로 봐요. 예전의 저와는 딴판이죠."(김은석)

인도 회사에서 일하면서 한국과 거래하는 역할을 맡은 박성민은 한국 파트너와 상담하는 과정에서 배어나오는 자신감에 대해 진술한다.

"한국에서 한 부장님을 만났는데 저도 모르게 의자에 등을 기대고 앉아서 '그건 이렇네요' 식으로 똑 부러지게 말했죠. 결과적으로 프로젝트를 따왔어요. 아마도 '건방지다'기보다는 '자신 있다'는 쪽으로 생각했을 거라고 봐요. 외국에서 일하는 데는 그게 중요해요. 외국인과 어려움 없이 얘기해야 하고, 매니저 앞에서 떨지 않아야 하죠."(박성민)

심지어 이성을 만날 때도 말에 힘이 붙는다.

"예전에는 여자들 앞에서 낯을 많이 가렸어요. 얼굴도 못 쳐다보고, 말도 먼저 하지 못하고. 자신감이 없었다고 해야겠죠. 그런데 인도에 갔다와서는 제가 먼저 여자들에게 말을 걸고 있는 걸 발견했어요. 한국에서선도 봤는데 달라진 저를 봤어요. 낯선 여자들과 얘기해도 십중팔구는 제페이스로 얘기가 흘러가요. 저의 생활, 가족에 대한 철학, 인생철학 등을자연스레 얘기하는 데 많은 사람들이 감동하더라고요. 가끔 '대단하시네요'라는 찬사도 곁들이면서요. 아마 외국에서 살면서 달라졌기 때문일 거예요. 그동안 깊이 있는 생각을 많이 하게 되었고, 그것이 몸에 밴 때문이아닐까 해요."(박성민)

자화자찬의 정도가 조금 심하긴 해도 수탉의 볏이 작고 시들시들할때와 크고 우뚝 솟을 때의 차이가 발생했다는 점은 주목할 만한 것이다. 그것은 특별히 이성에 대해서 과시하는 태도가 생겼기 때문이 아니라 삶의 일반적 행태가 달라졌기 때문이다. '깊이 있는 생각을 많이 하면서 그 생각이 몸에 뱄을 때' 자연스럽게 나타나는 현상이다.

자기 믿음의 힘이 커진 것이 잘 드러나는 대목은 학벌 콤플렉스의극복이다. 취업 전에는 학벌사회를 비난하며 취직이 잘 안 되는 이유를학교에 돌렸던 배명준은 취직 후 태도가 180도 바뀌었다. 그에게 삼류의식에 관해 물어보니 언제 그랬냐는 듯이 대답이 싱거웠다.

"선생님께서 물어보시니까 학벌 콤플렉스가 있었다는 게 기억이 나네요. 취직 후에는 학벌 문제는 잊고 살았어요. 학교 다닐 때는 학벌 때문에두려움이 컸죠. 지금은 학벌에 따른 꿀림을 안 느낍니다. 동료들은 서울대부터 지방대 출신까지 다 있어요."(배명준)

학벌 콤플렉스 극복의 계기들은 다양하다.

"예전엔 일류대 간 친구와 비교하면 내가 백 배 더 노력해야 할 것 같
은 중압감이 있었죠. 인도에 갔다 오고 나서는 지금은 '같이 시작하는 건
데 내가 왜 못해?' 하는 생각이에요."(정지예)

"한국 최고 수준으로 치는 경영대학원 나온 사람이나 호주에서 대학
나온 사람들과 같이 일해요. 인도 창이 학벌파괴에 도움이 되었어요."(이동원)

"취업하고 나니 학벌에 따른 자격지심을 못 느껴요. '서울대 출신이 저
것도 모르네'라고 생각될 때도 있으니까요. 졸업하면서 다시 시작하는 느
낌이에요."(안수정)

정지예는 인도 창이라는 경험에서 생긴 자기 믿음의 힘이 일류대 출
신과 자신을 동격으로 만들어주는 심리적 변화를 겪었고, 이동원의 경
우에는 일류대 출신들과 같이 일하는 직장에 취직하면서, 안수정은 각
종 대학 출신들이 모두 있는 직장에서 학벌과는 다른 사회의 평가기준
들을 접하면서 학벌 콤플렉스를 극복했다.

"예전엔 '성공회대 다닌다'고 할 때 '그런 학교도 있어요?'라고 하면
자신감을 잃었어요. 인도 창 이후에는 '넓은 시야를 가진 사람'이라는 평
가를 받고 있죠. 그 때문에 학벌장벽을 커버할 수 있었어요."(장혜경)

장혜경의 경우 새로운 적극적인 자아상이 학벌 자아상을 대체하는
과정을 뚜렷이 보여준다. 예전에는 '있기나 한 듯 만 듯한' 학교와 자신
을 동일시하면서 자신감을 잃었는데, 인도 창과 자신을 동일시하는 남
들의 평가를 거치면서 '넓은 시야를 가진 사람'이라는 적극적인 자아상

을 갖게 되었다. 새롭게 형성된 자아상은 자격지심에 시달렸던 과거를 청산하면서, '같이 시작하고' '다시 시작하는' 새 출발의 상쾌한 의욕을 낳았다.

학벌의식도 출신학교의 서열 문제라기보다는 자아를 무엇과 동일시하는가 하는 심리적 문제이다. 내세울 것이 별로 없는 일류대 출신들은 자신을 가장 높여줄 출신학교와 자신을 동일시한다. 그러나 힘이 있는 사람들은 직업, 학교, 가정 등 외적 변수에 자신을 동일시하지 않는다. 그는 자신의 공력 수준과 자신을 동일시할 뿐이다.

사회에서는 학벌 차이보다 자기 믿음의 힘의 차이가 더 결정적이다. 그 힘 때문에 남들의 믿음을 끌어들여 더 나아갈 수 있고, 더 밝아질 수 있고, 더 평화로울 수 있다. 자기 믿음은 사회적 신뢰를 가져오는 원초적 자력이다.

성공 이야기

자기를 믿는 문제는 생각만 고치면 되는 간단한 사안이 아니다. 내가 남을 믿을 때도 믿을 만한 일을 겪어봐야 마음속 깊이 그를 믿을 수 있듯이, 자기 자신에 대해서도 믿을 만한 일을 해내는 것을 보아야 제대로 믿을 수 있다. 뭔가 어려운 일을 해낸 나, 한계를 넘는 데 성공한 나만이 마음 깊이 믿을 수 있는 존재가 된다. 자기를 믿으려면 온몸으로 겪으면서 성공담을 창출해야 한다. 인도 창 출신들에게 자신감이 생긴 것은 다음과 같은 이유 때문이다.

"낯선 사람들과 관계를 맺어보았고, 스스로 알아서 시장도 보고, 교통도 찾아 이용하고 …… 겁나 못하던 것을 해내니 뿌듯한 자신감이 생긴 거죠. 한국에 돌아와 웬만한 일이 닥쳐도 '인도에서 다 했던 것들인데 못할 게 뭐냐'는 배짱이 생긴 겁니다."(김석정)

핵심은 '겁이 나서 못하던 것들'을 해냈다는 것이고, 그 성공의 결과 자신감이 생겼다는 것이다. 이들이 겁나던 일들을 해낸 것은 '스스로 해결할 수밖에 없었기 때문'이지 갑자기 용맹한 사람이 되어서가 아니다. 두려움의 대상에 몸을 부딪쳐서 성공해본 경험이 자기 믿음을 낳았다. 그의 설명에서 핵심은 첫째로, 두려움의 대상과 직접 몸으로 대면했다는 것, 둘째로 그 문제를 해결해내는 데 성공했다는 것이다. 인도창 출신들에게 이 두 가지가 결합한 '작은 성공담'은 숱하게 많다. 다음은 소심해서 사람도 잘 못 사귀고 영어도 못하여 친구들에게 의존했던 신재용의 성공담이다.

"인턴십을 하면서 한국 친구의 도움을 안 받고 인도인과 직접 부딪혀 야겠다고 작정했어요. 다행히 회사 사람들이 매우 친절했어요. 좀 있으면 결혼하는 인도 여직원이 한 주 동안 영어를 가르쳐주었죠. 자신감이 생겨 적극적으로 되었어요."(신재용)

직접 부딪혀보지 않으면 회사 사람들이 친절한지도 모른다. 게다가 예상 밖으로 영어를 가르쳐줄 동료가 있다는 것은 더욱 모른다. 그러니 자신감도 생길 수 없다. 몸으로 부딪혀보는 행위가 없으면 성공도 실패도 없고, 두려움은 지속된다.

"항상 똑같이 반복되는 이곳 생활에서 아침에 눈을 비비고 일어났을 때의 그 느낌 …… 상쾌함이라기보다는 '휴~ 오늘 아침에도 여전히 해가 떴구나' 하는 답답함으로 아침을 맞이하곤 했어요. 룸메이트 중에 시계같이 움직이는 친구가 있어요. 열두 시 땡 하면 하품을 하며 침대를 찾아 들어가고, 아침 여섯 시면 기지개를 펴고 상쾌한 마음으로 눈을 비비고 일어나는. 처음엔 답답하다고 생각했습니다. '왜 그렇게 틀에 짜인 채 생활할까' 하고. 그러나 그 친구의 부지런함과 나의 게으름을 바라보면서

고개를 숙이고 말았어요. '나도 저 친구처럼 부지런한 생활을 하고 싶다'
는 생각이 가슴에 찾아왔어요. '아침을 웃으면서 맞이하고 싶다. 나를 위
해서 저 밝은 태양이 떠준다면 얼마나 좋을까' 하고. 항상 바삐 돌아가며
나를 질질 끌고 다녔던 저 시곗바늘이 나를 위해서 째깍째깍하고 돌아간
다면…… 몇 달 동안의 노력(?) 끝에 지금은 그 친구와 같이 아침 여섯
시 삼십 분이면 레몬주스를 한잔 마시고 아침운동을 해요. 늦게 자고 늦
게 일어나는 버릇을 20년 넘게 지녔던 나로서는 이런 발전이 너무나 행
복해요."(박경아)

20년 묵은 버릇이었다. '자유롭게 산다'는 자부심까지 주었던 게으름
이었다. 그 늦게 일어나기의 고리를 부순 게 위대한 자기 성취감을 준
다. 당연히 자기 역량에 대한 재평가가 이루어진다. 일찍 일어나면 할
수 있는 게 더 많아지니 말에 힘도 붙고, 눈빛도 반짝이고, 너무나 행복
해진다.

"한국에서 엉망이었던 생활습관을 극복하기 위해 수면제까지 먹어가
며 고생했어요. 이제는 그렇게 힘들었던 수면조절에 성공했습니다. 처음
에는 아침에 일찍 일어나는 것만을 목표로 삼았죠. 시작은 좋았지만 며칠
뒤부터 다시 늦게 일어나는 나…… 마침 저의 교통수단인 자전거가 고장
난 덕분에 걸어다니기로 결정했어요. 이 방법은 효과가 있었죠. 아침마다
더 부지런해진 저를 보게 되었습니다. 걸어서 통학한 지 한 달이 넘었어
요. 지금까지 내 정신과 내 자신에 대한 평가는 '성공'이에요. 한국에 있
을 때는 약한 의지와 안일한 마음으로 가득 찬 자신이 싫어 항상 무언가
변화를 시도했지만 성공한 적은 없었어요. 지금은 나에게 믿음이 생겼어
요. 무언가를 마음먹으면 해낼 수 있다는 것. 불가능한 것을 해야 한다고
해도 '할 수 있다'고 나를 일으켜내고, 노력하고, 자랑스럽게 실패할 거예
요. 나를 믿는 지금, 생각도 긍정적인 쪽으로 많이 바뀌었어요."(전춘권)

전춘권은 '의지'라는 힘을 의식적으로 테스트하면서 키워나갔다는 점에 탁월한 면이 있다. 성과에 대한 객관적 지표도 없다. 누가 뭐라고 하지도 않는다. 그러나 나를 실험대상으로 하면서 스스로 도전하고 스스로 만족할 수준에 도달하는 외로운 투쟁에 성공했다. 모든 외적인 성공의 열쇠는 자기극복의 내적 성공에 있다. 뭔가 성공했다고 알려진 사람들도 나름의 고독한 투쟁을 경험한 사람들이다. 내부 모험가의 자랑스러운 성공담이라 할 것이다.

전춘권은 일반사람들이 중단하는 데서 한 걸음 더 나아갔다. '외적 성공을 위한 내적 성공'이라는 외부지향주의가 아니라 내면의 성공을 지상목표로 삼는 경지이다. 그리하여 피할 수 없다면 '자랑스럽게 실패하겠다'는 엄청난 배포를 갖게 되었다. 외적 성공이 불가능한 일에도 노력하고 자신을 일으켜 세우는 가장 중요한 과제에 성공할 것이므로. 그것을 통해 외적으로는 실패하더라도 자랑스러워할 수 있으므로.

성공의 목표가 외면에서 내면으로 바뀌면 자기 믿음의 힘이 극도로 높은 수준에 도달한다. 전춘권이 마지막에 기술했듯이 실패도 자랑스럽게 해낼 수 있는 긍정의 힘을 얻는다. 자신의 약점과 실수에도 불구하고 자신을 믿을 수 있다.

> "인도 창을 통해 얻은 것 중에 남이 원하는 사람이 아니라 나 스스로 원하는 사람이 되려고 노력하게 되었다는 것을 들 수 있어요. 그리고 제 자신을 사랑하게 되었어요."(오은영)

남의 평가에 관계없이 자신이 원하는 사람이 되고자 하는 것, 그것은 삶의 만족도를 지속적으로 높일 수 있는 길이다. 남의 평가에 나를 종속시키면 매사에 남들의 눈에 종속되어 일희일비할 수밖에 없다. 자기 자신이 원하는 바를 기준으로 삼고 그 방향으로 나아가는 나, 그런 나에 대한 믿음이 '자신을 사랑해주는' 결과를 낳는다. 남의 평가에 의존하면서 자기학대에 시달렸던 과거에서 벗어나는 기쁨이다. 더 나아가면 나의 약점까지도 사랑하게 된다.

"저는 '수줍음을 많이 타는 성격'이에요. 이제는 '이것도 나쁘지 않다'는 자신감이 생겼어요."(최윤영)

수줍음을 타는 내가 싫었던 이유는 남들과 함께 있을 때 말도 못하는 내가 실망스러웠기 때문이다. 그것은 '수줍음을 타는 건 약점'이라는 남들의 평가를 받아들였기 때문이다. 그래서 수줍음을 안 타려고 오버 액션도 취해봤지만 결과는 씁쓸할 따름이었다. 그러나 자기 믿음의 힘이 커져 그런 약점도 '나쁘지 않다'고 받아들이면 남들 앞에서 말이 없거나 수동적이어도 불안해지지 않는다. 남들 앞에서 수줍어하는 자신에 대해서도 믿어주는 힘이 생긴 것이다. 남들이 그런 '자신감 있는 수줍음'을 낮게 평가할 리 만무하다. 그리하여 다음과 같이 말할 수 있다.

"성격? 고치려고 하지만 안 되는 것이죠."(박준택)

대단히 도발적인 표현이다. 그러나 자기 믿음과 자기 긍정의 높은 수준에 선 표현이다. 확대 해석하면 자기 운명에 대한 총체적인 긍정이다. 성격이란 태어나기 전부터 DNA로, 별자리로, 부모의 성격으로, 한국의 어느 지역에서 어느 집안의 몇 째 아들로 태어났다는 것으로 상당부분 결정된다. 비록 그 성향의 약점이 있을지라도 고치기는 불가능하다. 고치거나 없애려고 하면 오히려 스프링이 눌리듯 자격지심도 커진다. 그러니 성격을 고치겠다는 항간의 통념은 불가능한 게임이거나 부정적인 결과를 낳는 게임이다.

성격이란 달리 보면 나만의 개성이다. 그것을 절대 긍정하면 자기 믿음의 한 차원 높은 단계에 도달한다. 어려서부터 주어진 삶의 조건과 삶의 흐름에 대한 절대적 긍정이 솟는다. 그 믿음의 힘 때문에 나의 강점이 강화되면서 약점은 슬슬 꼬리를 내린다. 그만큼 나를 믿는 힘은 커지고, 삶은 더 창조적인 방향으로 선회하게 된다.

자기 자신을 믿는 힘은 삶의 역전을 위한 초석이 된다. 그 과정에서 비록 작지만 온몸에 두려움의 전율을 느끼며 경험한 성공담들이 있다. 단지 불평불만과 두려움이 막고 있었던 것이다. 대부분의 성공은 내 안의 두려움과 불안, 나태라는 가장 큰 적을 섬멸한 대가로 주어지는 것이다. 이렇게 말해도 큰 무리가 없을 것이다. 성공한 사람들은 자기극복의 성공담들을 통해 자기 믿음의 힘을 키운 사람들이라고.

나서는 힘

내면의 힘은 커질수록 바깥으로 드러나게 되어 있다. 태도의 힘, 지혜의 힘, 믿음의 힘 등이 어느 정도 커지면 바깥으로 쏟아진다. 그것이 몸으로 나서는 힘, 적극성의 힘이다. 나서는 힘이란 나 자신에게나 공동체에게 닥친 과제에 대해 주저하거나 물러서지 않고 대처하는 행위의 힘이다. 경영학적 개념으로는 포괄적 의미의 '문제해결 능력'에 해당한다.

내 앞에 다가온 과제는 대체로 피곤하다. 그게 '문제'로 인식될 때는 짜증날 뿐 아니라 불안하고 두렵다. 과제와 문제에 부딪힐 때면 투덜거리고 대응을 회피하거나 도망가기도 하는 게 보통 사람들의 반응이다. 한마디로 문제라는 것은 그 본질상 '골치 아픈 것'이다. 골치 아픈 과제와 문제에 적극 대처하려고 나서는 행위는 보통사람 수준 이상의 내면의 힘을 요구한다.

나서는 힘은 크게 두 가지 측면에서 볼 수 있다. 하나는 '적극성'이라 부르는 능동적인 과제대응 태세인데, 자기에게 닥친 문제 혹은 공동체의 과제를 뚜렷이 알고, 문제해결과 과제대응에 나서는 힘이다. 문제가 닥쳤을 때 '내가 할게' 하며 몸을 과제 속으로 던지는 태세이다. 다른 한 측면은 지도력 혹은 리더십인데, 적극성의 연장선상에 있다. 적극성 이란 자기 삶의 리더가 되는 힘이라 할 수 있다. 자기의 리더가 되는 힘이 공동체 속에서 발휘될 때 지도자의 자질로 전환되는 것이다.

나서기

인도 창을 통해 가장 많이 배운 것을 '생활력'이라고 꼽는 장혜경은 자기 안에 잠재한 생활문제 해결능력을 발견했다. 그녀는 그렇게 가격 을 높여 부른다는 인도 상인들과 부딪혀도 "시장 가서는 인도 사람보 다 더 깎고 살았고, 더 싼 것을 찾아서 시장 곳곳을 찾아다녀 보기도 했다." 하이라이트는 기존에 살던 집에서 나와 새집을 구할 때이다. 집 주인은 정한 기간 안에 나가라고 하고, 다른 집은 안 보이는 갑갑한 상황이었다. 장혜경은 아무의 도움도 없이 스스로 전화번호집이 실린 "옐로 페이퍼를 구해 전화해서 부동산 중개인을 만나 새집도 구해봤 다"며 스스로를 대견스러워했다.

어려운 과제를 처리해가는 과정에서 "심리 사이클이 점점 상승하였 다"는 장혜경의 지적은 주목할 만하다. 문제를 해결할 때마다 새로운 자기 능력 발견의 기쁨이 밀려왔기 때문이다. 자기 믿음의 힘이 커지니 과거에는 '문제' 범주에 속했던 일들이 더 이상 나를 괴롭히지도 않을 뿐 아니라, 새로운 문제에 닥쳐도 물러서지 않고 적극적으로 해결할 의 지가 생겼다. 나서는 힘이 생긴 것이다.

인턴십을 하면서 학생들이 배우는 것 중 하나는 '내가 나서지 않으면 일도 안 주고 관심도 안 갖는다'는 것이다. 인도 회사만 그런 게 아니라 한국 회사도 똑같다.

" '회사 안에선 적극적이어야 한다'는 발견이었어요. 인도 여자들은 회

사 안에서 대단히 적극적이에요."(이윤희)

"인턴 생활은 자기 하기 나름이에요. 열심히 하면 일이 많이 오게 되어 있어요."(이철민)

"찾아서 일을 해나가니까 재미가 있었어요. 제 일을 끝내고는 이쪽저쪽 돌아다니면서 뭘 하는지 알아보기도 하고, 서로 도울 친구도 만들고요."(박준택)

처음에는 '일을 안 준다'느니 '외국인이라고 여자라고 무시한다'느니 하는 불평들을 해댔다. 그러나 신뢰가 가는 사람에게 일을 맡기는 건 일하는 조직의 생리이다. 적극성도 없는 사람에게 신뢰가 생길 리 만무하다. 학교와는 달리 나서지 않으면 일도 안 주고 말도 안 거니 자연스레 왕따가 된다. 반면 내가 적극 나서면 나를 믿고 일을 맡기게 되어 있다. 나서는 힘은 남들의 신뢰를 불러오고, 그 신뢰에 맞는 과제를 불러들인다. 그러다 보면 박준택처럼 재미도 느낄 뿐 아니라 회사에서 "같이 일하자"고 제안하게 되어 있다. 허진숙은 그런 문제해결과정을 거치면서 '내가 할게'의 철학자가 되었다.

"대범해졌어요. 예전에는 집에서 자장면을 시켜 먹을 때도 내가 시키길 싫어했고, 배달이 와도 안 받고 했어요. 인도 갔다 온 다음에는 집에서 자장면 시키거나 받는 걸 제가 해요. 과거에는 혼자 하는 걸 무서워했죠. 집에서 뭔가 고장이 나면 '이거 고장 났어' 말하곤 끝났죠. 지금은 제가 전화해서 당당하게 고쳐달라고 해요. 그러니까 동생이 놀라더라고요. 엄마가 하기 이전에 '내가 할게' 하며 밥상도 치우고 설거지도 하고 방도 치우고요. 부모님도 놀라셨어요. 회사 인터뷰를 할 때도 쉽게 노크하는 대범함이 생겼어요. 예전엔 아르바이트를 해도 다른 사람 일하는 데 방해

되지 않을까 소심했는데, 이제는 회사 인터뷰 가면 '면접 보러 왔습니다' 하고 당당하게 말하죠."(허진숙)

'내가 할게'는 하기 싫거나 나서기 부끄러운 문제상황 한가운데로 몸을 던지는 힘이다. 사람들이 필요는 느끼되 두렵거나 귀찮아 뒤로 빼는 과제 상황에 정면으로 대응하는 행위의 힘이다. '남들로부터 어떤 평가를 받을까?' 혹은 '남들도 안 나서는데 내가 나설 필요가 있나?'와 같은 소심성이 사라지면서 책임 있는 당국자처럼 적극 나서는 힘이다.

'내가 할게'의 핵심은 '이것이 문제이고, 이를 해결해야 한다'는 문제인식과 그 해결의 의지이다. 문제에 대한 감각과 해결의지가 강한 사람은 적극적인 행동을 통해 배우는 것이 많아지고, 그만큼 더 많은 실력을 쌓고, 더 많은 신뢰를 받게 된다.

"예전엔 하기 싫은 일은 참여하지 않거나 억지로 끌려갔죠. 지금은 하기 싫어도 일단 참여하고 나면 도망치지 않고 적극 달라붙어요. 그러니까 회사에서 남들이 말하길, '너는 하기 싫다고 해놓고 거짓말이었구나. 혼자 다하려는 것처럼 보인다'고 해요."(김석정)

김석정은 나서는 힘이 드러난 계기를 인턴십 과정에서 찾는다.

"프로젝트 리더가 저를 많이 챙겨주었어요. 둘이서 '마이소르'에 출장 갔다 오고 나서 여섯 시간 회의를 했을 때 제가 주도했습니다. 한번에 네 시간 이상을 앞에 나가 프레젠테이션도 하고 회의를 진행하기도 했고요. 한 4~5일 정도 프로젝트 매니저 역할을 했습니다."(김석정)

나서야 할 상황에서 나섰고, 그 과정에서 인도인 기술자들을 이끄는 지위에도 서봤던 경험이 내면에 잠자던 적극적인 행동력을 끌어냈다.

김석정의 이런 변신은 대단한 것이다. 그는 세세한 계획이 있어야 불안하지 않았고, 인도에서도 데이터베이스 국제자격증인 OCP를 따는 데 집착했다가 여의치 않자 방황의 늪에 빠진 쫀쫀한 남자였다. 그런 그가 "자격증이 나를 대신해줄 수 없다"며 쫀쫀함을 시원하게 던져버렸다. 사소한 데 대한 집착에서 벗는 자유가 가져다 준 힘이다.

> "저는 매사에 적극적으로 되었어요. 그러다 보니 저를 시샘하는 사람도 생기더라고요. 제가 해외관계 일에 주된 역할을 해서 그런지, 대학 때 영어를 전공했던 회사의 여자 동료가 저를 시샘하기 시작했어요. 잘해주려고 하면 더 피해의식을 가져요. 그녀는 내성적인데다 사회경험도 없고 해서 …… 제가 어떤 땐 너무 당당해 보여서 남자들이 안 좋게 보는 경우도 있더라고요."(김지혜)

대부분의 사람들에게는 문제가 나를 괴롭히지 않는 게 일차적인 고려사항이다. 내게 다가올 비난이나 견책에 대해서는 합리화의 근거를 마련함으로써 대처한다. 그러나 자기합리화의 단계를 넘어선 사람은 문제와 그 해결이 주요 사안이다. 그러니 '괴롭지 않으려는 사람'과 '문제를 해결하려는 사람'과는 과제를 놓고 대하는 행동이 전혀 다르다.

적극적인 문제해결자가 내 주변에서 자꾸 나서면 비교가 되기 때문에 나의 합리화가 잘 안 된다. 불안과 질투심이 생기면서 상대를 견제하려는 행동을 취한다. 여자를 한층 아래로 보는 남자들도 '봐줄 만한' 수준을 넘어서면 자기보호본능이 발동하게 되어 있다.

> "저는 모르는 게 있으면 실장이나 사장에게 자꾸 물어봅니다. 그런 저를 보고 '저 자는 윗사람한테 잘 보이려 한다'거나 'TV 드라마에 나오는 자기만 출세하겠다고 하는 얄팍한 인간'으로 보는 시선도 느껴요. 그러나 '배우는 것이 더 중요하다'고 얘기하면 동료들이 저를 무서워해요. 제 생

각은 '능력 있는 리더가 능력 없는 리더보다 낫다'는 것이죠. '쟤는 자기 혼자만 크려고 한다'거나 '쟤는 저 기술을 습득하면 나갈 거야', 혹은 '쟤는 내 위로 올라갈 거야' 하면서 두려워하는 사람들이 있죠. 그런 반응 자체가 이들이 약해져 있다는 뜻입니다."(김교현)

남의 시선과 폄하 때문에 적극적인 사람들이 좌절하는 경우가 참 많다. 특히 철밥통 조직문화에서처럼 무리에 섞여 모나지 않도록 처신하는 게 중요한 풍토에서는 소극성이 팀워크로 오인되기도 한다. 그러다 보면 '모르는 게' 있어도 알려고 하지 않을 뿐 아니라 모르는 게 무엇인지를 정확히 알지도 못한다. 소극성이 지나쳐 '왕따'까지 가지만 않는다면 대부분의 소극적인 사람들은 '따'로서 만족하며, 따들끼리 모여 회사와 상사를 욕하며 스스로를 합리화하는 저급한 수준에 머물게 된다.

진정으로 적극적인 사람은 그런 주변의 시선까지도 넘어선다. 그에게는 삶의 보다 높은 원칙이 있고, 그 원칙이 행동을 이끌어준다. 그것은 남들과 무리 없이 지내는 게 아니다. 그의 원칙은 자신의 꾸준한 향상이다. '원만한 인간'이라는 명분으로 튀는 인간을 욕하는 말들은 '약한 사람들끼리 만족하는 수준'으로 끌어내리려는 심리전이다. 그는 원칙에 따라 살기에 자신의 향상을 꾸준히 이룰 수 있고, 그 향상을 통해 공동체의 문제와 과제를 감당해낼 지도자가 될 수 있다.

남과 외형상 무리 없이 지내려면 비굴함을 비용으로 치러야 한다. 그 비용을 치르지 않겠다고 결심한 사람들은 그 정도만큼 자기 향상을 이루고, 향상을 이룬 만큼 자신과 주변에 기여한다. 적극적으로 나서는 힘은 나를 내 삶의 주인으로 올려놓으며, 동시에 남들과의 관계에서도 주인으로 올려놓는다.

불확실성에 몸 던지기
나서는 힘 혹은 적극성은 불확실성에 대처하는 역량을 높인다. '내가 할 수 있다'는 믿음의 힘이 불확실한 미래에 적극 나서는 행동을 낳는다. 신입사원 시절의 경험에 대해 안수정은 다음과 같이 말한다.

　　"회사에 들어왔더니 팀장은 첫 프로젝트를 주면서 '네가 이거 알아서 해!' 하곤 끝이었어요. 초짜에게 아무런 가이드도 없어요. 6개월 동안 혼자 이런저런 시도를 해보았어요. 그렇게 하여 과제를 해결하고 나니 이제는 새로운 게 닥쳐도 겁나지 않아요."(안수정)

　　주어진 틀에서 남들의 가이드에 따라 살았던 사람들은 불확실한 상황 자체가 공포이다. 스스로 가이드를 만들어가면서 불확실성에 대처해본 사람은 자신의 가이드를 확장하면서 불확실한 미래에 대처하는 힘을 갖는다. 그녀가 스스로 가이드를 창출할 수 있었던 것도 불안한 외국문화 속에서 견뎠고, 시장에 가서 불확실한 흥정도 해보고, 불안한 릭샤도 혼자 타보고, 불확실한 길도 혼자 다니면서 자기 자신을 이끌 가이드를 내면에서 생성해냈기 때문이다.

　　"일이 갑자기 여러 개 다가올 때 대처능력이 생겼어요. 계획과 다른 일이 생길 때도 '그거 하지 뭐' 하는 태도죠. 겁나는 게 없어졌다고나 할까요? 스트레스를 줘도 스트레스를 안 받는 능력이랄까, 긍정적 태도라고 할까?"(안수정)

　　불확실성에 대한 대처능력의 핵심은 자기를 믿어주는 힘에서 나오는데, 이는 근거 없는 소신이 아니라 과거에 불확실성을 뚫고 나갔던 힘에 대한 믿음이면서, 미래의 불확실성을 헤쳐나갈 자기 가이드의 힘이다. 그 힘에 따라 흐르면 불확실성의 한가운데에 몸을 던질 수 있다.
　　삶의 창조는 단순히 머리가 좋은 것 이상의 능력을 필요로 한다. 창조성은 '좋은 머리'에서 나온다기보다는 가능성이 보이지만 불확실한 곳에다 비전이 안내하는 바에 따라 몸을 던지는 힘에서 나온다. 그러려면 몸이 가벼워야 한다. 이 몸에 덕지덕지 달라붙어 있는 각종 걱정과 불안을 떼어내야 가벼워진다. 계획과 다른 상황, 불확실한 상황 등을 '맨땅'이라고 부르는 배명준은 '맨땅 헤딩'의 철학을 세운다.

> "회사가 '1인 1PM(project manager)' 방침을 취하고 있는데, 여기서 맨 땅에 헤딩하는 방식을 배웠어요. 프로그램 언어도 닥치는 대로 다 쓰고요. 저는 UNIX, Winodws NT, Oracle DB, MS DB를 다 다룹니다. 비록 경력이 짧아 숙달되지는 않았지만, 일 년만 지나면 엄청난 능력을 갖출 것으로 기대합니다. 맨땅에 삽질하면서 배우는 식이죠."(배명준)

배명준이 대표적인 투덜이 중 하나였다고 생각한 필자는 그의 '맨땅 헤딩' 철학에 놀랐다. 사소한 데 목숨 걸고, 안 되면 투덜거렸던 그는 자신의 변화에 대해 이렇게 말한다.

> "부정적 사고에서 긍정적 사고로 변했어요. '안 된다'는 생각을 하면 진짜 안 되더라고요. '맨땅 헤딩'과 '맨땅 삽질'을 해보니 결과가 좋아요. 결국 마음가짐에 따라 결과가 다르다는 거죠. '맨땅 헤딩'을 잘하느냐 못하느냐에 따라 상황이 많이 바뀌더라고요. 앞이 캄캄해도 하루 이틀 지나면 길이 보이게 마련입니다."(배명준)

그가 언급한 '긍정적 사고'는 비전의 힘을 말한다. 비전의 힘이 클수록 맨땅에 헤딩해도 결과가 좋다. 비전이 뚜렷한 힘으로 있는 한 진정한 맨땅은 없다. 그는 비전의 땅에 헤딩하는 것이다.

배명준을 만난 건 취업난이 사회적 이슈가 된 때였는데, 그는 "취업이 어렵더라도 길은 있다"고 단언하였다. 취업난에도 불구하고 몇 개 회사들 중에서 고르는 사람들도 있는데, 결국은 "기다리는 사람과 헤딩하는 사람의 차이"라고 정리한다. 그는 인도 창도 '맨땅 헤딩'의 철학으로 푼다.

"보통은 자격증 따고 좋은 직장에 취직하겠다고 인도 창에 참여하는데, '맨땅 헤딩' 하겠다고 가는 사람은 없어요. 인도 창에서 배워야 할 핵심은 '맨땅 헤딩'이라고 생각해요. 인도에 가서 안 해본 것 없이 다 해봤죠. 부모 품에서 벗어나 살아봤고, 한정된 자금으로 최대경제를 실현해봤고, 밑바닥을 치고 올라와봤고, 자신에 대한 인간적 성찰도 해봤고……"(배명준)

배명준은 인도에서 허리 디스크를 앓는 등 어찌할 바 모를 상황을 많이 겪었다.

"어찌할 바를 모르는 상황에 부딪히면 우선 당황스럽고 막막해져요. 그러면 생각을 추슬러 원인을 생각해보곤 하죠. 시간이 지나면서 해답이 와요. 어떤 때는 일기장을 펴죠. 2~3일 전부터 무엇을 했나를 생각합니다. 그러다 보면 그 연장선상에서 스토리나 시나리오가 이어져요. 미래로 그 스토리가 흘러갑니다. 그걸 반복하다 보니 '내일은 무슨 일이, 혹은 무슨 인간이 날 괴롭힐까, 혹은 즐겁게 만들까'를 궁금해하며 즐기는 여유가 생기더라고요. 인도에서부터 그런 습관을 익힌 결과 회사 안에서도 긍정적 태도를 갖게 되었고, 무엇보다 '짜증 속에서 일하지 않게 된 것'을 감사하게 생각해요."(배명준)

생각을 추슬렀다거나 일기장을 펴보았다거나 하는 방법 자체가 중요한 것은 아니다. 중요한 것은 그런 과정을 통해 '마음의 평정' 혹은 자신이 '집착하는 상황과의 거리 두기'가 가능해졌다는 것이다. 자기를 아는 힘이 생기는 데 필요한 거리이다. 불안한 상황으로부터 거리를 두면 승부에 집착하지 않고 '갈 길을 보는 눈'이 생긴다.

배명준이 "짜증 속에서 일하지 않는 걸 감사한다"고 한 말은 필자에게는 감동으로 다가오는 표현이다. 배명준뿐 아니다. 누구나 자신을 돌아볼 눈을 가진 사람이면 자신이 얼마나 짜증쟁이인지를 알게 될 것이고, 짜증내지 않고 일하는 경지가 얼마나 높은 수준의 적극성을 필요로 하는지 가늠할 수 있다. 인생도 결국은 맨땅 헤딩이다.

지도력

나서는 힘이 맨땅 헤딩 철학의 수준에 이르면 개인적인 힘은 사회적인 카리스마로 넘쳐난다. 그런 힘을 가진 사람이면 지도자가 되겠다고 나서지 않아도 자연스레 지도력을 행사한다. 다음과 같은 경험은 대단히 사소하긴 해도 지도력을 키우는 밑거름이 된다.

"초기에는 앱텍과 불편한 문제들이 많았습니다. 점심식사의 질에서부터 컴퓨터 하드웨어의 고장, 기타 자잘한 문제들…… 전공 코디네이터가 학교측에 문제를 보고하면 돌아오는 답변은 한결같았습니다. '자체적으로 해결하라. 앱텍과 대화하라.' 이런 대답을 들으면 저희는 모두 막막함에 숨이 조이는 것 같은 기분이었습니다. 하지만 오직 한길뿐이었기에 결국 앱텍 운영자와 학생 코디네이터 사이에 토론을 시도했습니다. 뜻밖에도 앱텍은 최대한 협조하려는 모습을 보였습니다. 어떤 요청을 해도 언제나 느긋하게 처리하는 것은 변함없지만, 잊을 만하면 다시 얘기하고 하는 식으로 계속 이슈를 상기시켰습니다. 결국 두 달 만에 산만한 외부와 교실을 가려줄 차단막이 설치되었고, 에어컨 사용시간 연장이나 정규수업 시간 외 교실사용 문제들에 관해 적절히 합의할 수 있었습니다. 이런 식으로 앱텍과 최대한 협조하는 방향으로 노력하였습니다. 저희의 명분은 '우리가 큰 고객이고 당신들이 우리를 광고에 쓰지 않느냐' 같은 것이었습니다. 하지만 아무리 큰 고객이라 해도 우리가 일방적으로 요구만 할 수는 없습니다. 우리 전공 사람들은 현명하게도(?) 이런 생각에 동감했습니다. 쓰레기를 아무 데나 버리지 않는다든지, 마지막 사람이 나올 때 불을 끄고 자리를 정리해준다든지, 미네랄워터로 컵을 헹구지 않는다든지 하여 우리 스스로 기본은 지켜주려 노력했습니다. 사업도 결국 사람 사이에 하는 것이고, 앱텍과 학생 관계도 결국 사람 사이의 일입니다. 내가 최소한 지킬 것을 지키며 요구할 때, 상대방도 내 말을 들어주지 않을 수 없습니다. 지내고 보니 그것이 상대방으로 하여금 우리에게 맘을 돌리게 만든 열쇠였던 것 같습니다. 분명 오랜 노력과 경험 끝에 얻은 값진 열쇠였습니다."(민봉기)

상대와 협상할 때 "우리는 고객이니 너희들이 잘 해내라"고 다그치면 상대도 인간이니 기분이 나쁘고, 기분이 나쁘면 마음이 가지 않게 되어 있다. 위 학생들은 인간관계의 보편성에 입각하여 협상했고, 마침내 훌륭한 지도능력을 개발했다.

학생 코디네이터는 제각기 다른 취향을 갖고 다른 의견을 내는 학생들과 합의를 끌어내야 한다. 처음에는 공동의 단일행동을 취하기 위해 무리하게 의견을 통합하려고 하는 것이 보통이다. 그러나 인간은 제각각이다. 단선적 통일은 힘들다. 다음은 2기 전체 코디네이터의 보고이다.

"코디네이터 생활을 통해 조정능력을 배웠어요. 제가 배운 중요한 것은 각 개인의 성향을 있는 그대로 놔두는 법이에요. 남을 고치려고 혹은 동질화하려고 하지 않고, '네가 좀 참아라' 하지 않는 거죠. 그리고 전체를 모아 '조금씩 양보해서 공동의 길을 가도록' 조정하는 법을 배웠죠. '심하게 나간다' 싶을 때면 문제를 각성시키죠. 문제를 보인 개인이 상처받더라도 행동을 조정하여 대다수의 의견을 따르도록 하는 겁니다. 코디네이터의 능력은 지혜롭게 처리하는 인간적 성숙도에 달려 있어요. 문제의 완치는 불가능하다는 절제된 지혜가 필요하죠. 사람을 바꾸도록 하지 않는 대신, 전체에 영향을 주는 경우에만 '근본만 살짝 건드려주면' 됩니다."(박성민)

인간을 아는 힘에 기초한 조정법이다. 만약 무리한 통일을 시도한다면 오히려 분란이 심해질 것이다. 1기 학생 코디네이터였던 임희복의 보고는 지도력이 크는 데 지도자 자신의 변화가 얼마나 중요한지를 알려준다.

"인도 창에 참가한 멤버 중 친분이 있는 사람은 한 명도 없었기에 처음에는 그들과 어울리는 것이 어색하기 그지없었습니다. 당연히 그들을 대신해 학생 대표를 맡는다는 것도 부담으로 다가왔어요. 인도에서 함께 하는 시간이 길어질수록 출국 전에 품었던 목표는 흐려져갔고, 서로에 대한 실망도 커져만 갔습니다. 그 상황에서 제가 할 수 있는 일이라곤 그저 그들의 생각과 의견에 귀를 기울여주는 것뿐. 뿔뿔이 흩어지는 그들을 말리고도 싶었고 붙잡고도 싶었지만, 살면서 한번도 누군가에게 무언가를 강요해본 적이 없던 저는 아무 말도 하지 못한 채 그저 바라만 보고 있었습니다. 서로에게 보이지 않는 벽이 쌓여가고 있다는 것을 느낄 때쯤 저는 조금씩 변하기 시작했어요. 자의 반, 타의 반으로 닫혀 있던 마음의 문을 그들을 향해 활짝 열기로 다짐한 것입니다. 다른 이들에게는 대수롭지 않은 일일지 몰라도 제게는 큰 변화였어요. 너무나 다행스럽게도 어색하게 다가서는 저를 모든 친구들 역시 마음을 열어 받아주었고, 제가 적극적으로 다가설수록 한 걸음 한 걸음 제게 다가오는 그들을 느낄 때 저는 너무나도 기뻤습니다. 작지만 너무나 소중한 깨달음을 얻은 저는 하루하루가 즐겁습니다."(임희복)

임희복이 지도자로서 한 일은 자기 자신의 마음을 여는 것이었다. 무리하게 사람들을 통일시키기보다 자기를 변화시키는 일을 먼저 한 것이다. 그 성과는 '하루하루가 즐거울' 정도였다. 마음의 문을 적극적으로 열었을 뿐인데 내가 자연스럽게 구심점이 되어간 것이다. 노자(老子)의 철학을 바탕으로 미국에서 『도(道)의 지도력』이란 책이 나왔는데,

거기서 강조하는 것도 "지도자가 있는 듯 없는 듯하는 것이 최상의 지도력"이라고 하니 그의 지도방식도 도의 리더십과 비슷하다. 컴퓨터선생인 박하나가 지적하는 바도 같은 맥락이다.

"아무리 유약하고 도움이 필요한 사람이라도 그에게 홀딱 빠져선 안된다는 걸 알았어요. 아무리 친하더라도 남의 요구에 즉각 반응하여 개입하고 도와주려 해선 안 된다는 거죠. '그건 그 아이의 문제이고, 그 아이가 해결해야 한다. 그건 절대 내 문제가 아니다. 나는 그의 얘기를 들어주기만 하면 된다.' 이런 객관적 태도가 있어야 그 아이가 스스로 문제를 해결하는 길을 밟고, 그래야 그 과정에서 크게 돼요. 그래서 요사이는 어린 학생이라도 섣불리 보호하려 하지 않습니다. 학생이 의존심을 못 갖게 하는 거죠. '너희가 할 몫이 있고, 내가 할 몫이 있다'는 식이죠."(박하나)

박하나가 이런 지도력을 갖게 된 데는 인도에서 친구와의 갈등 경험이 배경이 되었다. 친구와 대립하게 된 동기는 다른 후배를 돕기 위한 동기에서 출발했다. 후배가 그 친구를 대하는 데 어려움을 호소해왔기 때문에 언니로서 도와주려고 친구에게 충고했다가 갈등관계로 빠진 것이었다. '자기부터 챙기고 남을 도우라'는 지도철학을 갖게 된 것은 '남을 돕는다'는 명분하에 자신을 내세우려는 인간의 경거망동에 대한 이해가 싹트고 나서였다.

지도력은 없는 것을 만들어내는 힘이 아니다. 불쌍한 사람들을 도와주면서 의존하게 만드는 것도 좋은 지도력이 아니다. 그것은 사람들이 자신을 충분히 세우면서 공동의 삶으로 갈 방향을 제시하는 안내의 힘이다. 인간성의 흐름을 타면서 방향을 조정하는 힘인 것이다.

적극적으로 나서면 나의 능력은 점점 더 향상된다. 장혜경은 자기 삶의 지도자가 되는 과정에서 본인 특유의 '직감능력'을 개발했다.

" '직감을 따라가면 그대로 된다'는 걸 알았어요. 회사 사람이든 집주인이든, 혹은 시장에서 물건을 파는 사람이든 '이 사람은 친구를 해도 되겠다'는 직감이 들면 다가가고, 혹은 '이 일은 하지 않아야겠다'는 직감이 들면 안 하고 ……"(장혜경)

직감이란 여러 능력이 통합되어 한꺼번에 나타나는 통찰력 같은 것이다. 적극적인 사람, 자신의 지도자가 되는 사람은 그런 직감력을 키우게 되어 있다. 자기 삶에 지도자가 된 그녀는 '직감의 통찰력'을 바탕으로 남들의 지도자가 되는 대변신을 경험했다.

"저는 집안 막내로 멈칫멈칫하는 성향이 있었어요. 실천으로 나가기 힘든 성향이었죠. 낯선 상황에서는 가만히 있다가 주변을 따라가는 거죠. 그런데 지금은 모르는 상황에서도 리드하는 변화가 생겼어요. 인도 갔다 와서 인터넷 영어스터디 그룹의 운영자가 된 것도 그런 변화의 하나예요. 인터넷에 '나는 이런 사람이다. 같이 공부할 사람 와라'고 띄우고서, 모인 사람들과 함께 8개월 동안 영어를 공부했어요. 지금도 가끔 만나 술자리를 갖는데, '고마웠다'는 소리를 듣기도 해요."(장혜경)

장혜경처럼 소심했던 소녀도 리더가 된다. 그녀가 리더로서 가진 판단력은 '직감'이라는 단순하면서도 여성적인 것이다. 그러나 그 안에는 앞서 언급한 모든 힘들이 결합되어 농축되어 있다. 근본을 아는 지식의 힘, 어려움을 받아들이는 힘, 나와 인간을 아는 힘, 문제해결을 위해 나서는 힘 등등. 그런 힘들이 멈칫멈칫하던 소녀를 카리스마를 가진 리더로 바꿀 수도 있다.

이런 힘들을 통해 우리는 남들의 지도자가 될 수 있다. 그러나 무엇보다 값진 것은 자기 삶의 지도자가 되는 것이다. 이는 믿음의 힘을 통해 행동하는 힘을 갖게 된 사람들만이 누릴 수 있는 특권이다.

6장
정서의 힘

　로컬화의 힘 중 다섯 번째 마지막 힘이 정서의 힘이다. 여기서 말하
는 정서란 어떤 대상에 대해 좋아하고 애착을 갖는 마음의 상태이다.
그런 상태가 힘을 갖는 것은 내가 좋아하고 애착을 갖는 상대와 만나거
나 단순히 그 대상을 생각만 해도 내게 기운을 주고, 즐거움을 주고,
새로운 의욕을 주기 때문이다. 특히 높은 수준의 예술이나 메시지나 사
람을 좋아하고 자주 생각할 때 더 큰 정서적 힘을 갖게 된다.

　어른들 중에는 툭하면 "내가 그맘때면 말이야" 하면서 최고조에 달
했을 때의 무용담을 늘어놓는 경우가 있다. 똑같은 얘기를 자주 듣는
사람이라면 "또 그 소리군" 하며 시큰둥한 반응을 보인다. 그러나 그
사람의 생애사로 들어가보면, 그때 그 경험은 인생 전반을 걸쳐 수시로
되돌아가는 참조점이 되고 있다는 사실을 발견할 수 있다. 마음의 고향
이라고도 할 수 있고, 자기 긍지의 샘이라고도 할 수 있고, 힘들 때 쉬
어 가는 쉼터라고도 할 수 있고, 어려운 일이 있을 때 힘을 주는 기억
속의 에너지 창고일 수도 있다. 이를 '정서적 의지처' 혹은 '정서적 힘
의 원천'이라고 부를 수 있겠다.

　만약 그 사람에게 그 경험이 없다면 어떨까? 그 이후에 닥친 어려움들

을 직면할 때 자기를 신뢰하기도 힘들 것이고, 슬플 때 위안을 받기도 힘들 것이고, 다시 시작할 기운을 내기도 힘들 것이다. 정서적 힘은 닥친 문제를 해결하는 데 필요한 용기로도 전환되고, 인생이 외롭거나 삭막할 때 위로와 사랑의 따뜻한 온기로도 바뀌고, 비록 형편없는 아버지이지만 자식들에게 큰소리치며 부모 노릇을 할 자긍심이 되기도 하며, 부하직원들에게는 떵떵거리며 월급을 가져다줄 리더십으로도 전환된다.

많은 인도 창 출신들에게 인도 일 년의 경험은 정서적 힘의 원천이 되고 있다. 인도 창 친구들을 만나면 똑같은 얘기를 여러 번 반복해도 재미있다. 한 얘기를 또 하고 또 하다 보면 시간 가는 줄 모른다. 그래서 정지예는 "인도 창 친구들과 만나 인도 얘기만 나오면 집에 12시 넘어야 들어간다"고 했다. 비록 한때는 미워하고 질투하고 화를 내기도 했던 사람들이지만 돌이켜볼 때는 약방의 감초처럼 그 사람이 있었어야 전체적인 그림이 훌륭하게 나온다.

"소중한 추억이에요. 즐겁게 쉬어 갈 추억이죠. '추억에 쉬어 간다'고 들 하는데, 정말 살면서 수시로 쉬어 갈 추억입니다. 좋은 여자친구도 있었고, 네 명의 친구들과 더불어 한집에 살았던 기억은 꿈에도 나타나요. 인도 친구들도 그렇고요."(임석빈)

마치 전생을 회상하듯 인도 창 생활을 회상하기도 한다.

"작은 인생을 산 듯한 느낌이에요. 삶의 한 사이클이 돌아간 느낌이죠."(박성훈)

지금 사는 칙칙한 현실에 배어들지 않는, 또렷한 영상으로 떠오르는 완성된 풍경화 같은 삶이었다. 작지만 한 사이클을 다 담은 작품은 그 나름의 완결성이 있어 매우 강한 빛깔과 또렷한 상으로 남는다. 전생을 보는 사람들이 그 생의 의미를 현생을 설명하는 데 끌어다 쓰듯, 그런 작품은 현재로 꾸준히 돌아오는 살아 있는 스토리가 된다.

마음 창 열기

마음에도 창이 있다. 그걸 열면 누구와도 무엇과도 주파수를 맞추어 소통할 수 있다. 마음의 주파수가 잘 맞는 상대는 아주 좋아하는 것들이거나 아주 싫어하는 것들이다. 특히 좋아하는 정서적 귀의처에는 마음의 파장이 자주 가서 힘을 증폭하고는 돌아온다.

정서적 힘을 주는 사람들이 있다. 상대는 내가 머물렀던 인도 집의 주인일 수도 있고, 같은 집에 세 들어 살았던 인도 친구일 수도 있고, 영어를 배웠던 과외선생님일 수도 있다. 인도 창 학생들 중에는 이들과 친구로, 제자로, 심지어는 의자녀로 몇 년이 지난 후까지도 인연을 지속하는 경우가 있다. 이들은 컴퓨터의 메신저나 이메일로 시간·공간의 벽을 넘으며, 인도와 한국을 잇는 마음의 창들을 열어놓는다. 이들 사이에는 한국 친구 사이보다 더 순수하고 애틋한 마음이 오갈 수도 있다. 이들과 마음의 주파수를 맞추면 한국의 어느 구석에 있는 내 마음이 환해진다. 우선 인턴십 회사의 선배들에게 마음의 창을 여는 경우를 보자.

"어려움 끝에 'PacSoft'라는 회사에서 인턴을 하게 되었는데, 학교나 관공서, 학원 등에 네트워크를 설치, 관리해주는 회사였어요. 우리를 담당한 디렉터들은 한 분은 여자고 한 분은 남자였는데, 인도 사람의 이미지를 송두리째 바꿔버릴 정도로 좋은 사람들이었어요. 정말 많이 배웠어요. 잘 모르는 것이 있으면 끝까지 친절하게 알려주는 디렉터들에게 정말 고맙게 생각합니다. 인턴십 마지막 날 디렉터들이 우리를 데리고 각 부서를 다니며 작별인사를 시켜주셨어요. 그때 울고 있던 우리 디렉터의 얼굴을 잊지 못할 것 같아요. 인사가 끝나고 우리를 큰 식당으로 데리고 가 맛있는 음식과 선물을 사주셨어요. 3개월간 일한 결과로 추천서도 받았고요.

그렇게 해서 우리의 인턴십은 끝났습니다. 물론 그분들과는 계속 연락을 하게 될 거예요."(서득호)

이제 한국에 돌아와 유사한 일을 하게 된 두 사람도 비슷한 상황에서 후배를 가르칠 선배의 입장에 서게 될 것이다. 혹은 어느 외국인들이 그때 그들이 그랬던 것처럼 멍한 초짜들로서 그들의 도움을 청할지도 모른다. 그들이 정서적 의지처에 예민하다면 예전 기억을 잊지 않고 그들이 해주었던 것 같은 친절과 인간적 정감을 보여줄 것이다. 영화 <아름다운 세상을 위하여(*Pay it forward*)>에서처럼 도움을 주는 사슬이 꾸준히 확대될 것이다.

이웃들과의 관계에서도 정서적 접점은 형성된다.

"저는 좋은 이웃을 사귀게 되었는데 토마스와 앨리스가 그들이에요. 그들은 친절하면서도 후해요. 앨리스 아줌마는 요리를 참 잘합니다. 과일케이크, 초콜릿케이크, 인도 음식, 서양 음식, 중국 음식 등. 이들이 초청해주면 정말 기분이 좋아요. 다니엘은 또 다른 이웃인데, 독실한 크리스천이면서 진정한 신사입니다. 두 아들이 있는데 아주 멋지게 생긴 대학생들이죠. 키도 크고 몸매도 좋아요. 그들과도 친구가 되었어요. 그리고 또 다른 이웃인 니티 아줌마는 아주 예쁘게 생겼는데 작은 딸과 아들이 있어요. 딸은 소냐이고 아들은 알룸입니다. 아주 귀엽고 순수하죠. 저는 그들과 장난감을 갖고 놀아요. 알룸과는 크리킷도 하고 소냐와는 그림도 같이 그리죠. 아주 재미있어요. 이 집의 분위기는 참 편안하고 행복해요."(유아사)

마치 향수 드라마에서나 볼 수 있을 것 같은 장면이다. 언젠가 유아사가 자기 가정을 꾸리며 살아갈 때, 혹은 외국에서 온 친구들을 대할 때 그 드라마 장면이 살아날 것이다. 그 정서적 에너지가 손길과 눈길을 타고 남들에게 전달될 것이다.

심지어는 인도에서 가정을 꾸리고 산 경우도 있다.

"제 생활은 조금 특별해요. 인도인 엄마와 아빠, 그리고 언니도 있으니까 말이죠. 집을 계약하는 날, 우리 위층에 사는 샬루를 보았어요. 모든 면에서 똑 부러지는 아이였는데, 1980년생이니까 저와 한 살 차이밖에 나지 않았죠. 갑자기 이런 생각이 들었어요. '내가 이 사람들을 가족처럼 생각한다면 이 사람들도 나에게 가족이 될 수 있을 것이다.' 그래서 주인아주머니께 '엄마라고 불러도 돼요?'라고 물어봤고, 그때부터 우린 가족이 되었어요. 2주 전 우리 집에 가스가 떨어졌어요. 매일 나가서 저녁을 사 먹어야 하는 상황이었죠. 그러나 식당까지 가려면 한참을 가야 했기 때문에 저는 저녁을 거의 굶기 시작했어요. 이틀인가 지나서 우리 엄마한테(여기서 말하는 엄마는 우리의 인도인 집주인) 어디서 가스를 채워야 하는지 물어봤죠. 엄마는 상세히 설명해주셨고, 내가 저녁을 못 먹고 있었다는 것도 알아내셨어요. 그리곤 매일 저녁 '베티, 밥 먹어라!' 하고 불러주셨어요. 얼마나 맛있었는지 몰라요. 인도 엄마는 처음엔 날 위해 숟가락을 챙겨주시곤 했는데, 요즘은 손수 커리를 부어서 자신의 손으로 섞어 먹여주셔요. 제가 손으로 밥을 먹는 걸 보면서 '숟가락을 줄까?' 하며 배려해주시기도 합니다.

매일 새벽 여섯 시, 창밖에서 제 이름을 부르는 소리가 들립니다. 놀라 깬 저는 시계를 확인하고 운동화를 신고 총알같이 튀어나갑니다. 샬루. 제 인도 언니입니다. 샬루는 모든 일에서 정말 똑 부러져요. 제 성격은 우유부단한 편이라 모든 일을 철저히 처리하는 그녀의 모습이 참 보기 좋아요. 부럽기도 하고요. 그렇지만 샬루도 약점이 있는데, 그건 외모죠. 젊은 여성들이라면 모두들 날씬하길 바라는 게 소망이니, 그녀는 아침마다 조깅하길 원해요. 그래서 제게 도움을 청했어요. 혼자서는 지키기 힘들 것 같으니 나랑 같이 하면 아무래도 효과적일 듯하다면서. 그리고 저녁엔 내 영어 공부를 도와주겠다고요. 그래서 우린 하루에 두 번씩 만납니다. 아침에 한 번, 저녁에 한 번. 인연은 만드는 것인가 봐요. 한국 사람들보

다 이 사람들이 더 좋으니까 말이죠."(이현주)

이현주의 기술방식 자체가 인도인 집주인 가족과 자신 사이에 어떤 장벽도 치워버린 상태이다. 인도 엄마나 인도 언니도 그녀를 타인처럼 느끼지 않는 듯이 보인다. 남들은 긴장관계에 빠지기 쉬운 집주인과 세입자 사이가 가족관계로 변했으니, 그야말로 인연은 만들어가는 것이다. 가족의 사슬이 한반도와 인도 대륙을 연결할 것이고, 어느 때인가 그녀가 베트남 시골서 서울로 온 처녀를 세입자로 두게 될 때 한국 엄마로 행세할 것이며, 그러면 또 가족사슬이 늘어날 것이다. 가족 정서의 끈이 문화적 껍질들을 벗겨내며 가슴을 훈훈하게 채워줄 것이다.

대를 잇는 사제관계도 있다. 3기생인 최영곤이 과외를 받은 폴은 2기 학생들이 배웠던 영어선생이다. 아버지는 인도 사람이지만, 어머니는 영어선생을 하는 포르투갈 사람이다. 어머니 쪽의 직업을 이어가는 폴도 뱅갈로에 찾아오는 외국인들에게 영어를 가르친다.

"영어선생님 폴은 저의 영원한 친구입니다. 거의 8개월 정도 매일 만났고, 인도에서 얻은 무엇보다 큰 선물이라고 생각해요. 제 내면의 고민도 얘기했고, 여행을 떠날 때면 그에게 항상 물어봤죠. 기차표도 쉽게 구해주고, 심지어 기차역에 와서 배웅까지 해주기도 했어요. 그는 제 영어의 발전 가능성을 보여주면서 힘을 주었어요. 그에게 감사합니다. 인도에 오지 않았더라면 그를 만나지 못했을 거예요."(최영곤)

컴퓨터선생을 하는 박하나는 폴에게서 좋은 선생의 모델을 발견하면서 깊은 영향을 받았다. 그녀에게 폴은 먼 거리를 넘어 여전히 살아있는 선생이자 친구이다.

"지금까지도 생일 때나 크리스마스 때 꾸준히 연락해요. 폴에게 연락이 오면 무척 반가워요. 제 결혼식 때 초대하기로 약속했기 때문에 비행기 티켓을 사서 보내려고 해요."(박하나)

박하나는 실제로 표를 사서 보내려고 했는데, 폴의 어머니가 아프셔서 올 수 없었다. 그녀도 "인도 창에서 가장 크게 얻은 것은 폴"이라며, 그와의 인연을 "늘 감사하게 생각한다"고 했다. 2기 박하나에서 3기 최영곤으로 똑같은 정서가 대물림하고 있다.

폴은 항상 해오던 방식으로 학생을 대했을 텐데, 한국에서 컴퓨터 공부를 하러 온 대학생들에게 그의 방식이 감동을 준 것이다. 비록 영어 과외라는 비공식 수업이지만, 그의 정성은 한국에 돌아온 젊은이들 가슴에 깊게 자리 잡았다. 박하나는 귀국하여 돌아갔고, 컴퓨터선생이 되었다. 폴과 마찬가지로, 사교육의 장에서이지만, 그녀는 폴의 모범을 따르기 시작했다. 어떤 꼬마 학생이 "선생님, 저랑 결혼하셔야 해요"라고 말했다. 아마 그 꼬마가 커서 어느 시점에선가 박하나 선생을 본받는 선생이 되어야겠다고 마음먹을 수도 있다.

거꾸로 올라가면 폴의 모범은 인도나 포르투갈의 어느 시절 어느 구루로부터 시작되었을 것이다. 그것이 시간적으로 줄을 잇고, 공간적으로 다리를 넘어 지금 한국의 한 컴퓨터선생에게까지 사제관계의 한 모델을 전승하고 있다. 정서적 사슬을 통해 주고받는 힘들은 시공의 장벽을 뛰어넘는다. 그래서 필자가 학생들에게 보내주었던 루미(Rumi)의 시에서는 이렇게 말한다.

"분명히, 마음과 마음 사이에는 창이 있네."

창문을 활짝 열면 따사로운 햇빛과 상쾌한 바람이 마음속까지 스며든다. 신선한 에너지가 삶에 활력을 준다. 정서적 에너지를 끌어들일 수 있다는 것 자체가 축복이다.

관계의 재발견

뻔한 관계라도 어떤 사건으로 새로워지는 경우가 흔하다. 그러면 그 관계는 질적인 변화를 겪는다. 가족관계도 그렇다. 한국에서 살 때는 부모도 형제자매도 공기처럼 뻔한 관계였다. 그러나 헤어져보고, 부모가 했던 일을 해보고, 힘들 때 부모의 격려 한마디를 들어보면, 그게 뻔한 관계가 아니었다는 걸 알게 된다. 거기에는 정성이 배어 있고, 자기 인생을 헌신하는 열정이 스며 있고, 마음 깊숙한 곳에서 나의 안녕과 발전을 소망하는 기원이 있다. 몸이 아프거나 혼자뿐이 없다는 느낌이 들 때 전화기에서 울리는 부모의 한마디는 이 황량한 우주에서 나를 위한 기원의 에너지가 내 몸과 마음을 감싸고 있다는 사실을 느끼게 한다. 내 인연의 재발견이다.

"인도의 가정을 방문하는 게 좋아요. 손님이 있어도 아버지는 딸이 잘 때까지 머리를 만져주죠. 그리고 딸이 자고 나면 손님을 접대해요."(김수영)

거리를 두고 보는 가족이다. 그 거리가 없으면 '재발견'이라는 게 없다. 인도의 가정을 보면서 우리 가족관계를 다시 생각한다. 인도 아빠가 어린 딸에게 해주었던 것을 우리 한국 부모도 내게 해주었을 것이다. 부모가 뻔하게 있고, 언니나 동생이 뻔하게 있는 게 아니라는 감이 온다. 뭔가 중요한 힘들이 나를 후원하지 않고는 지금의 내가 존재할 수 없다는 감이다. 역시 멍청할 수밖에 없는 우리는 자기 몸으로 겪어봐야 그걸 느낄 수 있다.

"일 년간 제일 크게 느낀 게 엄마에 대한 감사와 사랑이었어요. 엄마라는 이유로 다 해주신 모든 일들, 청소, 빨래, 음식준비 …… 이곳에서 생활해보니 엄마가 해주었던 일들이 쉽지 않았던 것임을 느껴요. 한평생 이 일을 해오며 키워주신 엄마에게 많은 고마움을 느꼈습니다."(엄진옥)

"부모님께서 주신 사랑이 정말로 엄청난 것이었어요. 전에는 결코 이렇게 느껴본 적이 없어요."(조수진)

어머니께서 하셨던 일을 직접 내 몸으로 해보니, 이게 간단한 일이 아니라는 걸 안다. 오랫동안 내게 쏟아진 정성의 양만 생각해도 고마움이 절로 느껴진다. "전에는 결코 이렇게 느껴본 적이 없다"는 조수진의 표현은 사뭇 큰 진실을 담고 있다. '부모의 사랑'이라는 말도 전에는 문화적으로 세뇌된 언어에 불과했다. 그러나 이제는 그게 물리적인 질감으로 느껴지고, 몸의 땀과 정신적 고뇌의 양으로 느껴진다. 그건 단순히 '사랑'이라고 하기에는 너무나 물리적인 에너지이다. 부모의 존재를 땀과 정성의 양으로 느끼게 된 것이다.

"맏딸이라 큰 기대를 하고 계신다는 것은 알지만, 말없이 응원해주고 믿어주고 계신다는 것을 잘 알게 되었어요. 인도 창에 선발되어 이곳에 온 제가 자랑스럽다며 기쁨을 숨기지 않으시던 모습이 기억납니다. 제 앞날에 대해 저보다 더 기대하고 계시는 것을 느낄 때면 다시 한번 책을 펴게 되고, 몇 마디라도 더 영어를 쓰려고 노력하게 됩니다."(오은영)

부모의 기대와 응원은 땀과 정성으로 이루어진 것이니, 그것을 느낄 때마다 책을 한 번 더 펴고, 영어를 한 마디라도 더 하게 된다. 그것은 응원과 신뢰의 에너지가 내 몸에서 진동하면서 나를 더 건설적인 곳으로 밀어내기 때문이다.

부모의 재발견, 가족의 재발견은 나의 재발견이다. 내가 가족을 보는 눈을 바꾸었기에 새로운 가족이 보인 것이고, 이를 통해 나의 역할을 새로이 설정할 수 있었던 것이다. 가족이란 저절로 유지되는 게 아니라 땀과 정성으로 유지되는 것이기에, 나도 내 몫의 땀과 정성을 바치지 않으면 안 되는 위치에 있다는 발견이다. 이런 발견을 통해 가족, 부모는 정서적인 힘을 얻는 원천이 된다.

일 년 동안 같이 즐기고 같이 싸운 동기들 사이의 관계는 캠퍼스에서의 친구관계와 질적으로 다르다. 최악의 경우는 졸업하고 나서 전체 모임이 있어도 보기 싫은 친구 때문에 안 나가게 된다. 그러나 대부분은 기모임으로 혹은 소모임으로 지속적인 만남을 갖는다. 미운 정 고운 정이 다 들었다. 남녀간, 선후배간에도 스스럼없어 애인이나 부부가 같이 모임에 와도 끼어들기 힘들 정도이다.

1기생들은 사회에 진출하고 초기에는 한동안 같은 회사에 몰려가 함께 붙어 있을 정도로 유난을 떨었다. 필자도 그 모임에 초대받아 가본 적이 있는데, 옛날 선생이 옆에 있는데도 다 큰 남녀들끼리 입과 귀를 맞대고 떠들고 웃느라 정신이 없었다. 이렇게 '약간 이상한' 관계가 된 배경을 그들의 경험 속에서 살펴보자.

> "그때를 생각하면 아직도 가슴이 뭉클해져요. 전자상거래 전공자들이 인턴십을 위해 뿌네를 떠나 뱅갈로로 가는 날, 모든 1기 멤버들이 기차역에 나와 환송해주었고, 그 중 가장 기억에 남는 것은 은영이, 정민이, 효현이, 교현이가 만든 깍두기 김치였어요. 물론 민경이가 싸준 김밥도 잊을 수 없지만. 난 그 김치가 밤새 손 아려가며 만든 김치였다는 걸 기차에 올라선 후에야 알 수 있었습니다."(서득호)

서득호가 서술한 이별 상황에서는 뿌네(Pune)역 플랫폼에서 서로 끌어안고 눈물바다를 이루었다고 한다. 어려운 도전 속에서 같이 살면서 격려하며 살았다는 것이 그처럼 서로를 형제자매로 만들어준 것이다. 그들이 '형'이니 '오빠'니 하면서 부르는 호칭은 선후배 관계를 지칭한다기보다 반쯤은 가족관계이고, 반쯤은 동지관계이다.

> "외지에 나와 가족도 없이 살면 몸이 아파도 배로 더 아프게 느껴지죠.

저는 세 번 아팠던 기억이 있어요. 한 번은 누워 있는데 같이 살던 은미가 '몸조리 좀 잘해라!' 하고 울먹이듯 소리치면서 나가버렸는데, 나중에 알고 보니 사골이 좋다며 뱅갈로 바닥에서 사골을 찾아다녔던 거예요. 두 번째는 같이 살던 선이가 자다가 벌떡 일어나 내 옆에서 밤새 졸면서 간호해주었어요. 세 번째는 문정진이 자기 약속에도 가지 못하고 간호해주었어요. 아프다고 과일 들고 병문안 온 선배들, 옆에서 손잡고 기도해준 언니, 그리고 앱텍에서 집까지 바래다준 오빠, 나를 걱정해주었던 모든 사람들…… 많은 사랑을 받았는데 갚지 못해서 미안해요."(전유선)

4기의 막내였던 김현기는 동기간 관계의 성격에 대해 마지막 에세이에서 적절히 정리한다.

"만약 후배님들께서 인도 창 추천 여부를 묻는다면, 100% 좋은 점만 있으니 적극 추천하고 싶습니다. 혹시 성격이 더러우시거나 외골수이신 후배님들만 빼고요. 인도 창은 인간관계 면에서는 정말 냉정하고, 무인도에서 혼자 살아가는 것보다 더 힘들 수도 있어요. 그러나 한편으로는 좋은 만남의 장이 될 수도 있어요. 저도 한국에서 인간관계에 문제가 있었습니다만, 인도에 와서 많은 선배님들을 만나서 얼마나 큰 재산이 되었는지 모릅니다."(김현기)

정말 냉정하고 무인도에서 혼자 사는 것보다 더 힘든 관계와 큰 재산이 될 인간관계가 동시에 있다는 것이다. 이는 냉정한 인간과 재산이 되는 인간이 따로 있다는 뜻일 수도 있으나, 기본적으로는 같은 관계 속에서 두 가지 측면이 동시에 있다는 뜻이다.

보통의 친구들은 서로 좋은 것만 나눈다. 그래서 부담이 없다. 그러나 좋은 것만 나누는 관계는 오래 가지 못한다. 부부관계도 오래 가기 위해서는 안 좋은 것들을 포용하는 틀을 개발해야 한다. 오래 가기 위해서는 고운 정만이 아니라 미운 정도 들어야 한다. 미운 것도 정으로 느껴지면 100% 좋은 것이다. 미운 것을 견디어 정으로 느끼지 못할 정도로 성격이 더럽거나 외골수인 사람들을 빼면 말이다.

그런 관계들은 인생에서 꾸준한 반려자가 될 수 있다. 사회에 진출한 인도 창 출신들 중에 이 관계로부터 정서적인 힘을 얻는 경우가 적지 않다.

"인도 창 친구들을 만나면 편해요. 무슨 말을 해도 금방 이해되고요. 경쟁심도 안 생기고. 누가 잘되면 '저 사람 잘됐다'고 마음으로부터 축하해주고 싶어요."(김교현)

" '식구'라 부를 만한 좋은 친구들을 많이 얻었어요. 힘들 때 '힘들다'고 할 수 있고, 메신저로 IT 관련 지식을 물어볼 수도 있고……"(박경아)

'무슨 말을 해도 금방 이해가 되는' 관계, 같은 동료끼리 경쟁심도 안 생기는 관계, 힘들 때 체면 불구하고 '힘들다'고 얘기할 수 있는 관계는 삶의 여정에서 소중한 동반이다. 그것은 신동석의 표현대로 "동고동락했으니까" 가능한 관계이다.

"인도 창 출신들은 순수해요. 말을 부드럽게 하죠. 이들을 만나면 반가워요. 진심으로 서로를 위해 얘기합니다. 말 한마디라도 따뜻한 위로의 말을 해주죠. 고마워요. 사는 데 중요한 의존집단이 생긴 걸 큰 재산으로 생각해요."(서득호)

인도 창 출신들이 남들보다 '더 순수하다'는 것은 객관성은 없는 말이다. 다만 확실히 추정할 수 있는 것은 서로에게는 순수해진다는 것이다. 서득호의 말처럼 내가 그런 순수한 사람들의 공동체에 속해 있다는 건 큰 재산이다. 그가 이 사람들을 '고맙다'고 표현한 것도 순수한 마음의 발로이다.

"일하면서 힘들 때마다 인도 창 동기들을 생각해요."(김교현)

인도 창 동기들은 생각하는 것만으로도 내게 구체적인 힘을 준다. 김교현은 친구들이 얼마나 열심히 살아가는가를 생각한다. 누구는 모르는 것을 알기 위해 어려운 사람들도 열심히 찾아다니고, 누구는 자신을 국제화하기 위해 해외 관련 일들을 열심히 추구하고 …… 그렇게 열심히 사는 친구들의 삶을 생각만 해도 내게 높은 에너지가 전달된다. 그에게 인도 창 친구들은 힘들 때 생각하면 에너지를 주는 파워 플랜트이다.

삶에서 좋은 정서적 의지처가 있다는 것은 참으로 고마운 일이다. 그 때문에 넘어졌다가도 다시 일어설 수 있다. 같이 사는 것이 의미가 있다면 바로 그런 정서적 유대를 통해 힘을 주고받는 데 있다.

짠한 신비

추억 속의 풍경화는 감상적인 느낌을 낳는다. 당시는 힘들었지만, 돌아볼 때는 그렇게 아름다우면서 짠한 풍경일 수가 없다. 그것이 자력이 되어 수시로 나를 끌어당긴다.

뱅갈로의 날씨와 물이 좋아 '말끔해졌던 피부'도 그렇고, 한국 남자 품에 안겨본 적도 없는데 '인도 남자 품에 안겨 추어본 춤'도 그렇고, 한국 남자로부터 연애편지를 받아본 경험도 없는데 베트남에서 온 남자, 그것도 머리를 깎은 스님으로부터 받은 러브레터도 그렇고, 인도 선생님이 내게 자꾸 주었던 눈길도 풍경화 속에 배어든다. 그러다 보면 "아닐 선생에게 참 많이 배웠다"(이철민)는 느낌이 가슴에 스며들고, "인도 거지들에게 많이 주지 못해서 미안하다"(전유선)는 후회도 솟는다.

이런 정서적 자력이 습관화된 작은 생활세계로부터 나를 이끌어내어, 파란 바다와 하얀 구름이 얽힌 둥근 지구 위에서 한 인생을 살고 있는 존재를 각성시킨다. 수십억 년을 스스로 돌며 저 먼 곳의 태양빛을 받아 숱한 생명을 키워온 지구 위의 짧은 한 인생, 그 인생의 의미를 씹어본다. 인도 대륙의 한구석으로 추억이 달려가는 이유, 그것은 생의 신비를 일깨우기 때문이다. 졸업해서도 마음이 줄곧 하이데라바드로 달려가는 김종필도 그 신비를 확인하고 싶어서일 것이다.

"집으로 들어오는 중에 아니타를 보았다. 내가 흠칫 놀란 이유는 어린 여자아이에게 어울리지 않는 삭발머리를 하고 있었기 때문이다. 그녀의 어머니도 마찬가지로 …… 돈과 바꾸었으려니 하는 안타까움이 밀려왔다. 그래도 아니타는 동그란 머리를 잘래잘래 흔들며 나에게 웃음을 보였다. 이제 이 집에서 떠날 날이 얼마 남지 않았다. 삐삐한 하녀와 그의 딸 아니타. 뜨거운 계란프라이를 호호 불어 먹던 천진난만한 그녀의 귀여운 얼굴. 그때 들었던 생각은 시간을 둘로 쪼개어 하나는 세상에 두고, 하나는 아니타에게 주고 싶은 것이었다. 행복한 순간에 멈출 수 있는 그런 시간을. 나의 이기적인 생각일지는 몰라도, 그 순간만큼은 적어도 아니타에게는 시간이 정지되었어야 옳았다."(김종필)

"인도 축제가 놀라운 것은 참여율이 높다는 것이다. '홀리(Holi)' 때는 온통 붉은색으로 물든다. 이 기간에는 우리 집은 물론이고 길거리를 걸어가도 누군가로부터 빨간색 가루를 뒤집어쓰게 되어 있다. '홀리' 날 집에서 자고 있는데 누군가 문을 두드려 열었더니 집주인이 서 있었다. 아침부터 웬일인가 싶었는데 다짜고짜 집안으로 들어오는 것이 아닌가. 참고로 난 이 집주인을 별로 좋아하지 않았다(이유 있음). 집주인이 뭐라고는 하는데 아침이라 영어 듣기가 되지 않아서 그냥 듣는 척만 했다.

근데 주인이 좀 이상한 게 문을 슬쩍슬쩍 열면서 밖을 살피는 것 아닌
가. 보아하니 빨간 가루를 뒤집어쓰지 않으려고 수작을 부리는 게 분명
했다. 덩치에 안 맞게 노는 것이 좀 우스워 보였다. 난 '해피 홀리!' 하
고 인사를 해버리고 문을 열었다. 주인은 또 덩치에 안 맞게 슬쩍 밖을
살피면서 나갔다. 잠시 후 와자지껄한 것이 분명 가루세례를 받았을 것
이다. 나도 가루세례를 당하기 싫어서 밖에 다닐 때는 싹싹 빌면서 다
녔다."(김종필)

아니타는 좋고 집주인은 나쁘고 하는 식이 아니다. 마치 이탈리아 영
화처럼 이들 모두를 우리가 살아가는 무대의 소중한 한 역할로, 아스라
한 고향마을의 친구들로 보는 시선이다. 나의 삶도 그 일부로 끼어 있
다. 김종필은 마지막 에세이에서 인턴으로 나간 회사의 여직원들과 점
심식사 후 가졌던 작은 소풍을 파스텔 톤의 수채화처럼 그렸다.

"점심을 먹고 직장동료들과 호숫가에 갔다. 오늘따라 날씨가 서늘했
지만 인도의 태양은 그늘이 아닌 곳은 봐주는 게 없었다. 부신 눈을 비
비며 선착장에 도착하니 보트 몇 대가 대기하고 있었다. 모터가 없는,
발을 굴려야 갈 수 있는 일명 오리발배였다. 태양도 내리쬐고 하여 좀
망설여졌지만 입장료 2루피가 아까워 배를 타는 실수를 여지없이 저질
렀다(나는 끼워 팔기에 약함). 결과는, 내가 페달을 굴려야 하는 자리에
앉았고, 다시 선착장으로 돌아오기까지 아무 경치도 즐길 수 없었다는
것이다. 당연히 내 옷은 땀으로 얼룩졌고, 우리는 그늘을 찾아 공원 위
쪽으로 올라가 적당한 자리에 앉았다. 땀을 식히며 이런저런 얘기를 나
누다가 결국엔 종교에 대한 얘기로 갔다. 얘기의 발단은 이렇다. 음식
얘기를 하다가 스디끼가 나에게 가장 좋아하는 고기가 뭐냐고 물었다.
난 차마 돼지고기라고 말할 수가 없어서(참고로 스디끼는 무슬림), '고기
의 호구'라고 할 수 있는 닭고기를 가장 좋아한다고 말했다. 사실 닭도

돼지만큼 좋아하니 거짓말은 아니었는데 대답하면서 괜히 죄짓는 기분이었다. 계속 음식 얘기를 하다가 개고기를 먹어봤냐는 질문을 받았다. 먹어봤다고 했다. 개와 고양이에 대한 어려운 질문은 대충 피하고, 개구리에 대해선 적절히 설명을 해주었는데, 쥐에 대해선 고양이가 대신 먹어준다고 확실하게 말했다. 한국인은 기본적으로 아무것이나 다 먹는다고 한 말의 대가를 혹독히 치른 순간이었다. 이런 대화가 거의 마무리되는 시점에 '그런 종교적 이유가 있느냐'는 질문을 받았다. 먹는 것을 종교와 결부시키지 않는다고 했는데, 여기서 실수는 '신에 대해 별로 신경 쓰지 않는다'고 말한 데 있다. 당연히 나는 여러 가지 질문세례를 받았다. '너는 기독교신자 아니냐?', '신약을 믿냐, 구약을 믿냐?', '사후세계를 믿느냐?' 등등 참으로 곤란했다. 처음 내가 한 말에 논리적 오류가 있었기 때문에 받을 수밖에 없는 곤경이었다. 그래서 난 성경도 잘 모르고 내 신앙에 대해 깊은 생각을 해본 적이 없다고 솔직히 말했다. 그 후 무슬림 대표인 스디끼와 힌두 대표인 니따에게 설교를 들어야 했다. 센스 있는 수자따는 힌두와 무슬림과 날탱이 크리스천의 균형을 이루기 위해 발언을 삼간 것으로 보였다. 사실 내가 하고 싶었던 말은 '모든 일을 신과 결부시키는 것이 좀 피곤하다는 것과, 종교 때문에 사람을 죽이고 전쟁을 하는 사람들이 종교에 대한 집착이 지나친 사람들 아닌가' 하는 것이었다. 하지만 이런 주장을 내세우기엔 나부터가 논리가 안 맞고 무엇보다 영어가 딸렸다. 그래서 마지막엔 특유의(?) 어리버리한 웃음으로 유익했지만 난처했던 대화를 마감시켜 버렸다."(김종필)

"동료들은 한국에서의 생활이 좋을 것이라고 주장했고, 나는 인도에서의 생활이 더 행복할 것이라고 말하는 식이었다. 서울은 온통 회색이고 (여기 와서 더더욱 그러한 생각이 굳어졌다) 사람들은 항상 바쁘게 움직여야만 하므로 서울의 생활이 싫다고 했고, 인도 생활을 동경한다고 말했다. 스디끼는 내 말을 부정했다. 여기 사람들은 가난하고 인구도 많고 여러 사람을 먹여 살릴 기업도 없다고 했다. 스디끼는 인도 생활이 정 부러우면 쌤썽(삼성)을 내놓으라고 했다. 삼성이 내 것인가. 주고 싶어도 못 줬다. 나의 멋진 인도 생활과 삼성을 맞바꾼다? 속으로는 거 참 괜찮은 트레이드라고 생각했다. 암튼 서로 이런저런 예를 들어가며 주장을 폈는데, 모두 옳았다고 본다. 그런 것을 서로에 대한 동경이라고 하겠지. 언덕을 내려올 때는 태양빛이 조금 수그러들었다. 내려놓는 한발 한발이 아쉬웠다. 인도를 떠나야 할 시점에 와 있다는 것과 맞물려. 아직도 첫날처럼 행복하다. 떠나기 싫지만 부득이 가야 한다."(김종필)

김종필은 그런 정서적 끈을 꾸준히 좇고 있다. 마치 길을 잃지 않기 위해 풀어놓았던 실을 잡고 어둠을 헤매며 좇아가듯. 그가 찾는 것은 작은 아니타의 미소나 덩치에 안 맞게 머리를 굴리는 집주인이나 정겨운 추억을 준 동료 여직원들의 목소리일까? 시집가기 싫었지만 가야만 했던 동료 여직원 한 명의 눈물을 찾아서일까? 겉으로 보기엔 그렇다.
<시네마 천국>이나 <지중해> 같은 이탈리아 영화가 짙은 향수를 불러일으키는 것은 시간적 거리감 때문이다. 그 거리를 통해 우리가 잊고 산 삶의 보물이 얼핏 드러난다. 수십억 년 동안 태양을 돌았던 지구 표면 위의 한 조각씩을 붙들고 그렇게 살아온 우리 인생의 단편들이 정겹고 슬픈 것이다. 멀리 인도까지 가서 시간·공간적 거리를 두고 우리 인생들을 쳐다볼 때 보이는 삶의 보다 진지한 모습들이다. 그런 시간·공간적 폭은 정겨움과 슬픔의 진동을 온몸에 뿌리며, 삶의 신비를 언뜻언뜻 드러낸다. 그 신비를 확인하고 싶은 것이다. 글로벌화를 통해 우리가 손에 붙들게 된 정서적 끈이 인도하는 곳, 무량한 시간과 공간 속에 펼쳐진 인생들에 대한 사랑과 그 신비에 대한 물음이다.
왜 하녀 딸 아니타의 천진한 웃음이 그 상태로 멈출 수 없는 것인지? 덩치에 안 맞게 겁먹은 표정으로 피해다니다가 빨간색 물감을 온몸에 뒤집어쓴 집주인의 낭패스러운 표정이 그 상태로 멈출 수는 없는 것인

지? 하이데라바드의 호수와 언덕에서 스디끼, 니따, 그리고 수자타와 나눈 정감 어린 대화는 왜 계속될 수 없는 것인지? 그리고 나는 왜 그들의 표정과 말투와 체취를 잊지 못하고 서울의 한구석에서도 계속 찾아다니는지? 진정으로 내가 찾는 것은 무엇인지? 비행기로 열 시간이 넘는 거리를 잇는 정서적 끈은 그런 근본적 질문에 대한 답을 독촉한다. 글로벌화가 내면에 일으키는 철학적 파문이다. 그 신비의 자력이 나머지 삶을 자꾸 저 언덕 너머의 세계로 끌고 간다.

훌륭한 조언자

박준택에게는 인도 창 생활이 "군대보다 힘들었다." 휴가도 없고, 면회도 없고, 통신도 불편하고 …… 그렇게 힘든 생활을 했던 인도 창 출신들은 이상하게도 그 경험 전체로부터 힘을 얻는다. 힘든 고개를 넘으면서 내가 인도에서 도달했던 '최고치', 그러니까 최고 수준에 도달했던 공력을 회상하는 것만으로도 지금의 어려움을 견딜 힘이 나오기 때문이다. 다음은 인도 창에 대한 전체적인 느낌을 묻는 질문에 대한 답변들이다.

"참 열심히 살았어요."(채윤영)

"인도에 대한 향수에 자주 젖어요. 다시 한번 그렇게 열심히 할 수 있는 환경에 있었으면 해요."(박경아)

"다시 돌아가고 싶어요. 자유스러웠지만 동시에 스스로 다스려야 했어요. 늦잠도 안 잤고, 책임감도 더 느끼면서 ……"(이윤희)

"일 년짜리 엠티를 멀리 갔다 온 느낌입니다. 거기선 모든 것을 혼자 해결해야 하는 상황이었죠. 당연하다고 생각했던 것이 엄청난 노고가 필요한 것이었음을 알게 해주었어요."(이해준)

이들이 그리워하는 것은 '열심히 했던 삶'이고, '스스로를 다스렸던 삶'이고, '소소한 것에도 엄청난 노고를 쏟았던 삶'이다. 스스로 최선을 다해 꿈틀거렸던 젊은 시절의 추억이다. 최선을 다했던 경험에 대한 정서적 의지는 자신에 대한 믿음을 낳는 원천에 닿는 일이며, 그때 내가 발굴한 힘들을 지금 닥친 새로운 과제들을 해결하는 데까지 연결하는 시간적 파이프 라인을 가설하는 일이다. 그래서 장혜경처럼 말하는 게 가능하다.

"인도 창은 살면서 꾸준히 참조할 경험이에요. '내가 그렇게도 했는데 이런 걸 못하겠어?' 그런 식이죠."(장혜경)

"내가 인도에선 세 시간만 자면서도 공부해봤어. 낯선 사람들과 전화해서 집도 구해봤어. 그것도 영어로 말이야. 관계가 악화될 때 어떻게 처신해야 하는지도 알았고. 지금 닥친 문제가 어렵긴 해도 내가 못할 이유는 없지 않겠어?" 이런 식이다. 그래서 이창섭은 일 년 과정을 끝내면서 "삶의 새 준거점(reference)이 생겼다"고 말했다.

"인도 창은 추후에 문제가 생기면 극복할 밑거름이 되어 주죠. '내가 한때는 굉장히 열심히 했다'는 겁니다."(신동석)

내가 지금 어려운 과제를 놓고 자꾸 도망가려는 것은 과거에 그런 장벽을 놓고 '열심히 노력해서 넘어본 경험'이 없기 때문이다. 자긍심이란 것도 그렇게 복잡한 게 아니다. '과거에 한번 해봤다'는 데서 생기는 거다.

"인도 창은 제 미래에서 가장 훌륭한 조언자가 되리라 믿어요."(정미희)

인생의 참조점, 삶의 한 준거점, 어려울 때의 훌륭한 조언자 …… 그

것이 삶 속에 한두 가지라도 있다는 것 자체가 힘이다. 그 조언으로 우리는 방향을 조정하고, 기운을 얻고, 앞으로 앞으로 나아갈 수 있다.

치르치르와 미치르가 이상한 나라를 돌아다니며 겪은 것도 그것이다. 집에 돌아와도 여전히 아버지는 나무꾼이고, 어머니는 음식을 만들고, 집안은 여전히 가난하다. 그러나 더 이상 잘사는 집 아이들을 부러워하며 그들이 먹는 고급음식들에 군침을 삼키지 않는다. 우리 집에 파랑새가 있다는 것을 볼 눈이 생겼기 때문이다. 집이 훨씬 더 예쁘고 깨끗해 보이고, 집 앞의 숲이 그렇게 크고 멋있다는 것도 보게 되고, '여기에 있는 게 얼마나 행복한지'도 알게 되었으니 말이다. 뿐만 아니다. 내 안의 파랑새로 불치병에 걸린 여자아이를 고치기도 했다. 그래서 치르치르는 마지막으로 관중에게 말한다.

> "혹시 그 새를 보신다면 제발 친절히 대해주시겠어요? 그래야 그 새가 우리에게 줄 것을 주니까요. 우리가 그 새를 필요로 하는 것은 우리 행복 때문이니까요."

우리가 글로벌화란 깃발을 걸고 바깥에 나가 고생을 한 것도 내 안에 있는 그 새를 보기 위해서였다. 우리는 그것을 볼 눈이 없어 그동안 너무 불친절했다. 우리의 행복을 위해서라도 내 안에 있는 그것에 친절해져야 하지 않겠는가.

정리

학생들이 글로벌화 훈련을 통해 얻은 글로벌화의 힘과 로컬화의 힘을 정리하면 다음 표와 같다. 오른쪽으로 갈수록 왼쪽 개념의 세부 측면을 나타낸다.

글로벌화의 힘	국제활동의 힘	
	영어귀신을 물리친 힘	
	지구인의 힘	
로컬화의 힘	지식의 힘	뿌리 지식의 힘
		공부의 힘
	태도의 힘	받아들이는 힘
	지혜의 힘	인간을 아는 힘
		내 꼬락서니를 아는 힘
		나의 힘을 아는 힘
	믿음의 힘	혼자 서는 힘
		자기 믿음의 힘
		나서는 힘
	정서의 힘	

　글로벌화의 힘은 가시적으로 확인할 수 있다. 국제활동을 하는 힘, 영어에 대한 강박을 넘어 국제 커뮤니케이션의 수단으로 활용할 수 있는 힘, 지구인으로서의 정체성을 갖는 데서 나타나는 힘 등은 글로벌화라는 개념의 동어반복과 같은 것이다. 글로벌화를 감당할 보다 근본적인 힘은 로컬화의 힘에서 찾을 수 있으며, 그 힘이 갖추어져야 글로벌화의 도전을 무리 없이 소화할 수 있다는 것이 우리가 발견한 일차적 진실이다.

　우리가 발견한 이차적 진실은, 로컬화의 힘은 다섯 가지로 구성되어 있다는 것이다. 지식 위주의 교육에서 벗어나려고 할 때, 글로벌시대의 교육을 디자인할 때 이 다섯 가지 힘을 키울 것을 목표로 삼을 수 있다. 다섯 가지 내면적 힘들이 형성되는 논리적 순서는 다음 도식과 같다. 그 힘의 총화를 공력이라고 한다면, 다음 도식은 '공력 높이기 모델'이라고 할 수 있다.

　공력이 커지기 시작하는 출발은 태도의 변화에서부터이다. 태도의

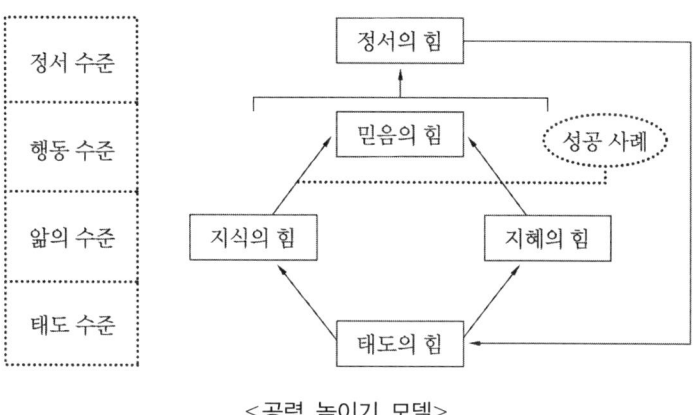

<공력 높이기 모델>

힘은 힘든 과제에 대해 부정적인 경향성을 긍정적으로 수용하는 경향성으로 전환하는 데서 커간다. 그래서 태도의 힘의 핵심은 받아들이는 힘(수용력, 포용력)이다. 받아들이는 힘은 참아내는 힘(인내력), 익숙해지는 힘(적응력), 긍정하는 힘들이 상호 연관하여 커간다.

태도의 힘이 커지면서 지식의 힘과 지혜의 힘 모두가 커진다. 받아들이는 태세를 갖추었기에 과제 자체에 대한 지식이 급속히 늘고, 과제를 대하는 자기 자신과 인간에 대한 지혜가 커진다. '태도 수준'에서 커진 힘을 바탕으로 '앎의 수준'에서 지식과 지혜의 힘이 커간다.

지식의 힘은 지식의 양보다는 근본에 대한 지식, 즉 '뿌리 지식의 힘'에서 결정적으로 커진다. 지식의 양이 느는 것도 뿌리가 튼실해야 가능하다. 한편 지식은 공부가 습관이 될수록 늘어난다. 이를 '공부의 힘'이라고 불렀는데, 지식나무 전체를 꾸준히 키울 삶의 기반이다.

지혜의 힘은 크게 세 가지, '인간을 아는 힘', '내 꼬락서니를 아는 힘', '나의 힘을 아는 힘'으로 구분할 수 있다. 나와 인간 모두에 내재한 실망스럽고 추악하기까지 한 경향을 아는 것이 지혜의 핵심 부분이다. 이를 통해 내면의 평화가 커짐은 물론 인간관계에서도 물결을 타듯 화합하여 나가는 역량이 생긴다. 나의 힘을 아는 힘은 비전을 뚜렷이 세워줌으로써 미래를 창조하는 에너지로 전환된다.

지식의 힘과 지혜의 힘이 커지면 당면 과제를 성공적으로 수행해낼 가능성이 높아진다. 이를 통해 새로운 성공사례, 혹은 성공담이 창출되면서 공력의 비약적인 발전이 가능해진다.

성공사례가 발생하면서 자기 역량에 대한 믿음이 생겨나는데, '자기 믿음의 힘'은 다가오는 과제에 대해 적극적으로 행동하는 힘으로 전환된다. 구체적으로는 혼자 서는 힘(독립성)에서부터 크기 시작하여 독립에 성공하면서 자기 믿음의 힘(자신감)으로 전환되고, 이를 통해 적극적으로 문제해결에 나서는 행동력(적극성)으로 전환된다. '태도 수준'에서 생긴 힘이 '앎의 수준'에서 정돈되고, 믿음의 힘을 통해 '행동 수준'에서 드러나는 한 과정이 완료된다.

태도, 앎, 행동의 세 가지 수준에서 발생하는 네 가지 힘들이 삶에서 닥치게 되는 과제들을 대면해나가는 데 직접적으로 필요한 인간적 역량이다. 반면 이러한 힘들이 종합적으로 발휘되어 생긴 성공사례, 훌륭한 인간관계, 환희의 기분 등은 인생에서 간접적이지만 꾸준히 참조할 정서적 귀의처가 된다. 정서적 힘은 그 의지처에 마음의 창을 여는 힘, 인생의 신비에 이끌림의 힘, 그리고 훌륭한 조언을 주는 힘 등으로 구분해볼 수 있다. 이것이 네 번째 '정서 수준'에서 작동하는 힘이다. 이 힘은 다시 새로운 과제를 대하는 태도의 힘을 높여주는 역할을 한다.

출발은 태도의 힘이 크는 데 있다. 이것이 우리가 발견한 두 번째 진실의 뿌리이다. 우리는 경험을 통해 어떤 대상에 대해 좋아하거나 싫어하거나 그저 그런 태도를 형성해간다. 사람에 따라 대상별로 태도가 다른 데 초점을 맞춘 것이 20세기 미국 심리학계의 주된 관심이었다.

그러나 우리가 여기서 관심을 갖는 대목은 사람별로 대상에 대해 다른 태도를 갖고 있는 측면, 즉 태도의 다양성 문제가 아니다. 낯선 대상과 힘든 과제 혹은 문제에 대해 인간이 공통으로 갖고 있는 부정적인 태도를 긍정적으로 받아들이는 태도로 바꾸는 것이 우리의 관심사이다. 그런 변화가 인간의 내적 역량을 높이는 핵심 고리이기 때문이다. 인간의 총체적 역량의 향상에 대한 관심 때문에 태도의 힘에 관심을 갖고, 그로부터 발생하는 네 가지 힘에 주목하는 것이다.

우리는 이 힘들의 종합적 앙상블, 혹은 총화를 '인간적 역량' 혹은 '내면의 힘'이라고 불렀고, 앞으로는 '공력'이라고 부를 것이다. 그것이 우리가 인도까지 가서 찾았던 파랑새이다. 그것이 글로벌화의 힘을 뒷받침하는 로컬화의 힘이다. 그 힘을 키우는 것이 글로벌화의 시대를 혹은 인생을 살아가는 데 있어 결정적인 사안이다.

3부
하나뿐인 창문을 열다

앞에서는 다섯 가지 힘들의 종합적인 앙상블을 '인간적 역량' 혹은 '내면의 힘'이라고 불렀는데, 여기에서는 '공력'이라 부르고자 한다. 우리의 관심사는 '공력이 무엇이고, 어떻게 하면 공력을 높일 수 있고, 공력이라는 것이 우리 시대와 삶에 갖는 의미는 무엇인가'이다.

옛날에는 공력을 높이는 것이 몸과 마음을 전문적으로 수련하는 특수한 개인들의 과제였다. 그러나 글로벌화의 도전에 직면한 요새는 공력 높이기가 개인의 과제이면서 동시에 사회적인 과제가 되고 있다. 과거 국가나 칸막이 조직, 문화 차이 등 다양한 시·공간적 장벽으로 보호받을 수 있었던 개체들이 블랙홀과 같은 전 방위적 상호 뒤얽힘의 장 속으로 빨려들고 있다. 숱한 관계들과 정보들, 권력들, 애정들과 증오들이 전후좌우로 얽혀들면서 각 단위의 개체들은 정보와 권력이 임시적으로 모였다 흩어지는 데 따라 이리 휘둘리고 저리 출렁인다. 삶의 안정성 측면에서는 대단히 위험한 상황이다.

우리에게 요구되는 일차적 과제는 그렇게 모였다가 사라지는 숱한 관계들과 정보들과 권력들과 애증들을 감당하고 처리할 역량을 갖추는 것이다. 그런 점에서 새 시대는 과거와는 차원이 다른 역량을 요구한다.

과거에는 지식의 힘이 모든 정신적 역량의 중추를 차지했다. 그러나 이제는 마음도 전 방위적인 뒤얽힘 속에 빠져든다. 지적인 정보처리는 물론 태도, 지혜, 행동, 정서 등 마음의 전면이 다양한 도전에 처해 있다. 지식이 아무리 많아도 태도의 힘이 약하면 견디지 못하게 되어 있다. 마음의 전 측면, 전 수준이 새로운 무장을 하지 않고서는 파국적인 사태를 감당할 길이 없다. 이것이 우리가 공력 높이기를 새로운 시대의 주요 과제로 삼는 이유이다.

한때 절이나 무당산, 화산 등 한정된 곳에서 한정된 사람들의 문제였던 공력 훈련이 전 지구적 문제로 확산되었다. 종교는 물론 국제 및 국가 정치, 회사운영, 공교육 및 사회교육 등 사회 전반이 이 과제에 더욱더 직면해간다. 거의 모든 마음과 정신 속에서 더 큰 힘을 요구하고 있으며, 전 방위적 마음 역량의 강화를 요구한다. 낡고 주술적인 개념인 '공력'을 꺼내어 지금 거론하는 것은 우리 앞에 닥친 전면적 도전에 대처하기 위한 것이며, 그 싸움의 물꼬를 파국이 아닌 창조의 방향으로 트고자 하는 것이다.

인도 창 과정도 컴퓨터나 영어의 지식 훈련이 아니라 삶의 전 방위적인 공력 훈련이었다. 그래서 인도 창 경험에 대해 한마디로 정리할 수 있었다.

"도를 닦았어요."(이석천)

7장

공력

    필자가 인도 창 학생들을 격려하기 위해 강조한 개념은 '전사의 힘 (warrior's power)'이었다. 당시에는 적절한 우리말이 생각나지 않아 영어로 '파워'라고 불렀다. 그 힘이 커야 인도 창에서 다가올 많은 도전들을 극복할 수 있다는 뜻이었다. 초기의 비장한 마음 상태에서는 전사라는 말도 파워라는 말도 현실성을 갖는 개념이었다.

    돌이켜보건대 파워라는 말은 '공력'이라고 해야 더 적절하고 포괄적인 뜻을 가진다. '공력'이라는 말은 북방불교에서나 무술영화, 무협지를 중심으로 한 비공식적 영역에서 떠돌았기에, 새로운 시대의 공식적인 개념으로 쓰이기 위해서는 먼지 털기의 과정이 필요하다.

    이 말이 우리에게 다가온 것은 1960년대 이후이다. 홍콩 무협영화와 무협지가 이 말을 전파한 주요 매체였다. 자연과 몸 안에 있는 기(氣)를 모으고 흐르게 하는 수련을 통해 쌓는 힘으로 무술이나 의술, 통찰력이나 지혜로 나타나는 힘을 말한다. 그러나 당시는 근대화 캠페인이 한창이었던 때로, '기'나 '기공' 같은 해괴한 것들을 드러내놓고 얘기하기가 곤란했다.

    공력(功力)이니 내공(內功)이니 하는 말이 우리의 일상무대에 부상한 것은 1990년대가 아닌가 한다. 서구인들이 인도를 찾아다니고, 중국의 노자를 찬양하고, 중국식 기공과 불교식 명상을 배우기 시작한 이후 한국인들도 '미신'이라는 강박관념에서 벗어나 라즈니쉬의 책을 열심히 번역해 읽고, 요가나 국선도를 배우기 시작했다. 영화 <매트릭스>를 통해 서양인들이 기를 운용하여 하늘을 붕붕 날고, 가부좌 틀어 명상하는 장면을 인상 깊게 본 이후로 한국인들은 드러내놓고 공력이라는 말을 쓰고 있다.

> "구자춘 전 시장은 3핵 도심 추진에 공력을 집중했다. 3핵 도심 중 개발의 손길이 미치지 않은 곳은 강남이었다. 그는 강남 개발에 뛰어든다."("[화제] 서울공화국 '개발 야사' ", ≪뉴스메이커≫, 2003.8.29.)

> "한나라당발(發) '물갈이론'이 재점화하고 있다. 단식과 등원거부 등으로 특검정국을 정면돌파한 당지도부가 남은 공력을 모두 물갈이에 쏟아부을 조짐이다."("한나라 공천물갈이 태풍", ≪세계일보≫, 2003.12.8.)

위 표현에서 공력(功力) 개념은 "애써 들여 쌓는 힘"이라는 국어사전적 정의와 부합한다. 공(功) 자가 '노력의 쌓임(勞之積也)'이라는 뜻이고, '애써'의 '애'가 몸과 마음의 수고스러움이니, 공력은 '노력과 수고가 쌓여 축적되는 힘'을 뜻한다. 이는 영어로 번역할 때 'effort(노력)'라는 단어를 쓰는 것과 상통한다. 이로써 공력 개념의 첫 번째 특징은 '노력이 쌓이는 데서 생기는 힘'이라 하겠다. 다음 언급들에서는 공력에 필요한 '노력'의 성격이 드러난다.

> "오 본부장은 아무리 일에 쫓겨도 한 달 평균 열 권의 책을 읽는 등 '공력 쌓기'에 여념이 없다. 보안업계의 미래를 이끌고 있는 프로페셔널 오 본부장의 올해 행보를 주목해본다."("[e여성] 오세현 인젠 컨설팅 본부

장", ≪전자신문≫, 2003.1.4.)

"우리 주변에서 건강에 좋다고 반짝 인기를 끌다가 이내 시들해진 먹거리들이 얼마나 많은가. 하지만 음식에 들이는 시간과 공력은 갈수록 줄어들고 있다. 깊은 맛은 사라지고 겉저리만 횡행하고 있다."("[오늘] 김치를 위하여", ≪경향신문≫, 2003.11.30.)

위 표현들은 공력은 단순히 애만 써서 쌓이는 것이 아님을 암시한다. 노력과 수고에다가 '정성'이라는 요소가 첨가되어야 한다. 정성이 덧붙여질 때, 오랜 기간 어려운 과제를 대면하면서 세세하고 미묘한 대목까지 소화해낼 능력이 생긴다는 뜻이다. 정성을 들이지 않는 단순한 수고로는 힘이 모이지 않기 때문이다. 이런 뜻을 살리고자 할 때 공력은 영어로 'earnest effort(진지한 노력)' 혹은 'elaboration(공들여 함, 정성 들여 만듦)'으로 번역한다. 이렇게 볼 때 공력은 '정성과 공을 들인 노력으로 쌓이는 힘과 능력'이라고 정리할 수 있겠다. 이것이 공력의 첫 번째 뜻이다. 두 번째 뜻을 보자.

"<씨앤에스테크놀로지>의 서승모 사장은 '현상을 파악하고 일을 꿰어내는 능력이 탁월하다'고 채 회장을 평가한다. 서 사장은 과장된 표현을 곁들여 '우리 같은 평범한 사업가와는 공력에서 차이가 난다'고 말했다."("[인물탐구] 채규철 씨큐어넷 회장", ≪매일경제≫, 2001.6.14.)

"한진섭 씨의 돌조각에서는 인간의 체온 같은 것이 느껴진다. 차가운 돌에 따뜻함을 담는다는 것은 조각가의 공력과 마음이 그 속에 오롯이 스며들지 않고는 불가능할 터이다. 한씨의 공력은 돌을 잘 안다는 데서 생기는 것 같다."("이웃 닮은 조각 '만져보세요' …… 한진섭 조각전", ≪굿데이≫, 2002.11.17.)

이러한 표현들은 높은 공력을 쌓은 사람은 사물에 대한 통찰력을 갖는다는 것을 암시한다. 외공과 내공이라는 말이 있듯이 공력은 외적이고 가시적인 힘으로도 드러나지만, 직감적인 통찰의 힘으로도 발현된다. 공력의 범위는 물리적인 차원뿐 아니라 정신적이고 영적인 차원까지 포괄한다.

공력이 물리적·정신적·영적 범위까지 포괄하는 것은 전통적인 기공(氣功)에서의 기(氣) 개념과 연관을 갖기 때문이다. 기공사들은 기를 두 가지 형태로 구분하는데, 사람의 오관을 통해 감촉하는 형태와 의지나 영감 등 마음으로 느끼는 형태가 그것이다. 이 두 가지 물리적이고 정신적인 기가 서로 간섭 교차하여 변화를 일으킨다는 것이다. 인체 내외의 기를 잘 조화시키면 진기촉진, 질병예방을 통한 무병장수 등 신체적 효과뿐 아니라 도덕수양, 지력과 특수능력 개발 등 정신적·영적인 효과도 나타난다. 이에 따라 기공도 신체단련을 위주로 하는 명공(命功)과 정신수양을 위주로 하는 성공(性功)으로 나뉜다.

여기서 후자, 즉 지혜, 통찰력, 덕, 초능력 등 영적 차원을 강조할 때는 불교에서 사용하는 공력 개념, 즉 '공덕(功德)의 힘'이라는 뜻과 상통한다. 이런 공력 개념을 영어권에서 정의를 내릴 때는 "엄격한 불교 수행을 통해 얻는 덕(merit)"이라고 풀이한다. 이렇듯 '육체적이고 물리적이면서 동시에 정신적이고 영적인 능력과 힘'을 뜻한다는 것이 공력의 두 번째 특징이다. 다음 언급은 공력이 보통의 정신능력을 표현하는 개념과 결정적으로 다른 성격임을 드러낸다.

"서양 판타지가 주를 이루는 3D 온라인 게임에 익숙한 분들이라면 '디오'에서 사용하는 단어들이 처음에는 생소하게 느껴질 거예요. '레벨＝공력' '유저＝협객' '스킬＝무공' '길드＝문파' '퀘스트＝협행' 등 명칭들부터 무협의 분위기를 잘 살려주고 있어요."("[게임 따라잡기] 풀3D 무협액션 '디오' ", 《경향신문》, 2003.12.21.)

이 게임의 제작자들은 공력을 레벨(level)과 등치시킴으로써 공력을 쌓는 수준은 사람마다 다르다는 것, 나아가 공력은 양으로 환산할 수 있다는 것을 암시한다. 즉, 공력은 개성에 따라 다르다기보다는 총량으로써 강약과 우열을 나눌 수 있다는 것이다. 이로써 '쌓은 정도에 따라 능력과 힘의 수준이 다르다'는 것이 공력의 세 번째 특징이다.

공력의 마지막 특징은 개개인이 그 힘의 창고를 여닫는 열쇠라는 점이다. 공력 창고에 도달하는 것도 개인의 의식을 통해서이고, 그 창고를 채우는 통로도 개인이요, 창고에 쌓인 것들을 바깥으로 풀어내는 매체도 개인이라는 것이다. 그렇기 때문에 '한국 사회의 공력'이라든지 '강원도의 공력'처럼 거대집단을 공력의 책임자로 쓰기는 곤란하다. 그러나 앞의 인용구들에서처럼 '당지도부의 공력'이라든지 '연극배우들의 공력'처럼 작은 집단을 공력의 매개체로 표현하는 것은 가능할 것이다. 그러나 이 경우에도 공력이 축적되고 발현되는 구체적인 과정에서는 지도자급에 해당하는 개인들의 힘이 다른 사람에게 공유된 것이기에, 결국 공력의 매개체는 개인이라 하겠다. 공력의 네 가지 특징들을 정리하면 다음과 같다.

첫째, '정성과 공을 들인 노력으로 쌓이는 능력과 힘'이며,
둘째, '물리적·육체적 차원은 물론 정신적·영적인 차원에까지 포괄적으로 작동하는 힘'이고,
셋째, '그 힘의 크기에 따라 능력의 수준과 우열의 차이가 있고',
넷째, '개인을 통해 쌓이고 실현된다.'

위에서 첫 번째, 즉 '정성과 공을 들여야 쌓이는 힘'의 성격은 공력 훈련의 측면에서는 결정적으로 중요하지만, 일반적인 교육훈련에서 공통적으로 요구되는 것이므로 공력의 개념적 특성을 알기 위해서는 뒤의 세 가지 측면을 구체화할 필요가 있다.

육체-정신-영성의 힘

물질이라고 생각한 물이 말귀를 알아듣고 음악도 들으며 기도에 반응도 한다. 이런 황당한 물의 모습은 『물은 답을 알고 있다』를 저술한 에모토 마사루의 다양한 물 결정 사진을 통해 드러났다. 그는 오랜 물 결정 연구를 통해 물이 자연환경이나 약품 등 물리적인 자극에 반응할 뿐 아니라 언어나 음악 등 지적이고 감성적인 자극에 반응하는 '생각하는' 존재라는 사실을 밝혔다. 소독약을 처리한 수돗물은 결정이 안 생겼지만, 산속에 흐르는 물은 예쁜 결정을 맺었다. 헤비메탈 음악이나 '망할놈'이란 글을 접한 물은 험악한 모습을 드러냈지만, 클래식 음악이나 '고마워'의 글을 접한 물은 아름다운 꽃처럼 피어났다. 물도 인간과 똑같이 물리적 환경과 교류할 뿐 아니라 지적이고 감성적인 자극에도 반응한다는 것이다.

놀라운 것은 물이 일본어, 한국어, 독일어를 가리지 않고 모든 언어의 의미를 알고 있을 뿐 아니라 연구자도 몰랐던 지구 저편의 핵실험에도 험악하게 반응하며, 사람들이 모여 호수를 향해 드린 기도에 아름답게 응답하고, '사랑과 감사' 같은 높은 종교적 개념에 가장 훌륭한 꽃으로 결정을 맺는다는 사실이다. 물이 귀신처럼 행동한다는 것이다. 물이 언어의 차이를 넘는 차원에서 그 의미를 알아 반응한다는 것은 인도의 한 수행자가 100년 전 미국을 방문하면서 생전 몰랐던 영어를 훌륭히 구사했던 것과 유사하며, 지구 저편의 핵실험에도 반응한다는 것은 공간적 거리를 뛰어넘어 텔레파시 능력을 보이는 사람들과 같고, 기도나 '사랑과 감사' 같은 자극에 가장 아름답게 피어났다는 것은 영적 깨달음이나 각성을 통해 아름답게 변신한 수행자들을 연상시킨다. 물은 보통 인간도 미숙한 영적 커뮤니케이션까지 수행하는 것이다.

물이 보통 인간처럼 물리적·정신적 자극에 반응할 뿐 아니라 초능력을 가진 사람들처럼 영적 자극에도 반응한다는 것이 시사하는 바는, 자연이 이제까지 '물리적 영역'이라고 생각했던 차원에서만 작용하는 것이 아니라 정신적 영역, 나아가 초정신적 영역에서도 작동한다는 것이다. 물은 살아 있을 뿐 아니라 보통 인간보다 더 다차원적인 형태로 살아 있다. 비단 물만 그런 것이 아니며, 자연은 다차원적으로 정보를 주고받으며 처리한다는 의미에서 다차원적으로 살아 있다.

자연의 초능력 현상을 설명하기 위해 과학자들은 장(場, field) 이론을 적용한다. 그 핵심을 간략하게 요약하면, 기존의 근대과학적 사고처럼 독립적 개체들이 모여 하나의 공통체를 형성한다는 관념에 반하여, 관련된 개체들을 포섭하는 에너지 장이 우선적으로 존재한다고 전제한다. 그 장 안의 복합적인 상호작용에 따라 개체는 자신의 성격과 위상을 바꾸며, 심지어는 존재조차 장의 상호작용에 따라 생멸한다. 상호작용으로 구성된 장은 개체의 존재보다 우선하는 것으로, 개체는 장이라는 보다 포괄적인 마당 속의 관계와 상호작용의 부분으로만 존재하고 변화하고 사라진다는 것이다.

장과 장 사이의 관계도 여러 장들을 포괄하는 보다 보편적인 장들이 중층적으로 얽힌 구조를 상상할 수 있다. 개체로부터 장으로, 각 장들로부터 그 장들을 포괄하는 보다 지배적인 장으로 중층적으로 배열된 구조이다. 장 내부의 혹은 장간의 상호작용과 관계가 물결치면서 개체들이 생성, 변화, 소멸하는 것이 자연의 보다 정확한 모습이다.

이를 통해 우리는 물이 보인 이상한 커뮤니케이션을 이해할 수 있다. 장은 4차원 이상의 차원에서도 작동하므로 장을 매개로 개체간 정보교환이 일어나면 물처럼 대화할 수 있다. 정보는 고차원의 장을 통해 문화적 장벽과 거리의 장벽, 심지어는 시간의 장벽을 넘어 교환될 수도 있다. 화엄경에 나오는 인드라망처럼, 하나의 구슬을 통해 다른 모든 구슬을 볼 수 있는 구조, 그것도 거리나 시간의 벽을 넘어서 모든 구슬을 볼 수 있는 구조이다. 그 구슬들은 독자적으로 존재하는 것이 아니라 관계와 상호작용의 중층적이고 복합차원적인 얽힘의 상대적 응결로 존재한다. 하나의 구슬은 전 우주와 관계를 맺고 상호작용하는 통로이다.

새로운 물리학의 자연관을 전제하면 '공력' 개념이 전제한 기(氣)를 보다 쉽게 이해할 수 있다. 기는 복합차원적인 관계와의 상호작용을 가능케 하는 에너지이다. 그 에너지가 3차원적 형태로 드러날 때는, 우리가 통념으로 알고 있는 육체와 정신으로 구현된다. 그러나 보다 고차원적인 양상으로 드러날 때는 문화적 장벽을 넘어 다른 언어를 이해하는 능력으로, 먼 거리와 과거에 일어난 사건에 반응하는 초월적 커뮤니케이션 채널로 전환될 수 있다.

공력은 힘인 한 에너지를 갖는다. 그 에너지는 다양한 형태로 나타나기 전의 기운이라는 점에서 기이다. 그 에너지가 발현될 때는 세 가지 형태로 나타난다. 물리적, 육체적 형태가 그 하나요, 지적, 정신적, 정서적 형태가 그 둘이요, 지혜와 초능력, 영적인 형태가 그 셋이다. 아인슈타인의 $E = mc^2$ 공식을 적용하면 공력은 에너지로서 E를 나타낸다. 그 에너지가 나타나는 세 가지 양태가 m으로 표시된다.

중요한 것은 세 가지 양태로 나타나는 m이 하나의 근원적인 E로 환원될 수 있다는 것이다. 그 에너지는 육체적인 힘으로도 발현되고, 지식의 힘으로도 전환되고, 영적인 능력으로도 전환될 수 있지만 근원적으로는 동일하다. 인간뿐 아니라 물과 흙과 바람까지도 그 에너지의 변형체이고, 귀신이나 우주인, 태양으로도 나타난다. 그 에너지를 공력이라 할 수 있다. 이처럼 다양한 형태로 드러나지만 질적으로는 동일한 에너지이기에 공력을 '육체-정신-영성의 힘'이라고 표시할 수 있다.

근원적 에너지로서의 공력은 육체, 정신, 영성의 여러 힘으로 우리 삶의 무대에 드러나고, 다시 삶의 과제들을 수행하면서 커진 우리의 힘들이 공력 전체의 에너지를 높인다. 공력을 포괄적으로 논하기 위해서는 육체적 힘도 포함을 시켜야 하겠으나, 공력 훈련이라는 측면에서 보면 몸의 힘 키우기는 몸 자체의 수준보다는 정신적·영적 수준에서 생각해야 한다. 따라서 육체적 수준의 힘은 정신적·영적인 수준으로

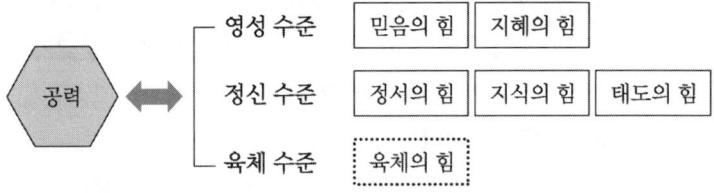

환원하여 논의할 수밖에 없다. 위의 그림은 공력과 현실에서 드러나는 힘과의 상호관계를 정리한 것이다.

앞서 정리한 태도, 지식, 정서, 믿음, 지혜는 정신과 영성 차원에서 우리 삶에 드러난 힘들인데, 이 힘들은 공력이 우리 삶에 드러난 양태이다. 그런데 이 드러난 힘들은 다시 공력으로 환원되어 공력의 장에 저장되고, 적절한 때에 다시 현실로 드러나 발현된다. 그런 점에서 위 그림에서 ⇔의 기호는 $E = mc^2$의 =를 대체한 것으로 보아도 좋다.

공력이라는 개념을 통해 육체, 정신, 영성의 통합 에너지를 상정하면, 지식 능력의 향상을 주로 추구한 기존의 교육 및 이념에 비해 훨씬 큰 에너지를 개념적으로 확보할 수 있다. 이처럼 보다 큰 에너지를 개념적으로 포착함으로써 새로운 시대의 도전이 요구하는 힘의 양을 확보할 수 있다.

나아가 지식교육의 측면에서도 보다 다양한 힘들의 연관성을 고려하며 접근할 수 있다. 현재의 교육 패러다임에서는 지식이나 기법 이외의 능력에 대해서는 무관심하거나, 지적 능력이 떨어지는 사람에 대한 포기를 제도화하는 경향이 있다. 그러나 삶의 현장에서는 지식 이외에 정서적 힘, 인간관계 능력, 적극적 태도, 자기 믿음 등이 지식 이상으로 요구되는 경우가 많다. 인도 창 출신들의 경험에서 드러나듯 지식의 힘을 키우기 위해서라도 공부에 대한 태도와 자기 역량에 대한 믿음의 문제가 더 중요하게 고려될 수도 있다. 이렇듯 삶에서 필요한 힘들이 다양하고 상호 관련되어 있다는 점에서, 통합적 역량으로서 공력 향상을 목표로 설정하면 관련된 다른 힘들을 결합해냄으로써 시너지 효과를 볼 수 있고, 지식교육에서도 보다 근본적인 곳을 건드릴 수 있다. 이른바 '전인교육'의 구체적인 터전이 확보된다.

육체, 정신, 영성의 총화로서의 공력은 지식에 비해 보다 큰 에너지원이 되면서, 구체적 훈련 상황에서 근본적이고 포괄적인 접근을 가능케 한다. 이 두 가지 측면에서 포괄적 역량으로서의 공력은 지식 패러다임을 대체할 에너지가 된다.

수준을 나누는 힘

바둑의 고수 둘이 만나 대국을 시작했다. 한 기사가 오래 생각하다 먼저 한 점을 놓았다. 상대는 그보다 더 오래 생각하더니 심각한 표정을 지으며 "졌소!"라고 했다. 한 점을 보고 자기보다 고수임을 알았다는 것이다. 두 짐승이 만나 눈으로 기싸움을 하다가 실제 싸워보지도 않고 한 짐승이 꼬리를 내리고 돌아선다는 얘기와 같다. 이런 종류의 얘기는 무협지에 숱하게 나오는 기담이지만, 우리 삶의 현장에서도 자주 발생한다. 처음 만나는 사이에서, 인터뷰 현장에서, 일하는 과정에서, 혹은 토론 자리에서 수시로 발생하는 일이다. 고수와 하수의 뚜렷한 능력 차이를 드러내는 얘기이다. 다만 하수가 스스로 하수인지를 모를 정도로 무지한 경우라면, 상처가 나봐야 자기가 하수라는 것을 알게 되어 있다.

공력은 누구에게나 똑같은 양으로 발현되지 않고 수련한 만큼 그 힘의 차이가 난다는 게 또 다른 특징이다. 사람마다 발휘하는 공력의 양에 차이가 있고, 그 양의 차이가 능력과 힘의 질적 차이를 갖고 온다는 것이다. 아마도 이를 가장 적나라하게, 그것도 과학적인 방식으로 드러낸 사람이 『의식혁명』을 쓴 데이비드 호킨스(David Hawkins)이리라.

운동역학자인 그는 사람이 어떤 사물을 지각하고, 어떤 관념을 생각하고, 어떤 느낌을 갖느냐에 따라 근육의 힘이 달라진다는 사실을 수백만 건의 실험을 통해 확인했다. 예수를 생각하는 것과 히틀러를 생각하는 것 사이에는 근육 힘의 엄청난 차이가 있다. 클래식 음악을 들으면 힘이 커지지만, 헤비메탈 음악을 들으면 근육의 힘이 약화된다. 멀리서 두 사과를 차례로 보여주면 한 사과는 근육의 힘을 높이지만, 다른 사과는 그 힘을 감소시킨다. 후자의 사과는 농약을 친 것이다.

이런 현상이 가능한 것은, 에모토 마사루의 물 결정 실험에서 제시한 장 이론이 설명하듯이, 인간의 의식이 원초적인 우주의 에너지 장과 연계되어 있기 때문이다. 개개인의 마음은 거대한 우주적 데이터베이스에 연결된 컴퓨터 터미널에 비유할 수 있는데, 그 거대한 데이터베이스는 인류의 의식창고 장이다. 인간으로 존재한다는 것은 바로 그 데이터베이스 장에 참여한다는 것이며, 개인의 의식은 전 인류의 공통의식에 뿌리를 둔 데이터베이스의 개인적 표현일 뿐이다.

호킨스는 숱한 실험을 통해 온갖 사물을 의식 상태로 정리하고, 의식의 상태에 따라 나타나는 힘의 차이를 0에서부터 1,000까지의 지수로 표현하였다. 그의 '의식의 지도'는 다음에 나오는 표와 같다. 이는 인간의 공력 수준을 최고단계에서부터 최저단계까지 정리한 것이라 볼 수 있다.

<데이비드 호킨스의 '의식의 지도(A Map of Consciousness)'>

신의 관점 God-view	세속의 관점 Life-view	수준 Level	대수의 수치 Log	정서 Emotion	과정 Process
자아 Self	존재 Is	깨달음 Enlighten-ment	700~1,000	표현할 수 없는 Ineffable	순수 의식 Pure-Consciousness
전 존재 All-Being	완전한 Perfect	평화 Peace	600	축복 Bliss	자각 Illumination
하나 One	전부 갖춘 Complete	환희 Joy	540	고요함 Serenity	거룩함 Transfigura-tion
사랑하는 Loving	자비로운 Benign	사랑 Love	500	존경 Reverence	계시 Revelation

신의 관점 God-view	세속의 관점 Life-view	수준 Level	대수의 수치 Log	정서 Emotion	과정 Process
현명함 Wise	의미 있는 Meaningful	이성 Reason	400	이해 Understanding	추상 Abstraction
인정 많은 Merciful	화목한 Harmonious	포용 Acceptance	350	용서 Forgiveness	초월 Transcen- dence
감화 주는 Inspiring	희망에 찬 Hopeful	자발성 Willingness	310	낙관 Optimism	의향 Intention
능력을 주는 Enabling	만족한 Satisfactory	중립 Neutrality	250	신뢰 Trust	해방 Release
용납하는 Permitting	가능한 Feasible	용기 Courage	200	긍정 Affirmation	힘을 주는 Empower- ment
무관심한 Indifferent	요구가 많은 Demanding	자존심 Pride	175	경멸 Scorn	과장 Inflation
복수에 찬 Vengeful	적대의 Antagonistic	분노 Anger	150	미움 Hate	공격 Aggression
부정하는 Denying	실망하는 Disappoint- ing	욕망 Desire	125	갈망 Craving	구속 Enslavement
징벌의 Punitive	무서운 Frightening	두려움 Fear	100	근심 Anxiety	물러남 Withdrawal
경멸의 Disdainful	비극의 Tragic	슬픔 Grief	75	후회 Regret	낙담 Despondency
비난하는 Condemning	절망의 Hopeless	무기력 Apathy	50	절망 Despair	포기 Abdication
원한 품음 Vindictive	사악한 Evil	죄의식 Guilty	30	비난 Blame	파괴 Destruction
멸시하는 Despising	비참한 Miserable	수치 Shame	20	굴욕 Humiliation	제거 Elimination

위로 올라갈수록 근육의 힘을 강화하는 의식 수준을 나타내는데, 대수로 표시된 힘의 크기를 실제 물리학적 수치로 나타내면 각 대수에

십승을 한 수치이니, 한 단위만 차이가 나도 실제 물리적 힘의 차이는 비교가 안 될 정도로 커진다. 그렇기 때문에 "지구 인구의 15%가 분기점인 200 이상의 의식 수준에 속하지만, 15%의 집단적인 힘은 전 인구 85%의 부정적인 에너지를 상쇄시켜" 현재와 같은 질서를 유지케 한다. "사랑($10^{350만}$ 마이크로 와트)과 두려움($10^{-7억\ 5,000만}$ 마이크로 와트)의 차이는 너무나 커서 인간이 감히 상상할 수 없는 영역이다."

몇 가지 사례를 들면 인도를 지배한 영국 식민주의는 '자존심'(175) 수준이지만, 이와 맞선 간디의 의식 수준은 '보편적 진리'(700) 수준이다. 데카르트, 뉴턴, 아인슈타인 등 뛰어난 학자들은 '이성' 단계의 최고치인 499를 기록한다. '보편적 진리'의 의식 수준인 700에 도달한 경우는 간디 이외에도 마더 데레사, 프랑스 영화 <그랑 블루> 등이 있으며, 1,000이나 그 이상에 도달한 사람들은 예수나 붓다 등 영적인 스승들이다.

호킨스가 쓴 책의 원제는 *Power vs. Force*인데, '눈에 보이는 힘(force)과 인간에게 내재된 진실한 공력(power)'으로 구분된다. 앞선 논의와 연결하면 '공력(power)'이라는 잠재력이 개개인의 의식 수준에 따라 '힘(force)'으로 드러난다는 논리적 구도이다.

호킨스의 의식 지도는 크게 세 단계로 나눌 수 있다. 아랫부분 1~199까지는 물질에 대한 집착과 소아적인 에고에 의해 작동하는 의식 상태이다. '수치'(20)나 '죄의식'(30)처럼 삶의 기력조차 유지하기 힘든 공력 수준에 비교하면, '분노'(150)나 '자존심'(175)처럼 외관상 적극적인 행동으로 드러나는 공력은 훨씬 크다. 일제의 강탈에 '분노'하고 민족의 '자존심'을 지키려는 행위는 일제에 대한 '두려움'(100)에 빠져 '무기력'(50)에서 벗어나지 못하는 것보다는 훨씬 영웅적이지만, 가시적이고 물리적인 비교 열등에 집착하고 남과 대립된 우리를 설정한다는 점에서는 소아적 에고를 벗어나지 못한 상태라 할 수 있다. 전 세계 인구의 85%가 이 수준의 평균 의식 상태에 있으니, 지구에서 벌어지는 사건의 본질을 보여준다고 하겠다. 이는 '육체와 물질'에 집착하는 의식 수준이다.

두 번째 단계인 200~499까지는 '정신'의 의식 수준이다. 사회 속에서 책임을 지며 공동체적인 관계를 유지, 발전시킬 정도의 공력이라고 하겠다. 이를 위해서는 남과 나 사이에 '중립'(250)에 설 시선이 필요하고, 차이를 '포용'(350)할 수 있어야 하며, 합리적이고 '이성'(400)적인 판단에 따라 사고하고 행동할 수 있어야 한다. 그럼에도 이 수준은 타협, 권력, 합리적 사고 등 사회를 유지하는 데 기반이 되는 수준을 벗어나지 못하는 한계를 갖고 있다.

최고 공력의 단계는 너와 나, 남들과 우리의 구분을 넘어서는 보편적 '사랑'(500)의 의식 수준에서 시작하며, 불화와 고통의 원인이 되는 개인적 에고와 사회적 정체성을 벗어나면서 궁극적으로 각종 구분과 차별을 넘어선 우주적 깨달음을 지향한다. 이는 500~1,000에 걸치는데, 전 인구의 0.4%만이 이런 의식 상태에 도달해 있다고 한다. 우리의 구분에 따르면 이런 의식 상태는 '영성'의 단계에 해당한다고 하겠다.

호킨스에 따르면 인류 전체의 평균 의식 수준은 오늘날 204로 측정되고 있으므로 사람들이 상상하는 것보다는 실제 매우 많은 사람들이 물리적, 소아적 에고에서 벗어나지 못하고 있다고 하겠다. 그래서 『프란시스 스토리(Francis Story)』에서는 "지금의 지구인을 천국에 갖다놓으면 견디지 못할 것"이라고 말했다. 평화를 아무리 원하는 것처럼 주장해도 "그 지겨운 정적을 감당해낼 역량이 없는" 지구인들은 천국에서도 전쟁을 일으키리라는 것이다. 의식 수준이 지금의 문명 행태를 결정한다는 지적이다. 현대 세계 질서에 모태가 된 서구 근대문명의 현실적 이념은 400대인 이성을 지향하지만, 200 이하의 물질적 집착이 뒤를 잡아당기면서 분수령인 200 전후에서 인류 공력의 평균치가 형성되고 있다고 보아야 할 것이다.

인도 창 학생들이 깨달았거나 일부 학생들이 몸으로 실현한 내적인 힘들을 호킨스의 의식 지도에 따라 추정해보면 ▲ 지식의 힘 중 '뿌리 지식의 힘'은 200(용기)~400(이성) 사이, '공부의 힘'은 310(자발성) 정도로 보인다. ▲ 태도의 힘 중 핵심인 '받아들이는 힘'은 200(용기)~250(중립)~350(포용)에 걸쳐 있는 것으로 보이며, ▲ '내 꼬락서니를 아는 힘', '인간을 아는 힘', '나의 힘을 아는 힘' 등 지혜의 힘은 350(포용, 용서)~500(사랑)에 퍼져 있고, ▲ 믿음의 힘인 '혼자 서는 힘'은 175(자존심)~200(용기), '자기 믿음의 힘'은 200(용기)~310(자발성), '나서는 힘'은 310(자발성)~500(사랑)까지 분포되며, ▲ 정서의 힘은 250(중립, 신뢰)~500(사랑)~540(환희)까지 분포되는 것으로 추정된다.

학생들이 얻었거나 지향점으로 삼은 공력의 수준은 대체로 200~400대, 즉 책임 있는 사회인이 갖추어야 할 '합리적 정신' 수준에 분포되는 것으로 추정된다. 개인별로 다르고, 사안별로 다르고, 체득한 정도도 다양하기에 정확한 지적은 불가능하다. 다만 많은 학생들이 그런 힘들을 알기 전에 보였던 문제 상황이 두려움(100), 욕망(125), 분노(150), 자존심(175)에 머물러 있었던 데 비하면 힘을 얻은 정도는 매우 크다고 하겠다. 몸으로 실현한 수준이 아니라 최소 감만 잡은 수준이라고 해도, 인생의 비전으로서 100대의 소아적 집착에서 200~400대의 합리적 지성을 지향하게 된 것이다.

호킨스에 따르면 한 인간의 인생 동안 평균 의식의 향상 수준은 5에 불과하기에 인도 창 학생들이 일 년 동안에 100~200 정도의 향상을 보였다고 할 수는 없다. 다만 분명히 지적할 수 있는 것은, 삶을 살아나갈 지향점의 수준이 그 정도로 높아졌다는 것이고, 적절한 계기만 주어지면 평균치보다 훨씬 높은 공력 향상을 내다볼 수 있다는 것이다.

힘의 크기에 따라 수준 차이가 발생한다는 의미에서 공력이라는 개념을 쓸 때, 삶 일반에서의 혹은 교육훈련에서의 보편적 지향점이 분명해진다. 육체, 정신, 영성의 힘을 포괄하는 공력은 그 안에서도 가장 높은 수준인 영성의 힘을 주된 목표로 지향한다. 그에 비하면 이제까지 교육이나 일에서 강조한 '지식'은 삶의 목적과 방향을 설정하는 데 저 수준의 비전이었다. 정신을 전면에 내세우면서(400대 이하) 물질적 욕구(199 이하)가 결합한 비전이었다. 인생을 물질적 수준과 정신적 수준에 한정해서 생각한 서구 근대적 비전의 한계이다.

공력 높이기는 영적인 힘을 키우는 것을 교육과 삶의 최고 목적으로 설정한다. 영성을 포함하는 공력은 근대 서구가 추구했던 물질적·정신적 힘보다 '고차원의 힘'을 지향한다. 마음의 평안과 사랑의 확산 등 영적인 힘이 가져다주는 의식 상태는 정신이나 물체에 대한 집착으로 풀 수 없었던 많은 문제들을 해결할 가능성을 높임으로써 보다 높은 비전을 지향할 수 있다.

호킨스에 따르면 전 인류의 평균 의식 수준은 몇 세기 동안 190에 머물렀으나 1980년대 중반에 갑자기 204 수준으로 향상되었다고 한다. 냉전이 끝나면서 화해와 민주화의 물결이 넘치던 때이다. 인류의 평균 공력이 200을 넘었다는 것은 '합리적 정신'의 근대적 이념이 더 이상 강력한 비전이 되지 못한다는 것을 시사한다. 향후 몇 백, 몇 천 년 동안 보다 높은 의식을 지향하는 사회적 이념이 필요하며, 그것은 '영적 의식'을 지향할 것이어야 할 것이다. 영적인 힘을 가장 높은 목표로 설정하는 '공력'이 시대적으로 유용한 근거가 된다.

힘의 양에 따른 수준 차이를 전제하는 공력 개념을 받아들이기 힘든 이유는 불평등의 개념을 암묵적으로 내포하고 있기 때문이다. 소아적인 자기과시욕에서 보아도 남들이 나보다 우월하다는 것을 인정하기는 힘들고, 합리적 지성의 눈으로 보아도 그것은 불평등이다. 차별을 인정하는 이념 중 제일 근접한 것이 기회의 형평주의 정도일 것이다.

그러나 사람마다 공력의 수준 차이가 매우 현격하다는 것은 엄연한 현실이다. 그것이 전생에 쌓은 공덕 때문인지 공력이 높은 부모를 만나서인지는 분명치 않으나 공력 수준의 차이는 일하고, 관계 맺고, 싸우는 일상적 행동의 수준 차이를 결정한다. 심지어 그 사람의 얼굴빛과 눈빛 차이를 결정하는 게 공력이다. 사람들은 그것을 본능적으로 알고 있기 때문에 새로운 집단을 꾸려도 곧 공력에 따라 리더, 조언자, 순응자, 반항자 등 적절한 자기 역할을 찾는다. 평등주의를 외치는 사람들도 자식을 결혼시킬 때나, 대학입시에서나, 새 직원이나 파트너를 찾을 때는 상대방의 공력 수준을 예민하게 냄새 맡고는 곧바로 꼬리를 내리거나 치켜세운다. 그것을 대세주의자나 추종주의자의 처세술로 볼 수는 없다. 그것은 물리적 힘의 논리인 것이다.

수준 차이를 전제할 때 도움이 되는 것은 자기 향상의 모델을 설정할 수 있다는 것이다. 선생을 찾을 때도, 친구나 애인을 사귈 때도, 삶의 방향을 정할 때도 향상에 도움이 될, 보다 높은 수준의 대상과 행로와 목표를 취할 수 있다. 공력이 수준 차이를 전제한다는 것은 '향상의 길'을 언제나 뚜렷이 지향한다는 뜻이다. 인류의식 혹은 우주적 장을 전제하면, 개인이 걸어가야 할 '향상의 길'은 인류의 원초적 의식이 설치한 삶의 지향성이며, 우주가 인간을 위해 제시한 길이라고 할 것이다. 공력 개념은 그런 우주적 향상의 길을 뚜렷이 포함함으로써 모든 개인으로 하여금 삶의 방향성을 갖도록 독촉하고 격려한다.

개인 내면에 쌓이는 힘

공력이라는 에너지는 '개인을 통해 쌓이고 실현된다'는 특징을 갖는다. 실제로 공력이 존재하는 창고를 물리적으로 확인할 수는 없으나, 그 힘이 드러나는 뚜렷한 매체는 개개인의 의식이다. 그런 점에서 '내면의 힘'이니 '내공'이니 하는 말이 의미가 있으나, 의식도 파고들수록 주·객관의 구분이 불분명해지는 지점에 도달하므로 '내부'라는 뜻은 상징적이라 하겠다. 중요한 것은 내부냐 외부냐가 아니라 공력의 구체적인 실현 매체가 집단이 아닌 개인이라는 점이다.

공력 개념을 많이 사용했던 불교에서는 수행 대상으로서의 마음을 개인적인 수준으로 설정하고, 수행의 주체도 개인으로 설정해왔다. 더 구체화하면 '나의 지금-여기'가 수행대상으로서 마음의 현실적 단위이다. 출가승들이 집단을 이루어 사제관계를 형성하고 서로 돕기는 하지만, 궁극적인 수행자는 선생도 사형도 아닌 나 자신이다. 마음이라는 것도 전생에서부터 내려오는 업력(karmic force)의 결과이자 과정이지만, 집단의 업이라는 것은 원칙상 상정하지 않는다.

그렇다면 집단적 공력은 상정할 수 없는 것인가? 연극을 예로 들면 "배우들의 공력이 높다"는 표현은 현실성이 없는가? 집단의 공력이 높아지는 경우는 분명히 상정할 수 있다. 그러나 어떤 과정을 통해서 집단으로서의 공력이 높아졌는지를 살펴보면 공력 자체가 집단적 성격이 아님을 알 수 있다. 연극집단의 공력이 높아지는 것은 연출자의 실력과 정성, 지도력이 자연스럽게 배우들과 스탭들에게 이전되어 전체적인 힘의 고양을 보이는 경우가 많다. 혹은 어떤 한 배우가 특별히 공력이 높아 주변 사람들이 그의 기운의 영향을 받아 전체 집단의 노력과 성과가 커지는 경우도 있을 수 있다.

이 경우 공력의 전달과정은 사회적 캠페인이나 대중 설득과는 다르다. 공력의 전달 형태는 마치 어떤 물체의 자장이나 전기장이 강력할 때 그 물체의 장에 새롭게 들어온 물체도 기존 장의 힘을 갖게 되는 것과 유사하다. 이럴 경우 그 집단 전체의 힘과 능력이 높아지긴 하지만 그 계기는 역시 특정 개인이다. 그 개인의 카리스마가 빠지면 집단의 공력이 이전과 같은 수준을 유지하기 힘들다. 예컨대 간디가 지도자로 있던 때의 인도와 그의 죽음 후의 인도를 비교하면 알 수 있다. 간디의 공력이 자장처럼 전 인도인에게 퍼지긴 했으나 그의 서거 이후 인도인들의 집단 공력이 예전 수준을 유지하지는 못했다. 그런 점에서 공력의 전달방식은 장력의 전달방식과 같다고 하겠다.

공력이 캠페인이나 대중 설득이 아닌 장 속의 개개인을 통해 전달된다는 것은 전통적 기공의 전수 형태를 설명해준다. 중국의 기공사들은 스승이 적절한 때 적절한 제자를 찾아나선다고 한다. 그 스승에게 걸리면 영락없이 그 수하로 들어가 제자가 될 수밖에 없다. 스승은 자신의 공력 장에 들어올 잠재력 있는 제자를 찾는다. 제자의 공력 수준과 성향, 잠재력을 고려한 도제방식을 취하는 것이다.

공력 교육의 성격을 다분히 갖고 있는 인도 창 과정도 학생 개개인의 성향과 능력, 의지 등을 중시한다. 여러 도전에 부딪힐 때 보통 학생들이 경험해보지 못한 수준의 힘을 필요로 하고, 또 실전 환경 속의 교육이므로 인격적인 힘이 약한 학생들은 스스로 견디지 못하고 과정운영에 문제를 야기하기 때문이다. 인도 창 과정의 교수보고서에서 다음과 같이 평가한 바 있다.

"앱텍 수업이 주는 효과는 ① 집중 연속수업, ② 소수의 학급운영에 따른 원활한 커뮤니케이션, ③ 영어 훈련, ④ 자격증 시험과 연계, ⑤ 엄격한 스케줄에 따른 규율 등으로 보이며, 이러한 사항들은 사회진출에 필요한 자질을 연마하는 데 잠재적으로 기여는 하겠지만, 역시 결정적인 요인은 학생 개인에게 달려 있음."

교육 프로그램이 공력 훈련의 틀로 짜여 있기는 하지만 그 효과를 결정하는 요인은 학생 개개인이라는 것이다. 개인의 공력 차가 뚜렷이 드러나는 게 인도 창 과정의 특징이다.

공력 훈련에서는 '우리 모두 잘해보자'보다는 '나부터 잘해보자'가 중요하다. 보통 사회적 캠페인은 설득이나 강제의 형태를 띠는데, 이는 부자연스러움과 강압적인 힘의 행사 등이 결합한 저공력의 교육방식이다. 나부터 잘하다 보면 내 안의 힘이 축적될 것이고, 마침내 그 힘이 넘쳐흐를 때 센 자장이 새로운 물체 주변에 보다 통합적인 장을 형성하면서 그 물체를 품어 안듯 자연스러운 공력 향상이 가능해진다.

'우선 나부터'의 태도를 갖고, 내가 반응하는 방식을 바꾸고 높이려는 데서부터 공력 훈련은 시작된다. 공력 훈련은 내 안을 바꿈으로써 바깥을 바꾸는 방식이다. 이는 한 개체를 여러 당구공 중의 하나로 보지 않고 '세상을 만드는 창조자'로 보는 태도이다. 그가 어떻게 보고 대하느냐에 따라 세상은 달라지기 때문이다. 따라서 세상부터 바꾸려는 것보다는 나부터 바꾸는 것이 세상을 창조하는 보다 근본적인 방책이다. 공력의 매체를 개인으로 설정하는 것은 한 개인을 '세상으로 열린 문'으로, 그리고 '세상의 창조자'로 보는 혁신적인 패러다임을 가능케 한다.

세 가지 공력 개념의 강점을 정리하면, 첫째, 육체-정신-영성의 힘으로서의 공력은 영성을 포함하는 세 차원을 모두 포함함으로써 지식 위주의 패러다임보다는 훨씬 큰 마음의 힘을 확보할 수 있고, 지식도 다른 힘들과의 연관성 속에서 훈련할 수 있다는 이점을 갖는다. 둘째, 질적 수준을 나누는 힘으로서의 공력은 향상의 목표를 항상 설정함으로써 개인적으로나 역사적으로 '향상의 길'을 뚜렷이 제시할 수 있다는 이점이 있다. 셋째, 개인을 매개로 실현되는 힘으로서의 공력은 남이나 바깥보다는 '나부터 먼저'의 원칙을 확립함으로써 교육과 훈련의 대상을 근본화하고, 나아가 '세상을 창조하는 자로서의 나'라는 혁신적인 패러다임을 가능케 한다.

8장

공력의 원칙

에모토 마사루나 데이비드 호킨스의 연구에서 드러나듯 공력은 물리적 수준에서 측정할 수 있다. 그런 점에서 공력은 물리적이면서 동시에 정신적인, 즉 정신물리적인 힘이다. 공력이 힘인 한 정신물리적 원칙에 따라 작동할 것이다. 다음 네 가지는 공력의 정신물리적 원칙으로 제시될 만한 것들이다.

키우지 않으면 괴롭다

'공력을 키우지 않으면 괴롭다'는 것은 공력이라는 힘의 제1의 작용 원칙으로 제시될 수 있다. 실력이 크는 것도, 창의성이 높아지는 것도, 어려움 속에서 견디고 평안해지는 것도, 세상과의 일체감 속에서 행복해지는 것도 공력이 크는 수준에 비례한다. 그러니 공력이 크지 않은 사람이 괴로운 것은 당연하다.

지식과 실력이 약하면 좋은 자리에 취직하거나 승진하기 힘드니까 괴롭고, 남들로부터 '너는 왜 그것뿐이 안 되니' 하는 말을 들으니 불안하고, 어려운 과제를 회피하고 도망 다니니 쫓기는 심정이고, 나를 힘들게 하는 인간을 받아들일 힘이 없으니 매일 그자를 비난하느라 신세가 불쌍하다. 정서적 힘이 약하면 괴로움 속에서도 위안을 얻을 수 없어 더 괴롭고, 인간에 대한 지혜가 없으면 자기 기대를 잔뜩 걸어놓고 뒤에 가서 배신당했다며 괴로워하고, 자신을 아는 지혜가 약하면 자신이 괴로움의 원인이라는 사실도 모를 뿐 아니라 괴롭다는 사실도 몰라 원초적으로 괴롭다. 이렇게 괴로운데도 저공력의 사람들이 고통을 견딜 수 있는 것은 그것이 고통인지 모를 정도로 통찰력이 떨어지기 때문이다.

대체로 높은 수준에서는 낮은 수준이 보이지만, 낮은 수준에서는 높은 수준이 잘 보이지 않는다. 높은 수준에 오르기까지의 세세한 아픔과 기쁨을 통해 얻은 선명한 앎이 낮은 수준의 사람에게는 없기 때문이다. 그러니 상대가 나보다 얼마나 힘이 센지를 잘 모르고, 잘난 사람들은 단지 특혜를 받았을 뿐이라고 투덜거린다. 그리하여 괴로움은 탈출구 없이 쳇바퀴 도는 경향이 있다. 일부 예민한 사람들만이 그 근본원인을 자신 속에서 찾고 자기 향상의 길로 들어설 뿐이다.

석가는 세상의 세 가지 특징 중 하나를 '괴로움'으로 규정하고, 괴로움으로부터의 해방을 최고의 목표로 제시한 바 있다. 그의 가르침을 우리 논의로 전환하면, 괴로움을 탈피하는 길은 공력을 높이는 길이다. 우리가 접한 어려운 상황에서 힘을 키워 하나의 장애를 극복하면, 그와 유사한 수준의 장애는 더 이상 괴로움을 낳지 않을 정도로 힘이 커진다. 그러면 그보다 더 높은 장애를 직면할 용기가 생기고, 또다시 극복하면서 힘이 커지면 내 안에 있던 괴로움의 요인들이 하나씩 떨어져 나간다. 앎을 높이고 사랑을 키우면서 최고 단계에 도달하면 이 세상의 어떤 사물도 나를 괴롭힐 수 없으니, 절대 평화와 궁극의 행복에 도달하게 된다는 것이 석가의 가르침이다.

우리가 공력을 키워나가야 하는 원초적 이유, 그것은 무슨 고상한 이념을 위해서도 아니고, 바로 내 안의 괴로움에서 벗어나기 위해서이다. 공력을 키우는 것 이외의 방법들은 표피적인 것이거나 대중요법이고, 유사한 장애가 다시 다가오면 또 괴로울 뿐이다. 괴로움의 재생산의 원천인 자기 한계를 극복하는 것, 즉 공력을 향상하는 것만이 근본적이고 혁신적인 방안이다.

공짜는 없다

공력의 장에 차갑게 적용되는 제2의 원칙은 '공짜는 없다'는 것이다. 이는 공력 개념에서 가장 원초적인 요소인 '수고와 노력을 들이는 공'의 양에 따라 공력에 차이가 난다는 간단한 원리에서 출발한다. 공력이 공짜로 높아지지 않는다는 원칙은 매우 엄격하게 작동하고 있어, 돈거래 관계보다도 철저히 실현되는 경향이 있다. 돈은 훔치거나 사기 쳐 벌거나 우연히 주울 수 있다. 그러나 공력은 부모가 불어넣어 주거나, 미국 간다고 커지거나, 별점을 열심히 본다고 나아지거나, 우연히 길거리에서 주워 삼킬 수 없다. 스스로의 노력과 정성을 통해 자기 내면에 쌓는 수밖에 없다. 주변 사람들은 나를 응원할 수는 있으나, 대신 공력을 키워줄 수는 없다.

이 싸늘한 원칙에 비하면 우리의 평소 행태는 공짜를 전제하고 있는 경우가 많아 우리가 얼마나 무지한가를 보여준다. 점쟁이를 찾아가 '공짜로 인생이 피기를' 기대하기도 하고, 각종 회사에서 이벤트로 제시하는 공짜를 얻기 위해 열심히 응모하고, 성공한 사람들을 보면 '운이 좋아서' 혹은 '연줄을 잘 대서'라고 폄하한다. 이러한 공짜의식은 사회정책에 반영되기도 하는데, 학벌타파를 위한 각종 평준화정책과 논의도 그런 성격을 농후하게 갖고 있다.

확실히 좋은 학벌은 그 자체로 프리미엄이다. 그러나 한 학생이 좋은 학벌을 얻기까지 노력한 공을 빼고 학벌을 비난하면 그의 공력을 무시하는 게 된다. 그 친구는 자고 싶지만 매일 한 시간을 공부에 더 할애했고, 놀고 싶은 것을 참으며 휴일에도 매진했으며, 싫은 과목이나 주제도 다시 한번 점검하면서 마침내 이해해내는 인내의 힘을 키웠다. "암기식 교육에 문제가 있다"는 소리를 들었고 자신도 그렇게 생각했지만, 무식하게 암기하다 보니 물리가 트이는 지경에 이르기도 했다. 그는 지적인 힘만 키운 게 아니라 자신을 절제하면서 견디는 힘도 키웠고 비전의 힘도 키웠다. 그런 힘은 성실성의 덕을 갖추는 데 결정적으로 중요하다.

'좋은 사람'을 쓰려고 하는 사회조직들은 개개인이 갖춘 공력에 대단히 민감하다. 그러니 아무리 평준화를 지향하고 학벌장벽을 없애려고 해도 공력의 차이를 감지하는 장치는 발달할 것이다. 나보다 공력이 높은 사람들이 겪었던 어려움과 그 극복에 필요한 힘을 키우지 않고 동일한 평가를 바라는 것은 공짜심리이다. 성공회대학교처럼 이른바 좋은 학벌에 끼지 못하는 대학교에도 최상급의 능력을 보이는 학생들이 있는데, 이 경우에도 자기가 좋아하는 분야에서 매우 높은 열정과 자기헌신을 바친 사람들이다. 그 정도의 공을 들이지 않으면 뒤처진 만큼을 따라갈 힘이 없다. 평등이라는 사회적 원리를 가지고 개개인의 공력 차, 정신물리적인 힘의 차이를 없앨 수는 없다. 공력에 관한 한 공짜가 통용되는 영역은 없기 때문이다.

필자는 '공짜는 없다'는 법칙에 예외가 있지 않을까 하여 기적을 믿는 기독교신자 친구에게 물어보았다. 놀랍게도 그의 대답은 "하느님은 온통 바겐세일뿐"이라는 것이었다. 내가 제대로 못 해도 하느님의 은총으로 모든 것이 이루어진다는 것이다. 그의 얘기가 대단히 의심스러워 성경을 뒤져보았다. 예수님의 말씀은 "믿음을 갖고 추호도 의심하지 않으면" 태산도 옮긴다거나, "너의 목숨과 재산을 모두 버리면" 영생을 얻는다는 식이지, 공짜로 태산도 옮기고 영생도 얻는다는 말씀은 없었다. 그러니 하느님의 사랑도 바겐세일이라고 할 수는 없다. 비록 하늘이 불쌍한 인간들을 위해 사랑의 빛을 계속 뿌리고 있다 해도, 내가 그 덕을 입어 구원의 길에 오르려면 내 자신이 공을 들여야 한다.

인도 창 출신들 중에는 극적으로 공력을 높인 사례들이 있다. 서득호가 처음 컴퓨터정보학부에 들어왔을 때 주변 사람들이 '쟤 바보 아닌가' 하고 생각할 정도로 공부도 못하고 의욕도 없었다. 그런데 그는 지금 네트워크 관리자로서는 최고 수준이라는 포털사이트의 복잡한 시스템을 관리하고 있다. '바보'와 '최고 수준의 시스템 관리자' 사이에 공짜원리가 작동했을까? 서득호는 인도 창 과정에서 매일 풀타임으로 공부하는 습관을 길렀고, 후반에는 여섯 번의 시험을 보아야 얻을 수 있는 국제자격증을 하루 걸러 합격할 정도의 기염을 토했다. 그는 지금도 집에 컴퓨터 네 대를 갖다놓고 밤 늦게까지 테스트하며 회사에서 하는 세미나를 준비한다.

영어학과 장혜경은 집안 막내로 낯선 상황에서는 멈칫멈칫하다가 남들을 따라가는 소심한 성향이었다. 그런 그녀가 세계 최대의 해운회사에서 영어로 진행하는 회의와 상사와의 대화를 부담 없이 해낸다. 그 사이에도 운이 끼어 있을까? 인도 창에 참여한 장혜경은 혼자 전화통을 붙들고 집을 구해봤고, 시장에 가서 인도인들보다 값을 더 깎고 살아보았다. 부모가 학교까지 통학을 시켜줘야 했던 소녀가 귀국해서는 영어 공부모임을 조직하고 운영할 정도로 당당해진 것이다.

반면 성적을 억지로 올리기 위해 교수에게 떼를 쓰는 학생들, 무기력하게 '잘될 날'만 바라는 사람들, 어려운 상황에 부딪혀서는 사회의 문제점부터 거론하는 사람들, 작은 차이뿐이 없는 연봉을 올리기 위해 이 직장 저 직업을 전전하며 삶의 운영권을 돈에 넘겨버리는 사람들······ 이들은 공짜를 추구하고 있는 것이다. 자기극복을 통해 실력을 높이는 것이 힘들지만 가장 빠르고 안정된 길이라는 진실로부터 회피하는 데 너무 많은 노력을 낭비하고 있는 것이다. 친구 하나를 사귀는 데도 공짜는 없다.

"'노력 없이 뭔가가 얻어지겠지' 하면 절대 얻을 수 없다는 건 인도에서도 마찬가지에요. 예를 들어 '인도 친구를 사귀어야지' 하고 생각만 하면 아무도 내 친구가 되지 않아요. 처음 만나면 낯선 사람이지만 다가가서 '압 남꺄해?' 내지는 '왓이즈 유얼 네임?'이라고 말을 걸어야 해요. 이런 말이 서로에게 오가며 인도 친구가 하나 둘 내 곁에 생기는 거죠."
(김수경)

다음 사례는 공짜가 없다는 원칙을 신비스럽게 보여준다.

"어느 날 주인이 전기세를 요구했어요. 500루피가 넘었어요. 별 의심 없이 돈을 주었죠. 나중에 알고 보니 터무니없는 액수였어요. 한번은 넘어가자고 했습니다. 그러나 시간이 지나면서 그가 요구하는 것이 세세하게 늘었어요. 나중에는 제 날짜가 되지도 않은 전기세 고지서를 들고 내려와 돈을 요구했어요. 우리는 항의했고, 그는 집을 나가라고 했어요. 우리도 더 이상 살 마음이 없어서 결단 끝에 집을 나가기로 했어요. 지금 주인은 우리가 불편한 것이 있으면 미안할 정도로 빨리빨리 들어줍니다. 어쩌면 한국 사람보다 동작이 빠를지도 몰라요. 바로 그 자리에서 일을 처리해주기 때문이죠. 새집에서 산 지 두 달 반이 되어가는데 우리 집이 너무 좋아서 다른 집에 놀러가기 싫을 정도입니다. 주인은 처음 만날 때와 똑같이 잘해줍니다. 나중에 주인이 이런 말을 한 적이 있습니다. '10년 전에 한 한국 사람이 여기에서 살았는데 사람이 너무 좋아서 아직도 기억이 생생하게 남는다'고 말이에요. 저는 누군지도 모르는 10년 전 그 사람에게 고마워하였고, 저도 최선을 다해서 그 사람 못지않은 좋은 이미지를 남겨야겠다고 다짐했습니다."(신재용)

새 주인이 우리에게 그렇게 잘해준 것도 거저가 아니었다. 10년 전한 한국 사람이 그 집에 머물면서 깊은 인상을 남겼다. 그의 공로 덕분에 10년이 지난 후에 같은 한국 사람이라는 이유로 주인이 우리에게 잘해주고 있다. 마치 전생에서 쌓은 공이 현생에서 꽃을 피는 것과 같은 에너지 사슬이 이어지고 있는 것이다. 우리가 말하는 '운'이라는 것도 결국은 그런 에너지 사슬이 돌고 돌아 내게 영향을 미치는 것이리라. 그렇게 보면 공짜가 없다는 것은 초시간, 초공간적인 우주의 법칙이라 할 수 있다.

남이 알게 되어 있다

공력처럼 추상적인 것을 다른 사람들이 어떻게 알겠는가? 이런 질문은 공력이라는 힘을 객관화시킬 수 없다는 한계로 거론될 수 있다. 현재의 경험과학적 틀로 공력을 수치화한 대표적인 시도는 앞서 제시한데이비드 호킨스의 운동역학조사인데, 신과학적 가정을 갖고 있으므로구과학이 흔쾌히 받아들이려면 시간이 필요할 것이다.

그런데 과학적이진 않아도 사람들은 대단히 예민한 감각으로 상대의공력을 체크한다. 기업에서 직원들을 뽑을 때도 마찬가지이다. 일부 큰기업들에서 신입직원 채용시 여러 가지 요소들을 종합하여 과학적인것처럼 보이는 평가틀을 적용하지만, 궁극적으로 그들이 보고자 하는것은 개개인의 공력 수준이다. 과학적인 것처럼 보이는 평가틀은 합리화할 근거 정도로 쓰이는 경우가 많다. 이는 필자가 만나본 대부분의기업인이나 프로젝트 리더들의 공통된 응답이었다.

필자는 성공회대학교에서 학생들의 진로교육에 주로 관여하였고, 그에 따라 학생들이 찾아나가는 직업에 대해 많은 데이터를 갖게 되었다. 잠정 결론은 학생들은 개개인의 공력 수준에 적합한 직업을 찾아나간다는 것이다. 외형적으로는 학생들이 직업을 찾아나선다. 그러나 '학생들이 찾아나선다'기보다는 그 공력 수준에 적합한 직업이 '학생에게 다가온다'고 보는 게 나을 것 같다. 공력은 마치 자석과 같아서 그 힘의 양과 성질에 맞는 외부의 조건을 끌어들이는 경향이 있다.

인도 창 출신들을 통해 취직과정에서 어떤 일이 발생하기에 공력 수준에 맞는 직업이 다가오는지를 알아보자. 우선 인터뷰 현장에서는 피면접자의 자신감이 중요한 힘으로 면접자에게 전달된다. 면접자의 입장에 서보면 피면접자의 불안과 초조의 기운을 담뿍 받게 되는데, 두려워하지 않는 피면접자만 보아도 눈에 확 들어올 정도이다. 다음은 인도 창 출신의 피면접자가 불안해하지 않고 면접을 볼 수 있었던 여건을 설명해준다.

"인도 창 경험이 플러스 요인이 되었어요. 면접관은 '해외에서 IT를 공부했다'는 사실을 중시할 뿐 아니라 '영어는 기본으로 하겠지' 하고 생각하죠. 첫 질문 자체가 인도 창 경험에 대한 것이었어요. 면접관이 많이 물어봐준다는 것 자체가 채용에 영향을 주리라 생각해요. 인도 회사들과는 달리 한국 회사들은 기술에 관한 질문보다는 인성에 관한 질문이 90%를 차지할 정도로 많더라고요."(이해준)

내가 전심전력으로 겪은 일에 대해 물어봐주면, 분위기가 부드러워지면서 특별히 꾸며서 얘기하려는 의도적 노력을 안 해도 적극적으로 자기 경험을 얘기하게 된다. 이런 상황에 대해 외국계 은행에 취직한 이동원은 "꾸밈없이 있는 그대로 솔직하고 당당하게 얘기하게 되어 인터뷰하면서도 자신감이 솟는다"고 했다. 그러다 보니 불안을 벗어나게 되고, 벗어난 만큼 더 큰 힘이 면접자에게 전달된다.

이해준은 금융계의 프로그래머로 일하는데, 이공계 출신들을 뽑는 자리임에도 인성에 관한 질문이 많았다고 지적했다. 인성 관련 질문이 많다는 것은 지원자가 대학에서 얼마나 전문지식을 쌓았는가를 보려는 게 아니라, 사회에서 어느 정도 배워나갈 잠재력이 있는가를 보려는 것으로 이해할 수 있다. 즉, 회사에 들어와 전문능력을 익히고 인간관계에서도 신뢰를 지켜낼 기본 공력이 되는지를 보려는 것이다. 그런 상황에서 자신의 삶을 '솔직하고 당당하게' 말하게 되면 면접자는 지원자의 높은 공력을 느낄 수 있다. 다음 언급도 기업에서 면접을 통해 확인하려는 것이 무엇인지를 시사한다.

"인도 창을 일 년 경험했다는 것으로 '이질적인 상황에서 적극적으로 문제를 극복한 사람'이라는 이미지를 주었던 듯해요. 요새 기업은 도전적이고 적극적인 사람을 찾기 때문에 그런 경험이 높은 평가를 받는 거죠." (이동원)

인터뷰에 대해 '그 짧은 시간에 나를 어떻게 알까?' 하며 면접자의 사람 보는 눈을 믿지 못하는 경우가 많다. 면접자들은, 똑같다고는 할 수 없으나, 대체로 경험을 통해 사람을 보는 통찰력을 높인 사람들이다. 어떤 종류의 사람이 그 분야에 필요한지, 사람을 잘못 쓰면 얼마나 피곤한지 몸으로 겪어서 안다. 게다가 그들은 자기 회사를 빛내줄 인재를 찾는 데 혈안이 되어 있다. 몇 마디 이야기를 나누면서 피면접자의 눈빛과 행동거지를 보면 대개 어떤 사람이라는 답이 나온다. 그러니 운으로 취직하고 운으로 떨어진다고 생각하는 것은 사람 경험이 일천한 사람들의 섣부른 판단이다. 심지어 사회 경험이 없는 어린 동생도 나의 힘을 안다.

"동생이 인도에 왔길래 밥도 해주고 이곳저곳을 다니면서 가이드도 해주었더니 '언니에게 놀랐다'고 하더라고요."(김지혜)

그 전의 언니는 전혀 놀랍지 않았는데, 인도에서 얼마를 산 언니는 밥도 해주고, 가이드도 해줄 정도로 놀라워졌다. 공력이 높다는 것과 낮다는 것을 객관적으로 입증하기는 힘들다. 그러나 사람의 감지능력은 무의식 속에서라도 '그가 상당히 세다'는 것을 안다. 나의 힘이 큰데 면접관이 알아주지 못했다면, 내 힘을 알아줄 정도로 공력이 높은 사람이 나타날 때까지 기다리면 된다. 어쨌든 공력은 전달된다. 다만 그것을 알아주는 사람을 만나는 데 시간 차가 있을 뿐이다. 공력이 높은 사람이라면 시간이 오래 걸리는 것도 참아낼 힘이 있을 터이니, 내 공력의 수준과 질에 맞는 일을 만나는 것은 시간문제이다.

공력은 단지 사람에게만 전달되는 것이 아니다. '사랑과 감사'라는 개념은 물에게도 전달되고, 2,000년 전 죽은 예수의 공력도 내 근육에 전달된다. 김도연은 인도 창 과정 후반에 본인이 원하던 일을 인턴십에서 해본 경험을 놓고 이렇게 말했다. " '죽을 힘을 다해서 원한 것'은 언젠가 눈앞에 나타나게 되어 있다." 죽을 힘까지 다했다면 그 힘은 물에게도 전달되었을 것이고, 나무에게도 전달되었을 것이며, 바람에게도 전달되었을 것이다. 시간, 공간의 한계도 넘는 공력의 전달방식을 고려하면, 내가 죽을 힘을 다했는데 하늘이 모를 리 없다. 단지 죽을 힘을 다했는가 아닌가의 문제일 뿐이다.

공력은 남들에게, 심지어는 물과 근육에, 그리고 하늘에게도 전달되므로 우리는 '남들이 알아주지 않으면 어쩌나' 하며 불안해할 필요가 없다. 중요한 것은 내가 얼마만큼의 공력을 쌓았는가이다. 그 쌓은 수준은 누군가 어느 땐가 정확하게 평가하게 되어 있으며, 그런 인정을 통해 나의 힘을 펼쳐나갈 수 있다. 세상을 탓하기보다 자신을 탓해야 하는 이유가 바로 그 원칙 때문이다.

내가 알게 되어 있다

남의 공력 수준을 감지하는 능력에 비하면 자신의 공력 수준은 잘 모르는 편이다. 우리가 보통 의존하는 것은 남들의 평가이다. 성적이 높게 나왔다거나, 일류대학을 갔다거나, 연봉이 높지 않다거나, 이성이 좋아해주지 않는다는 등 외적인 평가에 의해 우리 자신의 수준이 가늠되는 것이 보통이다. 그러나 강한 경험을 하고 나면 나의 수준이 잘 보인다. 과거의 나와 비교하면서 어느 정도 공력이 높아졌는지를 알아차릴 수 있다.

공력이 낮을 때의 나는 그것이 높아진 상태를 감지하기 힘들지만, 힘이 커지고 나면 힘이 낮았을 때의 내가 어느 정도 수준이었는지가 보인다.

"삼 남매 중 막둥이로 태어나 대학교 3년 동안 아르바이트도 한번 못해 본 저예요. 대학교 2학년 때 미국에 혼자 가서 3개월 정도 머무르면서 거의 매일 집에 전화해 '부모님 보고 싶다'고 울고불고하던 바보천치였죠. 그런 제가 인도유학을 결정한 이유는 좀더 독립적인 사람, 정말로 큰 사람이 되기 위해서였어요. 크게 결심하고 인도 창에 참가할 의사를 가족들에게 말하자 우리 가족들의 반응은 한결같았어요. 오빠는 '설마 네가! 인도 가자마자 오겠다며 울고 난리 치는 거 아니야?'라고 했어요. 그래요. 인도에 오기 전의 저는 참 작고 연약한 존재였어요. 그러나 지금의 나를 평가하라면 감히 '큰사람'이 되었다고 말할 수 있어요. 이제는 더 이상 부모님과 통화하면서 울지 않아요. 오히려 저를 걱정해주는 우리 부모님들을 위로하고 힘을 드리죠. 그런 저를 보고 부모님께서도 많이 대견해하셔요. 왠지 한국 가서도 혼자 잘살 수 있을 것 같다는 생각이 들어요."(전유선)

큰 경험을 하고 돌아보면 자신이 어느 정도 공력이 높아졌는지가 선명히 보인다. 사회에 나간 인도 창 출신들도 '내 수준이 총체적으로 높아졌다'는 것을 사회에 나가서 알게 되었다. 이들은 자신의 달라진 공력 수준을 모교인 성공회대학교의 사회적 자리를 달리 매김으로써 확인한다. 성공회대학교에 편입해 들어가 인도 창에 참여했던 신동석의 이야기이다.

"처음 편입할 때는 떳떳하지 않았어요. 다들 '거길 왜 가냐?'는 반응이었죠. 인도 창 다녀와서는 자신 있게 '나 성공회대 나왔다'고 말해요. 자꾸 학교를 알리고 싶어졌어요. 장점을 부각시켜 얘기하죠. '인도 창이 있고, 기회를 제공해주고⋯⋯' 그러면 다들 '학교 좋다!'는 반응들이에요. 학교의 위상을 많이 높게 잡게 되었어요. 어느 자리를 가도 안 꿀릴 수준이랄까요?"(신동석)

'떳떳하지 않았던' 성공회대학교는 '어느 자리를 가도 안 꿀릴' 대학으로 바뀌었다. 그 차이만큼 자신의 공력이 높아졌다고 가늠하는 것이다. 자꾸 학교를 알리고 싶어지는 것도 높아진 만큼의 공력을 과시하고 싶은 것이다. 자기 평가를 학교 평가로 견주는 것이다. 직접적으로 표현하면 다음과 같이 말할 수 있다.

"인도 창 수료 후 자아개념의 레벨이 높아졌어요. 제 자신을 높게 위치시켜요."(김은석)

인도 창을 마치고 학교의 열렬한 홍보대사가 된 정해정은 말한다.

"인도 창 갔다 오고 나서는 우리 학교가 그렇게 자랑스러울 수가 없었어요. 학교 얘기만 나오면 학교 자랑이 하늘을 찌를 듯해요. 한참 선전하면 사람들이 놀라죠. 오늘처럼 선생님이 저를 만나러 오시는 것도 동료직원들에게 얘기하니까 '어떻게 교수가 학생을 보러 오냐?'며 부러워했어

요."(정해정)

자기 애정과 자신감이 모교에 대한 애정과 자신감으로 표현된다는 점에서는 똑같다. 그런데 어째서 '하늘을 찌를 듯한'이라는 심한 자랑을 할까? 거기에는 깊은 사연이 있다.

그들은 대학교를 다니면서 무의식 깊이 감추고 있었던 상처를 치유하는 데 성공한 것이다. 꿀리느니 안 꿀리느니 하는 저속한 용어를 사용하며 설명한 것도 과거 자신이 숨겨왔던 '실패'의 상처들이 그 정도였다는 것, 나아가 그것을 탈각하는 데 성공했다는 환희를 표현하기 위해서이다. 그들은 그만큼의 기쁨 속에서 그만큼의 자기 향상을 알고 자축하는 것이다.

내가 나의 발전을 알아줄 수 있다는 점 때문에 우리는 자기 향상의 계단을 단계별로 밟아 올라갈 수 있다. 한꺼번에 공력이 비약하지는 않으므로 인생의 목적을 한 시절에 달성할 수는 없다. 다시 다음 목표를 정하고 이정표를 세우고 필요한 물품을 챙기고는 떠날 수 있다. 내가 아는 나의 공력 수준에 맞추어 다음의 비전을 세울 수 있다는 점, 그 점 때문에 우리는 자기 향상의 희망을 가질 수 있다.

공력의 장에서 작동하는 원칙들을 네 가지로 정리하면, 첫째, 공력을 키우지 않으면 인생이 괴롭다는 것, 둘째, 공짜는 없다는 것, 셋째, 남들이 나의 공력을 알게 되어 있다는 것, 넷째, 내가 달라진 나의 공력을 알게 되어 있다는 것이다.

첫 번째 원칙은 우리가 공력 향상을 인생의 꾸준한 과제로 설정해야 하는 이유이다. 교육과 훈련이 필요한 이유는 단순히 좋은 직장을 갖기 위해서 혹은 기업에서 필요로 하는 인재를 양성하기 위해서가 아니다. 그것은 한 계기일 뿐이다. 근본적인 이유는 삶에서 닥치는 각종 문제들과 과제들이 주는 괴로움을 벗어나기 위해서이다. 사회에서 최고 성공했다는 사람들도 괴로움에서 자유롭지 못하며, 어려운 과제와 대결할 때 회피나 자살로 마감하는 사례가 있다는 것이 우리가 공력을 이야기하는 근본 이유다. 공력의 향상은 평생의 과제이다. 그것은 우리가 삶을 살아가는 목적이다.

두 번째 원칙은 공력 향상에 필요한 자기 책임과 노력을 강조하는 대목이다. 다양한 형태의 공짜를 노리는 심보에 경종을 울리는 싸늘한 법칙이다. 공력 향상에는 공짜가 없기에 한때 부모나 친구가 내 숙제를 대신 해주었더라도 내가 다시 더 크게 부딪혀야 한다. 도망가는 자에게는 사회도 엄격히 평가하지만 하늘의 평가는 더욱 혹심하다. 예수가 경고한 것처럼 "하늘이 준 능력을 개발하지 못한 자는 어둠 속에서 이빨을 덜덜 떨며 신음할 것"이며, 석가가 얘기한 것처럼 "업력이 윤회의 바퀴를 돌리면서 오대양의 물보다 많은 양의 눈물을 흘리게 될 것"이다.

세 번째 원칙은 공력에 대해서는 사회로부터 평가를 받게 되리라는 것, 나아가 사회에서 사람을 보는 핵심 대목이 바로 공력이라는 것이다. 비록 현재 나를 평가하는 사람의 눈이 예민하지 못하여 나의 높은 수준을 몰라줄 수는 있지만 나의 공력은 항상 남에게 전달되고 있다는 것, 나아가 삶에서 나의 힘을 평가해줄 사람은 꼭 나타나게 되어 있다는 것이다. 이 때문에 나의 행로는 내 공력 수준과 그 질에 달려 있다.

네 번째 원칙은 자기 스스로가 자신의 공력을 알게 된다는 것이다. 사회가 나를 알아주는 것과 같이 시간 문제는 있으나 자기 공력의 향상은 스스로 알게 되어 있고, 이를 기초로 다음 단계인 자기 향상의 길을 스스로 열 수 있다. 공력 향상을 꾀하는 사람들에게는 이 원칙이 가장 중요하다. 스스로 가늠하며 자기 향상의 길을 밟아나갈 수 있기 때문이다.

9장

공력 훈련의 7원리

한계 넓히기 모델

우리는 향상을 도모할 때 '변화'라는 말을 많이 쓴다. 나나 남을 변화시키고 바꾸어 다른 사람으로 되게 함으로써 향상을 도모한다는 것이다. 그런데 '바꾼다'에 집착하다 보면, 오랜 세월이 지난 후 초등학교 동창들을 보았을 때처럼 "사람이 왜 이렇게 안 바뀌는가?"를 묻게 된다. 교육자 입장에서 학생들의 변화를 추구하다 보면 크게 좌절하는 경우도 많다. 인도 창 과정 교수로 함께 참여했던 유상신 교수(성공회대학교 소프트웨어공학과)는 필자의 인간 변화에 대한 질문에 대해 놀랍게도 "변화는 불가능하다"고 단언했다. 학생들의 변화를 추구하다 많은 좌절을 겪었던 필자에게는 가슴을 때리는 한마디였다. 인간은 쉽게 바꿀 수 있는 존재가 아니라는 통찰이었다.

사람들은 자신이나 남에게 어떤 약점과 문제가 있을 때 '바꾸도록 노력하면 된다'라고 쉽게 생각하는 경향이 있다. 그리고는 못 바꾸는 남을 쉽게 비난하고, 안 바뀌는 자신에 대해 쉽게 절망한다. 담배를 '끊겠다'고 마음먹고 실패해본 사람들은 그 좌절을 잘 안다. 담배는 나의 삶에 깊게 배어 있어 커피를 마실 때나, 모르는 사람과 대화를 할 때나, 골치 아픈 일이 발생할 때 피우지 않으면 안 될 생리반응으로 되어 있다. '끊어버린다'는 말은 마치 기계의 한 부품을 빼버리거나 갈아치우는 것처럼 간단하지만, 실제 담배를 안 피우려면 삶의 세세한 영역에 스며 있는 습관을 통째로 재정비해야 한다. 쉽지 않은 일이다.

습관에는 갈망과 집착의 힘이 진득하게 달라붙어 있다. 그 달라붙는 힘은 전 생애를 걸쳐 강화된 것으로, 이를 끊어내기 위해서는 오랜 염원과 의지, 그리고 인연이 닿아야 한다. 오랜 정성과 공을 들여 기존 습관 속에 달라붙어 있는 진득이를 떨어내면서 새로운 생활습관을 창출하는 과정이 변화라는 것이다. 바뀐다는 것은 겉으로 드러나는 현상인데, 겉으로까지 드러나기 위해서는 내면에서 많은 과정이 있어야 한다. 새로운 과정이 오랜 정성을 통해 반복되어 임계점에 도달하면, 새로운 습관으로 되면서 기존의 습관을 밀어내는 것이다.

'변화', '바꾸기', '끊어버리기'처럼 기계적이고 쉬운 향상의 길은 없다고 보는 게 현실적이다. 그것은 내면에서 들인 많은 노력과 공이 체계 변화의 임계점에까지 도달한 이후에나 겉으로 확인할 수 있는 현상이다. '바뀜'은 많은 공과 노고가 따르는 결과이므로 명시적인 목표로 삼고 빠른 해결을 기대할 만한 것이 아니다. 변화를 기대한 만큼 실망은 커지고 실망한 만큼 노력을 포기하기 일쑤이다. 따라서 가시적이고 외형적인 변화를 추구하는 것보다는 세세한 과정을 통해 진행되는 내적인 힘의 증대에 주목하는 것이 실천적으로 유용하다.

결과에 집착하지 않고 꾸준히 나아가기 위해서는 '바꾸기'보다는 '한계 넓히기'가 보다 적절한 개념적 목표가 될 수 있다. 나는 내 공력의 양만큼 내 영역을 갖는다. 문제 상황이 발생하면 내 좁은 울타리의 어느 모서리가 상처를 입는다. 구멍이 뚫리고 낯선 이물질들이 내 영역으로 들어와 난장판으로 만든다. 이 상황에서 이물질들을 다시 퍼내고 울타리를 수선하는 것으로 끝내면 다시 유사한 문제 상황에서 똑같은 곤경을 치르게 되어 있다. 대신에 곤경을 일으킨 외부 이물질이 있는 곳까지 내 영역을 확장하면 이물질은 나의 피와 살이 되어버리므로 더 이상 괴롭지 않다. 그렇게 내 마당을 넓혀가면 나의 영역은 무한히 확대될 수 있다. 이질적인 사람들, 문화들, 문제들이 다 내 영역에 포함될 때 나는 우주와 일체감까지 느낄 정도가 된다. 그것이 소아적 자아가 대승적 자아가 되는 과정이다.

내 마당을 한계짓는 울타리는 크게 다섯 모서리로 되어 있다. 지식, 태도, 지혜, 믿음, 정서 등 공력의 다섯 측면이 그것이다. 어느 모서리든 뚫리게 되면 그 측면을 중심으로 나의 영역을 확장해야 한다. 한 모서리는 다른 모서리와 연계되어 있기 때문에 주변 모서리를 넓히는 과정에서 전반적인 영역확장이 일어난다. 마음밭의 확장만큼 나의 공력이 커진다. 한 예를 들어보자.

"처음엔 벌레 한 마리 못 잡았는데, 6개월이 지난 지금은 청소할 때마다 천 마리를 쓸어버리죠."(전유선)

벌레만 보면 도망가는 정도가 애초 내 마음밭의 넓이였다. 처음에는 놀라 도망가면서 인도가 싫어지고, 싫어진 만큼 의욕이 없어진다. 그러나 하루에 천 마리를 쓸어버릴 정도가 되면 인도가 싫어져 의욕상실에 빠지는 일은 없다. 벌레와 인도에 대한 '태도의 모서리'가 확장된 것이다. 그 다음에는 유사한 다른 대상을 만나도 '내 영역'으로 간주하기 때문에 도망가거나 의욕상실에 빠지지 않는다. 또 다른 예를 보자.

"저는 요리에 관해서는 전혀 알지 못했어요. 하지만 인도에서의 자취생활이 저를 바꿨어요. 먹고살아야 했기에 요리를 시작하게 되었고, 반복되는 실수 속에서 맛은 점점 나아졌어요. 점차 사람들을 초대하게 되었고, 지금은 조금 과장된 표현으로 제 음식을 맛보려면 두 달 전에 예약을 해야 합니다. 우리 집 김치 맛은 최고입니다. 자연스러운 한국 김치 맛이 나기까지 '헉!' 소리를 얼마나 들었는지 몰라요. 남녀 불문하고 제 고객(?) 들은 떡볶이, 쫄면 등을 요구하는데, 번번히 '복학하거든 학교 앞에 분식 집 차려라' 하고 칭찬해주었어요. 제가 만든 음식을 자신 있게 대접할 수 있게 되어 기뻐요. 분명 이건 놀라운 변화 중 하나예요."(민봉기)

주로 '철학자' 소리를 듣던 남자가 '요리사'라는 소리까지 듣게 된 과정을 그린 대목이다. 이 과정에는 혼자 서는 힘과 자기 믿음의 힘 등 '믿음의 모서리'를 넓혀 수선하는 일이 있었다. 이를 통해 요리와 혼자 사는 일에 대한 '태도의 모서리'도 확장되었다. 이렇게 한 모서리 의 확장은 다른 연관된 모서리의 확대를 가져오면서 전반적인 공력을 확대시킨다. 이런 과정이 지속적으로 일어나면 '인격적 변화'라고 할 만한 총체적 힘의 증대가 발생한다.

"사회에 나와 부딪혀야 할 과제들에 대해 미리 경험을 하고 왔다고 할 수 있어요. 학교만 다닌 친구들은 우리가 그때 겪은 것을 사회에 나와 지 금 겪고 있죠. CS 오빠가 귀국해서 한 학기 학교 다니면서 '인도 창 갔다 오지 않은 친구들은 왜 저렇게 철이 안 들었을까?'라고 말한 적이 있어요. 일 년 후에 다시 만난 친구들이 갑자기 어려 보이는 거죠. 인도 창 갔다 온 친구들은 인격적 성숙도가 높다 할까요, 노숙한 면이 있어요. 사람에 대해서나 사회에 대해서나."(정해정)

사회에서 필요로 하는 공력 수준에 미리 도달하는 경험을 했다는 것 이다. 인도에 일 년 갔다 온다고 누구나 그런 수준에 도달하지는 않을 것이다. 다만 자기 영역의 한계를 접할 기회가 충분히 있었고, 그 과정 에서 꾸준히 영역을 확장한 사람들만이 사회초년병들이 겪는 괴로움을 이물질로 느끼지 않을 정도로 마음마당을 넓힌다.

"인도 창 경험에 90점을 줄 수 있어요. 하지만 영어연수는 아니에요."
(박성민)

사회에서 요구하는 공력 수준에 필요한 자질들의 90% 정도를 인도 창 경험을 통해 얻었다고 평가한 것이다. 영어연수에 그런 점수를 줄 수 없는 것은 '한계 넓히기'가 전면적이고 지속적으로 발생하기보다는 아주 작은 특정 모서리에 한정하여 제한적으로 일어나서 총체적 공력 의 향상을 기대하기 힘들기 때문이다. 여기서 추정할 수 있는 것은 특 정 모서리에 한정하여 제한적으로 수련하는 실험실 교육이 공력의 전 반적인 향상을 가져오기는 힘들다는 것이다. 공력 향상은 실전 경험의 상황에서 전면적으로 발생할 가능성이 높다.

요약하면 공력의 향상은 첫째, 마음마당의 한계 넓히기 방식으로 발 생한다는 것, 둘째, 한계를 형성한 울타리의 어느 한 모서리를 중심으로 문제가 발생하고 이 모서리를 넓히는 과정에서 공력이 큰다는 것, 셋째, 가급적 전 방위적인 모서리 확장이 지속적으로 일어나야 '변화'라고 부 를 만한 공력의 향상이 가능하다는 것이다. '마음마당의 한계 넓히기' 모델을 전제로 공력 향상에 작용하는 일곱 가지 원리를 알아보자.

문제를 계기로 삼는다

공력 키우기의 첫 번째 원리는 공력을 연마할 지점을 확인하는 것이 다. 앞서 언급한 다섯 모서리는 개념적 분류이지만, 실제 삶에서 공력 연마의 지점은 매우 다양하고 세세하게 나타난다. 그 지점을 한마디로 표현하면 '문제가 발생하는 곳'이라고 하겠다.

'문제'라고 하는 것은 나의 마음밭이 어떤 대상을 만났을 때 불만족 스럽고 괴롭게 느끼는 측면이다. 그것은 내가 견지한 습관덩어리가 낯선 인물이나 과제를 당해내지 못하는 지점이다. 내 습관덩어리의 마당이 좁아 바깥에서 다가온 인물이나 과제가 내 마당으로 치고 들어올 때 '문제'라고 느낀다. 따라서 문제라고 느끼는 그 측면, 즉 내 울타리가 구멍이 나고 무너지는 그 지점이 바로 문제가 발생하는 곳이다. 많은 사람들이 도망가는 그 지점이 바로 공력을 키울 최적의 장소이다.

"무엇보다 힘들었던 것은 음식이에요. 워낙 인도 향신료가 강해서 처음에는 물과 과일로 배를 채웠어요. 인도 카레가 유명하다기에 맛있는 줄 알았는데, 먹지도 못하고 냄새조차 맡지 못했어요."(현성아)

음식이 문제의 지점이었다. 그러나 바깥에서 내 마당으로 밀고 들어오는 인도 향신료를 탓하고 있으면 물과 과일에 질려 몸이 견디지 못할 것이다. 이 문제에 대해 그녀는 어떻게 대처했을까?

"제게 익숙하지 않은 것들에 대해서 이해하려고 노력했어요. 6개월이 지난 지금은 웬만한 인도 음식은 다 잘 먹고, 심지어 맛있는 카레를 찾아서 먹기도 해요. 손으로 밥도 잘 먹고요. 인도 사람들과 부대끼며 더운 날씨에 에어컨도 없이 털털거리는 버스도 타보고, 시장에 가서 물건을 사고 가격도 흥정하고, 이웃들과 인사를 하며 지내는 내 모습이 기특하기도 하고 자랑스럽기도 해요. '이해.' 인도에서만이 아니라 다른 사람과 함께 살아가는 어느 곳에서든 꼭 필요한 마음가짐이 아닌가 생각해요."(현성아)

바깥의 것들을 내 마당 안으로 끌어들이는 노력을 기울인 결과, 카레를 찾아서 먹기도 하고 인도 사람처럼 밥을 손가락으로 비비고 떠먹을 지경이 되었다. 인도 음식에 대한 태도의 모서리를 확대한 것이다. 다른 음식을 받아들이는 마당이 넓어지니, 인도 사람들과 땀 나는 몸을 비비며 버스를 타고, 인도 사람처럼 물건을 흥정해서 사고, 이웃 인도인들과 눈웃음을 치며 인사를 하는 데까지 공력이 커졌다. 이처럼 '다른 습관들'을 '내 습관'으로 전환하는 데 성공하면서 삶의 마당이 상당히 넓어졌다. 내가 기특하기도 하고 자랑스럽기도 한 이유는 공력마당이 그만큼 커졌기 때문이다. 문제 상황이 공력을 키울 지점이라는 데 대해 엄진옥은 다음과 같이 체계적으로 정리한다.

"사람은 어떠한 것의 진실을 알기 전까지는 고정관념, 즉 그것을 더 알아보기도 전에 색안경을 끼고서 '이럴 거야'라고 생각하는 마음의 편견을 가지고 대하게 됩니다. 처음 공항에 내렸을 때는 인도에 대한 두려움과 불안을 크게 느꼈어요. 그러나 6개월이 지난 지금은 인도라는 나라에 매력을 느낍니다. '모국보다 좋은 나라는 없어'라고 생각하던 제가 이 나라도 '살 만한 나라'라고 느끼게 되었으니까요. 또 처음에는 부모님과 떨어져 친구들과 생활한다는 게 마냥 기쁘고 신났죠. 오래 함께했던 친구들이 있으니 잘 지낼 것이라 자신했습니다. 하지만 이것도 잘못된 고정관념이었죠. 처음에는 '내가 이 정도 하면 저 친구도 이 정도 해주겠지' 싶었는데, 나중에는 그런 마음이 서로에게 상처가 되어 돌아온다는 걸 알았어요. 이곳에서의 6개월의 생활은 제가 갖고 있던 편견을 버리는 기간이었습니다. 친구들, 인도 문화와 인도 사람, 생활 자체에 대한 편견들을 버리는 기간이 지난 6개월이었다면 앞으로 6개월은 진실된 마음으로 모든 것들을 다시 생각해보는 기간이 될 것입니다."(엄진옥)

고정관념과 편견이 바로 우리의 한계를 짓는 울타리라는 것이다. 그것이 습관덩어리의 마당을 제한한다. 이 때문에 바깥에서 새로운 대상이 다가올 때 두려움과 불안이 생기고 상처를 받기도 한다. 그 불안과 상처가 바로 내 마음마당이 좁다는 사실을 환하게 드러내는 증거이다. 이때 자신의 울타리가 문제라는 것을 확인하면, 마음마당을 넓힐 지점과 방향을 정하게 된다. 그곳을 중심으로 보다가 '진실된 마음'의 마당이 생겨난다.

몸의 질병은 문제 상황을 몸으로 드러내준다. 의식이 문제에 적절히 대처하지 못할 때 몸이 그 문제를 전면적으로 드러낸다. 이때 무슨 바이러스 때문에 감기에 걸렸다거나, 인도 음식이 안 맞아 설사가 났다고 설명하면 문제의 현상은 이해가 되겠지만 그 내적 원인은 드러나지 않는다. 주기적인 운동을 하지 못했다거나, 마음의 평안을 갖지 못했다거나, 약한 의지력을 극복하지 못했다거나, 불평과 합리화로 사태를 모면하려 했다거나……질병을 통해 자기 마당의 약한 모서리를 보고 그 울타리를 뜯어고쳐 넓히면 매우 큰 힘을 얻게 된다.

"3일 동안 이대로 주저앉지 않기 위해 고통과의 사투를 벌였습니다. 인도 창 과정을 포기하게 될까봐 정말 많이 걱정했습니다. 인도에 온 목적과 기회를 놓치지 않으려고 매일 밤 통증을 견디며 음식조절의 전투를 벌였지요. 4일 후 통증은 거의 가라앉았고, 죽을 먹을 정도가 되었습니다. 자기관리의 의지로 일주일 후에는 통증과 물 식사에서 벗어날 수 있었습니다. 그 의지와 자기관리가 이 공부를 지속하게 해준 원동력입니다. 자신감과 의지는 누구보다 커져 있습니다. 정말 많은 교훈을 주는 병과의 사투였습니다."(홍민성)

질병으로 망가진 울타리를 넓히고 나니 자신감과 의지가 커지는 향상이 있었고, 많은 교훈을 얻을 수 있었다. 인간관계에서도 같은 문제가 자꾸 발생하고 같은 괴로움이 지속되면, 자기 마당의 좁은 구석을 들쳐보아야 한다.

"남이 다가오면 도와주는 게 어려서부터 교회 다니면서 밴 습관이었어요. 인도에서도 그랬죠. 그런데 내가 도와줄 때는 내게 붙고, 나보다 실력이 좋은 사람이 있으면 그쪽으로 붙고 하는 거예요. 도와주고 왕따되는 거죠.

'내가 왜 쟤한테 마음을 열어줬을까' 후회되죠. 내 할 일도 미루고, 내 목표 성취가 늦춰지는 걸 감수하고까지 도와줬는데 …… 배신감이랄까 울분을 느끼게 돼요. 그를 도와주고 나서 제 일을 하려고 하면 '놀러가자'고 하는 거예요. 남들은 자기 할 일을 다 하고 놀았는데, 저는 그 사람을 도와주느라 제 일도 못한 거죠. 그런 사람관계가 제일 힘들었어요."(김교현)

이런 실망과 배신감, 울분을 반복해서 느끼다 보면 자연스레 '내 실속부터 차려야 한다'는 생각이 든다. '인간관계가 좁아지는 부작용을 감수하고라도' 남을 도와주기보다 '내 일부터 해결하자'는 변화가 일어난다. 여기서 그가 '남이 다가오면 우선 도와주는 습관'을 반성했다는 점이 주목된다. 교회에서 배운 이 습관은 그 자체로는 고매하다. 자기만 챙기는 사람보다는 한층 공력이 높다. 그러나 그 습관 때문에 내가 배신감과 울분을 자주 느끼게 된다는 게 문제이다. 더 들추어보면 내가 '좋은 사람'이라는 이미지를 지키기 위해서 혹은 '체면 때문에' 남들의 요청을 거절하지 못하고 끌려다니고 있음을 발견하게 된다. 그 지점이 문제의 소지이다. 남을 도와주고도 남의 반응에 상관없이 평온하기 위해서는 내 마음마당의 울타리를 고쳐 넓혀야 한다. 남도 자기 스스로 해결할 몫이 있다는 것을 인정하는 정도까지 내 마음마당을 넓혀야, 남의 일을 대신해주면서 대가를 기대하는 저급한 수준을 넘어설 수 있다.

구멍 난 울타리를 고쳐 마음마당을 넓히면 넓어진 나의 마당을 쳐다보는 즐거움, 나를 괴롭히던 것이 더 이상 나를 괴롭히지 못한다는 성숙의 즐거움이 몰려온다. 마치 숨을 헐떡거리며 산 정상에 서서 미풍을 맞을 때의 환희와도 같다. 올라오는 사이에 고통이 깊었기에 그만큼 기쁨도 크다.

공력 키우기 훈련의 제1원리, '문제에서 공력 향상의 계기를 찾는다'라는 원리는 보왕삼매론의 철학과 동일하다. 그 일부만 인용해본다.

세상살이에 곤란 없기를 바라지 말라. 세상살이에 곤란이 없으면 업신여기는 마음과 사치한 마음이 생기나니 그래서 성인이 말씀하시되 근심과 곤란으로써 세상을 살아가라 하셨느니라.

일을 꾀하되 쉽게 되기를 바라지 말라. 일이 쉽게 되면 뜻을 경솔한 데 두게 되나니 그래서 …… 여러 겁을 겪어서 일을 성취하라 하셨느니라.

친구를 사귀되 내가 이롭기를 바라지 말라. 내가 이롭고자 하면 의리를 상하게 되나니 그래서 …… 순결로써 사귐을 길게 하라 하셨느니라.

남이 내 뜻대로 순종해주기를 바라지 말라. 남이 내 뜻대로 순종해주면 마음이 스스로 교만해지나니 그래서 …… 내 뜻에 맞지 않는 사람들로써 원림(園林)을 삼으라 하셨느니라.

공덕을 베풀려면 과보(果報)를 바라지 말라. 과보를 바라면 도모하는 뜻을 가지게 되나니 그래서 …… 덕 베푼 것을 헌신처럼 버리라 하셨느니라.

문제에 부딪히면 괴롭고, 괴로우면 도망가게 되어 있으니, 다시 똑같은 문제에 부딪히고 또 괴로워하고 또 도망가게 될 것이다. 도망가다가도 정지해야 한다. 돌아보고 그 문제가 나의 향상을 위해 다가왔다는 사실을 확인해야 한다. 뒤돌아서서 망가진 울타리를 쓸어내고 마당을 더 넓혀야 한다. 문제라는 것은 공력이 분출해나올 가장 적절한 구멍이기 때문이다.

몸을 던진다

보통 사람들은 '배우고 나서 실행한다'는 것을 법칙처럼 고수한다. 이 고정관념이 워낙 강해 '잘 배우지 못한' 학생들은 졸업이 다가와도 '또 배우겠다'고 한다. 대학원을 가든, 학원을 가든, 어학연수를 떠나든, 중국이 뜬다니 중국에 가든 더 배우고 나서 사회에 나가겠다는 것이다.

'제가 아직 모자라서' 혹은 '배울 게 더 많아서'라며 이유를 대지만 그 배후에는 '두려워서'라는 진실이 가려져 있다.

이들은 근사하게 사회에 진출하고 싶어 한다. 가끔씩은 "어서 옵쇼" 하며 모셔가는 꿈을 꾸기도 한다. "만약 지금 사회에 나가면 무서운 인터뷰를 몇 번씩 하고도 떨어져야 하는 수모를 맛볼 것이다. 바깥에서는 취업이 어렵다고들 난리다. 노가다 일을 하기에는 대학 4년이 아깝다. 그러니 좀더 공부해서 당당하게 입성하자." 이런 논리이다. 보다 솔직하게는 "지금 나가서 수모를 당하고 방황하느니 일단 곤경은 회피해보자"는 심리이다. 집에는 좀더 기대도 괜찮지 않겠는가 하는 빈대근성도 작용한다.

'공부한 연후 실행'의 원리는 학력을 매우 높여놓긴 했지만 실제로는 실행력 없이 두려움에 꿈틀대는 빈대들을 많이 양산해냈다. '공짜가 없다'는 법칙에서 보면, 불필요한 자원이 두려움 때문에 소진되고 있다. 필자가 인도에 출장 가면서 싱가포르 공항에서 본 '아디다스'의 광고문구는 우리가 법칙처럼 알고 있는 고정관념을 뒤엎는다.

"행하지 않고는 절대 알지 못한다(You never know unless you do)."

"많이 행할수록 더 많은 능력이 생긴다(The more you do, the more you can do)."

그 카피는 "공부나 열심히 해라" 하고 강조하는 선생들보다 통찰력이 높다. 자신이 관심 있는 일이나 주어진 일에 더 많이 참여하는 학생들일수록 더 많이 알 뿐 아니라 수업시간에도 더 많이 배운다. 심리학적인 개념으로는 사안에 대한 개입도(involvement)가 높기 때문이다. 이들은 두려움의 벽을 넘기에 더 실행하고, 더 행할수록 더 많이 배운다.

그래서 공력 훈련을 위한 세 번째 원리는 '몸을 던진다'이다. 이러저러한 명분을 대면서 주변을 뱅뱅 돌기보다는 본건의 중심부에 몸을 던져야 두려움도 극복할 수 있고, 그만큼 지식과 실력을 높일 수 있다.

우리가 미래에 대해 알 수 있는 것은 가능성뿐이다. 과거에 누군가 성공한 코스라고 해서 따라가 보았자 그 가능성이 내게도 실현될 수 있을지는 여전히 미지수이다. 웬만큼 과거 사례로 알아보았다면 주저 없이 몸을 던져야 한다. 미래에 관한 한 '해보지 않고는 모른다'가 기본 공식이다.

물론 '해보니까 안 되더라' 하는 경우도 있다. 컴퓨터를 열심히 공부해보니 엔지니어가 내 길이 아니었더라는 발견도 있었다. 이 경우도 컴퓨터 전공자라는 이유로 미적대며 엔지니어의 길 주변에 웅크리고 있었을 많은 시간을 절약한 것이다. 역시 '해보니까 알게 되는 것'이다. 영어도 마찬가지이다.

> "참고로 제 영어공부 방법을 소개하겠습니다. 일단 겁을 상실했어요. 처음에는 누가 제게 말 거는 게 두려웠지만 나중에는 제 영어 실력이 형편없다는 것을 먼저 말해주고는 그 사람과 한 가지의 주제에 대해 결판을 내려고 했어요. 무조건 부딪혔죠. 그저 부딪히고 깨지면서, 제가 원하는 표현을 다른 사람이 썼을 때 그것을 모방하려고 노력했던 것이 전부입니다."(김도연)

물론 그도 인턴십 회사의 문서를 보려고 하루에 열 쪽의 단어만 찾다가 끝난 경우도 있었으니 위에서 소개한 방법만 구사했다고 하긴 어렵다. 중요한 것은 '한 주제를 결판내려고' 하는 태도, '부딪히고 깨지려는' 행동의 철학이다. 영어 실력을 키우기 위해 돈을 내고 영어학습을 더 한 것이 아니라 현장에서 뻔뻔스럽게 부딪힌 것이다. 영어학과 출신인 엄진옥의 진술을 들어보면 왜 '몸을 던지는 것'이 영어의 공력을 높이는 가장 좋은 방법인가를 알 수 있다.

"인도에 오기 전에는 전공이 영어라는 이유로 외국인 진료소에서 통역을 하며 외국인을 안내하는 아르바이트를 했어요. 단 6개월 동안이었지만 세계 각국의 사람들을 만나며 영어를 구사했죠. 그런 자신감이 있었기에 인도에 오면 영어를 백 퍼센트 유창하게 할 수 있을 줄 알았어요. 하지만 제가 여기서 배운 것은 '내가 먼저 다가가지 않으면 그만큼의 실력을 얻을 수 없다'는 것입니다. 지금 살고 있는 게스트 하우스에서도 오후에 일을 마치고 들어오면 아무것도 하기 싫지만, 내가 먼저 나서지 않으면 외국인 가족들과 이야기를 나눌 수 없어요. '오늘 하루는 어땠느냐'부터 시작해서 '텔레비전에서는 오늘 무엇을 보여준다'까지 먼저 말을 해야 그들도 내게 말을 하게 됩니다. 때로는 다른 사람이 먼저 이야기를 걸어오지만 자주 있는 일은 아니에요."(엄진옥)

아무리 전공으로 공부하고 외국인을 만나 자원봉사를 해보았어도 먼저 몸으로 다가가지 않으면 영어구사력이 늘지 않는다. 영어만이 아니다. 무슨 공부든 몸을 던져 배우지 않은 지식은 주변을 맴돌다 흩어지게 되어 있다.

'몸 던지기' 원리를 수행하는 데 가장 큰 걸림돌은 역시 두려움이다. 그러나 두려움에는 실체가 없다. 스스로 만든 허상을 스스로 두려워하고 있을 뿐이다. 일단 몸을 던져서 초기단계의 두려움을 극복하면 자신의 한계와 가능성을 뚜렷이 알 수 있고, 다음 기회에 현실적으로 대비할 수 있다. 몸을 던지면 공력이 크게 높아지는 이유는 무엇일까? 다음은 최선의 몸 던지기 이야기이다.

"코스가 빡빡하다는 건 이미 알고 있었지만 일단 닥쳐보니 영어로 진행하는 수업에 쉬는 날은 일주일에 한 번, 그리고 방학이란 건 없었죠. 아침 9시부터 저녁 5시까지 점심시간 한 시간 빼고 제대로 쉬는 시간은 단 20분. 한국어로 이렇게 수업을 들어도 무리일 텐데, 영어로 계속 수업을 들으니 힘들 뿐 아니라 정말 답답했어요. 처음 한 달 반 정도는 어떻게 해서든 이해를 해보려고 집중했지만 들리는 건 단어 몇 마디 정도였습니다. 그렇게 오후가 가면 머리가 아파왔죠. 선생님은 '질문 있으면 하라'고 하지만 들리는 것이 있어야 질문도 하죠. 정말 비참했습니다. 어느 날 이 문제로 수업 도중에 갑자기 속상해졌어요. 하고자 하는 의욕도 있고 열심히 들으려고 하는데 들리는 게 없으니 …… 태어나서 그렇게 비참해본 적이 없어요. '내가 영어를 못하니까 선생님도 나를 무시하는구나'라는 자격지심도 들고요. '머리가 아파 밖에서 10분 정도 있다 오겠다'고 말하고선 빈 강의실을 찾아 들어가 정말 서럽게 울었어요. 거의 한 달 정도를 대충 수업 듣고 집에 와서는 자신을 자책하며 울었어요. 한국에서 적극적이었던 저와는 너무 상반되었기에 갑자기 변해버린 자신에 대해 어색하기조차 했어요. 하지만 이렇게 나약하게 무너지는 나를 인정하기엔 시간이 너무 이르다고 생각했고, 인도라는 먼 땅까지 가져온 제 의지가 너무 아까웠습니다. 이런 생각 끝에 '이제부턴 피하지 않고 적극적으로 부딪혀보겠다'고 다짐했어요. 이것이 많은 도움이 되었어요. 머릿속에서 완벽한 문법을 구사하려고 노력하기보다는 일단 말꼬를 트는 연습부터 했습니다. 상대방과 영어로 대화를 하기 전에 이렇게 주문을 걸었습니다. '나는 태어날 때부터 한국어만 썼으니 내가 영어를 못하는 건 당연하고, 너희는 영어를 쓰는 나라이니 영어를 잘하는 건 당연하다.' 이런 식으로 말입니다. 실력도 없는 저를 받쳐주었던 건 당당함과 무대뽀 정신뿐이었던 것 같아요. 처음 먼저 말을 시작하는 게 어렵지, 일단 시작하기만 하면 몸의 언어를 통해서라도 어떻게든 상대방은 알아듣습니다. 이렇게 일단 대화가 이루어지면 너무나 신이 납니다. 이런 느낌은 6개월이 지난 지금도 마찬가지에요. 아직도 제 영어 실력은 턱없이 부족하지만, 지금까지의 발전에 매우 만족합니다. 그리고 나중에 직업을 갖게 되면 꼭 영어를 사용하는 직업을 갖고 싶어요."(최선)

인도에 몸을 던지고 났는데도 자신이 한심스러워 엉엉 울 정도가 되면 간단한 문제가 아니다. 다시 돌이키기도 힘들다. 그런데 몸 던지기의 결정적인 성격이 여기에 있다. 다시 돌이킬 수 없으니, 어떻게든 몸으로 견디어야 한다. 견디고 나면 '피하지 않고 부딪히겠다'는 각오의 때가 온다. 그리고 '나는 원래 못해. 어쩔래' 하는 배포도 생긴다. 이때부터 편안한 느낌이 찾아오고, 어떻게든 문제해결의 비법을 찾게 된다. 그렇게 되면 '지금까지의 발전이 만족스러운' 공력 수준에 도달하니, '앞으로 영어 쓰는 일을 하겠다'는 기염을 토할 정도가 된다.

몸 던지기는 배수진 치기이다. 되돌아갈 곳이 없으니 부딪힐 수밖에 없고, 부딪히다 보면 '무대뽀로 당당하게' 부딪힐 결심이 생긴다. 부딪히면서, 낯선 것에 익숙해지면서 익숙한 만큼 내 안의 힘이 커진다. 그 것이 몸 던지기의 진수이다.

"인도 창을 다녀오고는 일에 대한 태도와 마음가짐에서 거부감이 없어졌어요. 적극적으로 된 거죠. '하면 된다'는 것을 확인해봤으니까요. '해보니까 되더라'는 거죠. 인도에 가기 전 학교 다닐 때는 '해야겠다'는 마음이 없었어요. 성적도 안 오르고. 인도에선 빼도 박도 못하는 상황에서 해야 했으니까. 다른 놀 일이 없었으니까."(서득호)

몸을 던지면 '빼도 박도 못하는' 상황을 만난다. 버티고 극복해내는 수밖에 없다. 몸을 잘 던지는 용사들은 바로 이런 상황을 의도적으로 만들어낸다. 출구는 하나뿐이다. 자신의 마당을 넓히지 않으면 안 되는 상황에 몸을 던지면서 향상을 도모하는 것이다. 몸 던지기는 두려움과의 싸움이다. 두려움에 몸을 던져본 사람들은 안다. 그게 그렇게 두렵지 않다는 것을. 나아가 두려움의 소멸이 나의 공력을 크게 향상시켜 준다는 것을.

뿌리로 들어간다

과학적 지식이 통념적 상식보다 더 큰 힘이 있는 것은 뿌리가 되는 일반원리를 추구하기 때문이다. 지혜가 통념적 윤리보다 힘이 있는 것도 인간과 사물의 성향에 대한 보편적 앎을 배경으로 하기 때문이다. 스티븐 코비(Stephen Covey)의 『성공하는 자의 7가지 습관』도 보편적 지혜에 입각한 삶의 운영원리를 제안한다.

그가 반대하는 성격 윤리(personality ethic)는 성격이라는 것을 쉽게 뜯어고칠 수 있는 기능적인 것으로 전제하고 사교술, 협상법, 돈 버는 법 등 기술적인 차원의 방법을 제시하는 윤리를 말한다. 이 경우 강조되는 것은 남들에 대한 나의 이미지 바꾸기, 다른 사람을 대하는 행동 고치기, 집단 내의 권력행사 전술, 남을 설득하기 위한 기술 등 각종 기교와 기술 차원의 충고들이다. 이런 윤리는 '쉬운 해결책'을 원하는 사람들을 겨냥해 대증요법들을 제시하지만, 뿌리가 바뀌지 않기에 근본 역량인 공력은 크지 않다.

대증요법이 별 효과가 없는 것은 삶의 표피에 호소하기 때문이다. 사람들이 사회관계에서 갖는 두려움과 욕망을 전제로 하여 표피만 건드리기 때문이다. 게으름을 피우는 학생에게 "공부 열심히 해" 하거나 발표를 못하고 주저하는 사람에게 "겁먹지 마" 하는 수준이다. 그렇게 하여 문제 증상이 순간 안 보일지는 모르지만 조금 지나면 다시 나타나게 되어 있다. 뿌리는 여전히 '쪽팔리면 어떻게 하나' 같은 두려움과 '잘 보이려는' 욕망이기 때문이다.

그런 대증적 윤리가 큰 효과가 없는 것은 저차원의 공력에서 무늬만 바꾸는 방책들이기 때문이다. 공력이 높아지는 것은 깊은 정성을 들인 노고와 공로의 결과이다. 무늬만 바꾼다고 그 사람의 힘과 실력이 바뀌지는 않는다. 근본이 바뀌는 데는 큰 노고와 시간이 필요하다. 공을 들이기 싫다고 해서 빨리 가는 방법은 없다. 그러니 지름길을 찾는 사람

들은 영원히 원하는 곳에 도달하지 못하고 말 것이다. 뿌리로 들어가야
한다. 이것이 공력 향상의 네 번째 원리이다.

다음은 일 년의 인도 창 과정을 끝내고 돌아와 자신이 배운 것들을
정리한 노트의 일부이다.

"① 깨달은 바: ⓐ 인간에 대해서 - 모든 사람이 같다는 것을 알았다.
사람은 누구나 좋은 면과 나쁜 면이 같이 있다. ⓑ 나에 대해서 - 나도
다른 사람들과 같다. 나의 이기적인 면을 알았고, 내가 노력하면 어떤 것
도 해낼 수 있다는 것을 알았다.

② 새로운 시선: 보는 범위가 커졌다. 외국인의 입장에서 살아봤고, 외
국인과 함께 일도 해보았다. 세계 속에서 한국을 볼 눈을 얻었다.

③ 영어: 영어문법은 매우 중요하다. 영어는 한국인으로서의 삶의 일부
이다.

④ 컴퓨터 프로그래밍: 어느 부분이 중요한지 알았다. 내가 재미있어
하는 부문을 알았고, 그것을 중심으로 미래를 구상하게 되었다."(남상미)

남상미가 ①에서 지적한 바처럼 인간의 공통점을 안다는 것, 그것도
천사와 악마가 따로 있는 것이 아니라 모든 사람 안에 선과 악이 다
있다는 것, 나도 마찬가지라는 것을 안다는 것은 사람 이해의 뿌리에
접근해 들어간 것이다. ② 한국만 최고라고 생각하는 시선보다는 외국
과의 관계 속에서 한국을, 세계인들과의 관계 속에서 한국인을 보는 눈
을 가지는 것이 보다 근본적이다. ③ 영어 공부에 관해서는 문법이 역
시 근본이라는 것, 나아가 영어는 외국인과 사귈 때만 필요한 게 아니
라 '한국인으로서의 삶의 일부'라는 점도 뿌리를 본 것이다. ④ 전공인
프로그래밍에 관해서 '어느 부분이 중요한지 알았다'는 것은 지식의 뿌
리에 접근했다는 것을 암시하며, 재미있는 부분을 중심으로 미래를 구
상하게 되었다는 것도 자신의 성향과 능력을 파악하여 이를 미래 직업

과 연관시키는 진로설계의 기본을 보여준다. 다음은 영어의 뿌리를 맛본 경험이다.

"비록 내가 알고 있고 공부한 것이라 해도 친구들 앞에서 발표할 때의 느낌은 지금도 잊을 수 없어요. 한국어로 발표했다면 말솜씨로 빠져나갔을 것도 영어로 할 때는 달랐어요. 내가 정확하게 알지 못하면 설명할 수 없었고, 나에게 들어오는 공격을 막아낼 수 없었죠. 새삼 느꼈던 어려움이었어요."(곽재식)

영어가 한국어보다 논리성이 강해서 그러리라는 추정도 가능하지만, 모국어로만 소통하면 말솜씨로 넘어갈 수 있어서 논리적 훈련이 잘 되지 않는다. 익숙하지 않은 언어로 남들과 소통하는 훈련을 통해 언어의 논리라는 뿌리를 익힌 것이다. 남상미가 영문법이 중요하다고 말한 것도 논리적 표현과 이해라는 언어 효용의 뿌리를 강조한 것이다. 인도 회사생활에서도 회사생활의 뿌리를 볼 수 있다.

"회사생활은요, 거의 비슷한 거 같아요. 아침 9시에 출근해서 저녁 5시 30분에 퇴근하는 것을 월요일부터 토요일까지 지속하고 주말은 쉬고 …… 해 질 녘 집에 돌아오면 밥하고 빨래하고 …… 그러면 어느새 12시가 훌쩍 넘어버리죠. 그렇게 한 주를 보내고 나면 주말에는 아무것도 하기 싫어져요. 오로지 잠, 잠, 잠."(정미희)

"마케팅 일을 하는 저는 보스에게 우리가 만나러 가는 고객을 확인하고, 지금 팔아야 할 게 '라우터'인지 '파이어 월'인지 '인터넷 리즈드 라인'인지 물어봅니다. 고객을 만나면 보스는 인도인답게 적당히 비싸게 부르고 깎아줍니다. 그런데 상대가 정부일 경우는 거의 안 깎아주죠. 공무원은 자기 돈이 아니니까 깎으려 하지 않는다는 거지요. 우리 보스에게 본받을 것은 고객이 주문한 상품과 연계되는 다른 물건들을 추천해서 파는 방식이에요. 회사가 버는 돈이 더 많아지는 건 물론이거니와, 필요하지만 모르던 걸 제공하는 거니까 누이 좋고 매부 좋은 거래죠."(김수경)

"회사 동료들 또한 친절합니다. 직장상사 눈치 피해가며 같이 담배 피울 때 '인도도 한국과 똑같다'는 생각이 듭니다. 이곳 또한 엄연히 상하위계가 잡혀 있지요. 공과 사를 구별해야 하고, 심지어는 담배 한 대 피우는 것도 힘들다는 것을 느꼈습니다."(박춘근)

일 주일 일하면 휴일 하루, 쉴 새 없이 자는 것도 똑같고, 고객이 깎을 것을 예상하고 가격을 부르는 것도 똑같고, 공무원의 태도도 비슷하고, 심지어 아랫사람들이 윗사람을 피해가며 담배 피우는 것도 똑같다. 인간의 일하는 조건이라는 게 그렇게 큰 차이가 있을 수 없는 것이다. 회사라는 제도, 어떤 목적을 향해 가는 조직은 일반적으로 취할 수밖에 없는 절대 조건에 기초하기 때문이다. 그런 조건의 공통 뿌리를 발견하는 것은 사회생활에 대한 이해력과 수용력을 높인다.
문화적 차이를 넘어 인간의 육체, 감정이나 열정을 보는 것도 차이 속에 숨겨진 보편적 인간성의 뿌리로 들어가는 길이다.

"처음에는 인도에 대한 스테레오 타입이 많았어요. 살면서 많은 인도 사람들을 접했고, 심지어 철도에서 목 없는 시체도 봤어요. '인도인도 사람이구나' 생각했어요."(변아람)

"얼마 전에는 같이 일하는 여직원 하나가 결혼하는 바람에 인도 결혼식에 구경을 갔습니다. 여기 결혼식은 이틀 정도 이어지는데, 신랑 신부가 힌두교도라 힌두식으로 진행되었습니다. 가장 인상에 남았던 것은 신부 아버지가 무릎에 신부를 앉히고, 딸을 보내기 전에 '잘 살아라' 하고 축복하는 순서였는데 정말 보기 좋았어요. 역시 문화를 막론하고 딸을 보내는 아버지의 심정은 같은 거겠지요. 입장하면서 부조금을 주는 우리와는 달리, 예식이 끝날 무렵 하객들이 다 무대에 나가 신랑 신부에게 축복의 인사와 함께 선물을 건네거나 봉투를 줍니다. 그 많은 사람들이 다 무대에 나가서 직접 주기 때문에 시간이 많이 걸리는데, 신랑 신부는 전혀 피곤한 내색 없이 한 사람 한 사람의 말에 귀를 기울이며 결혼식에 와준데 감사하는 모습이었어요."(이경아)

딸을 보내는 아버지의 마음은 문화와 관계없을 것이고, 전통적 공동체가 남아 있는 곳에서는 결혼식 비용을 함께 부담하는 두레 전통이 다 있을 것이다. 기차에 치이면 백인의 목이든 한국인의 목이든 잘려나간다는 매우 단순한 사실도 육체의 비애와 삶의 유한성에 대한 보편적 뿌리를 각성시켜 준다. 그러니 '인도인도 사람'이라는 깨달음은 '한국인도 사람'이라는 보편적 깨달음을 지향하고, 여기서 한국이든 인도든 그들의 가족 사랑과 문화적 열정은 똑같이 존중해야 한다는 인류애가 나올 수 있다. 해외에 나가 차이만을 보는 사람은 차이 속에 감춰진 딸에 대한 아버지의 애틋한 정에는 접근하기 힘들다.

어떤 분야든 잎과 가지와 줄기와 뿌리가 있다. 뿌리를 지향하는 사람일수록 공력이 커진다는 원리도 보편적으로 작동한다. 히딩크가 한국 축구에 가르쳐준 것도 뿌리 중의 뿌리인 체력이 커야 축구를 잘한다는 것이다. 단편적이고 기능적인 지식은 쉽게 배울 수 있고 무늬도 화려하지만 오래 가지 않고 그 효용의 범위도 한정된다.

지식도 더 뿌리로 들어가면 지식의 문제라기보다는 공부나 과제에 대한 일반적인 태도의 문제이다. 받아들이는 힘이 크는 게 지식 문제의 뿌리가 되는 것도 그 때문이다. 받아들이는 힘이 약한 사람은 한국에서 안 된다고 인도나 중국에 가보았자 다시 표피에 머무르게 되어 있다.

지혜를 높이기 위해서라도 지혜서를 열심히 읽는 것보다는 지혜가 높은 사람들의 가르침을 자기 현장에서 실천하는 것이 더 근본적이다. 예수의 말씀을 열심히 베껴 적거나 신학과에 가서 신학자들의 학설을 외우는 것보다는 '바리세인과 같은 위선'을 내 삶의 현장에서부터 통제하는 게 근본이고, '남의 눈의 티끌을 보지 않고 내 눈의 대들보를 보는' 실천부터 해보는 것이 뿌리이다. 앞길이 막막할 때는 투정하기보다는 지혜로운 사람을 찾아가 충고를 듣는 것이 근본적이고, 충고를 듣기보다는 가슴에 다가오는 말들을 직접 실천하는 것이 더 뿌리로 들어가는 길이다.

'나는 이게 좋고 저게 싫다'며 자신의 꿈을 '좋아하는' 수준에 머물게 하는 것보다는 구체적인 실행의 힘을 실어 비전으로 높이는 게 더 근본적이고, 부담 없는 사람만 만나는 것보다는 나에게 도움을 줄 사람을 찾아 만나는 게 더 근본적인 방책이다. 사회가 바뀌어야 한다고 비난하기보다는 사소하더라도 구체적인 실천을 시작하는 게 근본이고, '돈을 번 다음에 남을 돕겠다'며 으스대기보다는 지금 할 수 있는 데서부터 남을 돕는 것이 뿌리이다.

삶의 어떤 측면에서든 표피에서 중심으로, 그리고 뿌리로 들어가야 공력이 높아진다. 표피에 머무르는 사람은 표피의 공력만을 획득한다. 그러나 깊이 들어간 사람들은 들어간 만큼 높은 공력을 얻는다. 마침내 뿌리의 밑동까지 도달하면, 최고수의 위치에 오르게 되는 것이다. 고수란 어떤 분야든 뿌리에 도달한 사람들을 말한다.

작은 성공담을 만든다

"12kg 감량했어요."(최지애)

인도 생활에서의 성공사례를 얘기할 때 최지애는 이것을 꼽았다. 얼핏 보기에 아무것도 아니다. 그러나 몸무게와 체형 때문에 깊은 자격지심에 시달렸던 사람, 먹는 습관을 바꾸지 못하고 정규적인 운동에 실패했던 사람은 그게 간단한 일이 아니라는 걸 안다. 12kg 감량은 자기의 생활습관을 통제하는 데 성공한 사람이 자신의 통제력을 보여주는 수치이다.

공력 향상을 위한 노력은 성공을 지향하고, 그 노력의 성공담을 창출해야 한다. 성공을 이루는 힘을 강조하기 위해 중영사전에서는 공력을 "achieving strength(이루어내는 힘)"이라고 정의하기도 한다. 하나의 성공이야기는 자신의 전설이 되어 그 다음에 다가올 도전에 항상 참조하는 고전이 된다. 그리하여 제2, 제3의 성공이야기가 창출되는 끝없는 이야기사슬이 이어진다. 성공담은 자기 믿음의 힘을 크게 높여준다. 그 믿음이 비전의 힘을 낳고, 비전이 적극적으로 나서는 힘을 쏟아내면서 다시 새로운 성공담을 창출한다.

경영 컨설턴트였던 송덕호는 고객 회사에 가서 주로 강조한 것이 "작은 성공담을 만들어라"였다고 한다. 큰 성공을 한꺼번에 이루려고 하면 무리하게 되고, 실패의 좌절을 겪을 가능성이 높기 때문이다. 그의 논지는 큰 성공은 작은 성공들이 이어지는 데 따른 자연스러운 결과라는 것이다. 대개 큰 성공을 단번에 이루겠다는 사람들은 요행을 바라고 있거나, 자신의 역량에 대해 무지하거나, 현실감이 없는 사람들인 경우가 많다. 그래서 공력 향상의 여섯 번째 전략은 '작은 성공담을 만든다'이다.

작은 성공이 어떻게 큰 성공까지 갈 수 있는지를 영어 훈련을 중심으로 알아보자.

"역시 오늘도 영어가 문제야. 괜히 선생님을 한번 째려보고 책도 한번 소리 내어 놓아본다. 머리도 한번 콩 하고 때려본다. 이해가 안 된다. 슬프다. 별의별 생각이 다 든다. 주위를 둘러보면 나 빼고 모든 사람들이 이해하면서 수업을 듣는 모습이 보인다. 이럴 땐 정말 서럽다. 영어사전을 펴고, 모르는 단어를 찾고, 선생님께 질문한다. 'I don't understand!' 회심의 미소가 얼굴에 그려진다. 야호, 알아들었다! 혼자서 고민했던 시간은 어느새 잊어버리고 너무 행복하다."(정효연)

고심하다가 한번 내질렀다. "이걸 이해 못 하겠는데요!" 선생님이 차근차근 설명해주었다. 알아들었다. 야호! 고민의 시간이 가고 행복의 시간이 도래했다. 이런 작은 성공이 있기까지 많은 노력이 있었다. 선생님도 째려보고, 친구들도 둘러보며 자신을 책망하는 시간이 꽤 있었다. 콩 하고 머리를 때려본 게 몇 번이던가. 마침내 용기를 내었다. "잘 모르겠는데요" 하며 내질렀다. 한번 이해가 되면 그 다음 이해되는 건 쉬워진다. 내지르는 단계이다.

다음에는 언어를 공부로서가 아니라 게임으로서 하는 단계가 온다. 이중 삼중의 언어를 쓰는 인도에서 인도 국민어인 힌디를 가지고 장난을 쳐본 이야기이다.

"친구와 '오늘은 우리 힌디만 사용할까?' 하는 제의와 함께 릭샤를 탔다. 그리고 줄기차게 힌디만 사용했다. '시다 자오(곧장 가세요).' '바이야 무리애(왼쪽으로 도세요).' '다이야 무리애(오른쪽으로 꺾으세요).' '로코(멈추세요).' '끼뜨나?(얼마예요?)' …… 우리가 너무나 대견하고 자랑스러웠고, 릭샤 기사도 신기해하고 재미있어 하는 것 같았다. 우리는 내리면서 '끼뜨나?' 하고 물었다. 릭샤 기사 왈, '%$#!@*&.' 헉! 힌디로 숫자를 대는 것이었다. 그래서 우리는 얼른 '하우 머치? 하우 머치?' 하고 고쳐 물었다. 그제야 'fifteen'이라고 하는 것이었다. 돈을 지불하고 저녁을 먹으러 가면서 서로 쳐다보며 박장대소를 했다."(박준택)

인도 선생들에게 물어서 간단한 힌디를 메모하고는 외운다. 그리고는 현장에서 한번 실험해본다. '바이야 무리애' 했는데 왼쪽으로 돌면 신이 난다. 내 말이 먹힌 것이다. 내가 자랑스럽다. 그런데 숫자까지는 못 외웠다. 숫자가 나오자 갑자기 당황스러워지면서 서로 통용할 수 있는 영어로 돌아가버렸다. 한편의 성취감과 한편의 긴장감이 얽히면서 박장대소가 터져나온다.

영어도 마찬가지이다. 영어권에 들어가 첫 번의 작은 성공이 있었다면, 그 다음에는 더 큰 모험을 시도해보는 것이다. 먼저 다가가 말을 걸어본다. 이런 이상한 발음을 남들이 알아듣는다는 게 신기하고, 남들과 영어로 얘기하는 내가 신기하다. 비록 막혀서 당황하는 대목도 생기지만 손짓, 발짓을 하거나 씩 웃어넘기며 상황을 게임으로 타개해나간다. 2단계 성공이다. 그 다음에는 더 큰 도전이 다가와도 나설 수 있다.

"아버지께서 오셨을 때 영어로 통역도 해드렸어요."(곽재식)

"인턴십을 위한 인터뷰, 그 어려운 영어 인터뷰 자리에서 면접관들을 웃겼어요."(최정환)

이 정도까지 가면 회사에서 회의를 해도 빠지지 않고 내 의견을 얘기한다. 보스가 나를 믿고 내게 회의 주재를 맡기기도 한다. 김석정이 그랬듯이, 네 시간 동안 인도 기술자들과의 회의를 주재하면서 영어로 발제도 하고 사회도 본다.

영어의 향상도 작은 성공들이 쌓이면서 더 큰 성공으로 나아가는 발전구조를 갖는다. 한번에 멋진 영어를 구사하며 화려하게 무대에 서겠다는 사람들은 대개 영어 실력이 늘지 않는다. 그들은 시행착오와 게임 속에서 영어가 늘어간다는 것을 모른다. 그들은 목에 힘을 주지만 그들의 말에는 자연스러운 호소력이 없다. 그들이 큰 성공에 집착하는 이유는 실패를 항상 두려워하고 있어 작은 실패조차 두려워하기 때문이다.

작은 성공이 없으면 큰 성공도 없다.

성공을 강조하면 대개 두 가지 측면에서 비난하는 사람들이 있다. 첫째는 숱한 실패사례를 무시하고 성공만 부추기므로 현실을 호도하고, 나아가 실패자들을 무시하면서 사회적 강자에 대한 신화를 만들어낸다는 것이다. 일리 있는 말이다. 그러나 성공이 개개인의 공력 향상에 미치는 효과는 엄청나다. 성공을 그리지 않고는 공력 향상의 이정표를 만들기 힘들다. 성공목표가 없으면 우리의 삶은 방향 없는 방랑처가 될 것이다.

둘째로, 성공에 대한 강조가 결과지상주의라는 비판이다. 과정은 고려하지 않고 결과만 좋으면 된다는 풍조를 조장한다는 것이다. 앞의 비난보다는 훨씬 적절하다. 사물의 흐름을 포괄적으로 보면 성공이란 과정의 일부이다. 성공했다는 사람들이 그 후 자만심에 빠져 인생을 망치는 사례를 숱하게 보아온 우리들은 그들의 성공이 임시적이었을 뿐 아니라 보다 큰 실패의 요인이 될 수도 있다는 점을 알고 있다.

성공을 과정의 중간점검 결과로 보면 결과지상주의로 빠지지 않는다. 특히 작은 성공들을 강조할 경우 오히려 과정을 강조하는 것이다. 결과란 과정의 흐름이 외적으로 나타난 것이며, 외적 결과란 내적 에너지가 실현된 것에 불과하다. 여기서 성공목표는 내적 에너지 흐름의 방향을 설정하는 등대 역할을 한다. 자기 노력의 방향과 이정표가 있으면 길을 잃거나 제자리를 맴돌 때 자기 수정이 가능하다. 나아가 작은 성공을 지향하면 작은 것에 충실한 농밀한 에너지가 형성되어 창조적인 힘이 더 커질 수 있다. 성공한 자들이 자만심의 덫에 걸리는 것은 중간점검을 마치 인생결산처럼 착각하기 때문이다.

성공의 가장 큰 의의는 '이렇게 하니까 되더라'를 확인하는 것이다. 자신이 모으고 투여한 에너지가 어떤 효과를 발휘하는가를 확인하는 것이다. 물론 성공하는 데는 우연의 요소도 있고 운도 작용하며, 아마도 하느님의 가호나 전생의 공덕도 작용할 것이다. 그러나 우연과 운을 끌어들이는 것도 지금 내가 갖고 있는 내적 에너지의 자력 때문이다. 내가 정성을 들이지 않으면 행운도 하늘의 가호도 다가오지 않는다.

작은 성공에는 자기 노력을 의도적으로 디자인하고, 그 효과에 대해서도 의식적으로 알아차리는 노력이 필요하다. 작은 성공이란 남들이 안 알아주는 것일 수도 있으니 스스로 알아주는 노력을 기울여야 한다. 그 때문에 의도적으로 노력을 관리하고, 그 효과에 대해 예민한 의식을 투여해야 한다. 다음 경우는 항상 싸우던 릭샤 기사와 평화공존을 유지하기까지 관계개선에 대해 의도하고 예민하게 변화를 관찰한 이야기이다.

"어느 날 새벽, 릭샤를 타고 집으로 귀가했습니다. 요금을 치르고 집으로 발길을 돌리려는 찰나, 방금 그 릭샤꾼이 저를 불렀습니다. 보통 릭샤꾼이 뒤통수에 대고 소리치면 '돈을 더 내라'는 뜻입니다. 미터대로 지불한지라 '또 쓸데없는 말싸움을 해야 하나' 싶어 화가 치밀어 올랐습니다. 피곤하니까 인내력이 줄더군요. 그래도 간신히 참으며 두 배를 부르는 릭샤꾼과 형식적인 한바탕 말싸움을 치르고 돌아서는데, 한 10미터쯤 걸어갔을까요? 집에 들어가기만 하면 되는데 갑자기 화가 머리끝까지 오르더니 끝내 제 이성의 통제와는 무관하게 발길을 되돌리게 만들더군요. 릭샤꾼을 노려보며 성큼성큼 다가가 그의 멱살을 턱 하고 잡아올렸습니다. 순간 릭샤꾼의 옷이 투두둑 하며 뜯어지더군요. 일단 겁만 주려고 한 건데 상당히 난처하게 됐습니다. 그네들이 입고 다니는 꼬질꼬질한 옷이 그렇게 약했을 줄 누가 알았겠습니까. 순간 멱살을 놓았고, 릭샤꾼은 제가 당황하는 사이 주먹 두 개만한 돌을 집어 들었습니다. 순간 아차 했지만 별 도리가 있겠습니까? 생각할 여지도 없이 저는 그의 팔을 탁 잡았습니다. 'What are you doing? Stop it!(뭐하는 겁니까? 이거 당장 그만둬요!)' 조용한 새벽에 차분히 깔린 공기를 가르며 큰소리를 질렀습니다. 'Help me! Anybody here?(도와주세요! 누구 없나요?)' 아마 반경 100m 이내 집들의 잠을 다 깨우지 않았나 싶습니다. 마침 지나가던 사람이 제 소리를 듣고는 다가와 릭샤꾼을 제지해주었습니다. 저는 선수를 놓칠세라 외쳤습니다. 'This guy is cheating and killing me. Look at this stone. Oh my god! Please call policeman!(이 사람이 절 속이더니 이젠 죽이려 하네요. 이 돌 좀 보세요. 세상에! 경찰 좀 불러주세요!)' 아마 제가 릭샤꾼이었더라도 돈 몇 푼 바가지 씌워보려다 옷 뜯기고 이런 말 듣고 황당했을 겁니다. 어쨌든 100미터 밖 시야에서 그가 사라질 때까지 뒤를 돌아보며 당당히 집에 돌아온 사건입니다.

어디에서나 마찬가지겠지만 특히 인도에서는 먼저 화내는 사람이 지게 되어 있습니다. 이유를 불문하고 화내는 사람은 멍청하다고 생각합니다. 한국 사람은 성격이 급해 목소리를 높여 해결하려 하고 화부터 냅니다. 마치 동물원의 원숭이가 바나나를 빼앗기지 않으려 꺽꺽대는 것처럼. 그러다 혼자 분통 터지고 마는 경우가 많은데, 결국 아무것도 해결하지 못합니다. 어떤 경우에 직면하든 싸움에서 이기고 싶다면 멍청이가 되지는 말아야 합니다. 정말 상대방에게 이기고 싶다면 대화로 설득하거나, 상대방을 바보로 만들면 됩니다. 그보다는 두 사람 모두 이기는 윈-윈의 길로 가는 것이 가장 지혜로운 행동일 겁니다. 폭력을 쓰는 것이 얼마나 멍청한 짓이고, 문제를 평화적으로 해결하는 게 얼마나 위대한 것인가를 느낀 어느 새벽의 경험이었습니다.

인도 생활 초반에는 짜증날 정도로 요금을 더 요구하던 릭샤꾼들이 일 년이 되어가는 요새는 이상하게도 요금을 주면 군소리 한번 안 합니다. 오히려 2~3루피 정도는 깎아가며 타고 있습니다. 그렇게 모아 현재까지 188루피 적립했습니다. 현재 추세로 볼 때 졸업식까지 200루피 적립 목표는 가뿐히 달성할 수 있을 것 같습니다. 참 이상한 노릇이지요. 인도인들과 말이 통하기 시작한 걸까요? 집에 가는 데 대략 30~33루피가 드는데 200미터쯤 앞에서 미터기가 30루피로 올라갑니다. 그럼 시치미 뚝 떼고 있다가 미리 꺼낸 30루피를 주면서 아주 놀란 표정을 짓는 겁니다.

'Oh, My god! I'm sorry. I have only Rs.30. Oh, really sorry!(오, 맙소사! 미안해요. 30루피밖에 가지고 있지 않네요. 아니 이런, 정말 미안해요. 어쩌죠?)' 누가 봐도 '이놈 정말 돈이 부족해 어쩔 줄 모르는구나'라고 생각하게끔 당황한 표정을 지어 동정심을 자극하면, '그냥 가라'고 하지 않았던 릭샤 기사는 없었습니다. 'Oh, really sorry. Thank you!(오, 정말 미안하게 됐군요. 아무튼 고맙습니다)'라는 말은 잊지 않았습니다. 처음엔 이런 식이었지만, 나중엔 그냥 가벼운 액션(자연스럽게 '앗' 하는 표정을 살짝 지어주고 주머니 탁탁 치기)을 취하며 'Oh, I have no coin. Do you have Rs.8 change?(이런, 동전이 없네요. 8루피 잔돈 있나요?)'라고 짓궂은 질문을 하면 대개는 '됐다'고 고개를 흔듭니다. 이 경우엔 별로 미안해할 필요도 없이 'Thank you!(고마워요)' 하고 가볍게 외쳐주고 내리면 됩니다. 무엇인가 표현은 해줘야 합니다. 사람은 원래 누군가에게 베풀어준 느낌을 받을 때 기분이 좋은 법이죠. 그가 좋은 일 했으니 기분 좋게 만들어주는 것은 가벼운 예의입니다.

언젠가는 27루피 거리를 20루피에 탄 적이 있었는데, 그땐 정말 잔돈이 없었어요. 그래서 30루피를 보여주며 얼굴표정과 억양 하나 안 변하고 'Change, please!' 하며 10분 동안 릭샤 뒤에 앉아 말했죠. 전혀 목소리를 높이지 않고 내가 잔돈을 받아야 되는 이유를 정당하게(?) 설명하기를 10분 정도 지났을까요? 릭샤꾼이 짧은 영어로 자기는 잔돈이 없고 바꿀 데도 없으니 7루피는 내일 아침에 달라는 것이었어요. '알았다. 미안하다'라고 하고 20루피를 주고 내렸습니다. 간만에 큰 거 한 건 했다고 기분이 좋았지만, 왠지 찝찝한 마음 감출 수 없었습니다. 순수한 릭샤꾼의 마음을 이용한 악독한 놈이 된 기분이었습니다. 최악이었죠. 그날 이후 정말 곤란한 경우를 빼고는 릭샤꾼 삥 뜯는 짓을 그만두었으며, 세상에서 가장 나쁜 짓은 릭샤꾼의 돈을 삥 뜯는 것이라고 생각했습니다(그래도 200루피는 채울 것 같습니다. 어린아이나 노약자는 따라하지 마세요)."(민봉기)

릭샤 기사와의 일 년간에 걸친 싸움의 성공담이다. 이 이야기는 야비한 인격을 드러내는 것 같지만, 민봉기의 보통 때 성향으로 볼 때 우습게 표현하기 위해 과장된 측면이 있다. 우리가 주목할 것은 그가 사소한 일상사의 갈등에서 매우 의도적이고 심각한 전쟁을 치르고 있었고, 그 추이에 대해서도 매우 예민한 의식으로 점검하고 있었다는 것이다. 처음에는 사기당하는 분통을 계속 느껴왔고, 다음에는 그동안 쌓인 분통을 한번에 풀겠다는 듯이 거세게 반격했는데, 오히려 자신이 심각한 궁지에 몰렸다. 이 두 경우 모두 실패사례이다. 다만 새벽에 발생한 두 번째 실패건은 자신의 태도를 돌아볼 진한 경험이 되었다는 점에서 전략수정을 위한 중요한 계기가 되었다.

그가 깨달은 바는 자신이 항상 화를 내고 있고, 그 때문에 항상 진다는 것이다. 게다가 폭력까지 휘둘렀던 자신이 얼마나 멍청했던가를 깨닫고 평화적 해결의 길을 모색하였다. 새로운 전략의 핵심 요소는 자기통제이다. '나를 속이려는 데' 대해 화나는 마음을 억제하고 부드러운 대화로 상대를 곤경에 빠뜨리는 수법이 그가 개발한 일차적인 방법이었다. 그는 이런 식으로 거꾸로 상대를 속인 전리품을 모으며 목표치까지 정할 정도로 복수극을 벌였다. 이렇게 하여 싸움의 주도권을 잡아갔다. 그는 상대를 이겼다. 그러나 자신을 완전히 이기지는 못했다. 복수심이 남아 있으므로.

마지막에 그가 도달한 것은 그런 복수를 하는 자신이 얼마나 악독한가를 깨닫는 지점이었다. 그가 릭샤 기사를 삥 뜯는 짓을 그만두는 순간, 그는 자기 내면에 있던 복수심을 완전히 극복할 수 있었고, 이를 통해 적과 나 모두에게 승리하였다.

대부분의 한국인들은 릭샤 기사 때문에 화병을 앓는다. 그들의 협상 문화를 몰라서도 그렇지만, 이런 사소한 문제를 극복해야겠다는 작은 성공의 목표가 없어서 그렇기도 하다. 초기 성공은 릭샤 기사를 부드럽게 누르는 것이었다. 예민한 의식을 가진 민봉기는 한 단계 더 나아갔다. 릭샤 기사를 누르겠다는 자신의 못된 의지조차 누르는 데 성공한 것이다. 작은 사안에서 의도적인 목표설정과 예민한 과정점검 의식이 만들어낸 작지만 큰 성공이었다.

성공담을 창출하는 데 가장 중요한 요소는 참는 힘이다. 아무리 치밀하게 계획을 세우고 에너지 흐름을 디자인해도 성공이 어느 때 어떤 방식으로 오리라는 것을 정확하게 예측하는 것은 불가능하다. 원칙상 성공이라는 결과는 우리 뜻대로 디자인할 수가 없다. 그런 점에서 결과가 드러나는 시점이나 방식은 상당부분 우연에 달려 있다. 우리가 할 수 있는 것은 과정에서 최선을 다하는 것뿐이다.

참을 힘 없는 우리들은 우연에 달려 있는 결과의 발생 시점과 형태를 우리 뜻대로 끌어당기려고 안달하고, 조금 긍정적인 조짐이 보이면 기뻐 날뛰다가 자그마한 부정적인 조짐을 보면 침울해지는 조울증을 벗어나기 힘들다. 일희일비하다 보면 기력이 쇠진하고 '안 되는가 보다'며 쉽게 포기한다.

정미희의 작은 성공은 오래 참고 기다려온 결과이다. 영어학과에 다녔던 그녀는 독자적으로 영국에서 어학연수를 시도했으나 오히려 소심한 자신을 발견하는 실패감을 크게 맛보았다. 그럼에도 다시 인도 창에 지원했으니, 한 번의 실패 후 영어권으로 나간 2차 도전인 셈이었다. 그런데 여기서 선택한 '멀티미디어' 전공에서도 큰 재미를 못 보았다. 영어도 잘 안 늘고, 전공에서도 두각을 드러내질 못했으니 2차 실패가 될 판이었다. 중간에 포기하고 한국으로 돌아갈까도 생각했다. 그런데 어찌어찌 버텼고, 인턴십에도 참여하게 되었다. 1차 반전의 조짐은 못한다고 생각했던 멀티미디어 작업에서 나타났다.

"멀티미디어를 잘하는 편이 못되어 인턴십이 많이 걱정되었어요. 없는 실력이 티 날까봐 자신이 없었죠. 들어가자마자 이틀도 안 되어 회사 홈페이지를 만들라는 프로젝트를 주니 겁이 나더군요. 그게 제 인생의 첫

실무경험이잖아요. 과연 잘해낼 수 있을까 불안하더라고요. 메인 페이지를 만드는 작업은 아이디어가 안 떠올라 힘들긴 했지만 일단 개념을 잡은 후에 일을 시작하니 순조롭게 진행되었습니다. 멀티미디어 팀장과 디자이너가 많이 조언해주어서, 앱텍에서 공부만 할 때보다 배운 것들이 더 많은 것 같아요."(정미희)

비록 주변의 도움은 있었지만 지진아는 처음으로 사회실무를 무난히 해냈다. 포기하고 귀국했더라면 경험하지 못했을 성취감이다. 그러자 지진아 이야기의 2차 반전이 또 일어났다.

"인턴십을 통해 인도 사람들을 가까이 대하고 그들과 함께 생활하게 되었습니다. 게다가 저는 새로운 사람들 앞에서 소심하여 사람 사귀는 기회들이 필요했는데, 그런 점에서 인턴십은 좋은 기회였지요. 여직원들과도 회사생활을 하면서 생기는 문제들이나 자잘한 얘기들을 나누다보니 어느새 친분을 쌓을 수 있어 너무 좋았어요. 신기하게 생긴 한국인이 아니라 한 명의 동료로서 인정받는 기분은 말로 표현할 수가 없습니다. 생일 때면 한쪽 방에 모여 작은 케이크를 사놓고 축하해주기도 하고, 생일 맞은 사람은 점심을 대접해서 모두들 한자리에 모여 먹었는데, 인간관계의 소중함을 다시금 느낄 수 있었습니다. 얼마 전 회사 동료에게 이런 이야기를 들었습니다. 저더러 생활력이 참 강하다나요? 인도에서 더 살아도 정말 꿋꿋할 것 같다고 말이에요. 마음속에서 눈물이 찔끔 나더군요. 인도 오기 얼마 전 영국 생활에서 실패하고 돌아온 저인지라, 마음속 깊은 곳에 패배자라는 생각이 있었거든요. 그래서 더 이곳 생활에 자신감이 없었고요. 나름대로 열심히 살아야겠다고 이를 악물고 보냈는데 결국 해낸 것 같습니다. 여기까지 온 제 자신에게 조금은 칭찬해줘도 나쁘지 않겠다고 생각합니다. 앞으로 살아가면서 또 많은 새로운 일들이 생기겠지요. 그렇지만 이제는 두렵지 않습니다. 뭐든지 해낼 것 같은 자신감이 온통

제 마음을 채우고 있으니까요. 작고 소심한 저에게 더 큰 세상을 열어준 인도 창 프로그램에 감사의 마음을 보냅니다."(정미희)

외국인과 말도 못하고 지냈던 소심아가 '생활력이 강하다'거나 '꿋꿋하게 이국생활을 해낼 것'이라는 평판을 받은 것은 꾸준히 버틴 결과였다. 일도 무난히 해냈고, 여직원끼리 자질구레한 얘기들을 나누는 작은 공간 속에 자신을 넣어봤고, 한자리에 모여 파티하는 장소에 이방인으로서가 아니라 동등한 일원으로서 끼어보기도 했다. 동료가 인사말로라도 해준 '강한 생활력의 나' 혹은 '꿋꿋한 나'는 눈물이 찔끔 나기에 충분한 자기 발견이었다. 영국에서부터 인도 창 중반까지 '작고 소심한' 내가 이를 악물고 견디어낸 대가이다. 귀국해서 졸업한 후 정미희는 미국에 있는 기관에서 인턴십을 하며 3차 도전을 하기에 이르렀고, 마침내 오랫동안 원하던 화장품산업에서 일을 시작했다. 견디는 힘이 가져다준 성공이었다.

참는 일의 구체적인 과정은 내면의 투쟁과정이다. 어려움을 견디지 못하는 나를 극복하기 위해 투쟁하는 과정이 바로 참는 일이다.

"인도에 오기 위해 많은 것을 투자했고, 또 많은 것을 포기했다. 더 많은 것, 더 새로운 것을 얻기 위해서였다. 하지만 언제 어디에서나 무엇을 하든 깨닫게 된다. 나를 이기는 것이 이렇게 힘든 일이라는 것을. 또한 그것이 가장 중요한 일이라는 것을……"(이새로아)

성공을 위한 도정에서 가장 힘든 일은 '나를 이기는 것'이고, 나를 이기는 게 가장 중요한 전략적 목표이다. 언제나 내 옆에서 동침하는 가장 강력한 적, 그 적을 뚜렷이 본 사람은 많은 어려움과 유혹에도 포기하지 않을 것이다. 그가 싸움을 놓지만 않으면 도달할 곳은 자기를 이기고 한계를 넘는 것뿐. 남은 것은 성공뿐이다. 진정한 승리의 대목은 자기극복에 있다.

일의 결과를 우리가 직접 통제할 수 없기에, 우리가 할 수 있는 것 중 '진인사대천명(盡人事對天命)'이 최고이다. 통제할 수 있는 인간사에 최선을 다하고, 하늘의 뜻을 기다리는 것이다. 여기서 진인사의 최고 승부처는 나라는 적을 극복하는 것이다.

성공목표는 나의 정성과 노력을 이끌 등대이다. 작은 성공을 바라보 며 낙담하지 않고 꾸준히 나아가면 여러 작은 성공들은 물론 큰 성공도 다가온다. 무엇보다 큰 성공은 공력이 높아졌다는 것이다.

나를 들여다본다

공력 향상을 위해 노력하는 동안 수시로 문제에 부딪히게 된다. 이때 가장 중요한 것은 바깥보다는 안을, 남보다는 나를 들여다보는 시선의 전환이다. 안으로 향한 눈을 작동하여 내 마음마당과 울타리를 다시 돌아보면서 바른 방향을 잡기 위해서이다. 나를 들여다보는 일은 두 단계로 나눌 수 있는데, 첫 단계는 '거리를 두고 보는 눈'이 형성되는 단계이고, 다음은 '안을 향한 눈'이 형성되는 단계이다.

거리를 두고 보는 눈

문제라는 것은 객관적 사태에 대한 표현이지만, 그 주관적 양태는 울분과 배신감, 몸의 고통, 짜증, 무기력 등 온몸을 괴롭히는 고통으로 나타난다. 이런 사태에 빠지면 '나쁜 자식'과 '지겨운 것들'과 '한심한 나'에 대한 비난으로 온몸이 벌겋게 달아오른다. '아픈 만큼 성숙한다'거나 '고통은 자기 수련의 조건'이라는 말은 헛소리로 들린다. 다음은 학생들이 슬럼프에 많이 빠지게 되는 6개월째의 에세이다.

"오늘 한국에 있는 친구에게서 이런 말을 들었다. '힘들다는 말 너무 자주 하지 말자. 모두가 그렇게 살아. 그것도 자기 최면이야. 힘들다고 생각하면 더 힘들어지기밖에 더하니? 정신 차리고 잘 지내다 와라.' 그 친구의 말이 가슴을 찔렀다. '네가 생각했던 것이 무엇이었든 열심히 잘 살다 와라'던 친구의 말에 다짐했다. 죽을 만큼 힘든 일이 아니면 '힘들다'라는 말은 입 밖에 꺼내지 않으리라. 자! 오늘부터 세 끼 꼭꼭 챙겨 먹어야겠다. 밥 많이 먹고 힘을 쌓아두어야 싸움에서도 지지 않고 꿋꿋이 살 수 있겠지. 남은 6개월을 알차게 보내고 무사히 이 프로그램을 마치면 나 자신에게 상을 줄 계획이다. 그동안 잘 지냈으니 며칠은 푹 쉬라고 휴가를 줄까 생각 중이다."(김미란)

'힘들다'는 말을 습관적으로 하지 않겠다는 결심, 아주 작지만 중요한 동기이다. 병원에서 주사를 맞거나 내시경을 집어넣을 때 아프다고 찡찡대면 그 아픔은 통제가 안 된다. 주사기가 몸에 들어와도 찡찡대는 소리를 내지 말아야 한다. '힘들다'는 느낌의 노예가 되지 않겠다는 결심이 가져다주는 결과는 뜻밖에도 값지다. 문제 상황과 힘듦에 대해 거리를 두고 쳐다보는 시선이 형성되는 것이다. 이것이 '거리를 두고 보는 눈'이다.

서로 달라붙어 싸우고 있는 사람들을 말리면 보통은 피를 철철 흘리면서도 좀처럼 떨어지려고 하지 않는다. 보통 우리가 문제라고 하는 상황에 대해 집착하고 있는 수준이 그 정도이다. 기껏해야 도망가는 것인데, 몸은 도망가도 마음은 달라붙어 있다. 지쳐 나가떨어지지 않고서는 의도적으로 거리를 두기가 힘들다. 거리를 두고 보는 눈은 문제와 고통에 찰싹 달라붙어 있는 나를 그 대상으로부터 떼어놓는 힘을 갖게 한다. 자신의 한심한 처지도 보이고, 위로하는 마음도 생긴다. 더 나아가면 새로운 눈으로 '다시 시작해보자'는 마음도 생기고, 괴로움을 잘 견딘 자신에게 상을 주겠다는 여유까지 생겨난다.

김미란의 경우는 친구의 충고가 우연한 계기였지만, 혼자의 시간을 갖거나 애초의 목적을 다시 생각함으로써 거리를 두고 보는 눈을 의도적으로 생성할 수 있다. 그 거리 때문에 문제에 달라붙어 있던 내가 비로소 떨어져 나오고, 그것만으로도 스트레스가 상당부분 빠져나간다. 거리를 두고 보는 눈은 괴로움의 풍선에 구멍을 내어 부정적인 열기를 빼내는 신기한 힘을 갖는다. 거리를 두고 보는 눈은 문제에 달라붙어 피를 흘리는 나를 문제 대상으로부터 떼어놓음으로써 자기 치유의 여유공간을 만든다. 그 공간은 생각보다 풍성하다.

"싫어하는 사람과 함께 살아야 한다는 것은 가장 큰 어려움 중 하나예요. 시간이 지나면서 내가 싫어하는 사람은 어떻게 살아왔을까를 생각하게 되었어요. 그러면 그를 이해하는 틀이 생겨요. 이해의 틀이 생기고 나면 자비심도 생기죠."(전윤주)

시간이 지나면서 생긴 거리의 여유는 '저 사람 짜증나네'에서 '저 사람이 저렇게 된 건 왜일까'와 같은 전혀 다른 차원의 질문으로 나를 올려놓는다. 그 차원에서 내려다보는 시선은 상대에 대한 이해와 자비심까지 안겨준다. 심지어 그 거리는 마술처럼 문제 자체를 소멸시키기도 한다.

"요새 와서 배운 것인데 문제가 있으면 해결할 생각을 안 하고 내버려둬요. 그러면 편안해져요."(김석정)

아마도 인간이라는 컴퓨터에는 '문제가 있으면 바로 해결해야 한다'라는 경고 프로그램이 내장되었을 것이다. 그런데 해결을 위한 몸부림이 문제를 더 꼬이게 만드는 경우가 많은 걸 보면, 즉각적인 반응은 저급한 프로그램임에 틀림없다. 김석정의 언급은 문제 자체로부터 거리를 두는 아주 의식적인 방법이다. 그러다 보면 시간의 경과와 더불어 문제 자체가 소멸하는 경우도 있고, 심각했던 문제가 사소한 것으로 변하기도 한다. 문제를 이물질로 여기며 안달 떨지 않고 그냥 놓아두는 여유 속에서 문제 자체가 화학변화를 일으키는 것이다.

문제로부터의 자신을 떼어놓는 거리의 효과는 이처럼 사소하지 않다. 이 거리는 울타리의 어느 모서리가 망가졌는지를 차분하게 점검할 기회를 줄 뿐만 아니라 자기도 모르는 사이에 마당을 넓혀주기도 한다.

안으로 향한 눈

거리를 두고 보면 문제의 원인을 내 안에서 찾는 '안으로 향한 눈'이 싹튼다. 6개월 후 인도 창 1기에 대한 방문보고서에서 담당교수들은 다음과 같이 적고 있다.

"6개월 정도가 지난 이후 자신의 내면을 들여다보는 분기점을 도는 듯했다. 그들은 외적인 문제와 불만들을 자기 자신에 대한 내면적 반성으로 전환하는 것처럼 보였다. 학생들이 과거의 방문 때보다 더 강해 보이는 이유도 이 때문이 아닌가 한다."

이러한 평가의 가장 두드러진 사례는 정해정의 날카로운 지적에서 확인된다.

"20여 년을 따로 살아온 친구들이 한집에 살면서 너무도 다른 생활방식에 적응하기가 힘들었는지, 내 안에 쌓인 불만의 화살은 자꾸만 친구들을 향해 쏟아져갔다. 그렇게 가슴속에 불만이 쌓여가던 어느 날, 그 스트레스를 이기지 못하고 몸이 고장 나버렸다. 높은 열과 오한이 나를 덮쳐왔다. 내 안의 불만은 건강을 극한 상황으로 몰고갔고, 극한의 끝을 느끼는 순간 내 자신을 되돌아보게 되었다. 세상의 모든 성인들이 말하듯, 모든 문제의 해결책은 그 문제 안에 있음을 왜 깨닫지 못했는지 …… 내 안의 불만은 바로 나의 욕심으로 인한 것이었음을 느끼는 순간 나는 허황된 껍질에서 벗어나고 있었다."(정해정)

열과 오한은 '내가 잘못 가고 있다'는 강력한 메시지이다. 그 고통의 극한까지 도달하고서야 '내가 잘못 가고 있다'는 게 보였다. 그 끝에서야 홀연히 바깥과 남만을 보던 눈과는 반대 방향으로 나와 안을 향한 눈이 열렸다. 순간 불만의 원인이 나의 욕심이었다는 것이 투명하게 보였다. 욕심 때문에 내 마당이 그렇게 좁았고, 바깥에서 밀고 들어올 때 더 이상 밀릴 곳이 없어 저항했던 게 보였다. 그걸 보면서 소아적인 마당을 둘러싼 '허황된 껍질'의 울타리를 벗어날 수 있었다. 여학생 코디네이터였던 정지예도 그런 경험이 있었다.

"힘든 시기가 있었어요. JAVA 듣기가 너무 싫었어요. 사람들에게서 받는 스트레스도 컸고요. 점심 메뉴를 합의할 수 없었고, 큰소리치는 무책임한 사람들이 미웠어요. 제가 영어를 한다고 기댈 때는 언제고, 자기 것만 챙길 때는 언제고. 사람들이 싫어 '고아'에 혼자 갔어요. 해변에서 한참 울었어요. 식당에서 우연히 힌디어로 무슨 메시지가 적힌 종이에 관심이 갔어요. 물어보니 '입장을 바꿔 생각해보라'는 뜻이라고 하더라고요. 그 말이 가슴을 깊이 파고들었어요. 마지막 날 해변을 쳐다보는데 모든 사람들의 얼굴이 떠올라 행복해졌어요. 전에는 '남들이 날 이용한다'고 생각했는데, 돌아오면서는 내가 남들에게 '기여할 수 있어서 고맙다'는 생각에 가슴이 따뜻해졌어요."(정지예)

고생 끝에 바깥으로만 내달았던 눈 맞은편에 안으로 향한 눈이 열리는 순간, 그 순간을 정해정처럼 '극한에서의 반전'이라고도 할 수 있겠고, 정지예의 경우처럼 '육지의 끝에서 하느님이 내민 손'이라고도 할 수 있겠다. 그동안의 고생을 지켜본 하늘이 육지 끝에 도착한 고행자에게 전혀 모르는 힌디어로 힌트를 준 것이다. 남들의 눈으로 나를 쳐다보라고. 순간 남들이 겪었을 어려움도 느껴졌고, 그들에게 도움을 주면서 뭔가 보상을 바랐던 나의 욕심도 보였다. 문제는 더 이상 문제가 아니었고, 오히려 내게 주어진 고마운 기회였다. 마음의 마당이 엄청 넓어지면서 사태가 전혀 달리 보였고 가슴이 따뜻해졌다. 이런 시선의 반전 경험을 해보면 알 수 있다. 정말 중요한 싸움은 내면에서 일어나야 한다는 것을.

> "낯선 인도 땅에서 일 년이라는 시간을 보내면서 많은 싸움을 했어요. 매일 릭샤 왈라들과 싸우고, 물건값을 속이려 드는 상인들과 싸우고, 음식과의 전쟁, 언어의 장벽들 …… 그러나 이러한 싸움은 무모한 것이었어요. 무엇보다 힘든 것은 나 자신과의 전쟁이었습니다. 너무나 사소한 일에 침체되는 나, 너무나 작은 일에 기뻐하는 나 자신을 발견하면서 인간의 나약함과 간사함을 맛보았고, 사람이 불쌍하게 느껴지기 시작했어요."(박경아)

나를 보면 인간이 보인다. 얼마나 나약하고 간사한지를 …… 남을 탓하기에는 내가 너무나 나약하고 간사하다. 그런 나와 인간 모두가 얼마나 불쌍한가. 자비심이 싹튼다. 바깥과 환경 탓만 하는 우리가 얼마나 어리석은가.

> "많은 이들이 인도인들의 느긋함에 질렸을 것이다. 바꿀 수 없으면 적응하라고 했다. 한 가지 당연하지만 잊지 말아야 할 사실은 한국인이 아무리 많다 해도 인도에는 인도인이 더 많다는 것이다. 바뀌어야 하는 쪽은 인도인이 아니라 나 자신이어야 한다. 아직까지도 인도인이 약속시간을 지키지 않는 데 불평하는 사람이 있다면 그는 단단히 착각하고 있는

것이다. 한국을 방문한 인도인이 한국인의 급한 성미에 불만을 토로한다면 과연 당신은 무슨 대답을 해줄 수 있겠는가. 더 이상 어린아이들 억지 부리는 듯한 투정은 그만하시기를 희망한다."(김보연)

안으로 향한 눈을 열어 자신을 바라본 사람만이 이렇게 당당하게 말할 수 있다. 어린아이 억지 부리는 투정이 내 안에도 얼마나 많은지를 본 사람만이 어린아이 같은 소갈머리를 넓은 마음지평으로 확대할 수 있다. 바꿀 수 없는 것을 붙들고 불평하는 자와 바꿀 수 있는 자신을 바꾸어내는 자의 공력 차이는 비교가 안 된다.

자기 삶의 주인으로 서려는 용기를 가진 사람은 어떤 객관적 대상 속에서도 자유롭고 싶어 한다. 그렇게 과감한 사람이라면 자신의 마음마당을 확대하는 일에 매진할 것이다. 그 마당이 크면 클수록 더 많은 객관적 대상들을 소화해낼 힘이 생긴다.

"인턴십을 하면서 배운 게 있습니다. 인도 창 오기 전에 컴퓨터 회사를 반년 정도 다닌 적이 있는데, 사람 사는 거나 일하는 거나 한국이든 인도든 다 똑같더군요. 가만히 있는데 밥 떠먹여주는 경우는 없었습니다. 바쁘게 일하는 개발자들 눈치를 보며 자꾸 질문하는 사이에 '한번 연습해보라'며 작은 소일거리(?)라도 맡기더군요. 그걸 하고 나니 '이놈 신기하네' 하며 조금 더 큰 일거리를 맡겼죠. 지나간 시간을 돌아보니 인턴십은 석 달 반 동안 준비된 코스가 아닌, 하루하루 자신이 만드는 것이었습니다."
(민봉기)

회사에서 일을 안 준다고 불평하고 있을 짬이 없다. 내가 회사 속으로 들어가야 한다. 여기서 '문제는 나'는 '세상은 나'라는 통찰로 확장된다. 인턴십은 학교와 앱택과 회사에서 짜주는 코스가 아니라 하루하루 나 자신이 만들어가는 창조적 코스라는 것이다. 학교 공부도 그렇고 삶의 모든 국면이 그렇다. 삶은 하루하루 내가 창조해가는 것이다. 불평을 하고 있으면 괴로운 삶이, 나의 마당을 적극 넓혀가면 창조적인 삶으로 전개된다. 일 년 후 문정진이 쓴 에세이에 등장하는 '후배'는 그것을 철저히 깨달은 자이다.

> "오늘 새벽에 3기 중에서 가장 빨리 한국으로 돌아가는 후배를 공항에서 배웅했습니다. 누구보다도 열심히 지내고 많은 걸 얻어가려고 노력했던 후배였습니다. 정말 많이 아끼고 그 아낀 만큼 많은 걸 찾아가는 후배의 모습을 보면서, 지금까지의 나와 앞으로의 내 미래 모습을 생각했습니다. 든든한 그 후배가 공항에서 마지막으로 제게 던진 한마디가 아직도 머리에 생생히 박혀 있습니다. '형! 지난 일 년 동안 저 스스로의 인내심을 테스트하고 싶었을 뿐이에요!' 살아가는 의미를 항상 인식하며 사는 것은 참으로 큰 행복임에 틀림없습니다. 항상 깨어 있는 삶을 살아야 한다는 걸 배웠습니다. 지난 일 년 동안."(문정진)

후배에게 인도 창 일 년의 과정은 "스스로 인내심을 테스트하는 과정"이었다. 그에게는 대학도 앱텍도 인도 창 과정도 교수도 없었다. 자기 자신의 향상을 위한 테스트 과정만 있었을 뿐이다. 나머지는 나의 향상을 위한 연극의 조연이며 소품들일 뿐이다. 안으로 향한 눈이 환하게 열려 자기 자신을 뚫어지게 보는 용감한 사람만이 할 수 있는 말이다. 문정진이 말한 '깨어 있는 삶'이란 모든 것을 자기 향상의 길로 연결하는 예리한 눈을 가진 삶이다. 그 눈이 환하게 열린 사람은 다른 사람과 상황을 탓하며 샛길로 들어서는 어리석음을 범하지 않는다. '천상천하유아독존'이란 바깥의 것들 모두를 자기 향상의 계기로 전환시키는 용감한 전사들만이 내뱉을 수 있는 말이다.

공력 훈련은 피교육자가 적극적인 자기 교육자가 되어야 큰 효과를 볼 수 있다. 바깥에 있는 선생이나 학교는 단지 자기 교육을 보조할 뿐이다. 훈련이나 교육의 가장 중요한 목적도 학생을 스스로를 교육하는 교육자로 양성하는 과정이다. 그는 조연과 소품들로부터 자기 연기에 필요한 힘을 다 뽑아낸다. 피동적인 연기자는 조연과 소품을 탓하거나 경배하느라 배우는 게 별로 없다. 안으로 향한 눈은 공력 훈련의 학생을 선생으로 만드는 힘이다. 그리하여 바른 원인을 찾고, 바른 방향을 찾아나갈 수 있다.

선생을 찾는다

인도인들이 종교생활에 심도를 더하고자 할 때 기원하는 것은 '나의 그루를 보내달라'는 것이다. '그루'란 힌두교의 영적 스승을 말하는데, 스승의 안내를 받는 것이 수행을 위한 필수요건으로 간주되기 때문이다. 공력 높이기 훈련은 자신의 한계와 정면으로 부딪히는 것이므로 길을 잃거나 좌절에 빠질 가능성이 크기에, 길 안내의 그루가 필요하다. 그래서 공력 향상의 길을 걷는 데 필요한 여섯 번째 원리가 '선생을 찾는다'이다.

선생은 직업적인 교사일 수도 있고, 부모일 수도 있고, 친구일 수도 있고, 심지어 태양이나 바위일 수도 있다. 선생은 잘못 갈 때는 야단을 쳐주면서 바른 길을 제시해주기도 하고, 힘을 내도록 격려하기도 한다. 그런 응원과 견책, 안내를 받으면 다시 힘이 솟고, 잘못된 방향을 조정할 수 있고, 불안 속에서도 마음의 평안을 찾을 수 있다. 그런 선생이 있는 것과 없는 것과는 암흑 속에 등불이 있는 것과 없는 것의 차이와 같다.

어려울 때 부모가 선생이 되는 것은 자연스럽다. 인도 창 부모들은 이역만리 떨어져 있다는 점에서 독특한 선생 역할을 한다.

"인도 창 과정 동안 제일 의지했던 건 부모님이에요. 처음으로 부모와 떨어져 살았죠. 아버지께 감사해요. 고등학교 때 아버지께서 심장병을 앓으셨는데, 수술을 하면 군복을 벗어야 하고, 수술을 안 하면 생명에 지장이 있을 상황이었어요. 가족이 다 힘들었죠. 그런데 아버지께서는 저와 언니 때문에 수술을 안 하셨어요. 직업이 무너지는 상황을 식구들에게 보이고 싶지 않으셨던 거죠. 그런 아버지가 멀리서 위로의 말을 하셨기에, 어렵지만 다시 마음먹고 열심히 하게 되었어요."(장혜경)

그녀는 처음으로 부모와 떨어져 살면서 아버지의 헌신을 다시 회상했고, 부모의 의미를 다시 곱씹었다. 그 의미 한가운데에서 아버지의 위로 한마디가 파문을 일으키며 '다시 마음을 먹는' 힘이 생겼다. 여기서 중요한 측면은 부모가 '자식을 키우는 분'이 아니라 '자식이 혼자 가는 첫길에 응원을 보내는 분'임을 재발견했다는 데 있다. 이렇게 될 때에야 비로소 부모가 선생이 된다.

"저희 집은 딸만 셋인데 제가 막내에요. 어머니는 고등학교 졸업 후 '온실의 화초처럼 키운 것 같다'며 용돈을 끊으셨어요. 대학 내내 아르바이트를 해야 했죠. 인도에 있는 동안은 다시 용돈을 주셨는데, 갔다 온 후 다시 끊으셨어요. 어머니는 공부보다는 '독립적으로 커야 한다'는 걸 강조하셨어요. 초등학교 다닐 때 아버지께서는 '학교에 다녀왔습니다' 하면 소리가 작으면 목소리가 클 때까지 '다시 나가라'를 반복하셨어요. 여자지만 큰 목소리로 자신감 있게 표현하라는 거였어요. '딸이기 때문에 더 당당해야 한다'는 게 그분의 지론이셨어요."(정해정)

"힘들 때마다 한국을 떠나올 때 엄마가 우시며 제게 '어른이 되어 돌아오라'고 하신 말씀을 생각해요. 그 말씀으로 힘든 만큼 성숙해가는 저를 볼 수 있을 거에요."(송권희)

'안쓰럽다'며 사시사철 먹을 것을 보내주고, 병을 앓는 자식 때문에 전화로 울음소리를 전하는 부모가 아니라, 내가 두 다리로 굳건히 서서 앞으로 뚜벅뚜벅 걸어나가도록 격려하는 부모에 대한 의식이다.

사랑과 엄격함이 결합할 때 부모는 선생으로 다가온다. 그리하여 그분이 전해주는 정서적 힘과 지혜의 힘을 받아 자식이자 제자로서 자기 향상의 결심을 다지게 된다. 부모조차도 자연적인 존재가 아니다. 내가 부모를 스승으로 모시며 힘을 얻는 것이다.

친구들 속에서 선생을 발견하는 것도 자주 있는 일이다. 같은 목표를 향해 나아가는 동료들 중에 선구자적인 모험과 도전에 성공하는 친구가 나오면, 그 동료들 사이에 강력한 힘을 즉각 전파하는 경향이 있다.

"인도에 남아서 취직한 사람들을 보면서, 인도 창 일 년이 큰 기회였다는 걸 나중에야 깨달았어요. 인도 상황이 안 좋았지만 그것을 기회로 만드는 사람들이었던 거예요. 그들을 통해 '열악해 보여도 그게 기회다' 혹은 '아무리 열악해도 내가 갈 길은 있다'는 깨달음을 얻었어요. 덕분에 직장 사람들과 더 적극적으로 지내는 저를 발견했어요."(이윤희)

동료들 속에서 먼저 도전하고 성취하는 사람을 선생으로 삼은 것이다. 나는 친구들과 같은데 나보다 앞서나가는 친구가 나오면 '나라고 못할 것 없다'는 자극을 받는다. 그리하여 내가 해내면 다른 친구들이 또 나를 선생으로 삼아 새로운 도전을 감행한다. 반면 벽을 넘지 못하고 주저앉거나 옆길로 새는 친구들을 선생으로 삼으면 나도 주저앉고 옆길로 새게 되어 있다. 그래서 "나보다 나은 사람을 친구로 사귀어라"는 경구가 실제적인 의미를 지닌다. 교수들을 선생으로 삼는 경우도 있다.

"9개월째에 접어들면서 교수님이 방문하셨어요. 공부 결과에 만족하지 못하고 남보다 처져 있다는 기분에 찌들어 있던 때입니다. 근데 교수님은 저에게 '결과에 너무 신경 쓰지 않아도 된다. 남들이 알아주지 않는다고 속상해할 필요도 없다. 너만 열심히 했다면 너 자신이 알고 하늘이 알아줄 거다'라고 말씀해주고 가셨어요. 저는 생각했어요. '맞아! 아무도 못 알아주더라도 내가 알고 분명히 하늘이 알 거야.' 그 후 체념할 것은 체념하면서 편안한 마음으로 생활하게 되었고, 다가오는 인턴십을 저의 반환점으로 삼게 되었어요."(조은영)

"김덕봉 교수님께서 일본유학 시절 얘기도 해주셨고, 또 자격증 따는 것을 권고해주셨어요. 특히 자격증에 대한 독려는 우리에게 새로운 목표를 제시해주었습니다. 그 얘기는 우리를 다시금 긴장하게 만들었고 새로운 힘을 줬습니다. 이렇게 멋있는 분이 우리 학교 교수님이라는 게 정말 자랑스러웠고 감사했어요."(서득호)

그렇게 멀리 보였던 교수가 나와 얘기를 나누고 내 등을 치면서 "널 믿는다"고 하거나, "남들이 안 알아줘도 너와 하느님이 알아줄 거야"라고 하면 큰 힘이 되면서 생활의 반환점을 설정할 수 있다. 실제로 서득호는 자격증 취득을 새로운 목표로 정하면서부터 공부에 놀라운 힘을 발휘하는 변신을 보였는데, 당시 김 교수의 방향제시가 "내 삶을 확 바꾸었다"고 회고했다.

외부에서 선생을 찾지 않고 자기 안에서 선생을 찾는 경우도 있다. 이해준은 문제 속에 빠져들면 혼자 그 문제를 되씹는 시간을 오래 가지는데, 그러고 나서는 '내 선택이 옳았다'고 평가해주면서 불안을 삭혔다. 이런 경우는 자기합리화라고도 볼 수 있지만, 습관적으로 과거를 후회하는 사람과 비교하면 좋은 자기암시법이다. '잘했다'거나 '그때는 어쩔 수 없었다' 같은 자기암시는 과거가 회한으로 살아나 나의 뒷덜미를 잡아당기지 못하게 함으로써 앞으로 나가는 발걸음을 가볍게 해준다. 내 안에 좋은 선생을 두었고, 의도적으로 그 선생을 찾았기에 가능한 일이다.

종교는 물리적 신체가 없는 선생을 제공해준다. 박미현은 마음의 평안을 유지하기 위해 집착을 벗도록 돕는 위빠사나 명상법을 생활신조로 삼으면서, 인간관계에 치였던 상처를 회복하는 힘을 얻었다. 기독교를 믿는 경우도 마찬가지이다.

"저는 어려서부터 기독교인이라 인도에서도 하느님께 기도를 많이 했어요. 큰일을 하기 전에는 우선 기도하죠. 예컨대 집을 구하기 위해 복덕방에 연락하려고 하면, 전화기를 들기 전부터 겁이 나요. 그러면 기도를 하죠. '용기를 주시라', '말을 잘하게 도와달라', '좋은 집주인을 만나게 해달라'고요. 그대로 되었어요. 기도의 효과라고 믿습니다."(장혜경)

기도의 효과를 몸으로 확인하기 위해서는 하느님을 구체적인 선생으로 삼을 뿐 아니라 항상 옆에 끼고 사는 수준이어야 한다. 다음은 하느님을 거의 친구 수준으로 사귄 경우이다.

"믿었던 사람들이 이기적인 모습을 드러낼 때, 배신감 때문에 정말 힘들었어요. 그럴 때면 '나 너무 힘들다. 책임지시라' 하고 기도해요. 인도 회사에 취직한 것도 기도해서 얻은 것이에요. '이 회사에 있고 싶습니다' 했죠. 그렇게 기도하면 자신감이 생기고, 든든한 느낌이 들어요. 실제 결과로 나타나니까. 하지만 아무리 기도해도 스스로 아무 행동도 안 할 땐 안 들어주세요."(고인수)

"싫은 사람을 봐야 하는 상황이 가장 힘들었어요. 그럴 때 기도하면 마음이 편해져요. '벗어나고 싶으니 벗어나게 해달라', '해결해달라'고 투정도 부리고, '왜 내게 이런 시련을 주시냐?'고 따지기도 하고, '좋은 길, 바른길로 인도해달라'고 간구하기도 하죠. 한번은 '어떤 가게를 원한다'고

기도하고 나서 가봤는데, 그 시간엔 보통 열려 있지 않는 가게가 늦은 시간에도 열려 있는 거예요. 주인에게 물어보니 '오늘은 무슨 일이 생겨서 늦게 일한다'는 거예요."(박하나)

이 세 사람에게 하느님은 저 멀리 있는 추상적인 존재가 아니고, 내 삶의 현장에 구체적으로 관여하는 슈퍼 파워의 선생이다. 이 선생과의 의사소통방식은 기도이다. 이들은 기도를 매개로 하느님 선생의 힘을 빌려다 쓰는 방법들을 개발했다. 고인수는 "기도를 하되 아무 행동도 안 하면 안 이루어진다"라고 정리함으로써 안달 떠는 수준이 아니라 구체적으로 믿고 행동하는 수준에 가면 반드시 이루어진다는 실험결과를 얻었다.

기도의 직접적인 효과는, 박하나가 지적하듯이, '마음을 편안하게 해 줌'으로써 사태에 대한 단순반응 수준을 넘어서게 해주는 데 있다. 즉, 혐오하거나 집착하는 상황으로부터 거리를 두게 해주고, 평정한 시선으로 사태를 처다보게 해줌으로써 높은 차원의 영적 에너지를 끌어들일 바탕을 마련하는 것이다. 그런 높은 공력이 현실화되었을 때 기원한 바가 이루어지는 것이다.

공력의 관점에서 보면, 하느님께 기도하는 것과 부처의 가르침에 따라 마음의 평안을 얻는 것은 문제해결의 에너지를 얻는 과정에서 유사하다. 이들은 현실로부터 거리를 둔 새로운 마음의 지평을 개발한 것이고, 그런 평안의 지평에서 보다 멀리 볼 영적 에너지를 흡인한 것이다. 하느님을 선생으로 삼든 부처님을 선생으로 삼든 영적 에너지를 끌어들이는 과정은 유사하다.

학생들은 보통 부모님이 큰 힘이 되어주셨다거나 하느님이 기도를 들어주셨다는 식으로 표현한다. 외부에 힘을 준 사람이 주체이고 자신은 그 힘을 피동적으로 받은 수용체로 이해하는 것이다. 그것은 한 면에서는 맞다. 그러나 다른 면도 같이 언급되어야 한다. 내가 그분들을 선생으로 모시고, 그 말씀을 소중하게 받아들인 것이다. 받아들인다는 것은 매우 적극적인 행동이다. 자신이 선생을 선택하지 않으면, 직업적인 선생이나 부모나 동료가 아무리 좋은 얘기를 해주고 하늘이 아무리 좋은 길을 열어주어도 그 힘을 얻지 못한다. 그런 점에서 조력자를 구하고, 조언을 받아들이는 것은 매우 적극적인 에너지 흡인 방법이다. 선생을 구하고 그 조언을 통해 툭툭 털고 일어나는 과정은 '거리 두기'의 평정과 새로운 길을 제시하는 '비전의 힘'이 결합하는 과정이라 하겠다.

진정한 선생을 찾는 것은 학생들의 몫이다. 선생 역할을 하겠다는 사람이 아무리 적극 나서도 그를 선생으로 받아들이지 않으면 아무런 영향을 받지 않는다. 적극적으로 선생을 찾아나서는 자만이 그 적극성의 정도에 해당하는 힘을 줄 선생을 만난다. 그런 점에서 선생을 찾지 못하는 자들은 불행하다. 그들이 어려울 때, 병들고 아플 때, 길을 잃고 헤맬 때조차 도움을 구할 의지가 없기 때문이다. 선생을 찾아나선다는 것 자체가 강력한 의지의 표현이니 이미 절반의 힘은 얻은 것이다. 그러니 선생을 찾아나서지 않는 사람들은 얼마나 불쌍한가. 인도인들이 생각하는 것처럼 그루가 없으면 공력 향상의 길을 걷기 힘들다.

에너지를 모으고 바로 흐르게 한다

앞에서 언급한 공력 높이기의 여섯 가지 원칙 혹은 전략을 다시 요약하면, 문제에서 공력 향상의 계기를 찾는다는 첫째 전략으로부터 시작하여, 둘째, 두려움에 주저하거나 합리화를 도모하지 않고 가능성을 향해 몸을 던지기, 셋째, 힘들거나 시간이 없다는 이유로 표피에서 얼쩡거리지 않고 참을성을 가지고 뿌리로 파고들기, 넷째, 큰 성공에 대한 투기적 기대보다 실현 가능한 작은 성공담을 만듦으로써 자기 노력의 구체적 성과를 확인하기, 다섯째, 밖에서 문제의 원인을 찾는 습성을 자기 내부에서 문제의 원인을 찾는 방향으로 전환하기, 여섯째, 길을 잃거나 힘이 떨어질 때마다 등대가 되어줄 선생을 찾기 등이다. 이와 같은 여섯 가지 방책은 크게 에너지 모으기와 에너지를 제 길로 흐르게 하기의 두 가지로 구분할 수 있다. 이것은 일곱 번째 종합전략으로서 '에너지 모으고 바로 흐르게 하기'이다.

우선 에너지 모으기는 과거의 공력 수준으로는 감당하기 힘든 과제에 부딪혔을 때 힘을 더 끌어모으는 방책이다. 힘을 끌어모으는 가장 중요한 방법은 현재보다 높은 수준으로 비전을 뚜렷이 설정하고, 그 수준으로 나아가기 위한 결심을 다지는 것이다. 자기 향상에 대한 그림을 뚜렷이 하는 것과 자기 향상을 위한 다짐을 굳히는 과정에서 보다 큰 힘이 모아진다. 위의 공력 향상 전략 중에는 다섯째 작은 성공담 만들기와 여섯째 선생 찾기가 여기에 해당할 것이다.

다음으로 에너지 바로 흐르게 하기는 에너지 흐름의 방향을 통제하는 것으로, 구체적으로는 비전의 방향으로 내면에 모인 힘을 꾸준히 흐르게 하는 것이다. 삶은 실험적인 상황이 아니므로 다양하고 복합적인 일들이 얽혀 있고, 특히 어려운 과제에 처했을 경우에는 곁가지로 유인하는 욕망이 수시로 다가온다. 이때 에너지 흐름의 주요 통로를 잘 지키지 못할 경우, 구멍이 생기고 커지면서 모였던 힘이 엉뚱한 곳으로 흘러가게 된다. 이 경우에는 다시 바른 길로 돌아와 구멍을 막고 에너지가 제 길을 흐르도록 하는 재정비작업이 필요하다. 공력 향상의 원리들 중 첫째, 문제를 자기 향상의 계기로 삼기, 둘째, 나를 들여다보기, 셋째, 나아갈 길에 몸 던지기, 넷째, 뿌리로 들어가기 등이 여기에 해당한다.

다음 그림에서 ①은 에너지를 모으고 목표지점으로 흐르게 하는 데 최상의 상태이고, ②는 최하의 상태이다. ③은 에너지 흐름 통제는 잘 되지만 모인 에너지가 고갈되어 새로운 충전이 필요한 상태이고, ④는 의욕과 힘은 잔뜩 모였으나 적절한 흐름 통제가 안 되어 좌충우돌하는

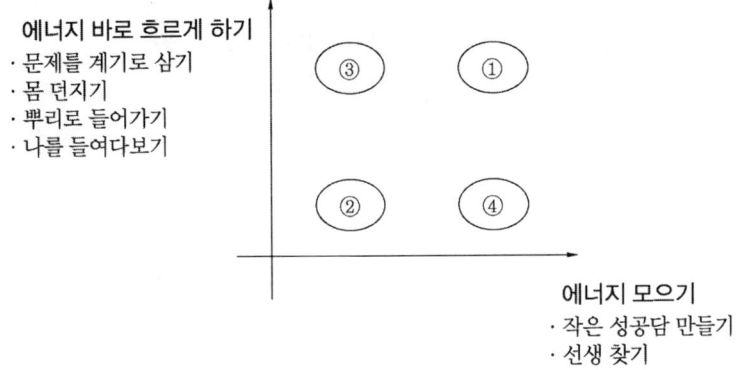

경우이다. 각 경우에 맞게 필요한 전략을 사용함으로써 ①의 상태로 가고자 하는 것이 마지막 일곱 번째 공력 향상 전략이다. 이 전략은 앞서 언급한 여섯 가지 공력 향상 원리들을 종합하면서 길 잃은 사람들이 다시 제 길로 되돌아가도록 하기 위한 방안이다.

사람들은 뭔가를 작심하고서 어려움과 유혹에 맞서는 힘의 내적 동인을 '의지(will)'라고 하고, 그 힘을 '의지력(will power)'이라고 부른다. 그런데 의지라는 말은 자신이나 남을 견책할 때 너무도 흔하게 쓰이면서도 말로만 끝내는 경우가 많아 그 말이 본래 갖고 있는 진가를 상실했다. "의지가 있어야 한다"는 말은 뻔한 도덕적 명제가 되어버렸다.

의지력을 에너지로 보면, 모여서 크는 '에너지 모으기' 과정이 있고, 모인 에너지가 흐르면서 어떤 일을 이루어가는 '바로 흐르게 하기' 과정이 있다. 의지에 문제가 있는 경우는 우선 어떤 일을 해내겠다는 결심과 그에 따른 노고를 아끼지 않을 결단 혹은 비전이나 열정이 부족한 때로, ②와 ③에 해당한다. 반면 에너지가 모였다고 하더라도 일을 추진하는 과정에서 목표 방향으로 줄기차게 흐르지 않고 곁가지로 새는 경우가 ②와 ④에 해당한다. '의지가 강하다'는 것은 비전이나 결심 등을 통해 에너지가 충분히 모이고, 실행과정에서도 목표를 향해 나아가는 에너지 흐름의 줄기가 굵고 힘차서 결국 목표에까지 도달하는 경우로 ①에 해당한다.

사전적으로 볼 때 '의지'란 '어떠한 일을 이루고자 하는 마음'이다. 즉, 목적하는 바를 달성할 마음의 힘이다. 그 힘은 모이는 에너지의 양과 에너지 흐름의 방향에 의해 결정된다. 의지력은 목적하는 바를 향한 비전과 결단력에 의해 일차적으로 결정되며, 목적을 향해 나아가는 지향이 분명한 정도와 그 강도에 의해 이차적으로 결정된다. 순서를 바꾸어 '바로 흐르게 하기'부터 살펴보자.

바로 흐르게 하기

에너지 흐름을 바른 방향으로 관리하는 사안은 사람들이 살면서 자주 한탄하는 바이다. 뭔가 마음을 먹고 계획을 세운 후 구체적인 실천 과정에 들어가면 장애가 만만치 않기 때문이다. 작심삼일의 숱한 경험들은 자신의 한계를 작게나마 극복하는 것이, 따라서 자신의 공력을 작게나마 높이는 것이 얼마나 어려운 일인가를 보여준다.

인도로 떠나기 전에 '삶을 일신해보겠다'고 다짐했던 학생들도 마찬가지이다. 심한 경우에는 앱텍의 담당자로부터 다음과 같은 평가를 받은 바 있는데, 이때는 해외유학 가서 탈선하는 학생들에 대한 보도를 연상케 했다.

"인터넷을 너무 즐기는 경향이 있다. 메신저로 채팅하고 …… 수업시간에도 그런 경우들이 꽤 있다."

"거의 매일 술 마시는 학생들이 있다. 일부 그룹이 이런 이유로 수업 참여가 떨어지므로 진도에 차질을 빚게 된다."

"복장규정을 어기는 학생들이 많다. 뭔가를 먹고는 어지럽히고 …… 실내 화장실에서 흡연하기도 하고."

"지각, 결석, 조퇴를 습관적으로 하는 학생들이 있다."

"일부 학생들이 위험하다고 경고했음에도 오토바이에 여자친구를 태우고 멀리까지 놀러갔다 와서는 피곤하여 수업에서 졸곤 했다."

인터넷 문화가 덜 발달하고 음주문화가 약한 인도인들의 편견도 가미되어 있지만, 공부습관이 들지 않은 학생들이 해외에 나가 보여줄 수 있는 가능성의 일단을 보여준다.

이러한 평가내용을 통해 연상되는 이미지는 내적인 에너지가 정돈되어 있지 않고 흩어지는 모양이다. 흩어지는 에너지도 특정한 꼴을 갖추고 있다기보다는 그때그때의 임시적 성향에 따라 불안정하게 유동하는 모습이다. 이런 에너지를 그림으로 그린다면 정련된 아름다움이 결여된 상으로, 그 에너지의 색깔도 빨강과 검정 계열이 교차하는 형상으로 보인다. 감각적 열정과 그 뒤를 잇는 피로와 무기력의 순환적 교차가 반복되기 때문이다. 목표로 하는 곳으로 힘차게 나아가지 못하고 곁가지로 이리저리 흐르는 낮은 공력이 일반적으로 보여주는 에너지 패턴이다.

무엇인가를 이루겠다고 마음은 먹었으나 실제 수행과정에서 다가오는 각종 어려움과 유혹은 우리를 언제라도 무너뜨리겠다는 기세로 호시탐탐 기회를 노린다. 이 유혹은 매우 교묘하게 다가와 합리화 기제를 발동시키고는 슬금슬금 자신의 통제권하에 우리를 노예로 만들어버린다. 그리하여 공력 향상의 큰 길을 잃고 엉뚱한 곳에서 헤매게 만드는 게 그 유혹이 노리는 바이다.

불행히도 이 유혹에 대처하는 묘수는 없다. 단순하지만 명쾌한 방법뿐이다. 목표로 하는 가장 우선적인 일에 에너지를 가장 많이 쏟도록 하는 것이다. 목표지점을 향하여 에너지가 흐를 통로를 견고하게 가설하고, 구멍이 생기거나 샛길이 날 때마다 수선하면서 중심통로를 견실하게 지키는 일이다. 물론 목표지점이 수정될 수도 있다. 그때는 수정된 방향으로 에너지 통로를 재구축해야 한다. 한번에 여러 목표를 가질 수도 있다. 그때는 우선순위에 따라 에너지 흐름의 양을 분배해야 한다.

이 일을 보통은 자기통제(self-control)라고 부른다. 어려움은 도처에 있고, 유혹도 항상 손짓한다. 자기통제력을 잃으면 금방 에너지 통로에 구멍이 생기고, 구멍은 더욱 커지면서 많은 양의 에너지가 샛길로 새버린다. 목표는 상실되고 비전도 희미해지면서 심지어는 주변의 충고에 대해서조차 화를 내게 된다.

"자기관리를 놓쳤을 때부터 모든 일을 놓쳤고 힘들어졌어요. 공부도 안 되고, 계단에서 굴러 다리를 깁스하는 일까지 발생해 심하게 아프고 힘들었어요."(정연수)

"요즈음이 가장 힘든 시간이에요. 자기통제가 흔들려요."(정기환)

자기관리가 안 되면 에너지가 아무 데나 흘러나가기 때문에 중심과제에 집중할 수 없는 것은 물론, 목표상실에서 오는 에너지 고갈 때문에 심리적으로 힘들어진다. 계단에서 굴러 깁스까지 하는 불상사가 발생하는 것도 에너지가 충일하게 모이고 흐르지 않기 때문이다. 정기환이 말한 바는 자기통제가 안 될 때 가장 힘든 시간을 맞았다는 지적인데, 예민한 관찰이다. 삶에서 가장 힘든 때가 자기통제가 안 될 때이다. 자기통제는 비전으로 향해 가는 길의 안내자이다.

반면 "한국에서보다 다섯 배 열심히 살았다"고 회고한 경우(장성민)도 있는데, 그렇게 될 수 있는 배경을 이윤희는 다음과 같이 서술한다.

"앱텍 센터의 물리적 환경은 컴퓨터시설도 성공회대학에 비하면 매우 떨어지고, 강의실 환경도 좋지 않죠. 배우는 과정도 한국과 비교해 크게 다를 것이 없어요. 단지 다른 것이 있다면 나 자신이에요. 공부에 임하는 나의 마음가짐과 태도가 달라진 것이죠. 한국에서는 시험 때만 맞추어서 공부하는 게 전부였고, 솔직히 시험 때도 열심히 하지 않았어요. 그 습관이 확 바뀌어 공부에 대한 욕심만은 한국에서보다 월등히 높아졌어요. 그 욕심이 열심히 할 수 있도록 나를 붙잡아주는 지표가 되고 있습니다."(이윤희)

바깥 환경은 달라진 것이 없거나 오히려 나빠졌는데, 자기통제의 마음가짐과 태도는 크게 향상된 것이다. 그것은 비전을 향해 에너지가 굵게 흐르도록 관리하는 마음가짐이 생겼기 때문이다. 내면의 에너지 흐름 통제는 외부환경이 좋은 것보다 공력 향상에 훨씬 더 중요한 요건이다. 다음의 사례는 영어가 안 되는 학생이 영어가 되게 하기 위해 기울인 지독한 자기통제의 이야기이다. 필자는 이 에세이의 제목을 "영어와의 사투"라고 붙인 바 있다.

"이제부터의 언어수단은 영어인데 저는 영어가 되지 않았어요. 이유는 간단했죠. 영어 실력이 형편없었으니까요. 친구들이 영어로 이야기하는 걸 보고 무척이나 놀랐어요. 영어학과 이외의 학생들은 저랑 비슷할 거라고 생각했거든요. 저는 전혀 알아듣지 못하는데 다른 친구들은 알아듣고 대화까지 하는 겁니다. 정말 충격이었습니다. 그 순간 다른 건 눈에 들어오지 않았어요. 무조건 영어를 해야겠다는 생각만 들었어요.

영어회화책이 항상 저와 동행하기 시작했고, 잠자기 직전까지 제 신체의 일부인 양 떨어지지 않았습니다. 뜻이 맞는 룸메이트와 영어를 구사할 기회를 찾아 여기저기 돌아다녔습니다. 대학 캠퍼스를 찾아가 그곳 학생들과 대화를 시도하는 식이었죠. 이곳 수업은 아침 9시부터 저녁 5시까지 월요일부터 토요일까지 이어지는데, 고등학생도 아니고 정말 힘든 일정입니다. 그럼에도 불구하고 수업이 끝나면 영어를 구사할 건수를 찾아 피곤한 몸을 이끌고 돌아다녀야 했어요.

그러나 제 소극적인 성격은 영어 발전에 아주 큰 장애물이었어요. 친구들 앞에 나가 영어로 아무 주제나 이야기하는 영어수업이 있었는데, 한국어로 한다고 해도 감히 나가서 이야기할 수 없는 게 제 성격이었으니 그 시간이 무척 힘들었어요. 몇 번이고 성격을 바꾸려고 했지만 쉽게 고쳐지지 않았어요. 그래서 우선 영어선생님이랑 친해지려고 노력하는 것으로 대안을 찾았습니다. 수업이 끝나면 그 선생님과 약속해서 손발을 사용해가며 되지도 않는 영어로 대화를 시도했어요. 그 선생님이 말하길, '네가 영어를 잘하고 싶으면 한국 학생들과 같이 살지 말고 나와서 다른 곳에서 살라'고 했어요. '네가 그곳에 머무르면 한국말을 사용하기 때문'이라는 거죠. 정확하고 간단한 이론이었습니다. 물론 우리들끼리도 영어를 쓸 수는 있지만 실제 겪어보면 그건 거의 불가능한 일입니다. 그 선생님의 말을 듣고 당장 따로 나오고 싶었지만, 인도 사람에 대한 경계의 말들을 많이 들어온지라 쉽진 않았습니다.

인도에 온 지 한 달이 되어갈 무렵이었습니다. 저와 룸메이트가 평소처럼 스파이서 메모리얼 대학에 가서 영어할 건수(?) 없나 돌아다니고 있을 때 운 좋게도 한 한국인을 만나게 되었고, 그 사람의 도움으로 집단을 나와 따로 살게 되었어요. 그것도 스파이서 대학과 가까운 곳으로 말이죠. 당장 영어가 급했기 때문이죠. 우린 수업이 끝나면 항상 그곳에 가서 영어로 대화를 시도했고, 심지어 일요일에도 그 대학 캠퍼스에서 보냈습니다.

덕분에 여러 명의 외국 친구도 알게 되었고, 운이 좋아서 그 대학 교수님께 영어과외도 한 달 넘게 받아보았어요. 몇 달은 영어로 펜팔도 해보고, 잠자기 전에 영어로 일기도 써보고, 영어로 나 자신에게 대화도 해보고, 자기 전에 영어로 기도도 해보고 …… 룸메이트 세 명과 집에서도 영어를 쓰자고 약속하고 한국말을 하면 20루피를 벌금으로 물게 했습니다. 이렇게 하여 하루 종일 영어를 쓰게 되었습니다. 덕분에 영어 실력이 비교적 많이 늘었습니다.

지금 생각해보면 '어떻게 그럴 수 있었나' 하는 생각도 듭니다. 정말이지 한동안은 영어에 미쳤습니다. 나서서 영어를 시도하는 친구들보다는 못하지만, 나만의 방식으로 노력한 덕분에 영어를 잘하는 친구들을 어느 정도는 따라갈 수 있었습니다.

6개월이 지난 지금은 그 대학에 거의 가지 않습니다. 영어과외도 안 하고요. 영어에 대한 집착(?)은 많이 줄었지만, 꾸준하게 노력하는 건 있어요. 화장실 갈 때 영어회화책을 가지고 들어가서 한참 후에 나오기, 룸메이트랑 영화 보기. 역시 운 좋게 영어자막이 나오는 영화 CD를 구해서 한 문장 한 문장을 끊어서 해석하고, 문법 찾고 단어 찾아가면서 공부하고 있습니다. 하루에 5분의 영화내용을 보지만, 한 문장 한 문장 끊어서 공부하다 보면 세 시간이 넘습니다.

인도 창 프로그램은 저에게 엄청난 재산이 될 것 같습니다. 미치도록 공부했던 영어 훈련의 경험은 정말 큰 밑거름이 될 거라 확신합니다. 여기서 6개월 정도 했던 영어 공부는 한국에서 중학교 때부터 고등학교 때까지 6년 동안 공부했던 것보다 더 많은 성과가 있었습니다. 영어를 못 알아들으면 아무것도 할 수 없는 상황과, 한국에서 그냥 가르쳐주니까 공부하는 것은 천지차이라는 말이죠. 이런 상황을 '살기 위해서 먹는다'라고 표현해야 될까요? 한마디로 저는 의사소통을 위해서 어쩔 수 없이 '영어를 먹은' 셈입니다."(신동석)

신동석은 꼴지 수준의 영어 솜씨를 가지고 인도에 갔다. 그러나 중반 이후에 본 영어 시험에서는 영어학과 출신들의 영어 성적에 버금가는 수준으로 놀라운 향상을 보였다. 그 사이에 그는 '영어에 미쳤던' 것이다. 영어 향상을 위한 똥줄 타는 절실함으로 미칠 만큼의 에너지를 모은 후, 그 방향으로 에너지를 줄기차게 흐르게 한 것이다.

열정이 생기면 방법에 대해서도 눈이 예민해진다. 자신의 성격 문제를 일찍 간파한 그는 남들이 취하는 왕도를 버릴 정도로 과감해지면서 '나름의 방식'으로 영어에 몰두하기 시작했다. 남들이 쉬는 시간에 피곤한 몸을 이끌고 인도인들과 대화하기 위해 돌아다녔고, 한국 친구들과 떨어져 나와 살면서 한국말로 보내는 시간을 거의 없었고, 혼자 있는 시간에는 생각도 영어로 시도했고, 한국 친구와의 채팅 시간을 펜팔에게 영어로 편지 쓰는 것으로 대체했다. 남들보다 엄청 많은 시간을 영어 훈련에 투자한 것이다. 영어공부 시간을 새로 만들었을 뿐 아니라 한글 생각과 한글 대화와 한글 쓰기 시간을 영어 생각과 영어 대화와 영어 쓰기 시간으로 대체하면서 거의 모든 자투리 시간까지 영어에 쏟아부었다.

시간관리보다는 심리적·육체적 에너지 통제가 더 극적이다. 친구들에게 창피스럽지 않은 곳에서 영어 대화를 하려니 피곤한 몸을 이끌고 인도인들을 찾아 돌아다닐 수밖에 없었고, 남들은 쉬는 일요일에도 쉬지 못하고 영어문장을 몇 마디 귀로 집어넣고 입 밖으로 내기 위해 돌아다녀야 했다. 피곤해지면 모국어가 나오는 게 일반적인데, 집에 돌아와 쉬는 중에도 20루피를 물지 않기 위해 영어로 긴장해야 했다. 영화를 볼 때도 마루에 누워야 제격인데, 사전을 놓고 앉아서 계속 되돌리며 볼 정도로 몸을 곧추세웠다. 거의 초인적인 에너지를 쏟아부었다. 살아남으려면 밥을 먹어야 하듯, 살아남겠다는 다급함으로 입에 설익은 영어를 꾸겨넣었던 것이다. 이 정도면 자기통제의 힘을 '치열함'이라는 말로 표현할 수 있겠다.

"인도 회사에 취직한 몇몇 인도 창 출신들은 살아남으려고 치열하게 노력했어요. 회사를 알아보기 위해서 여기저기 뛰어다니기도 했고, 외국인의 약점을 넘어서기 위해 인도 직원보다 몇 배로 노력해야 했어요. 처음 입사했을 때는 아무 일도 안 주어서 제 존재를 알리기 위해 스스로 찾아서 일을 해야 했고, 어느 정도 인정을 받은 후에는 다른 한국 친구를 소개해도 믿을 정도가 되었죠. 정신력이 투철한 사람들이 뭔가를 얻어요. 스스로 고생하면서 문제를 해결하려 하지 않는 사람들은 얻는 게 없어요.

'사는 게 어렵다'는 걸 모르는 것은 치열함이 없기 때문이죠. 치열한 사람들이 인도 창을 디딤돌로 밟고 올라가요. 마음이 급한 사람들이 인도 창에 와야 해요."(박성민)

'마음이 급하다'는 말은 비전과 목표의 강도가 높고 그 목표를 향한 자기 투신이 강하다는 뜻이다. 강도 높은 비전을 달성하기 위해 '치열하게 싸우고 노력하는' 과정이 문제를 해결하면서 자기 향상을 가져온다. 치열함이란 에너지 흐름의 굵기가 매우 커서 콸콸 흐를 뿐 아니라 다른 곁가지 샛길을 가급적 허용하지 않고 중심 흐름을 견지하는 상이다. '사는 게 어렵다'는 걸 알아야 한다는 꼰대 같은 말은 삶의 한 진리를 표현한다. 사는 게 본래 어렵다는 것을 알면 어려움을 감내할 태세가 생기고, 각종 유혹 속에서도 중심 방향을 지키고 스스로를 독려하며 나아갈 수 있다.

목표지점을 향해 에너지를 바로 흐르게 하는 일의 핵심은 자기통제이다. 스스로를 통제하는 사람만이 원하는 바를 향해 에너지를 치열하게 흘릴 수 있고, 그 흐름에 자신을 맡기며 마침내 원하는 지점에 도달할 수 있다.

공력을 높이기 위해서는 고삐가 풀려 날뛰는 말을 노련한 조련사가 통제하듯 나라는 망아지의 고삐를 휘어잡고 주인의 통제에 따르도록 해야 한다. 그런 사람만이 자기 삶의 진정한 주인으로 설 수 있다.

모으기

대개 목표지점은 기존의 공력 수준으로는 접근이 불가능한 높은 지향점이다. 따라서 처음 시작할 때부터 힘을 모으고 출발해야 하며, 중간중간 힘이 떨어졌을 때에도 새로운 힘으로 보충해야 한다. 이는 먼 산악길을 행군하는 것과 같아, 처음에 식량이 충분히 있어야 출발할 수 있고, 먹을 것이 떨어질 때마다 중간에 마을로 내려가 식량을 조달해야 하는 것과 마찬가지이다.

첫 출발은 한심한 자기에 대한 위기의식, 혹은 좀더 발전해야 한다는 자기 성취의 동기에서 비롯된다. 현재대로라면 한심한 상태를 벗어날 수 없고, 필요한 만큼의 자기 발전을 이룰 수 없다. 이때 과제나 진로, 상황을 바꿈으로써 공력의 확대를 도모할 수 있는데, 한마디로 새로운 비전과 목표가 우선 필요하다. 인도 창에 참여하겠다고 지망하는 학생들 중에는 '그동안 나태했던 삶을 바꾸어보겠다'는 뜻을 두는 경우가 많다.

> "제 대학생활은 하고 싶은 것들을 하면서 정말 재미있었어요. 하지만 공부는 늘 예외였지요. 그래서 미래에 대한 두려움이 있었어요. 제 미래를 위해 한 일이 하나도 없었기에 어떤 변화가 필요하다는 것을 절실히 느끼고 있었습니다. 저를 변화시키기 위해 인도에 오기로 결정했어요. 어려운 결정이었습니다. 제가 가장 싫어하는 과목이 영어였고, 한 번도 가족과 떨어져본 적이 없었기 때문입니다. 그러나 이것이 나를 바꿀 마지막 기회라는 생각이 더 컸습니다."(임미연)

인도 창 참여를 삶에 활력을 줄 혹은 자신을 발전시킬 새로운 비전으로 삼은 경우이다. 역동성 없는 대학생활을 일신하기 위해 혹은 놀아왔던 삶을 바꾸기 위해 새로운 진로를 취한 것이다. 이때 인도 창이 갖고 있는 일반적 비전과 개인의 비전이 결합하면서 새로운 힘이 축적된다.

그 비전의 힘으로 임미연이 가장 싫어하는 영어 공부를 다시 시작할 수 있었고, 난생 처음으로 가족과 떨어지는 모험을 감당할 수 있었다. 그 힘 때문에 그녀는 학교에서 형편없었던 점수를 일신하며 인도 창에서 전반기 최고점수자에게 주는 장학금을 받아보았을 뿐 아니라 여세를 몰아 '인도에서 일해보겠다'는 새로운 비전을 세우고 인도 기업 취직에도 성공했다. 비전이 분명하고 강력할수록, 결단력이 커질수록 힘은 더 많이 모이고, 더 어려운 과제를 감당해낼 수 있다. 다음은 비전의 힘이 어느 정도인지를 뚜렷하게 보여주는 사례이다.

"인도에 가기는 쉽지 않았습니다. 첫 면접 당시 인도 프로젝트 팀장이 셨던 이홍렬 교수께서 제 학점을 보시더니 비수 같은 한 마디. '너 이런 학점 가지고 인도에 가겠어?' 인도에 보내주시기만 하면 학점을 올려놓겠다고 제 자신과 약속했고, 술 먹을 때만 날을 새던 제가 공부로 날을 샜습니다. 그 결과 학점이 3.9로, 제 생애 가장 높은 점수를 받았습니다. '하면 되는구나' 하는 법칙을 재확인하는 순간이었습니다."(이철민)

인도 창에 참여하겠다는 비전의 힘이 공부로 날밤을 새는 역사를 만들고, 급기야 생애 최고점수까지 따는 기록갱신까지 창조했다. 비전의 힘이 기존의 한계를 부수면서 역량을 대폭 확대한 것이다.

단기적이고 성패가 뚜렷한 목표는 에너지를 고농도로 집중시키는 경향이 있다. 국제기술자격증 획득 같은 목표도 그렇다.

"인턴십 시작 전에 MCSD가 되겠다고 결심했고, 밤을 새워가며 공부하여 연속 이틀에 걸쳐 시험접수를 했어요. 몸도 피곤하고 감기도 걸렸지만, 저를 믿고 계속 진행하지 않을 수 없었어요. 마침내 이틀 만에 두 개의 페이퍼를 패스했습니다. 비록 마지막 페이퍼는 접수가 밀려 인턴십 시작 후 3일 만에 패스했지만, 하늘이 제 노력을 알아주었던 것인지 마침내 MCSD가 되었습니다."(조은영)

조은영은 초반에는 앱텍 선생님들이 "쟤는 못해" 하며 자신만 미워한다는 기분을 오래 갖고 있었는데, 15일 동안 세 개의 자격증을 따내는 기염을 토하며 성적으로부터, 그리고 왕따 신세로부터 자유를 얻게 되었다. 이 경우는 '작은 성공'의 비전이 어느 정도의 에너지를 모을 수 있는가를 보여주는 사례이다.

　　" '인도에 있겠다'는 의지가 있는 사람들이 남아요. '인도 회사에 들어
　가겠다'는 의지가 있는 사람들이 실제로 그렇게 돼요."(박성민)

　　인도에 취직한 학생들의 요인에 대해 설명하면서, 박성민은 '의지'라
는 개념을 내세웠다. 그가 말한 '의지'란 목적달성을 위해 내적 에너지
를 모은 정도를 말한다. 박성민의 지적은 '공력은 남이 알게 되어 있다'
는 중요한 법칙을 제시한다. 의지가 믿음이 되고, 믿음이 비전의 미래
형성력으로 전환되면서 예수가 말한 "믿음이 태산도 옮기는" 결과를
낳는다. 실제로 그런 경험을 해본 사람들만이 과감하게 주장할 수 있는
현실법칙이다.

　　"교수님들이 방문하셨을 때 전체 모임에서 저는 분명하게 말한 바 있
　습니다. '내가 바라는 것을 죽기를 각오하고 바란다면 필히 이루어질 것'
　이라고. 그렇습니다. 제가 무엇을 원하는지 알고 있었고, 무엇을 위해서
　노력해야 하는지, 그리고 지금 제가 얼마나 노력하지 않고 사는지 또한
　알고 있습니다. 아마 인도 창 참여자 모두가 가지고 있는 꿈이 인도 창을
　마친 후 달라진 자신의 삶일 것입니다. 그러나 그 전에 해야 할 일이 있습
　니다. 자신의 꿈이 무엇인지를 알아야 합니다. 단순하게 영어 실력 좀 늘
　고, 컴퓨터 쪽도 좀 공부하고, 외국 회사에서 근무했다는 경력 하나로 한
　국 오면 연봉도 높아지겠지 …… 이런 바람은 학점만 높이겠다는 시도나,
　인생의 도피처를 찾아 여기 온 것이나, 또 다른 무의미에서 탈피하려는
　것보다 안 좋은 생각이라고 분명하게 말할 수 있습니다."(김도연)

　　자신을 바꾸려면 먼저 자신의 꿈이 무엇인지부터 알아야 한다는 것,
비전이 분명하고 강력해야 초강력 믿음의 힘으로 원하는 바를 끌어들

인다는 법칙을 부연한 것이다. '영어, 컴퓨터 공부와 외국 회사 경험이 나의 연봉을 높여주리라'는 막연한 기대가 학점만 높이려는 시도보다 혹은 도피처를 찾는 것보다 안 좋다고 분명하게 말한 이유도 그런 막연한 기대가 자기 비전을 흐리멍텅하게 만들기 때문이다. 거기에 비하면 학점을 높이고 인생의 도피처를 찾으려는 목표는 구체적이고 절실할 수 있다. '영어 좀, 컴퓨터도 좀, 외국 회사 경험도 좀, 그리고 높은 연봉'이라는 통상적 기대가 비전 형성을 방해하고, 절실한 데서 가능한 에너지 축적을 방해한다는 것이다. 그러니 '죽을 각오로 바라기'는 불가능한 것이고, 따라서 바라는 것이 이루어질 리 만무하다.

그러하기에 에너지 모으기 원리에서 조심할 바가 있다. 지금의 비전 없는 상황을 무조건 탈피하려는 경우이다. 지금의 전공이나 학교가 맘에 안 들어, 지금 회사가 비전이 없어, 지금의 마누라가 징그러워 '바꿔타기'를 숱하게 꿈꾸거나 시도하는 경우이다. 나아가는 길, 이른바 진로를 재설정하고 바꾸는 일이 힘을 모아주기는 하지만, 절실함이 없을 경우 또 다른 갈아타기 습관의 장벽 속에 갇혀버린다. 이 증상이 위험한 이유는 '최선을 다해보지 않는 습관'을 고착화시키기 때문이다.

자유주의적 교육에서는 학생의 적성을 찾고, 그에 따라 적절한 진로를 선택하도록 돕는 것이 교과서로 되어 있다. 지금의 일과 공부가 안 맞을 때는 적성에 안 맞으니 다른 진로를 찾으라고 하면 된다. 요새처럼 많은 직업적 가능성이 생긴 시기에는 "나를 찾는다"는 신세대 캠페인이 '바꿔 타기'의 경향을 증폭시킨다. 그러나 그런 이론에는 조건이 있다. "최선을 다해 기존의 일을 대해보았는가?"라는 질문에 대답을 한 후 새 비전을 찾아야 한다는 것이다. 최선을 다한다는 것은 에너지를 한껏 모으고, 자기를 통제하면서 그 흐름을 바르게 관리한다는 것이다. 그런 에너지 관리의 기본이 되지 않은 사람은 진로를 바꿔봤자 다시 똑같은 기대-좌절의 과정을 반복할 뿐이다. 어떤 진로든 걸어나갈 기본 공력이 안 되기 때문이다.

요사이 언어습관에서 자주 등장하는 '내게 맞아', '내게 안 맞아'처럼 좋음-싫음의 잣대만으로는 새로운 비전일지라도 뚜렷해질 수 없고, 결국 에너지가 크게 모이지 않는다. 진행과정에서 발생하는 어려움에 견딜 힘이 약한 것은 당연한 일이다. 에너지 모으기 전략이 '새로운 진로 찾기'에만 몰두하게 될 때에는 어떤 길에서도 수준급에 이르지 못하고 이 길 저 길을 방황하게 된다.

　한 길에서 상당 수준 나아가본 사람은 다른 길에서도 상당 수준 나아갈 가능성이 있다. 상당 수준에 이르렀다는 것 자체가 공력의 양을 나타내기 때문이다. 상당 수준에 이르지 못한 사람은 어떤 길에서든 그 수준에 이를 때까지 자기통제와 절제력을 키우지 않으면 안 된다. 그런 점에서 공력 향상의 근본적인 전략은 에너지 모으기보다는 에너지를 바로 흐르게 하기이다. 바로 흐르게 할 정도의 자기통제력이 전제된 후에야 새로운 비전을 통해서 공력을 질적으로 향상시킬 수 있다. 그런 점에서 "원하는 것을 한다"라는 신세대적 캠페인은 기본 공력이 상당 수준에 이른 사람에게 적절한 가이드라고 할 수 있다.

　비전이 강하면 강할수록 많은 에너지가 모이고, 그 힘 때문에 내면의 비전이 외적인 현실로 실현된다. 비전과 결심은 힘을 모으는 수단이므로 공력 향상의 과정에서 꾸준히 점검되어야 할 에너지원이다. 에너지가 고갈되면 주변에서 나의 타락을 기다리고 있는 유혹의 검은 그림자가 나를 덮치고, 십중팔구는 쓰러지게 되어 있다. 그때에도 역시 포기하지 않고 다시 일어서서 에너지를 모으고 그 흐름을 바로 통제해나가야 한다. 그리하여 성공지점에 다다랐을 때, 높아진 공력이 절대치로 내 안에 자리 잡는다. 한번 자리 잡으면 쉽사리 퇴행하지 않는 게 공력이다. 절대적 타락의 늪에 빠지지 않는 한, 우리는 한번 달성한 수준에서 다시 더 높은 수준을 지향하며 향상의 길을 걸어갈 수 있다.

10장

공력 철학

공력 철학은 동서양을 막론하고 아주 오랜 옛날부터 일터와 종교와 가정의 여러 분야에서 지혜와 통찰의 전통으로 내려왔다. 요사이는 동서양의 지혜들이 상호 융합되고, 과학적인 해석까지 달라붙으면서 그 보편성이 뚜렷이 드러나고 있다. 인간과 그 삶의 다양한 국면들에 대한 이해가 모이는 초점, 삶을 향상시킬 방향에 대한 통찰들이 수렴하는 곳, 종파를 초월한 영적 향상의 궁극적인 지향점도 공력의 확대라는 공통 목표이다.

공력 철학이 일반적인 지식 철학과 다른 점은 그 철학 자체에서 구체적인 힘을 얻을 수 있다는 것이다. 기업을 운영하다가 곤경에 빠진 사람이 성경책을 펼쳐들면서 방안을 찾는 것도, 암에 걸린 사람이 산사에 들어가 부처님 상 앞에서 쉼 없이 절하는 것도, 고민이 있을 때마다 지혜가 깊은 선배를 찾아가 조언을 구하는 것도, 피로에 지친 사람이 바흐의 음악을 듣는 것도 단순히 제도·종교적 행위이거나 위로만 받고 끝나거나 감각적 즐거움을 받고 끝나는 행위가 아니다. 성경책과 부처 상과 지혜가 담긴 조언과 바흐 음악 속에는 구체적인 통찰력과 힘이 담겨 있다. 공력의 전달은 3차원적 시공의 구애를 받지 않아 먼 옛날 중국 현자의 얘기라도 지금 내게 구체적인 에너지를 줄 수 있다.

여기서 당사자가 받는 공력의 양은 그 사람이 의존하는 대상의 공력 수준과 그것을 수용하는 사람의 공력 수준에 달려 있다. 점술사에게 조언을 구하는 경우라면 점술사 개인이 도달한 공력의 수준이 내게 전달될 가능한 공력의 총량을 결정하며, 또 그의 조언을 받아들이는 나의 태도가 구체적으로 받아들이는 공력의 양을 결정한다. 그의 조언을 자신의 삶의 향상을 위해 투입하는 사람과 결정론적으로 받아들이면서 희로애락에 빠지는 사람과는 수용하는 공력의 양에 큰 차이가 있다. 부처님을 믿는 사람도 그 사람이 이해하고 받아들이고 결심하고 노력하는 수준에 따라서 불경이나 부처상으로부터 힘을 받는 정도가 천차만별이라고 할 수 있다.

이러한 차이들 때문에 자기 공력 훈련과 남의 공력 교육에 종사하는 사람들은 각자의 전통과 여건, 수준과 취향에 맞는 적절한 공력 철학을 취하고 상황에 맞게 재창조해야 한다. 공력 철학의 문제는 단순히 지식의 문제가 아니라 공력 훈련의 과정에서 구체적으로 얻을 수 있는 힘의 문제이다. 인도 창 프로그램의 초기 주임을 맡았던 필자는 학생들과 필자 자신에게 다음과 같은 공력 철학을 제시했고, 일하는 과정에서 구체적인 힘을 얻었다.

전사가 된다

필자가 인도 창 초기에 학생들에게 강조한 것은 전사(warrior)의 철학이었다. 미개척지의 인도 땅에서 어려운 과제에 살아남아야 하는 학생들은 싸움터에 나가는 병사와 같은 마음가짐이었으니, '전사'는 용기를 불어넣을 만한 모델이 되리라는 판단에서였다. 필자가 생각하고 학생들에게도 설명한 전사는 다음과 같은 사람이다.

전사는 적들이 진열하여 북을 울리며 우리 진영을 위협할 때, 칼과 방패를 챙기고 갑옷을 입으면서 오늘의 전투를 마음속에 떠올리며 자신을 추스른다. 오늘 적의 창칼에 쓰러질 수도 있다. 뱃속에서부터 올라오는 두려움을 긴 호흡에 담아 불어낸다. 말에 훌쩍 올라 적진 앞에 선 전사는 적들을 쏘아보며 칼을 빼어 높이 치켜든다. 비록 우리보다 수가 많은 적들이지만 피할 수 없는 싸움이라면 대지에 이 몸을 되돌려줄 수도 있다며 들과 하늘을 마지막으로 보듯 쳐다본다. 말고삐를 세게 움켜잡으며 호흡을 다시 가다듬는다. 공격명령과 더불어 적들의 목을 향해 칼을 굳게 추켜세우고는 사자처럼 포효하며 앞으로 달려간다. 이런 용맹에 힘을 입은 아군은 더 큰소리로 산천을 울리며 적들의 사기를 제압한다. 이 전사가 적들을 두려워하지 않을 수 있는 이유는 무엇인가?

많은 싸움을 겪어본 전사는 군사의 수와 큰북 소리와 온갖 현란한 전술로 위협하는 적에게 넋을 잃으면 싸움에 질 수밖에 없다는 것을 안다. 적 앞에서 넋을 잃지 않으면 싸움은 반 이상 승리다. 군사의 규모와 현란한 전술조차도 그 본질에서는 심리전이다. 내 마음을 흔들어 넋을 잃게 만들기 위해 적들이 존재하는 것이다. 전쟁터의 진정한 적은 내 안에 있다. 내 안의 두려움과 자만이 나를 위협하는 가장 무서운 적이라는 것을 이 노련한 전사는 안다.

간디(M. Gandhi)라는 이름의 인도 전사도 그것을 알았다. 그는 죽기 직전 이슬람교도와 힌두교도의 싸움을 말리기 위해 떠나고 있었다. "뭐라고 말씀하실 거냐?"라는 기자의 질문에 간디는 오랜 싸움을 거친 노련한 전사의 지혜로 말했다. "힌두교도와 회교도 모두에게 증명하겠어. 이 세상에 있는 악마란 우리들 마음속에 있을 뿐이라고. 우리들 마음속이 싸워야 할 전쟁터라고." 그 말을 한 지 얼마 안 되어 화해가 두려운 암살자의 총에 쓰러졌지만, 전사 간디의 혼은 지금도 살아 있다. 작고 바싹 마른 체구의 간디가 대영제국을 몰아낸 것도 자신 속에 있었던 악마를 미리 물리치는 과정을 겪었기 때문이다.

전사의 가장 중요한 특징은, 진짜 적은 내 안에 있다는 것을 뼈 속 깊이까지 확인했다는 점이다. 바깥에서 벌어지는 싸움은 안에서 벌어진 싸움 결과에 따른다는 것을 알고 있다. 그가 전투에 앞서 호흡을 가다듬고 하늘에 기도하는 것도 내 안의 적이 섬멸되었음을 확인하는 의례이다.

전사의 두 번째 특징은 친구 따라 강남 가지 않는다는 것이다. 그에게는 아군이 있고, 그 부대를 지원하는 후방 본부도 있고, 문제들을 의논할 전우도 있다. 그러나 그는 결정적인 순간에 후방의 지원부대나 심지어 친구나 부모도 '믿는다'는 말로 의존하지 않는다. 의존하고 기댄다는 것이 내 안의 적을 키우기 때문에. '믿고 의지한다'는 말속에 포함된 적들의 함정을 알기 때문에. 동료나 아군에게 기대고 의존하는 순간 안심하고 단꿈을 꾸는 나를 기다린 적이 야간에 급습할 것이므로. 다른 대상에 의존하면 내가 겨누는 칼의 각도가 둔해지며, 언제라도 꽁무니를 뺄 자세가 되어버린다는 것을 적들이 너무나 잘 알고 있기 때문에. 그리하여 안심하는 사이에 적의 칼이 내 목을 찌를 것이기에. 그가 고독을 전적으로 받아들이며 뚜벅뚜벅 혼자 걸어가는 것은 외면과 내면의 적들이 서로 짜고 벌이는 속임수에 넘어가지 않기 위해서이다.

내면의 굵고 세세한 적들을 물리치고자 하는 불교의 전사들은 이를 '마음 챙기기(mindfulness)'라고 부르고, 북미 인디언 수행전통에서는 이를 '빈틈 없애기(impeccability)'라고 부르며, 보통의 전사들은 내 안팎의 적들을 '뚫어지게 지켜보기(watch)'라고 부른다. 어떤 대상에든 의존하고 집착함으로써 내면의 힘을 약화시킬 유혹을 내면의 적으로 보고, 이를 빈틈없이 뚫어지게 쳐다보고 경계하는 태세를 말한다. 이렇게 함으로써 전사는 아군의 진중 혹은 자신의 내면을 교란시키는 적의 스파이들을 색출해냄으로써 자신의 안전을 확보해낼 뿐 아니라 이를 통해 줄줄 새어나갈 아군의 전력 혹은 자신의 힘을 보호하는 것이다.

진정한 전사는 자신이 수행하는 전쟁의 최고사령관을 하늘 혹은 자신의 삶 전체로 삼는다. 이것이 전사의 세 번째 특징이다. 그는 자신의 실패와 성공, 그리고 그 사이에 일어나는 모든 일들을 보고할 최종대상을 하늘로 삼는다. 물론 그에게는 직계상관도 있고 선배도 있고 부모도 있다. 그들로부터 칭찬을 받을 수도 있고 벌을 받을 수도 있다. 그러나 그런 상벌에 기뻐하고 슬퍼하면 이런 유혹과 저런 고통에 휘둘리며 헤매다 죽게 된다는 것을 안다. 자신의 삶에 닥치는 모든 칭찬과 비난들은 오로지 하늘 앞에 서서 '이렇게 극복해냈습니다'라고 보고하기 위한 자기 향상의 과정으로만 생각한다. 그 때문에 그는 인생 전체를 걸고 맞붙어야 할 가장 중요한 과제로부터 눈을 떼지 않는다.

그가 의존하는 유일한 대상이 있다면 하늘이다. 하늘은 내게 지시를 내리기도 하고, 지원군을 보내기도 하고, 아픔을 주며 단련시키기도 한다. 그는 혼자 길을 가는 것처럼 보이지만 사실은 하늘과 동행하고 있는 것이다. 그는 인간에게나 하늘에게나 불평하지 않는다. 그가 어려운 일이 닥쳐도 전적으로 받아들이고, 그 도전에 성심성의를 다하는 것도 그 어려움이 하늘의 뜻이라는 것을 알고 있기 때문이다. 나아가 어려운 과제를 수행함으로써 자신이 단련되고 공력이 높아진다는 것을 알고 있다. 그래서 예수 같은 최고급 전사는 젊은 나이에 죽어야 한다는 하늘의 뜻도 군소리 없이 받아들이고 복종함으로써 스스로를 하늘의 경지까지 높일 수 있었다.

당시 필자가 주로 참조했던 전사의 철학은 북미 인디언 수행집단의 전통에서 비롯된 것이다. 백인 인류학도인 카스타네다(C. Castaneda)가 인디언 약초를 연구하기 위해 만난 인디언 도사 돈 후안(Don Juan)은 이 백인 청년을 제자로 끌어들인다. 과학적이고 합리적인 사고에 젖어 있던 카스타네다는 돈 후안의 엄격하면서도 자상한 훈련을 통해 자신의 한계를 보면서 세상의 진실을 알아가는데, 광대한 멕시코 사막에서의 수년간의 공력훈련 과정은 백인 제자의 노트를 통해 세세히 기록되고 여러 권의 책으로 출판되었다. 이하에서는 카스타네다의 『공력 이야기(*Tales of Power*)』에서 주요 내용을 재편집하여 인용한다.

돈 후안은 '사부(master)'라고 부르는 백인 제자에게 "나는 사부가 아니고 단지 전사일 뿐"이라며, "전사에게 중요한 것은 오직 공력(power)"이라고 단정한다. 공력을 높임으로써 전사가 되는 것, 이것이 이들 집단에서 삶을 걸 만한 유일한 목표이다.

"우리가 행하는 모든 것, 우리 존재의 모든 것은 개개인의 공력(personal power)에 달려 있어. 공력이 충분하면 하나의 단어만 들어도 우리 삶의 행로를 바꾸기에 충분하단 말이지. 그러나 개인의 공력이 충분치 않으면, 최고의 엄청난 지혜가 눈앞에 훤히 펼쳐져도 말짱 도루묵이야."

왜 공력을 높여야 하는가? 인디언 스승의 답변은 "진정한 앎의 길을 끝까지 걷기 위해서"이다. 합리적 이성만이 진리를 발견할 수 있다고 믿는 백인 제자는 끊임없이 질문하고 자괴하고 다시 일어선다. 돈 후안은 "만약 자네가 공력이 무엇이냐고 묻는다면, '내 설명으로는 그걸 설명할 수 없다'라고 말할 수밖에 없어"라고 답한다. 공력이 언어로 기술할 수 있는 차원이 아니라는 것, 과학적 기술 너머에 진정한 앎의 세계가 있다는 것이다. 과학이란 방관자의 눈으로 쳐다본 세상에 대한 기술이지만, 전사가 추구하는 공력이란 '자신의 전체성에 도달함으로써 자유를 실현하는 것'이다.

"세상에 대한 자네의 지식이 세상이 그렇게 보이도록 만드는 게야. 어떤 생각을 붙들고 있기 때문에 세상을 그 생각에 맞추는 길을 자연스레 찾아내는 거지. 그것은 우리 생각에 세상을 맞추는 습관이야. 그러니까 중요한 것은 세상에 대한 새로운 서술방법을 배우는 게 아니라 자기 자신의 전체성에 도달하는 거야. '세상이 단순히 견해일 뿐'이라는 점을 완전히 이해했을 때 자신의 전체성(totality)에 도달할 수 있는 것이지."

'전체성에 도달하는 것', 그것은 자신과 세계와의 총체적 관계, 자기 삶의 총체적 의미에 도달하는 것이다. 공력의 최고수준이 지향하는 바이다. 그렇게 보면 사고니 지식이니 견해니 하는 것들은 오히려 공력을 한계지으며, 우리를 습관의 덩어리로 만들어 가두는 정신의 감옥이다.

"그런 점에서 우리는 거품방울 안에 살고 있어. 우리가 태어나는 순간 그 거품 속에 자리 잡게 되지. 처음에 그 거품은 열려 있었는데 점차 닫히기 시작했다가 마침내 우리를 완전히 봉해버리지. 그 거품이란 바로 우리의 지각이야. 우리는 삶 전체를 그 거품 안에서 살아. 거품의 둥근 벽면에서 우리가 보는 것은 우리 자신의 투영물일 뿐이야. 선생의 과제는 제자의 견해를 재정돈하도록 하는 거야. 그리하여 인간의 본모습인 빛의 존재가 때를 맞추어 준비하도록 하는 거야. 언젠가 한 은인이 나타나 바깥에서 거품을 열어젖힐 때를 대비하도록 말이야."

본래 우리는 빛의 존재이다. 온 몸과 마음이 빛으로 충만한 존재가 우리 자신의 전체성이다. 그런데 이 빛의 존재가 이 세상에 들어오자마자, 마치 누에처럼, 자신의 지각과 견해의 거품으로 자기 삶을 둘러싸는 것이다. 그러면서 자신이 세상을 보고 이해하고 있다고 생각하지만, 사실은 자신의 지각과 견해가 거품의 안쪽 벽에 비춘 영상을 보고 있을 뿐이다. 그러면서 자신이 빛의 존재라는 사실도 잊어버린다. 전사는 지각과 견해가 만드는 자기 감옥을 꿰뚫어보는 사람이다. 그리고 선생의 도움을 받아 마침내 거품껍질을 열어젖히면서 자신의 빛, 즉 자신의 온전한 전체성을 되찾고자 하는 사람이다.

지각과 생각의 덩어리가 만든 거품감옥을 깨고 자유를 얻는 일은 진정으로 용기 있는 자만이 실행할 수 있다. 거품감옥을 만든 적, 즉 자신의 습관과 대결하는 일을 행동으로 감행하는 사람은 전사라는 이름에 값한다. 이들은 거품껍질을 벗고 빛의 존재를 되찾겠다는 영웅적인 결단과, 내면의 적과 싸우는 데 필요한 강력한 의지와 지혜, 그리고 용맹으로 무장한 자들이다.

"자네가 기술하는 모든 것들이 자네의 이성에 따른 것인지, 자네의 의지에 따른 것인지를 판별해야 해. 의지에 따르는 것만이 매일매일의 삶을 도전으로서 활용하면서 자신의 전체성에 도달하는 데 필요충분한 공력을 쌓는 유일한 길이야. 전사는 마음을 고요히 하여 에너지를 모은 상태로 있어야 하고, 모인 에너지를 움켜쥔 손을 절대 놓아서는 안 돼."

전사가 치르는 싸움은 매일 그리고 매 순간 일어난다. 그렇기 때문에 전사는 한시라도 방심하지 않는다. 밥 먹는 것, 걸어가는 것, 친구와 만나 인사하는 것과 같은 일상사에서 내면의 적이 항상 공격을 가해오기 때문이다. 의지의 힘으로 모은 에너지를 손에서 놓지 않아야 가능한 일이다. 그는 삶의 모든 사건들을 도전으로 받아들인다.

"전사의 삶에서는 오직 한 가지 이슈만이 있어. 진정한 앎과 공력으로 향한 길을 얼마나 멀리 갈 수 있는가 하는 거지. 진정한 앎으로 가는 길을 견뎌낼 수 있는 건 전사들뿐이야. 전사는 어떤 것에 대해서도 불평하거나 후회하지 않아. 그의 삶은 끝없는 도전(challenge)이니까. 도전이라는 것은 좋은 것도 나쁜 것도 아니야. 도전은 그저 도전일 뿐이지. 보통사람과 전사의 차이는 전사는 모든 것을 도전으로 받아들인다는 거지. 반면 보통사람들은 모든 것을 축복이나 저주로 받아들이는 거고. 전사는 어딘가 다른 곳에 있으면 좋겠다고 바라는 짓 따위는 하지 않아. 왜냐하면 그는 도전으로 사니까."

"사람은 선과 악, 좋은 것과 나쁜 것 사이를 움직이는 게 아니야. 사람이 왔다갔다하는 것은 부정적인 태도와 긍정적인 태도 사이지. 가치 있는 대립물의 도움 없이는 진정한 앎의 길을 꾸준히 걸어갈 가능성이 없어. 이 대립물이라는 장벽은 적이라기보다는 철두철미 나를 위해 봉헌된 역경이야."

보통사람들이 좋은 것을 좇고 나쁜 것을 기피할 때 전사는 좋은 것과 나쁜 것 모두를 도전으로 본다. 나쁜 것은 부정적인 내면의 경향이 거품의 벽에 투사된 것이며, 좋은 것은 긍정적인 내면의 경향이 벽에 투사된 것일 뿐이다. 내면의 태도와 항시 대결해야 한다는 점에서 모든 것은 자기 향상을 위한 도전이다. 나를 위협하는 대립물도 사실은 나를 위해 봉헌된 가치 있는 장애일 뿐이므로, 그 장애를 넘는 도전을 공력 향상의 기회로 받아들이는 것이다. 그러니 전사는 '좋다'는 느낌이 들었다고 날뛰거나 '싫다'는 생각이 들었다고 불만에 빠지는 거품감옥의 노예로 살지 않는다. 왜 그런가? 거품세계 속에서 일희일비하며 넋을 잃고 살기에는 죽음이 너무나 가까이 있기 때문이다.

"죽음에 대한 깨달음이 없다면 모든 건 평범하고 하찮아. 왜냐? 죽음은 '세상이 그 깊이를 알 수 없는 신비'라는 것을 깨우쳐주니까. 죽음이 눈앞에 버젓이 현존하고 있다는 걸 깨닫지 못하면 공력도 없고 신비도 없어 …… 오늘의 과제가 자네에겐 처음이라 자네가 그 과제 앞에 준비되어 있지 못했다는 건 알아. 그러나 처음이라고 준비 미비가 허용될 수는 없어. 왜냐하면 자네는 전사로서 여기에 온 거니까. 죽을 준비가 되어 있는 전사로서 말이야."

"자기가 세상 모든 시간을 갖고서 영원히 살 존재라는 기분으로 행동한다면 그건 빈틈이 많은 거야. 그럴 때면 몸을 돌리고 주변을 돌아봐.

그러면 시간이 꽤 있다는 기분이 얼마나 멍청이 같은지를 알게 돼. 이 지구상에서 살아남은 자는 하나도 없어!"

죽음의 진정한 원인은 삶이다. 아무리 어려도 죽음의 시계는 돌아가고 있다. 째깍째깍 울리는 경고 앞에서 스스로 만든 감옥의 죄수로 살아갈 것인가, 아니면 감옥을 깨고 나올 것인가의 결단이 있어야 함은 시작에 불과하다. 매일 매 순간 다가오는 도전 앞에 준비되어 있지 않고서는 거품 벽에 비춰진 영상에 따라 웃고 울다가 어느 날 허무하게 가게 되어 있다. 전사는 자신의 죽음을 눈앞에 그리며 매사를 공력 향상을 위한 도전으로 받아들이고, 빈틈없이 내면의 적을 감시하며 경계한다.

"빈틈 없애기란 어떤 일에 관여하든 최선을 다하는 것이야. 전사는 무기력하게 있지를 않아. 당황하거나 놀라지도 않고. 어떤 상황에서든 말이야. 전사에게 주어진 시간이란 오로지 빈틈을 없애기 위한 거야. 빈틈 없애기 외의 모든 것들은 그의 공력을 갉아먹을 뿐이야. 빈틈을 없애야만 공력을 다시 채울 수 있어."

"전사는 언제든 준비가 되어 있어. 전사가 된다는 건 단지 되고 싶다고 바라는 정도로 되는 일이 아니야. 전사가 되는 건 끝없는 투쟁이야. 우리 삶의 마지막 순간까지 지속되는 투쟁 말이야."

그 끝없는 투쟁의 길을 전사는 홀로 간다. 빈틈없이 준비된 상태로 있기 위해 전사는 남들의 온정과 도움에 의존하지 않는다.

"전사가 위안을 필요로 한다면, 그는 아무나 골라서 그에게 자신의 혼란상을 표현하고는 끝이야. 종당에 이해를 구하거나 도움을 구걸하지 않

아. 단지 말해버림으로써 자기 안에 있는 압박감으로부터 자신을 풀어낼 뿐이야. 그것도 말해야 할 상황이 주어졌을 때만이지. 전사는 아무것도 필요로 하지 않는다는 기분을 키워야 해. 자네는 도움이 필요하다고 했지? 무엇을 위한 도움? 자네의 인생, 그 호사스러운 여행을 위해 필요한 모든 것을 자네는 갖고 있어. 삶은 그 자체로 충분하고 그 자체로 자기 설명적이고 완벽해."

고독의 유혹에도 흔들리지 않는 무서운 용맹으로 빈틈없음을 지켜내는 자만이 진정한 전사가 될 수 있다. 빈틈없음은 자신이 만드는 허구의 거품들을 뚫어지게 지켜봄으로써 적이 더 이상 준동하지 못하도록 하는 것이 일차 목적이지만, 거품 저편에서 진동하는 빛의 활동과 에너지들, 그리고 빛의 전사들의 활약상을 또렷이 목격하기 위한 것이기도 하다.

"사람은 유약한 존재야. 게다가 빠져들고 집착하기 때문에 더 유약해져. 자네가 모든 것을 합리적으로 짜내려고 하는 것도 불필요하게 빠져드는 일이야. 우리 주변에서 일어나는 일들을 돌아봐. 이건 말로 할 대상이 아니야. 이건 뚫어지게 쳐다볼 일이야. 쳐다봐. 모든 것을 뚫어지게 바라봐! 경험을 경험하는 것, 그것이 전사가 되는 일이야"

빠져들거나 집착하지 않고 경험한 바를 뚫어지게 지켜보는 것, 경험을 투명한 눈으로 경험하는 것, 그것이 내면의 적들이 준동하지 못하도록 하면서, 약화된 거품방울 벽의 저편에서 울리는 장엄한 공력의 모험담들을 듣기 시작하는 행위가 된다. 빈틈없는 지켜보기가 힘을 더해갈 때, 나의 한계를 구성한 껍질은 스르르 녹아내린다.

"전사가 승리를 얻는 건 벽에 머리를 부딪쳐서가 아니고, 벽을 자기 것으로 감싸 안아서야. 그들은 벽을 부수지는 않아.”

벽에 머리를 부딪치면 벽은 더욱 강고해진다. 사실은 벽을 부수겠다는 생각 자체가 감옥이 만든 생각이다. 벽을 감싸 안아야 내 공력이 벽까지 안에 포함하는 너른 지평으로 확장된다. 마음마당을 넓혀야 벽까지 마당으로 끌어안을 수 있다.

전사가 보통사람과 다른 마지막 특징, 즉 모든 과제를 대할 때 하늘에게 보고할 바를 먼저 생각하고 인생 전체의 무게로 대면하는 것을 돈 후안은 ‘겸허(humbleness)’라는 말로 표현한다. 카스타네다가 수행과제에 실패하면서 자신을 무가치하다고 느끼고, “집으로 돌아갔다가 더 강해졌다고 느낄 때 돌아오겠다”고 말하자 돈 후안은 “자네는 말도 안 되는 소리를 하고 있구먼” 하면서 이렇게 말한다.

“전사의 자신감은 보통사람들의 자신감과는 달라. 보통사람들은 방관자의 눈으로 확실성을 추구하면서 그것을 자신감이라고 부르지. 그러나 전사는 자기 자신의 눈으로 빈틈없음을 추구하면서 그것을 겸허라고 불러. 전사는 그의 운명을 자기 것으로 취해. 그 운명이 어떤 것이든 간에 말이야. 그리고는 궁극의 겸허 속에서 그 운명을 받아들이지. 자기 자신이 무엇이든 자신을 겸허 속에 받아들여. 후회할 근거로서가 아니라 살아 있는 도전의 마당으로서 자기를 받아들이는 거야.”

전적으로 받아들이는 힘을 말한다. 책의 마지막에는 카스타네다가 중요한 수련과제들을 마치고 나서 저세상으로 가는 스승과 작별하는 장면이 나온다. 여기서도 전사의 이별법이 소개된다.

“전사는 자신의 아픔을 알지만 거기에 빠져들지는 않아. 그래서 미지의 세계로 들어가는 전사의 기분이 슬픔은 아니야. 반대로 그는 즐거워.

왜냐? 그의 위대한 운명에 겸허하기 때문에. 그리고 그의 혼이 빈틈이 없고, 스스로 자신의 능력을 알고 있다는 확신이 있기 때문이지. 전사의 환희는 자신의 운명을 받아들였다는 사실, 자신 앞에 놓여 있는 것들을 있는 그대로 받아들였다는 사실에서 오는 거야."

"이 대지를 굽히지 않는 열정으로 사랑한다면 슬픔을 놓아버릴 수 있어. 전사는 항상 즐거워. 왜냐하면 대지에 대한 그의 사랑은 바뀔 수 없는 것이니까. 그리고 그의 사랑을 받는 대지는 그를 끌어안고 그에게 무한한 선물을 주니까. 슬픔은 누구의 것이냐? 삶의 터전을 제공한 은인을 미워하는 자들의 것이지. 이 눈부신 존재에 대한 사랑만이 전사의 혼에 자유를 줘. 자유는 환희이고, 능력이고, 짝이 안 맞는 것들 앞에서 흔쾌히 포기하는 거야. 이게 나의 마지막 수업이야. 이 수업은 항상 마지막 순간, 궁극적인 고독의 순간을 위해 남겨둔 거야. 자신의 죽음과 고독을 감당해야 하는 순간을 위한 거지."

일상을 사는 사람들에게는 꿈처럼 들리는 철학이다. 그러나 자신의 습관덩어리가 만드는 거품방울의 감옥 속에서 겪을 수밖에 없는 괴로움을 살아 있음으로 착각하며 살 것이냐, 공력의 힘으로 거품방울을 깨고 나와 대지와 하나되는 빛의 자유를 쟁취할 것이냐의 선택 앞에 놓인 우리로서는 전사의 철학을 우리 일상의 삶에 결합시키는 과제를 미룰 수 없다. 우리 모두 그런 전사의 길을 가지 않으면 삶의 다양한 굴레에서 벗어날 수 없다. 전사가 되는 것은 공력 향상을 위한 삶의 궁극적인 비전이다.

결과에 집착하지 않는다

앞서 "작은 성공담을 만든다"에서 지적했듯이 결과에 대한 집착은 공력 향상을 제한할 뿐 아니라 집착이 달라붙는 결과조차도 잃기 쉽다. 인도 창 프로그램을 제안하고 초기 운영책임자였던 필자에게는 그 과정 자체가 커다란 배움의 터전이었다. 학생들만 배운 것이 아니라 선생도 크게 배웠다. 선생이 배운 것은 인도에 기대서도 안 되고, 학생에게 기대해서도 안 되며, 이 일을 도와주겠다고 나선 정부에 기대서도 안 되고, 점에 기대서도 안 된다는 것이었다. 책임이 막중한 일을 할 때는 불안을 해소하기 위해서라도 자꾸 기대게 된다. 그 가장 큰 이유는 결과에 집착하고 있기 때문이다.

이 일을 하면서 필자와 동료교수들은 천국과 지옥을 왔다갔다했다. 처음에는 세계를 향한 유력한 창으로 보였던 인도가 얼마 후에는 끝을 헤아리기 힘든 수렁으로 바뀌었고, 다시 얼마 후에는 가능성을 지닌 프런티어처럼 변했다. 학교 안에서는 인도 창 과정이 학생들이 안고 있는 문제를 극복할 가장 유력한 대안으로 보였다가, 얼마 후에는 부족한 학교자원을 낭비하는 애물단지로, 혹은 일부 교수들의 야망을 실현하기 위한 실험대로 전락했고, 다시 얼마 후에는 이런저런 대안적 가능성 중의 하나로 재조정되었다. 인도 창 프로그램을 모델로 해외 IT 교육을 지원하겠다고 나선 정부는 처음에는 구원의 천사였다가, 나중에는 준비 안 된 학교와 학생들을 마구 지원하여 문제만 잔뜩 일으킨 문제덩어리가 되었다가, 다시 면피를 추구하는 여느 공공기관의 위치로 돌아갔다. 학생들은 처음에는 좋은 뜻을 가진 순진한 젊은이였다가, 다음에는 엄청난 공력을 보이며 예상 밖의 성취를 해내는 힘 있는 전사로, 얼마 후에는 힘들면 도망가고 불평불만에 찌들다가 안 되면 선생에게 대드는 몸만 큰 철부지로, 나중에는 이런저런 한계와 이러저러한 꿈 사이에서 방황하는 보통의 인간으로 자리를 잡았다.

이러한 변화는 객관적인 사건들의 변화와도 연관되지만, 근본적으로는 필자가 바라보는 시선의 변화를 반영하고 있다. 대체로 천국이 앞에 나오고, 지옥이 그 뒤를 잇다가, 현실의 무덤덤한 터전이 드러나는 과정을 밟는다. 매사가 그러하리라. 새 정권이 들어설 때도 그렇고, 새 학교나 새 회사에 들어갈 때도 그렇고, 새 애인을 만날 때도 그렇다. 그러니 결과에 집착해서는 천국과 지옥을 왔다갔다하는, 진짜 지옥의 냉온탕욕 쳇바퀴를 벗어날 수가 없다.

일희일비의 쳇바퀴를 벗어나기 위해 필자가 인도 창 프로그램 초반부터 어려울 적마다 읊은 『바가바드 기타(*Bhagavad-Gita*)』의 한 구절이 있다.

"항상 네 의무를 다하되, 결과에 집착하지 말고 의무를 다하라."

이 구절은 카르마 요가(karma yoga), 즉 행위 요가의 핵심 원리로, 현실에서는 일을 안 하고 살아갈 수 없으니 일을 통해 수행하는 원리를 제시한 것이다. 보통 우리는 일과 수행을 따로 구분하지만, 카르마 요가는 일 그 자체에서 수행하는 방안을 제시했다는 점에 특이성이 있다. 핵심은 결과에 집착하면 안 된다는 것이다.

"너는 일할 권리는 갖고 있으되, 일 자체를 위한 권리만 갖고 있느니. 일의 열매에 대해서는 권리가 없다. 일의 열매에 대한 욕망이 그 일의 동기가 되어선 안 된다. 물론 게으름에 굴복해서도 안 되고. 결과에 불안해하면서 하는 일은 불안 없이 자기를 바치는 평온으로 하는 일보다 훨씬 열등하다. 이기적으로 결과를 바라며 일하는 자들은 비참할 수밖에 없다. 성공과 실패에 대해 평정한 기분으로 대하라. 기분의 평정이 카르마 요가가 의도하는 바이니라."

왜 결과에 대한 권리가 없는가? 『바가바드 기타』의 크리슈나(Krishna) 신이 전제하는 바는, '일의 결과나 열매는 하느님 소관'이라는 것이다. 다가오는 일은 하늘이 주는 의무요 소명이다. 일을 하늘의 소명으로 받아들이고 결과에 대한 집착을 버림으로써 평정해지고, 이 평정을 통해 하늘과 일치하고자 하는 것이다.

"이러한 자기 바침의 평온 속에서야 일상생활에 들끓는 선이니 악이니 하는 굴레에서 해방될 수 있다. 따라서 하느님과의 일치에 도달하는 지점까지 자신을 바치라. 마음을 하늘과 합한 후에야 행동하라. 이것이 집착 없는 일의 비밀이다. 자기 바침의 평온 속에서야 행위의 열매를 포기할 수 있고, 그래야 깨달음에 도달할 수 있다."

필자가 인도 창 과정을 운영하면서 천국과 지옥을 왔다갔다했던 것도 일의 결과에 대해 집착했기 때문이다. 우리가 일의 결과에 집착하는 것은 자신의 에고와 일의 결과를 동일시하기 때문이다. 성공하면 에고를 높이 추켜세우고, 실패하면 에고를 벼랑으로 떨어뜨리기에 천국과 지옥이 발생한다. 외형적으로는 일을 열심히 했다. 학생을 위하고, 학교를 위하고, 대안적인 교육을 위한다고 했지만 그 중심에는 '나의 에고를 위함'이 가장 큰 동기로 자리 잡고 있었다. 자기를 바침으로써 얻는 평온은 있을 수 없다.

"세계는 행동의 감옥에 갇혀 있느니. 다만 하느님에 대한 숭배로서 행동을 할 때에야 그 감옥으로부터 탈출할 수 있다. 따라서 모든 행동을 자기 희생으로 행하고, 결과에 대한 모든 집착으로부터 벗어나야 한다."

돈 후안의 거품방울의 감옥과 마찬가지로 우리는 이기적인 결과를 추구하는 행동의 감옥에 갇혀 있다. 에고를 하늘에 바치는 행동만이 그

감옥을 뚫을 수 있다. 여기서 남들을 모방하거나 대세를 추종하는 것도 주의해야 한다.

"현자조차도 그 개성적 성향에 따라 행동한다. 모든 생명체들은 각자의 성향을 따른다. 아무리 성공적으로 보여도 다른 사람의 의무를 수행하는 것보다는 불완전하더라도 너 자신의 의무를 수행하는 것이 훨씬 낫다. 너 자신의 의무를 수행하다 죽으라. 다른 사람의 의무를 수행하면 엄청난 영적 위험에 빠진다."

남의 의무가 아니라 자신의 의무에 전념하고 고독과 대결하면서 홀로 가야 하는 이유가 여기에 있다. 아무리 형편없이 보여도 내 인생에서 나에게 주어진 과제에 집중하면서, 주위에 한눈 팔며 에너지와 혼을 빼앗기지 않도록 해야 한다. 『바가바드 기타』는 동족과의 전쟁에 나서며 주저하는 왕에게 크리슈나 신이 가르침을 주는 무대로 구성되어 있는데, 이는 사람의 내면에서 벌어지는 전쟁을 상징한다고 하겠다.

"전사에게 정의로운 전쟁보다 더 고귀한 것은 없느니. 이런 전쟁을 만난 전사들은 행복하다. 옳은 싸움은 하늘로 향한 문을 열어준다. 그러나 이 옳은 싸움을 피하면 너의 의무를 회피하는 것이다. 너는 죄인이 될 것이며, 불명예의 구렁텅이에 빠질 것이다. 명예를 높이 치는 사람에게 올바른 전쟁을 피하는 것은 죽음보다 사악하다. 전사의 최고사령관이라면 전투를 회피하도록 몰아대는 것이 두려움일 뿐이라는 것을 확실히 안다. 죽으라, 그러면 하늘을 얻을 것이다. 무찌르라, 그러면 대지의 환희를 얻으리라. 일어나 결연히 싸우라. 즐거움과 괴로움, 얻음과 잃음, 승리와 패배가 모두 한 가지임을 깨달으라. 그리고 전장으로 나가라."

내면의 적과 싸우다 에고가 죽으면 하늘을 얻으리라. 일에 닥쳐 불안해하는 자, 과제를 회피하는 자는 불명예의 너울을 뒤집어쓸 뿐 아니라 죽음보다 나쁜 죄를 짓는 죄인이 된다. 진정한 전사라면 고귀한 전쟁을 회피하지 않을 뿐 아니라 자아의 죽음을 각오하면서 하늘로 향한다.

그는 일상사에서 자기에게 주어진 의무와 대결하지만, 그가 진정으로 대결하는 것은 이기적인 행동의 감옥이다. 그 감옥을 깨고 허허로운 자유를 얻고자 하는 것이 전사가 일의 결과에 집착하지 않는 이유이다.

열매로부터 얼굴을 돌리니
그가 필요로 하는 것은 아무것도 없네.
행동하는 그, 그러나 행동을 넘어선다.

어떤 것도 자기 것으로 취하지 않으니
행동은 하지만, 어떤 해악도 취하지 않네.

고통은 쾌락을 따라오지만
그를 건드리진 못한다.
얻음은 잃음을 따라오지만
그는 단지 무관심할 뿐.
그가 누구를 질투하랴.
행동하지만, 자기 행동에 묶이지 않는 그.

어느 날 족쇄가 깨져나갈 때
빛나는 그의 심장
하느님 안에서 고동치리라.

인도 창 프로그램의 결과에 집착하지 않기 위해 필자는 일의 목적을 바꾸었다. 필자에게는 어려울 때마다 바른길로 안내해준 스승들이 계셨다. 지금 그분들은 돌아가셨거나 자주 만날 수 없다. 그분들께 직접 갚을 길은 없다. 그런데 우연히도 필자의 일은 학생들을 가르치는 것이다. 어둠을 밝혀주신 스승께 고마움을 표현하기 위해 나의 학생들에게 정성을 다하는 것이 나의 의무이자 목적이 되었다.

필자는 여전히 학생이다. 외형적인 직업은 교수이지만 여전히 자기 향상의 도정에서 헤매는 학생이다. 그나마 직업적 학생들 앞에서 자신 있게 설 수 있었던 것은 스승들이 해준 한마디 한마디 덕분이었다. 그 말씀의 일부라도 터득한 것이 있다면 그것을 내게 다가온 인생 후배들에게 전해주는 것이 그분들께 보답하는 길이라 믿는다. 이런 되갚음을 통해 결과에 집착하지 않고 스스로를 부단히 향상시키고자 하는 것이다. 그리하여 스승의 스승의 스승으로부터 내려오는 거대한 흐름에 에고를 흘려버리려는 것이다.

하나뿐이 없는 창문을 연다

벨기에에 살았던 치르치르와 미치르 남매에게 파랑새를 찾아달라며 나타난 요정 할머니는 2,500년 전 중국에 살았던 노자의 환생인지도 모른다. 노자 할아버지는 글로벌시대를 예상한 듯한 경구를 여섯 글자로 요약했다.

"집 밖을 나가지 않아도 천하를 안다(不出戶知天下)."

그 설명은 단순하다. 천하는 집안에 있기 때문이다. 우리 각자의 마음속에 천하가 있기 때문에 바깥으로 나돌아다닐 필요가 없다는 것이다.

2,500여 년 전 인도로 가보자. 석가는 "나는 내 행위의 자손"이라고

했다. 과거의 내가 낳은 새끼가 현재의 나요, 지금의 내가 낳은 자식이 미래의 나이다. 나쁜 결과이든 좋은 결과이든 '지금-여기의 나'는 매우 창조적인 에너지를 뿜어내고 있다. 불교의 명상에서 '지금-여기의 나'에 의식을 집중토록 하는 이유도 세계 창조의 결과물이 수렴되는 곳이자 창조의 힘이 분출하는 지점에 맑고 투명한 에너지를 불어넣음으로써 과거 행위의 나쁜 영향을 줄이면서 미래를 좋은 기운으로 덮고자 하는 데 있다. 이와 관련하여 스리랑카에서 불교에 입문한 미국인 할머니 도로시 피건(Dorothy Figen)은 말한다.

"마음 챙기는 일은 '지금 여기에서(here and now)' 이루어지는 것입니다. 그 순간이 어떤 순간인가는 상관없습니다. 당신이 일을 하고 있다면 일 자체에 당신의 주의를 온통 기울이십시오. 생각이 여기저기 떠돌지 않도록 해야 합니다. 밥을 먹을 때는 밥 먹고 있음을 또렷이 알아차리십시오. 목욕을 할 때는 목욕하고 있음을 알아차리십시오. 이와 같이 현재 당신의 감각에 와닿는 것이 곧 당신이 행하는 선수행의 주제입니다. 일어나고 있는 일을 단지 보고 알아차리고는 그대로 놓아버려야 합니다."

지금-여기의 내가 집착하는 것들로부터 자신을 분리시킴으로써 과거에 대한 회의나 후회로부터 자유를 얻고, 과거 행위의 결과들이 내게 달라붙는 것에 대해서도 겸허하게 받아들이면서, 그런 좋은 기운으로 미래를 향해 선한 에너지를 내뿜도록 하는 것이다. 예수가 얘기하는 것도 지금-여기의 나를 평온의 기운으로 감싸는 일이다.

"무엇을 먹을까, 무엇을 마실까, 또 무엇을 입을까 걱정하지 말라. 하늘에 계신 아버지께서는 네게 이 모든 것들이 필요하다는 것을 이미 알고 계신다. 그러니 내일에 대해 걱정하지 말라. 내일 걱정은 내일에 맡겨라. 그날의 몫보다 더 많은 골치거리를 보탤 이유가 어디에 있는가."

왜 오늘 일에 집중해야 하는가. 미래에 대한 걱정이나 과거에 대한 후회는 창조의 원천인 '지금-여기의 나'를 저급한 수준으로 떨어뜨림으로써 미래를 저급한 수준으로 만들어내도록 하기 때문이다. 지금-여기의 나 속에서 하늘나라를 창조해내는 것이 예수가 가르치는 바이다.

"하늘나라는 이렇게 말할 수 있다. 한 사람이 겨자씨 한 알을 구하고는 그의 밭에 뿌렸다. 겨자씨는 모든 씨앗 중 가장 작은 것이다. 그러나 그 싹이 터 자라고 나면 어떤 풀보다도 커져 나무가 되고, 새가 날아와 가지에 보금자리를 틀게 된다."

나는 겨자씨처럼 작은 존재이다. 그러나 내가 가진 공력이 커지고 커져 큰 나무처럼 자라면 다른 사람들과 새들이 깃드는 장소가 된다. 그것이 더 커지면 과거와 미래, 이곳과 저곳을 포함한 온 우주가 깃드는 마당이 되니, '하늘나라가 내게 임하는' 혹은 '내가 하느님과 하나가 되는' 지경에 이르는 것이다. 그 작은 겨자씨를 키운다는 것은 미학적으로 아름다운 일일 뿐 아니라 하지 않으면 안 되는 사명이다.

나는 세상으로 향한 유일한 창이다. 그 창에 먼지가 쌓이고 녹이 슬어 방이 감옥이 될 수도 있지만, 창문을 열고 더 넓은 우주의 신선하고 지혜롭고 자유로운 공기를 호흡할 수도 있다. 이제까지 공력의 도인들은 한결같이 자기 자신을 보라고 가르쳤다. 그 안에는 남도 있고 사회도 있고 우주도 있다. 나아가 하늘과 만날 유일한 창구가 바로 나 자신이다. 공력을 높이려는 우리들이 바깥을 보기보다 나 자신을 먼저 보아야 하는 것도 그 창을 열기 위함이다. 세상을 향한 그 유일한 창을 열어 자유와 앎에 도달하려는 것이고, 나아가 최고 공력자인 하느님과 만나려는 것이다. 이것이 이 세상에 오직 하나뿐이 창문, 나를 열어야 하는 이유이다.

공력 향상의 길

　인도 창 과정은 새천년 캠페인이 한창이었던 2000년 2월에 첫 18명을 인도로 보냄으로써 시작되었다. 글로벌화의 도전이 구체화되는 시점에서 공력 교육을 시작했다는 의미에서 상징적이다.

　글로벌화는 과거 안정적인 규범을 통해 유지되었던 삶을 뒤흔든다. 변화와 혁신은 정치 캠페인의 문제가 아니라 매일의 일상사가 되었다. 편안히 안주할 곳이 사라져가는 것이다. 정보의 유동으로 안주처가 없어진다는 것, 직장뿐 아니라 가족조차도 정보와 사람의 임시적인 결합과 해체로 유동화된다는 것은 중앙집권적 체계의 종말을 알리면서 동시에 고통이 일상사가 된다는 걸 의미한다.

　우리가 고통을 벗어나기 위해 보통 취하는 조치는 다른 대상을 찾는 것이다. 부부 사이가 고통스러우면 헤어지기로 결정하고 다른 사람을 만나 새로운 가능성을 탐색한다. 아이들에 대한 책임조차도 고통의 탈피라는 목적에 비하면 부수적인 문제가 되었다. 그래서 새 사람과 만나지만 새 관계가 안정적이라는 보장은 없다. 국가도 회사도 가족도 사랑이라는 지고지순의 이념도 유동화되면서 내 나라, 내 회사, 내 가족이라고 부르며 비벼댈 언덕이 사라지고, 안주처를 찾는 사람들이 여기저기서 탄식의 한숨과 눈물을 짓게 된다.

　우리가 공력이라는 말을 새롭게 끌어들이며 그 훈련과 교육을 강조한 것도 이러한 도전에 대비하기 위해서이다. 글로벌화의 도전은 전면적이다. 지리적인 차원에서만 벌어지는 게 아니고, 기업이나 정부의 문제만도 아니다. 공적인 영역에서만 밀어닥치는 힘이 아니라 가족과 개인의 삶 전체를 밀어내는 힘으로 출렁이고 있다. 정보나 지식 측면만이 아니라 태도와 행동과 정서의 전 측면에서 파고드는 물결이다.

　지식 위주의 과거 교육으로는 도저히 감당하지 못할 도전이다. 일류대를 나오고 일류기업에서 일하는 사람도 충성을 다했던 회사에서 갑자기 내미는 실적표와 더불어 "나가줘야겠다"는 통고 앞에 무너지는 가슴을 쓸어야 할 것이며, 비둘기 아빠로 헌신한다고 생각하고 있는데 멀리 미국에서 자식과 함께 있던 아내가 '다른 사람이 생겨 헤어져야겠다'고 하는 선언을 들어야 할 것이다. 지식뿐 아니라 삶에 대한 태도에서, 불확실성에 대처할 믿음과 행동에서, 위로와 평안의 샘인 정서에서, 인간과 나를 아는 지혜에서 전면적으로 공력이 높아지지 않고서는 눈물과 한숨으로 보내는 날이 늘어날 것이다.

　김지하는 새로운 시대가 '영성의 시대'가 될 것이라고 예언한 바 있다. 전인격적인 힘의 총화인 공력의 최고수준이 영적 완성이라는 호킨스의 연구결과를 전제하면, 영성의 성숙은 단순한 종교의 문제가 아니며 일상사에서 눈물과 한숨을 줄이는 문제와 직결된다. 우리가 공력을 새로운 교육의 핵심어로 끌어들이는 이유도 인격의 전면적인 힘의 성숙을 요구하는 시대에 진입했기 때문이다.

　개인이나 조직도 과거보다 더 많은 내적 역량이 요구되는 시대에 돌입했다. 과거에는 집단과 더 큰 조직에 의존할 수 있었던 개체들이 더 크고 복잡한 과제를 책임지지 않으면 안 되는 형편이 되어간다. 어린 자식들조차도 부모의 이혼이나 재혼처럼 젖 먹던 힘까지 동원해야 감당할 충격에 더 자주 직면한다. 예전처럼 할머니나 이웃집이 나를 도와주기도 쉽지 않다. 더 작은 조직과 개체가 더 큰 책임을 감당해야 하는 시대이다. 실력이 더 커야 하고, 어려움을 받아들일 힘이 더 커야 하고, 불확실성을 견딜 힘이 더 커야 하고, 평온을 찾는 힘이 더 커야 한다. 이렇게 공력 향상을 꾸준히 지향하는 작은 조직과 개체들이 네트워크하면서 서로를 돕는 지경에 이른다면, 비로소 우리 앞에 닥친 시대적 과제들에 대처할 만하다고 할 것이다.

　공력은 새 시대의 힘이자 비전이다. 숱한 문화와 정보와 규범들이 얽히면서 우리에게 심각히 다가온 상대주의는 '모두에게 공통된 등대 빛'을 가려버렸다. '누구에게나 다른 가치와 윤리'라는 개념은 인류 공통의 비전 상실을 드러내는 지적 함정이다. 차이를 차이로만 받아들이는 현 인류의 공력 수준의 한계를 드러내는 견해인 것이다.

우리는 다 다르다. 그러나 다름은 우리가 공통으로 나아가는 길을 아름답고 풍성하게 꾸미기 위한 장식들이다. 나는 내 식으로 할 수밖에 없다. 나를 버리고 남의 길을 가는 것은 어리석을 뿐 아니라, 크리슈나가 지적했듯이, 영적으로 위험하다. 그러나 다른 것으로 에고를 만들고 장벽을 쌓는 것은 무지스러운 일일 뿐 아니라 고통의 함정을 파는 길이다. 다른 것은 표면의 차이일 뿐이다. 우리가 이해와 통찰을 높일수록 다름을 포용할 마당은 한없이 넓어진다.

인류가 공통으로 가야 할 그 길을 우리는 '공력 향상의 길'이라 부를 수 있다. 공력은 물리적·정신적·영적인 힘이고, 그것이 힘인 한 정신물리적 법칙에 따른다. 바로 이 점에서 '공력 향상의 길'은 과학적 언어에 익숙한 현재 인류가 받아들이기 좋은 비전이다. 서로가 이해 가능한 개념으로 공통의 빛이 되어줄 '공력 향상의 길' 위에 설 때, 각자의 공력은 결합하여 몇 배의 힘으로 다시 각자에게 힘이 되어줄 것이다. 우리가 공통의 향상 길을 걸어가는 이점이 거기에 있다.

그 길의 끝에서는 몇 백 몇 천 년 전 지구의 어느 지점에서 살다 간 공력의 도사들이 빛을 비추며 길을 잃지 않도록 우리를 안내하고 있다. 동양 도사, 한국 도사, 서양 도사들이 서로 다른 방식으로 길을 갔으면서도 같은 지점에서 우리를 응원하고 있다. 로켓이 날고 컴퓨터를 연결한 전선이 삶의 터전을 칭칭 감고 있는 시기에 인류의 위대한 영웅들을 다시 만날 길이 열리는 것은 행운이라 하지 않을 수 없다. 각자가 그 길을 힘차게 걸어갈 때 길은 더욱 넓어지고 더욱 밝아질 것이다. 우리의 행진에서의 한 걸음 한 걸음은 공력 향상의 길을 더욱 아름답고 환하게 창조해낼 것이다. 그리하여 내가 더 평온해질 것이고, 가족이 더 행복해질 것이고, 공동체가 더 평안해질 것이다. 지구가 그리고 우주가 더 행복해할 것이다.

■ **지은이**

김용호

서울대학교 인문대학 철학과 졸업
서강대학교 대학원 신문방송학과 석사
서강대학교 대학원 신문방송학과 박사(전공: 대중문화연구)
크리스천 아카데미 기획연구원, 문화방송 객원 연구위원
(주)미디어밸리 조사연구팀장
현재 성공회대학교 교수

저서: 『와우: 김용호의 영상화두 1』(1996, 서울: 박영률출판사), 『몸으로
　　　생각한다』(1997, 서울: 민음사), 『네 안의 가능성을 찾아라: 지식산업을
　　　선도하는 CEO 10인에게 듣는다』(2000, 서울: 푸른숲)

나를 찾기 위해 인도에 왔다

ⓒ 김용호, 2005

지은이 ｜ 김용호
펴낸이 ｜ 김종수
펴낸곳 ｜ 도서출판 한울

편집책임 ｜ 안광은
편집 ｜ 서혜영

초판 1쇄 인쇄 ｜ 2005년 4월 21일
초판 1쇄 발행 ｜ 2005년 5월 1일

주소 ｜ 413-832 파주시 교하읍 문발리 507-2(본사)
　　　 121-801 서울시 마포구 공덕동 105-90 서울빌딩 3층(서울 사무소)
전화 ｜ 영업 02-326-0095, 편집 02-336-6183
팩스 ｜ 02-333-7543
홈페이지 ｜ www.hanulbooks.co.kr
등록 ｜ 1980년 3월 13일, 제406-2003-051호

Printed in Korea.
ISBN 89-460-3382-7 03370

* 가격은 겉표지에 표시되어 있습니다.